Mathieu **Avanzi** · Jean **Mathat-Christol**

Préface de Guy **Savoy**

COMME ON DÎNE CHEZ NOUS

Le grand livre DES MOTS ET DES RECETTES de nos régions

Le Robert

Direction éditoriale :
Bérengère Baucher

Édition :
Charlotte Lebot

Correction :
Nathalie Rachline

Direction artistique, conception et réalisation graphiques de l'intérieur et de la couverture :
Le Bureau des Affaires Graphiques, Chloé Hart

Illustrations :
Le Bureau des Affaires Graphiques,
Chloé Hart, Thimothé Guitton, Julia Pilet

Fabrication :
Nicolas Zeifman

Cartographie :
Mathieu Avanzi

92 avenue de France, 75013 Paris.
ISBN 978-2-32101-673-1

LE VRAI GOÛT DE LA FRANCE

Avant ses envoûtantes odeurs et ses addictives saveurs qui font vibrer nos papilles, il y a d'abord ses époustouflants paysages qui font chavirer nos pupilles. Le goût de la France se mérite. Ou plutôt ce sont *ses* goûts qui se méritent. Ils se dégustent au détour des formidables panoramas qui font la richesse du patrimoine de nos régions : nos mers, notre océan, nos lacs, nos terres, nos prés, nos prairies, nos montagnes, nos vignes… Ah ! cette diversité où s'assemblent les pièces du puzzle grâce à un immense aquarium bordé par la Méditerranée, l'Atlantique et la Manche, une ferme géante concentrant les basses-cours de nos campagnes, un potager infini s'étendant du nord au sud et de l'est à l'ouest, et un vignoble étant notre meilleur ambassadeur.

Ce n'est pas un simple tour gourmand de l'Hexagone que Jean Mathat-Christol, cuisinier formateur expérimenté, et Mathieu Avanzi, linguiste chevronné, vous proposent dans leur grand livre des mots de nos cuisines régionales. Notre duo d'explorateurs patentés vous invite à un admirable voyage aux allures de réminiscences de notre enfance. Une exquise balade, une promenade inattendue à travers les territoires bleu-blanc-rouge. Oui, vous avez bien lu *territoires* et pas *terroirs*. Le second n'étant qu'une partie du premier qui, largement plus vaste, englobe le maraîchage, l'élevage, la pêche…

Loin de l'indigeste découpage administratif et de ces froides attributions géographiques que représentent le Grand Est, la Bourgogne-Franche-Comté, l'Auvergne-Rhône-Alpes, la Nouvelle-Aquitaine, l'Occitanie..., fermez les yeux et laissez-vous embarquer pour une palpitante chasse aux trésors des spécialités culinaires de Picardie, de l'Alsace, de la Bretagne, de la Normandie, de la Champagne, du Lyonnais, de la Savoie, de la Provence... Mes restaurants à Paris les incarnent consciemment et inconsciemment, à leur façon, au gré de quelques signatures qui ont traversé le temps : les *huîtres en nage glacée de l'Aber-Wrac'h* dans le Finistère ; la *soupe de potiron* du Dauphiné ; le *foie gras de canard poêlé* du Sud-Ouest ; le *gratin d'épinards et champignons* du Bourbonnais ; le *rouget « en situation »* de Méditerranée ; la *volaille de Bresse, sauce Albuféra*...

Tous les États possèdent une tradition culinaire, alors que la gastronomie concentre un ensemble d'artisans qui font la complexité et la diversité d'une nation. Même s'il s'est passé plus de choses sur la planète cuisine ces vingt dernières années que pendant les deux mille précédentes, la gastronomie française reste unique au monde. Nous sommes le pays des savoir-faire. Celui qui rassemble boulangers, charcutiers, bouchers, pâtissiers, chocolatiers, glaciers, confiseurs, fromagers, vignerons... Autant d'artisans singuliers que le monde entier nous envie et qui ont contribué à faire du restaurant le dernier lieu civilisé de la planète.

Ce n'est pas un hasard si j'accueille mes hôtes à ma table trois étoiles du quai de Conti à Paris avec cette devise se dévoilant sur des néons rouges : « La cuisine est l'art de transformer instantanément en joie des produits chargés d'histoire. » Je l'ai compris le jour de mes 5 ans, le jeudi 24 juillet 1958, en aidant ma mère Léonie, qui tenait le restaurant *L'Esplanade* à Bourgoin-Jallieu, à préparer des langues de chat. Après avoir mélangé du sel, du sucre, des œufs, du beurre et de la farine, nous avions façonné des petits boudins de pâte. En la ressortant, dix minutes plus tard, du four, la préparation s'était aplatie, avait bruni et croustillait. J'étais fasciné de voir qu'à partir de produits simplement comestibles, cette transformation instantanée et magique pouvait provoquer un tel plaisir. Tout était là, la vue, l'odeur, le croustillant, juste pour se régaler ! C'est exactement la sensation que vous ressentirez au fil des pages de *Comme on dîne chez nous*. Ce sont mes mots de la fin. À vrai dire ceux de la faim !

Guy Savoy

AVANT D'EMBARQUER

Cet ouvrage est consacré aux spécialités culinaires les plus emblématiques de nos régions.

La cuisine française est à l'image des multiples facettes de notre pays. Inscrite dans la vie quotidienne d'hier et d'aujourd'hui, elle est le reflet d'un ensemble de traditions, de coutumes et de folklores régionaux variés.

Les spécialités culinaires des quatre coins de la France constituent un merveilleux observatoire des particularités régionales de la langue, particularités que les universitaires appellent *régionalismes linguistiques*. Combien de mots liés à la gastronomie n'évoquent-ils pas nos régions, de façon explicite (gratin *dauphinois*, daube *provençale*, fondue *savoyarde*, quiche *lorraine*, etc.) ou implicite, à travers des mots dont les sonorités s'éloignent de celles du français général (*estouffat*, *kig-ha-farz*, *flammekueche*, *pulenda*, etc.) ?

Dans cet ouvrage, nous vous proposons d'embarquer pour un voyage gustatif inédit. Grâce à de nombreuses sources (dictionnaires, atlas et enquêtes, bases de données), les spécialités culinaires de nos régions y sont étudiées par le menu, sous l'angle de la géographie linguistique (Où les trouve-t-on ? Qui les consomme ? Sous quels noms peut-on les trouver d'un territoire à l'autre ?), de l'histoire de la langue (depuis quand le mot est-il attesté ? Quelle est son étymologie ? Quand s'est-il exporté en dehors de sa région d'origine ?) et de l'histoire de la gastronomie.

Ce livre est aussi une déclaration d'amour à nos régions et à leurs traditions culinaires. Il donne la parole à certains des plus grands chefs de France, mais aussi à des personnalités influentes, qui se livrent dans des interviews inédites sur leur région de cœur et partagent leurs recettes et astuces préférées. Toutes les cuisinières et tous les cuisiniers pourront ainsi acquérir les gestes d'hier et d'aujourd'hui et s'essayer à reproduire des plats venus des quatre coins du pays.

L'ouvrage repose sur un découpage de la France en différents terroirs : Alsace, Dauphiné, Provence, Languedoc, etc. Les noms rappellent ceux des provinces, duchés et autres comtés historiques. Ce découpage n'épouse jamais complètement, ou rarement, l'aire géographique des spécialités gastronomiques, tant il est vrai que certaines ne sont emblématiques que de coins ou de recoins du pays (la *garbure* est béarnaise avant d'être gasconne, la *cade* est consommée à Toulon et pas ailleurs en Provence), et que d'autres sont consommées ailleurs sous différentes dénominations (les beignets qu'on appelle *bugnes* à Lyon prennent le nom d'*oreillettes* à Marseille, de *merveilles* du côté de Bordeaux et de Genève, etc.).

Un index et un glossaire disponibles à la fin du livre ont été pensés pour offrir des points de repère et faciliter le voyage dans les pages de ce livre.

Aux lectrices et lecteurs de se laisser embarquer pour ce tour de France gastronomique, et de découvrir *comme on dîne* ailleurs…

SOMMAIRE

* L'ouvrage repose sur un découpage de la France en différents terroirs dont les noms rappellent tantôt ceux de provinces ou comtés historiques, tantôt ceux des aires linguistiques.

SOMMAIRE DES RECETTES ET DES ASTUCES CULINAIRES

LANGUEDOC ET ROUSSILLON

LIMOUSIN

LORRAINE

LYONNAIS

NORMANDIE

PAYS BERRICHON

PICARDIE

POITOU-SAINTONGE

PROVENCE ET PAYS NIÇOIS

SAVOIE

TOURAINE ET ANJOU

L'INVENTION DE LA CUISINE RÉGIONALE

Rien ne semble plus éclatant, de nos jours, que la cuisine régionale. Longtemps restée une « cellule ethnologique », somme de curiosités locales et méconnues, elle est parvenue à se démarquer dans les bouillonnements successifs d'une nation en train de forger son unité linguistique, politique et économique.

La reconquête de la cuisine régionale a d'abord souffert d'être réduite à une somme de données (terroir, climat, population) que la sociologie de l'alimentation a longtemps peiné à caractériser tant le sujet est vaste d'un côté (l'alimentation) et restreint de l'autre (la géographie d'une région). Il a fallu lentement s'extraire des conceptions parcellaires (parfois éloignées de la réalité) de témoins de leurs temps, allant du (possible) contre-révolutionnaire Brillat-Savarin (p. 117), chantre du restaurant nouvellement créé, au sémillant Curnonsky (p. 229) qui défendait le « gastronomadisme » sans remarquer parfois que la défense d'un patrimoine culinaire tend à la protection, discutable, d'une idéologie culinaire nationaliste. Le besoin (plus que la réalité) de permanence culinaire confine au folklore réactionnaire (Léon Daudet). On entend que la « gastronomie est innée à la race » (Marcel Rouff) et qu'elle s'érige en défense d'une « tradition de toujours » contre la tyrannie du progrès amorcée au début du XXe siècle, mais finalement « un toujours qui est habituellement beaucoup moins durable qu'il n'en a l'air » (*Dictionnaire des cultures alimentaires*).

En même temps que la génération spontanée des restaurants venus prendre une place intermédiaire entre les auberges (où qui dort dîne) et les cafés (où l'on mange peu) laissée libre après l'abolition des corporations, l'invention de la cuisine régionale est une réponse lente, mais évidente, à la création des départements (1790) et l'instauration des régions (1956), lorsque les contours administratifs s'écartent des parlers locaux ou des flagrances topographiques et agricoles.

LE RAIL ET LA ROUTE

Apparus au milieu du XIXe siècle, les « buffets-buvettes » des gares sont destinés aux voyageurs qui n'ont pas accès au « buffet-restaurant » (réservé aux voyageurs de première classe). Il faut attendre le Second Empire pour que les voyageurs qui y font halte croisent les locaux. On y mange par endroits fort bien, dans d'autres très mal, souvent des spécialités locales, mais pas toujours : les rails sont partagés par différentes compagnies ferroviaires, qui afferment les buffetiers de leur choix qui y proposent, ou non, des plats régionaux. Les buffets sont régulièrement vilipendés pour les prix qu'ils pratiquent et pour la frugalité des assiettes servies (une critique encore adressée de nos jours au « wagon-bar » ou à la vente ambulante des trains grandes lignes).

Le train désenclave les provinciaux tandis que le réseau routier est lentement mis au service des Parisiens qui « descendent » en province. Ils sont aidés en cela par un guide gratuit, proposé en 1900 par les frères Michelin (avec l'achat de pneumatiques… de vélo, mais André Michelin pense déjà aux automobilistes). Le guide liste des hôtels et leurs prix y figurent dès 1904 ; il devient payant en 1920 au moment où les restaurants y apparaissent. On ne cherche plus à s'arrêter dormir, on réfléchit aussi à l'endroit où manger. Les premières étoiles arrivent dans le guide à partir de 1926 et complètent les indications « mérite un détour » ou « vaut le voyage », mais le classement n'apparaît qu'en 1931. Le guide note avant tout la cuisine, qu'elle soit campagnarde ou citadine, tandis qu'en 1937 le bulletin mensuel de l'Automobile Club de Bourgogne vante la « bonne cuisine familiale », oubliant un peu vite que les « mères » du pays lyonnais (Eugénie Brazier et Marie Bourgeois en tête) et Fernand Point (Valence) proposent, déjà, une « cuisine régionale » qui se différencie des palaces et de la cuisine bientôt qualifiée d'« internationale » — moins dans ses goûts que dans la systématisation de ses procédés, grâce au duo formé par l'hôtelier Ritz et le chef Escoffier.

L'AUTRE CUISINE DES RÉGIONS : CELLE DES TRANCHÉES

La cuisine régionale commence à voyager somme toute assez bien à la fin du XIXe siècle, qu'elle soit le souvenir forcé de citadins qui rendent plus « typiques » leurs lieux de villégiature, ou qu'on la pressente comme une identité rurale face à la ville dévorante et la nation égalitaire. La République, qui a d'abord mobilisé les enfants à l'école, appelle au front plus de trois millions d'hommes dans tous les territoires français en août 1914.

Après un premier recrutement régional, les premiers mois de la guerre obligent à reconstituer les régiments par une mobilisation tous azimuts. Jamais il ne fut plus manifeste, et étonnant pour ces hommes parfois jamais sortis de leurs cantons, que les Français parlaient des langues différentes et que les us alimentaires l'étaient tout autant.

Tandis que l'éducation et la conscription tentent d'enterrer les langues régionales, les cuisines locales se défendent. Les hommes mobilisés dans les zones de combat, qu'ils soient (majoritairement) paysans ou « marins-patates » (p. 190), ou issus des classes moyennes, goûtent pour la première fois à des spécialités arrivées grâce à trois circuits d'approvisionnement différents : les canaux officiels mis en place par l'intendance de l'armée, les circuits parallèles (souvent trompeurs, parfois dangereux, toujours profitables pour les mercantis), mais aussi les colis privés envoyés par les familles ou les sociétés de bienfaisance qui voient le jour dans la continuité de la mobilisation générale.

Double réalité gastronomique, concomitante mais disjointe : la vie au front permet aux poilus de s'ouvrir à la variété alimentaire des régions (celle déjà en œuvre dans les villes, et qui va prendre encore plus d'importance dans l'entre-deux-guerres), tandis que, dans ces mêmes régions, les fortes disparités de restrictions alimentaires et de pénuries de denrées de première nécessité font, jusqu'à un certain point, se maintenir des habitudes culinaires anciennes.

LA VILLE ET LES CHAMPS

En fait de révolutions industrielles, la France connaît plutôt une croissance continue (de 1815 à 1860) du fait de sa structure toujours majoritairement agricole. Si le Royaume-Uni compte en 1850 plus d'urbains que de ruraux, la France met soixante-dix ans à approcher ces chiffres – il y a bien exode rural, mais il se fait par agrégations successives pour échapper à la surpopulation des campagnes, à la qualité de vie médiocre, à la dureté du travail. Et puis la ville est perçue comme la machine du progrès, qu'il s'agisse de la capitale ou, plus simplement, des petites villes que le paysan fréquente à l'occasion des foires locales. Les ruraux pensent y trouver aussi facilement qu'on le prétend du travail dans les administrations, le service, l'industrie, mais ils y trouvent des conditions de vie souvent pires que celles des campagnes qu'ils ont quittées.

L'entre-deux-guerres échauffe les esprits et la gomme des pneumatiques. On parcourt en automobile une France faite d'unités de terroir distinctes, de « provinces » culinaires qu'Alain Bourguignon synthétise dans une *Carte gastronomique* (1929), reprenant celle dressée un siècle plus tôt par Charles Monin. Du reste, les deux se gardent bien de travailler d'après des divisions administratives en cours. *Exit*, le démembrement artificiel des régions opéré par les départements.

La ville devient perméable à la ruralité : il ne s'agit plus seulement des produits agricoles qu'on trouve aux halles mais aussi de personnes qui en parlent mieux et qui, souvent, les cuisinent aussi. La cuisine des champs, parfois frugale et parfois roborative, se confronte à la cuisine des villes, souvent décevante et rarement bon marché. Les foires font la synthèse des deux. La nourriture est un marqueur de culture pour des populations avalées par la ville et recrachées à sa périphérie. Dans un jeu de pressions constant, les villes acculturent les ruraux en même temps que ces derniers exacerbent leurs particularismes régionaux. La cuisine déracinée, mais éminemment synthétique, des palaces fait la gloire de la cuisine française à l'étranger, tout en étant moquée en France, alors que la gastronomie régionale renaît ou se folklorise dans les bistrots et cafés. ■

« Certains plats régionaux peuvent voyager, d'autres sont réfractaires à tout déplacement, [ils] ne sont ni simples ni compliqués, mais tout simplement irréalisables hors des conditions du terroir ou de la région maritime qui les déterminent. »

Jean-François Revel à l'époque où Gault et Millau promeuvent la (nouvelle) « nouvelle cuisine » ;
Un festin en parole, Paris, Tallandier, 1978.

ALSACE

Rencontre avec…
GUY KRENZER
directeur de la création de la maison *Lenôtre*

Le plat régional incontournable

Le *baeckeofe* !

Le plat impossible à mettre à la carte

La tourte au munster. Pour un Alsacien, le munster frais, c'est comme un dessert. Quand ma grand-mère prenait le train, elle faisait de la place dans son compartiment en mettant un munster près de la soufflerie. Tranquillité assurée…

L'expression régionale

Je parle peu alsacien ! Ma mère est allemande, et petit je parlais mieux allemand que français. En revanche mon père nous houspillait en disant « *Gottverdammi* » – et je ne veux pas vous le traduire !

Le meilleur conseil à donner à un gourmet qui passe aux alentours

Arriver par le Hohneck, un des points les plus hauts du Ballon d'Alsace avec le point de vue sur la plaine d'Alsace. Il fait froid, on mange une tarte aux myrtilles qui coule, et on redescend vers les petits villages alsaciens typiques, c'est magnifique.

« Le plaisir, l'envie de faire plaisir, c'est lié à la perte du temps. Quand ma mère fait une tarte aux mirabelles, c'est comme un souvenir d'enfance qui me remonte dans les narines : le cartable qui s'ouvre, les billes, le soleil à travers la fenêtre. Je disais à Monsieur Lenôtre : "La meilleure tarte, c'est celle de ma mère !"

On a en Alsace une culture locale forte, facilitée par ce microclimat qui donne l'été des fruits magnifiques, et l'hiver, des températures glaciales et avec elles, l'annonce de la fin d'année. Noël et le jour de l'an, c'est comme une grande fête de famille dans chaque village. Le premier dimanche de décembre, on commence avec la couronne de l'avent en allumant la première des quatre bougies, et on prépare le sapin. On fait ensuite des petits gâteaux typiques de Noël, aux formes et aux goûts variés : les *Lebkuchen* de Nuremberg, les *Lebkueche* alsaciens et les *Basler Läckerli*. L'Alsace, c'est une spécialité en soi, probablement du fait de sa position de frontière commune avec l'Allemagne et la Suisse. Aux marchés de Noël, le monde entier est là. Paul Bocuse a fait sienne cette phrase de Van Gogh : "Comme il est difficile d'être simple." La limite de la réinterprétation d'un grand plat, c'est celle du bon goût. Il y a une évidence, une simplicité à placer une spécialité alsacienne dans toutes les branches de la gastronomie. »

LA RECETTE DU CHEF

PÂTÉ DE FOIE GRAS DE STRASBOURG

de Guy Krenzer

6 à 7 pers.

Pour le foie gras d'oie :
750 g à 1 kg de foie gras d'oie ; 8 g/kg de sel fin 8 g/kg ; 8 g/kg de sel de Guérande ; 1 g de mélange d'épices ; 1 à 2 g/kg de sucre ; 3 à 5 % de truffe ; vin d'alsace (facultatif).

Pour la farce de volaille au foie gras :
500 g de crème ; 300 g de blanc de volaille ; 250 g de foie gras d'oie ; 50 g de brisure de truffe ; 17 g de sel fin ; 2 g de poivre blanc muntok.

Pour la pâte :
590 g de farine ; 330 g de beurre ; 12 g de sel ; 13 g de sucre ; 50 g d'œuf entier ; 85 g d'eau ; 1 g de poivre de Malabar.

Préparation de la pâte à pâté

1. Sablez ensemble la farine et le beurre divisé en petits cubes. Ajoutez l'œuf battu avec l'eau, le sel, le sucre et le poivre moulu.

2. Laissez reposer au moins une heure avant de travailler ou, idéalement, la veille pour le lendemain.

3. **Préparation du foie gras :** Fendez le foie gras en deux, dénervez, déveinez. Cloutez le foie gras de morceaux de truffes crues ou en lamelles puis assaisonnez-le avec les sels, les épices, le sucre et, éventuellement, le vin. Laissez mariner 8 h.

4. **Préparation de la farce :** Passez les blancs de poulet au hachoir. Ajoutez les assaisonnements et 250 g du foie gras coupé en morceaux. Mélangez délicatement.

Montage et cuisson

5. Foncez un moule avec la pâte. Faites durcir la pâte au congélateur puis chemisez l'intérieur du moule d'une couche de farce (fond et côtés). Mettez de nouveau à durcir au congélateur. Posez le foie gras au centre et recouvrez-le de la farce restante. Fermez le pâté d'une rondelle de pâte en y perçant une cheminée. Dorez ce couvercle à l'œuf battu.

6. Enfournez dans un four chaud à 250 °C. Faites cuire le pâté 35 min à 230 °C. Faites cuire 10 min à 150 °C et baissez le four à 85 °C jusqu'à obtenir 57 °C, puis sortez le pâté quand le four atteint 48 °C. Faites refroidir.

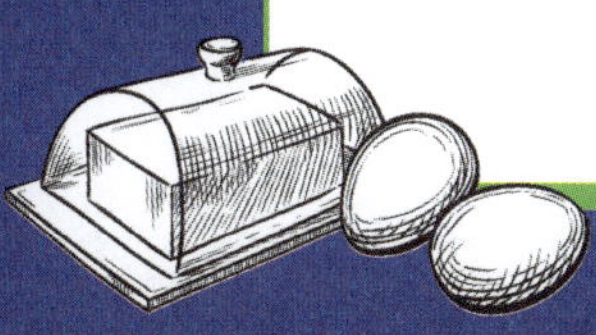

PÂTÉ

Il s'agit du pâté à la Contades évoqué par Hervé This en p. 23. Si la recette d'origine est très fidèle à celle-ci, il est à noter que les truffes sont arrivées un peu plus tard dans la recette sans plus jamais la quitter.

SABLER

Sabler signifie ici *frotter* ensemble le beurre et la farine jusqu'à obtenir une consistance de sable grossier. En évitant de trop travailler la farine (mais aussi en la laissant reposer) on évite de rendre le gluten trop élastique et ainsi, d'avoir une pâte qui se rétracte à la cuisson.

COMMENT PRÉPARER LA VIANDE ?

La viande passée au hachoir donne un résultat homogène. Évitez absolument le mixeur et, faute de mieux, hachez finement au couteau.

ASTUCE

En suivant cette courbe de températures, on s'assure que le foie gras sera convenablement cuit sans fondre et sans rendre une mare de graisse dans le moule. Aidez-vous d'un thermomètre à sonde qui trouvera toute sa place dans votre cuisine !

FONCER

Voir p. 211.

DANS LES CUISINES D'UNE WINSTUB

Les *winstubs* sont à l'Alsace ce que les estaminets (p. 186) sont au Nord-Pas-de-Calais et les bouchons (p. 156) sont au Lyonnais : des bars-restaurants typiques, où les locaux et les touristes se retrouvent pour prendre un verre et déguster des plats régionaux traditionnels, au coude à coude, dans une ambiance conviviale.

En Autriche comme en Allemagne, les premières des *Weinstubes* (dans les dialectes de ces régions, *wein* – « vin » - se dit *wein* et non *win*) datent du Moyen Âge. Elles auraient été créées par des producteurs de vin locaux, qui, pour écouler le surplus de leur production, auraient accueilli directement chez eux les consommateurs en leur proposant une restauration d'appoint. En Alsace, les winstubs ont été popularisées à la fin du XIXe siècle par les Allemands, à la suite de l'annexion de la région par le Reich après la guerre franco-prussienne de 1870.

Dans les winstubs actuelles, on ne sert plus seulement du vin en pichet en grès (*betschdorf* dans l'idiome local), mais on retrouve l'ambiance qui devait régner dans les fermes alsaciennes d'antan. Les salles (car il y en a souvent plusieurs) sont en bois sombre, décorées coquettement. On s'assoit autour d'une table recouverte d'une nappe à carreaux rouges et blancs ou autour de la *stammtisch* (nom que l'on donne à la table des habitués, et par extension à un groupe d'habitués).

On goûte ensuite aux vins locaux (*sylvaner*, *riesling* ou *gewurztraminer* pour ne citer que les plus célèbres) servis dans des *rutscherle* (petits gobelets à fond plat décorés). Selon son envie et l'heure de la journée, on peut accompagner les verres de plats typiques du coin, dans une *gemütlichkeit* propre à l'Alsace. ■

LE OU LA WINSTUB ?

Sur le plan étymologique, *winstub* est formé suite à la combinaison de deux mots alsaciens : *Win*, qui signifie « vin », et *Stub*, qui désignait jadis la pièce principale des maisons alsaciennes, pièce qui était la seule chauffée en hiver. En alsacien, le mot est féminin (*une winstub*, *la winstub*), mais on l'entend de plus en plus souvent utilisé avec un article masculin (*un winstub*, *le winstub*), par analogie avec le genre du mot *restaurant* en français.

« vin »

WINSTUB

« pièce principale d'une maison »

GEMÜTLICHKEIT

Le mot *gemütlichkeit*, fait partie de ces mots allemands qu'on ne sait pas traduire en français. Il est dérivé de l'adjectif *gemütlich*, qui se rapporte au nom *Gemüt* (« cœur, esprit, moral, sentiment »), et s'emploie pour rendre compte d'un état de bien-être intense ou d'un environnement chaleureux.

GEMÜTLICHKEIT

« cœur, esprit, moral, sentiment »

VIGNOBLE D'ALSACE

Le contexte géologique hétérogène de l'Alsace a conduit à une multiplicité de cépages, sous lesquels les vins alsaciens (principalement blancs) sont d'abord connus (d'après une coutume germanique selon laquelle la variété de vigne l'emporte sur le terroir). L'AOC est ainsi suivie du nom du cépage dont le vin est issu : on trouve ainsi le *riesling*, le *pinot gris*, le *muscat*, le *gewurztraminer* – qui sont les quatre cépages nobles –, mais aussi le *sylvaner*, le *pinot blanc* et le *pinot noir*, le *chasselas*. On y produit également le *crémant d'Alsace* et le *marc d'Alsace gewurztraminer*.

LES WINSTUBS

Densité d'enseignes de restauration arborant le mot *win(s)tub* dans le nom de leur enseigne
Source des données : pagesjaunes.fr
Méthode : Estimation de la densité par la méthode du noyau.

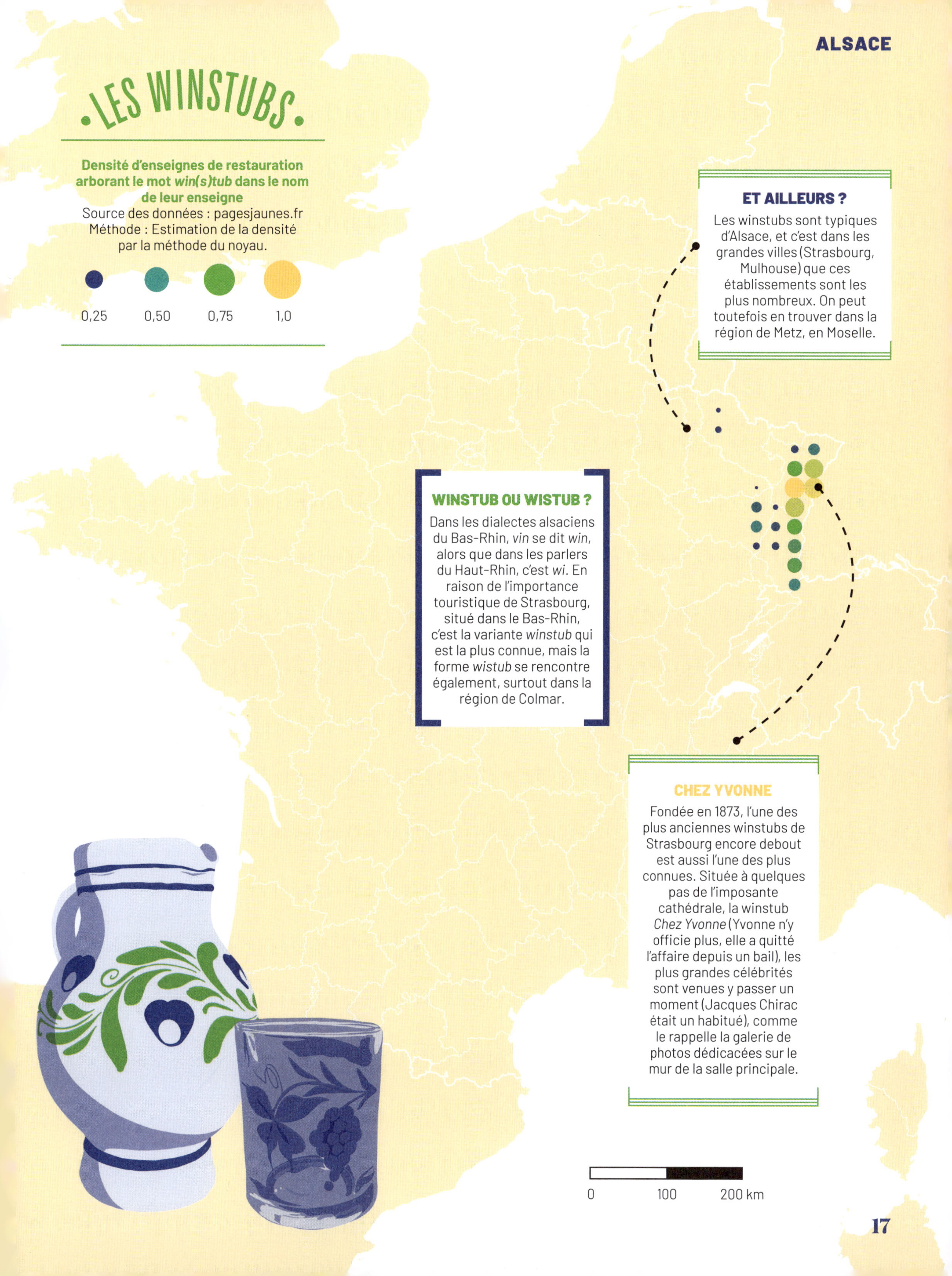

ET AILLEURS ?

Les winstubs sont typiques d'Alsace, et c'est dans les grandes villes (Strasbourg, Mulhouse) que ces établissements sont les plus nombreux. On peut toutefois en trouver dans la région de Metz, en Moselle.

WINSTUB OU WISTUB ?

Dans les dialectes alsaciens du Bas-Rhin, *vin* se dit *win*, alors que dans les parlers du Haut-Rhin, c'est *wi*. En raison de l'importance touristique de Strasbourg, situé dans le Bas-Rhin, c'est la variante *winstub* qui est la plus connue, mais la forme *wistub* se rencontre également, surtout dans la région de Colmar.

CHEZ YVONNE

Fondée en 1873, l'une des plus anciennes winstubs de Strasbourg encore debout est aussi l'une des plus connues. Située à quelques pas de l'imposante cathédrale, la winstub *Chez Yvonne* (Yvonne n'y officie plus, elle a quitté l'affaire depuis un bail), les plus grandes célébrités sont venues y passer un moment (Jacques Chirac était un habitué), comme le rappelle la galerie de photos dédicacées sur le mur de la salle principale.

PAIN AUX RAISINS OU SCHNECK ?

Presque partout en France, on appelle *pain aux raisins* cette viennoiserie faite de pâte briochée enroulée en forme de spirale, assortie de raisins secs et de crème pâtissière. Il existe toutefois des régions où d'autres dénominations sont répandues.
En Alsace, c'est le germanisme *schneck*, aussi écrit *schnecke*, qui signifie dans la langue de Goethe « escargot, limace », qui est le plus répandu. Surtout utilisé au masculin, il est parfois employé au féminin, bien que, dans ces emplois, la synonymie puisse donner lieu à de drôles de jeux de mots (*une schnecke* désignant dans l'argot local l'organe sexuel de la femme). En Lorraine, comme dans le Jura franco-suisse, c'est *escargot*, l'équivalent français de *schneck*, qui domine dans les boulangeries.
Ailleurs, il n'est pas possible d'expliquer pourquoi des adjectifs de nationalité sont employés pour désigner les pains aux raisins. En Bretagne, c'est le terme *alsacienne* (forme réduite de *brioche alsacienne*) qui résiste encore dans certaines boulangeries, alors qu'à Lyon et alentour on parle de *pain russe*, et dans le Nord, on mange des *pains suisses* ou des *couques suisses* ! ■

• PAIN AUX RAISINS •

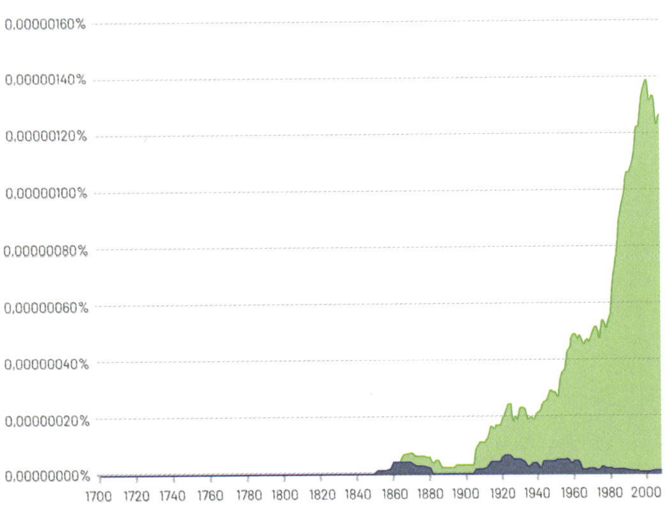

Occurrences de *pain aux raisins* et *pain aux raisins de Corinthe* de 1800 à nos jours
Légende :Pourcentage d'occurrences par rapport au nombre de mots dans Google Ngram.
Source des données : Google Ngram.

pain aux raisins — pain aux raisins de Corinthe

DEPUIS QUAND ?

On peut faire remonter au milieu du XIXe siècle la création du pain aux raisins. Une recherche dans les archives nous indique qu'un brevet d'invention d'une durée de 15 ans pour une viennoiserie fantaisie appelée *pain aux raisins de Corinthe* a été déposé le 28 décembre 1864 par un M. Émile-Anthime Ansiau, domicilié à Paris. Dans les usages, on voit que la forme courte *pain aux raisins* a rapidement remplacé la forme longue, qui précisait l'origine des raisins.

FLEISCHSCHNECKE

Les *fleischschnecke* (ou *fleischschnacka* dans le Haut-Rhin) sont, littéralement, « des escargots à la viande ».

❶ **Pâte à nouille :** Mélangez 300 g de farine, 100 g de semoule fine et 4 œufs jusqu'à obtenir une préparation homogène. Réfrigérez au moins 1 h.

❷ **Farce :** Émincez 2 petits oignons ; effeuillez et hachez ½ botte de persil. Dégraissez et hachez 1 kg de restes de viande à pot-au-feu (ou, à défaut, 800 g d'un mélange de bœuf, porc et veau). Colorez l'oignon dans un peu de beurre. Hors du feu, ajoutez le persil, la viande, 80 g de chapelure ou de pain rassis trempé dans un peu de lait. Assaisonnez fortement et réfrigérez.

❸ **Montage :** Étalez la pâte en un grand rectangle assez fin. Répartissez la farce sur une épaisseur homogène, en prenant soin de laisser une réserve de pâte pour souder les bords. Humidifiez le bord sans excès et roulez la pâte dans la longueur. Filmez le boudin et réfrigérez une nuit (ou congelez 1 h).

❹ **Cuisson et service :** Coupez des tranches d'environ 2 cm d'épaisseur. Farinez-les sans excès puis colorez-les dans un peu de beurre. Disposez-les dans un plat à gratin, couvrez de bouillon chaud et enfournez à 170 °C pendant 20 à 30 min. Servez sans attendre, nature ou avec une sauce à la crème !

PAIN AUX RAISINS

Dénominations du *pain aux raisins*
Source des données :
Enquêtes Français de nos Régions.
Méthode : Méthode des *k*
plus proches voisins.

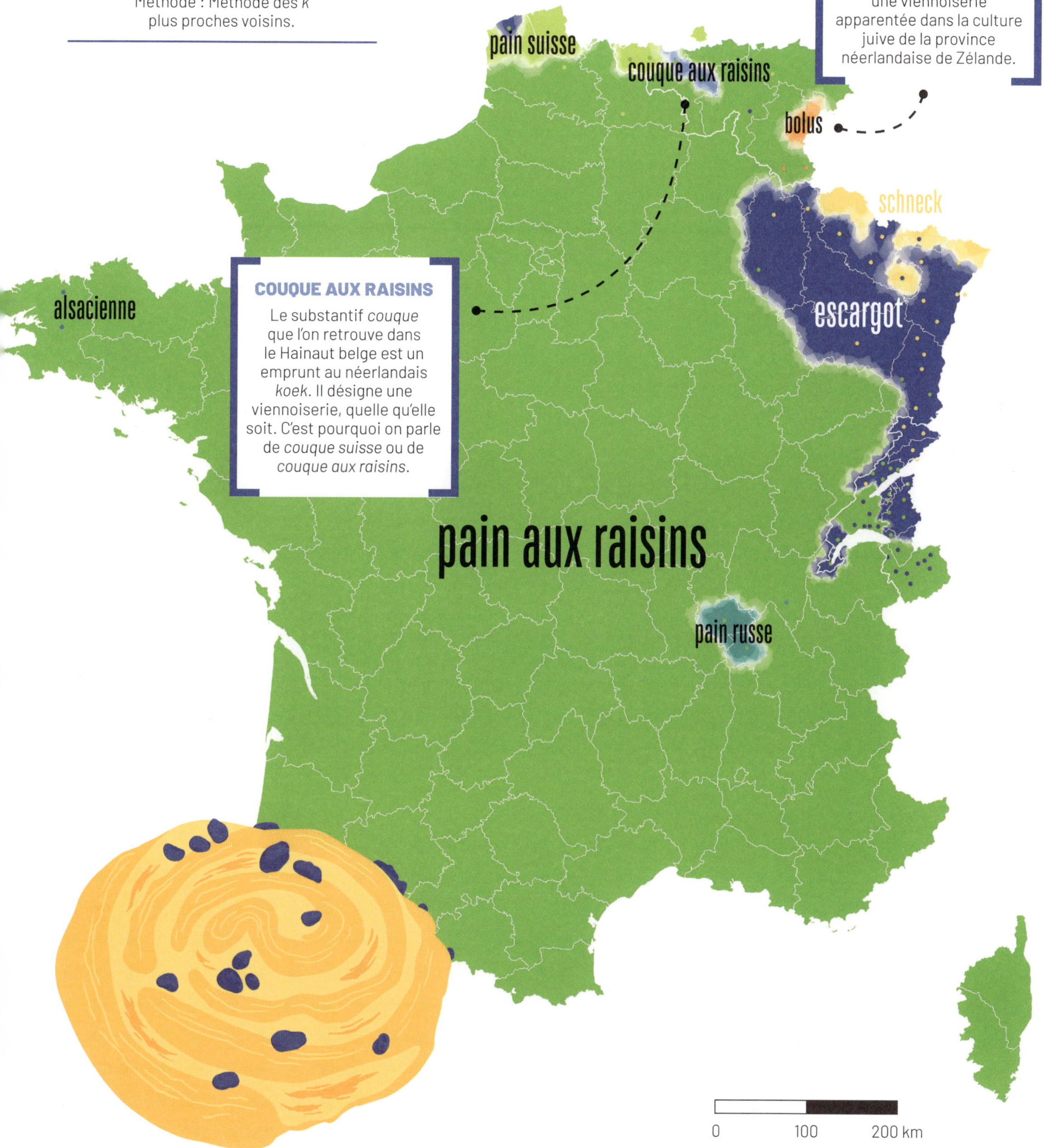

BOLUS

L'origine du mot *bolus* (ou *baulus*), en usage dans la région de Virton, en Belgique, est yiddish : c'est un mot qui signifie « boule » et qui désigne une viennoiserie apparentée dans la culture juive de la province néerlandaise de Zélande.

COUQUE AUX RAISINS

Le substantif *couque* que l'on retrouve dans le Hainaut belge est un emprunt au néerlandais *koek*. Il désigne une viennoiserie, quelle qu'elle soit. C'est pourquoi on parle de *couque suisse* ou de *couque aux raisins*.

QUELQUES SPÉCIALITÉS ALSACIENNES

LES PLUS CONNUES

Dans le paysage gastronomique de la France, l'Alsace occupe une place à part, notamment en raison de la consonance germanique des nombreuses spécialités que l'on y trouve. Quelques-unes de ces spécialités sont aujourd'hui produites et consommées aux quatre coins de la France, comme l'atteste l'absence de la marque « régional » dans les dictionnaires généraux du français. Parmi les plus répandues en France et au-delà, on peut citer :

- La *choucroute*, une préparation à base de choux pommé coupé en fines lanières et fermenté en cuve. On qualifie la choucroute de *garnie* quand elle est servie accompagnée de pommes de terre, de viande et de charcuterie. Elle est dite *garnie de la mer* si elle est servie avec du poisson ou des fruits de mer.

- La *flammekueche*, littéralement « tarte à flamme », mais qu'on a traduit en français par *tarte flambée*. Longtemps considérée comme une spécialité alsacienne, la flammekueche a aujourd'hui largement conquis l'Europe. Bizarrement, l'équivalent français *tarte flambée* n'est guère employé en dehors de l'Alsace !

- Les *bretzels*, dont la forme mime la position de deux bras croisés sur la poitrine, et qui sont consommés sucrés ou salés. ■

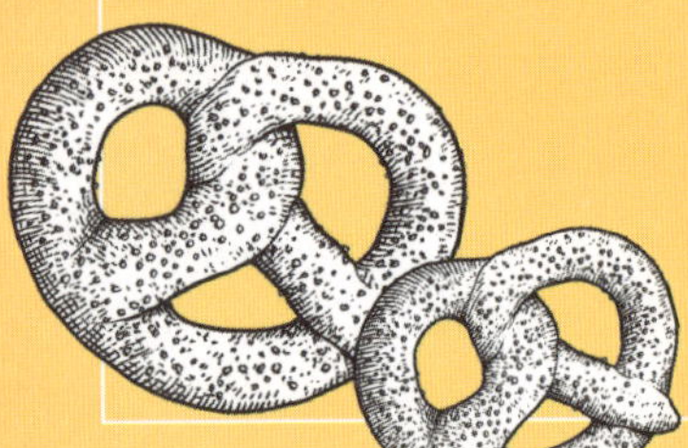

ÉTYMOLOGIE POPULAIRE

L'étymologie populaire décrit un phénomène de changement linguistique qui s'explique par la réinterprétation analogique d'un son, d'une syllabe ou d'un mot avec un autre, pour aboutir à un nouveau mot, proche sur le plan de la forme, mais sans rapport sur le plan du sens. Le mot *choucroute* est un exemple emblématique que les linguistes utilisent pour illustrer l'étymologie populaire. *Choucroute* vient en effet de l'alsacien *Sürkrüt*, composé des mots *Sür*, « aigre » et *Krüt*, « chou ». Quand les francophones ont entendu le mot en alsacien, ils ont rapproché *Sür* de *chou* et *Krüt* de *croûte*. La choucroute était née !

• FLAMMEKUECHE OU TARTE FLAMBÉE ? •

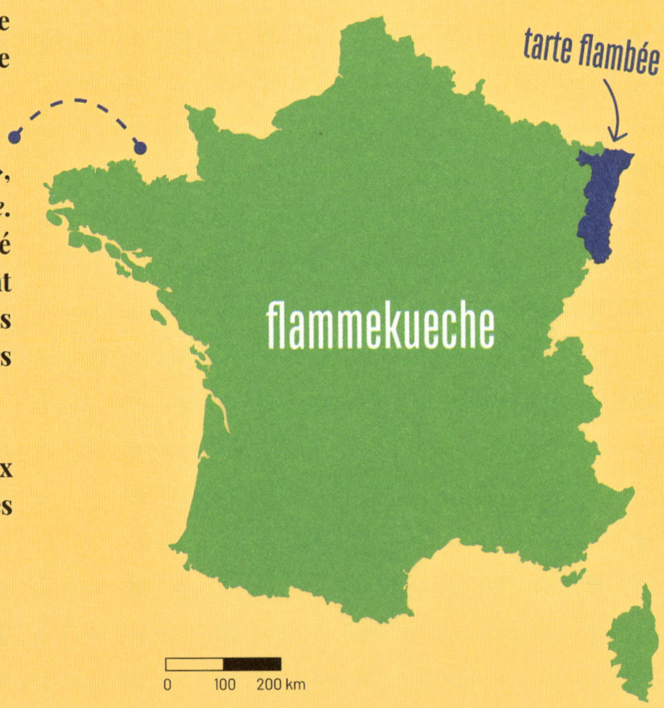

Dénominations de la *tarte flambée*
Source des données : GoogleTrends, 2004-2021.

LA CHARCUTERIE

La viande de porc occupe une place importante dans la gastronomie alsacienne. À côté des saucisses de Strasbourg qu'on appelle localement *knacks* (en raison du bruit que fait la saucisse quand on la croque), il existe tout un tas de *wursts* (saucissons) :
- *bierwurst*, parfumé à la bière ;
- *shwarzwurst*, de couleur noire, à base de sang de porc et de gras de lard ;
- *schinkenwurst*, au jambon ;
- *zungewurst*, à la langue ;
- *schmirwurscht*, à tartiner, connu aussi sous l'appellation *colmett d'Alsace*. ■

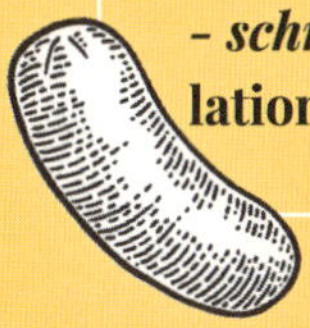

À LA CARTE DES MEILLEURES WINSTUBS

On sert en entrée du *presskopf* (« tête pressée »), un pâté en gelée réalisé à partir des morceaux charnus, comme les joues, le groin, la langue de l'animal et cuit avec différents légumes et herbes. En plat de résistance, la *schiffala* (*schiffele* dans le Haut-Rhin) est un morceau d'épaule de porc fumée qu'on appelle plus généralement *palette*. Le *waedele* (ou *waedela* dans le Haut-Rhin) est un morceau qui correspond au jarret. Les *lewerknepfle* (quenelles à base de foie) ou *markknepfle* (quenelles ou boulettes d'os à moelle) font aussi figure d'incontournables.

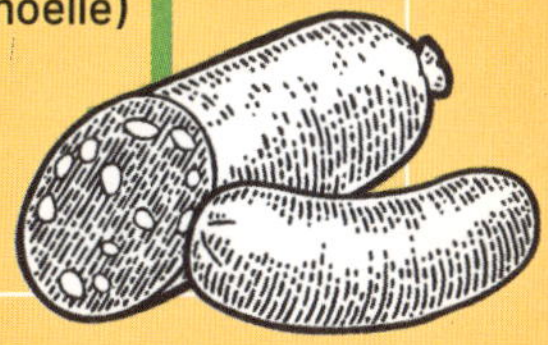

LES MOINS CONNUES

Mais l'Alsace, c'est aussi des plats simples et populaires, qui peut-être (qui sait ?) reviendront à la mode un jour et connaîtront un destin similaire à leurs homologues plus connus.

LE *BAECKEOFE*

C'est tout ce qu'on souhaite au *baeckeofe* (*baeckaofa* dans le Haut-Rhin), une potée à base d'un mélange de viandes d'agneau, de porc et de bœuf, marinées et mijotées à l'étouffée avec des pommes de terre et d'autres légumes du jardin (carottes, poireaux, céleri, fenouil, en fonction des saisons). Jadis, les *baeckeofes* étaient préparés par les ménagères du foyer. Avant de se rendre à la messe le dimanche, elles déposaient leurs terrines chez les boulangers du coin et les laissaient cuire dans leurs fours plusieurs heures. Sur le plan étymologique, il s'agit d'un mot alsacien non adapté en français, qui désigne le « four de boulanger » (avec *Bäck*, « boulanger » et *Ofen*, « four »). On trouve parfois la graphie *bäckeofe*. ■

LES *BIBELESKAES*

Un autre grand classique de la cuisine régionale d'Alsace, version végétarienne, est le *bibeleskaes* (*Bibbalakaas* dans le Haut-Rhin). Il est aussi appelé *fromage blanc alsacien*. Il accompagne des pommes de terre sautées ou à la vapeur. L'allemand *Bibeleskäse* se traduit mot à mot par *fromage des poussins*. C'est parce que à l'origine, cette préparation de lait caillé, d'avoine et de céréales était destinée à nourrir les petits de la poule. ■

LES *SPAETZLE*

Les *spaetzle* (diminutif de *Spatzen*, mot allemand désignant un moineau) sont des pâtes à base de farine, d'eau et d'œufs, que l'on poche et que l'on fait revenir dans du beurre. Ils accompagnent parfaitement le gibier et autres viandes en sauce. On les retrouve dans d'autres régions du monde germanophone, mais aussi francophone. Ainsi, en Suisse, on parle de *spätzli*. ■

DOUCEURS D'ALSACE

L'Alsace, ce n'est pas seulement des spécialités à base de pommes de terre, de choux et de viande, c'est aussi une région qui dispose d'excellents desserts gourmands.

LE KOUGELHOPF

Tout le monde connaît le *kougelhopf* (aussi commercialisé sous les dénominations *kugelhopf* ou *kouglof*), sorte de brioche, garnie de raisins secs et parsemée de sucre glace, facilement reconnaissable en raison de son allure de cheminée.
Il existe tant de variantes de ce gâteau qu'il serait vain de tenter d'en faire une liste exhaustive. En voici deux à titre d'exemples : salé, il est parsemé de lardons et servi en apéritif ; glacé, il se présente comme un dessert individuel à base de crème glacée qui en reproduit la forme. ■

BITTERLMAN(N)

Sans doute parce que à l'origine ce mets était réalisé à partir des restes de pain que l'on donnait aux mendiants, on appelle *bitterlman(n)* le dessert sucré confectionné à partir de restes du kougelhopf, accommodés avec du lait et des fruits (cerises ou pommes, selon la saison).

LE LAMMELE

ÉTYMOLOGIE

Le mot *osterlammele* est le résultat de l'agglutination de trois mots alsaciens : *oster*, « Pâques », *lam(m)*, « agneau » et *-le*, un suffixe diminutif.

HISTOIRE

Le week-end de Pâques marque la fin du carême, et donc de la période des jours maigres.
Ces gâteaux, confectionnés depuis au moins le XVIe siècle, étaient une manière d'écouler les stocks d'œufs accumulés depuis le mardi gras (p. 152-153).

Le *lammele*, aussi appelé *osterlammele* (*lamala* ou *lammala* dans le Haut-Rhin), est une petite pâtisserie traditionnelle qui, comme l'indique son nom en alsacien, prend la forme d'un petit agneau. Confectionné spécifiquement pour le repas de Pâques, il se mange en dessert, saupoudré de sucre glace, accompagné d'une salade de fruits frais.
Comme les baeckeofes, les lammele sont cuits dans des moules confectionnés par les potiers de la ville de Soufflenheim. Ces moules donnent au biscuit la forme et les traits du petit animal en position couchée et lui permettent de garder son moelleux et son parfum délicat. ■

Le mot de la faim

HERVÉ THIS

physico-chimiste, coinventeur de la gastronomie moléculaire

Un coin préféré dans la région
Évidemment la ville de Kientzheim ; je vois le vignoble de ma chambre !

Un plaisir coupable
Jamais coupable : la gourmandise est une qualité ! Je suis très peu bec sucré, à part peut-être pour la Forêt-Noire et le brie au kirsch, ou encore un beau kougelhopf ou un lammele bien fait.

La première spécialité dont vous parlez quand vous évoquez la région
Le bibeleskaes avec des roigebrageldi, des pommes de terre rôties au lard fumé. Mais aussi le foie gras d'oie en croûte dit *à la Clause*, du nom du cuisinier qui l'a inventé alors qu'il était au service du gouverneur militaire d'Alsace – d'où son premier nom de *pâté à la Contades*, d'après ce gouverneur.

Un incontournable familial
Je fais des pâtés vosgiens presque tous les dimanches soir, mais mon kougelhopf n'est pas mal non plus. Ma recette est née d'un questionnement lié à l'action des levures sur le goût du vin jaune. Pourquoi ne pas exploiter cette action pour corser le goût des brioches ? L'analyse montre que le gonflement cesse à un certain stade, que l'on doit identifier comme celui où les levures ont épuisé les nutriments de leur environnement. L'idée, c'est de replier plusieurs fois la pâte sur elle-même (on dit *rabattre*), afin de remettre les cellules survivantes dans un nouvel environnement, qui permettra leur multiplication, et rabattre, et rabattre encore, pour favoriser l'apparition d'un goût de brioche apparenté à un goût de vin jaune !

Retrouvez les travaux d'Hervé This sur sites.google.com/site/travauxdehervethis et sur hervethis.blogspot.com

KOUGELHOPF
d'Hervé This

6 pers.

1. Dans une terrine, mettez ¼ de litre de lait tiédi et 20 g de levure fraîche. Couvrez et tenez au tiède.
2. Quand ça commence à mousser, ajoutez 500 g de farine, 200 g de beurre à température ambiante, 100 g de sucre, 2 œufs, 10 g de sel. N'oubliez pas le sel ! Travaillez bien jusqu'à ce que la préparation soit lisse.
3. Couvrez et faites pointer (lever) 1 heure.
4. Rompez, couvrez à nouveau et faites encore lever.
5. Rabattez, couvrez, faites lever. Recommencez cette étape.
6. Pendant ce temps, faites gonfler 75 g de raisins secs dans un peu d'eau bouillante. Faites réduire.
7. Une fois la pâte bien levée, égouttez les raisins (conservez l'eau de trempage) et ajoutez-les à la pâte. Façonnez dans un moule à kougelhopf en terre, bien beurré et sucré.
8. Couvrez et faites lever 1 h 30 à 2 h.
9. Cuisez 50 min à 180 °C.
10. Pendant ce temps, faites bouillir ensemble l'eau des raisins, du kirsché (kirsch réduit à 18 %) à convenance, de la vanille et du sucre.
11. Attendez que le moule refroidisse un peu avant de démouler. Puis arrosez le kougelhopf du sirop constitué de kirsché et de l'eau de trempage des raisins.

AUVERGNE

Rencontre avec… SÉBASTIEN BRAS

chef du restaurant *Le Suquet*, à Laguiole

« **Je fais une cuisine qui est en perpétuel changement, qui se calque sur les saisons. C'est compliqué de réfléchir en hiver pour le mois d'avril car on s'adapte aux productions et aux cueillettes de l'instant ; par exemple j'aime commencer la saison avec l'*érythrone dent-de-chien*, qui pousse dès les premiers jours du printemps. Je la sers avec un filet d'huile, de manière très naturelle. Les menus sont imprimés deux fois par jour. Ils sont la somme de souvenirs, de rencontres et d'intuitions. Voilà pourquoi même les plats emblématiques évoluent : il existe 150 versions du coulant au chocolat de mon père, le gargouillou change tous les jours en fonction des cueillettes… Ma cuisine oscille entre un héritage et l'air du temps.** »

Le plat régional incontournable

L'*aligot*, ancré dans l'histoire du pays notamment grâce au pèlerinage de Compostelle.

Le plat inconnu que tout le monde devrait découvrir

Le *sac d'os*, qu'on appelle localement le *pastre*. C'est un produit fabriqué par nos charcutiers locaux. Lors des cochonnailles, la viande maigre est emballée dans un boyau puis pochée et séchée comme une charcuterie. Il faut le dessaler fortement avant de le consommer.

Le plat que vous pourriez manger sans jamais vous lasser

On trouve dans le sud de la région un veau de grande qualité. Ma grand-mère le mettait au sel avant de le cuire… C'était un merveilleux plat du dimanche. Mon autre grand-mère récupérait la peau de lait épaisse à la surface du lait cru qu'on mangeait au petit-déjeuner.

Le mot interdit dans votre établissement

En salle, je déteste qu'on demande « Vous avez terminé ? » quand les assiettes sont vides… Et en cuisine, le mot *chef*. Ça date de mon père, mais c'est resté.

Le meilleur conseil à donner à un gourmet qui passe aux alentours

La clairière des Enguilhens, immense et perdue au fond des bois, un endroit secret au détour d'un chemin. C'était aussi, dans une grotte naturelle, un repaire où se réfugiaient les résistants pendant la guerre. Je pourrais aussi vous parler de la route de Saint-Urcize, qui longe une vallée magnifique parsemée de burons et de forêts. C'est une région à parcourir à vélo !

LA RECETTE DU CHEF

ALIGOT AU POTIMARRON

de Sébastien Bras

4 pers.

300 g de tomme fraîche de Laguiole
870 g de pommes de terre
340 g de potimarron
320 g de lait
170 g de crème
170 g de beurre
60 g d'huile de noix
1 cuillère à soupe de sel

1. Épluchez les pommes de terre. Taillez-les, ainsi que le potimarron, en gros cubes. Cuisez-les 10 à 15 min à la cocotte-minute.
2. Dans une autre cocotte, sur le feu, mélangez le lait, la crème, le sel, l'huile et le beurre jusqu'à obtention d'un liquide homogène.
3. Au moulin à légumes, au-dessus de cette cocotte, réduisez les légumes cuits en purée.
4. Remettez sur le feu, mélangez jusqu'à obtenir une texture homogène.
5. Ajoutez la tomme fraîche. Liez le fromage à la purée de sorte que l'ensemble forme des fils. La préparation ne doit pas trop chauffer : 67 °C au maximum.
6. Servez !

LAGUIOLE

Située dans l'Aveyron, la ville de Laguiole est la porte naturelle de l'Auvergne historique vers le Midi. La ville est réputée pour ses couteaux et ses fromages, fabriqués autour et sur le plateau de l'Aubrac, dont cette tomme fraîche, proche parente de celle du Cantal avant affinage.

INTERDICTION DE MIXER

Attention, les pommes de terre ne se mixent pas, au risque de produire une pâte élastique peu appétissante : utilisez le moulin à légumes recommandé (ou votre presse-purée) ! Pour cette recette, préférez des pommes de terre farineuses de type Bintje, Ditta ou Eden.

HUILE DE NOIX

Typique d'Auvergne et du Dauphiné, l'huile de noix donne de la longueur en bouche sans masquer le goût des aliments qu'elle condimente. Comme c'est souvent le cas avec les huiles aromatiques, l'huile de noix rancit vite : achetez-la en petite quantité et conservez-la au frigo.

POTIMARRON

Le potimarron est une petite courge à la chair dense. Sa peau fine n'a pas besoin d'être épluchée.

QU'EST-CE QUI FAIT DES FILS DANS LE FROMAGE ?

Si l'on exclut les fromages industriels précisément trafiqués à cet usage, notez qu'un fromage filant est par principe modérément acide, salé et vieux. Il y a également une température de fonte idéale : si la mozzarella file à 50 °C, il faut atteindre 65 °C pour le gruyère – très proche des 67 °C recommandés ici. Les fils de l'aligot peuvent s'étirer jusqu'à 3 mètres !

LA TRUFFADE

La *pomme de terre* ou *patate* entre dans la confection de nombreux plats régionaux. Rissolées et accompagnées de reblochon elles sont l'ingrédient principal de la tartiflette (dite autrefois *pêla*, p. 202-203). Préparées avec des oignons, puis recouvertes de tomme fraîche, elles sont à la base d'un plat typique de l'Auvergne et plus particulièrement des monts du Cantal : la *truffade* !

Sur le plan historique, la consommation de la pomme de terre en Europe est relativement récente. Elle remonte au XVIe siècle, période à laquelle les marins, à la suite de Christophe Colomb, reviennent en Espagne les bras chargés de pommes de terre. Le tubercule prend alors le nom de *patata* (résultat d'un croisement entre *papa*, du quechua, et *batata*, du taíno, qui désigne alors la patate douce). De là, il s'exporte en Italie, où il reçoit un nom similaire à celui de la truffe, *tartufflo*, par analogie avec le fait qu'il pousse dans la terre et qu'il a le même aspect boursouflé que la truffe blanche. De l'Italie, la pomme de terre voyage en Suisse, puis en Allemagne, où le mot s'adapte phonétiquement pour devenir *Kartoffel*.

En France, la culture de la pomme de terre reste assez peu répandue en dehors de l'Alsace, de la Lorraine, de la Savoie et du Midi jusqu'au XVIIIe siècle, époque à laquelle un certain Antoine Augustin Parmentier (à qui l'on doit le nom d'un célèbre gratin) promeut sa culture dans la partie septentrionale de la France, où sa consommation par l'homme était jusqu'alors considérée comme impropre. ■

ÉTYMOLOGIE

Truffade (en occitan *trufada*) est dérivé du mot *truffe* (*trufa* en occitan), qui désigne – dans le français régional comme dans les parlers locaux – une « pomme de terre ». Le suffixe *-ade* (*-ado* en occitan) marque ici le dérivé d'un produit (c'est le même suffixe qu'on retrouve dans des mots comme *orangeade*, *carbonnade*, *grillade*, etc.).

CONNAISSEZ-VOUS LE RETORTILLAT ?

Aussi prononcé *rétortillat*, le *retortillat* (un plat cousin de la truffade) est préparé avec de la tomme de Laguiole ou du laguiole, un fromage typique de l'Aubrac. Sur le plan étymologique, *rétortillat* est à rapprocher de l'occitan *retortilhar*, qui signifie *entortiller* (par analogie sans doute avec le fait que le fromage fait des fils.

DÉCLINAISONS DE LA TRUFFADE

Comme c'est le cas pour l'ensemble des spécialités régionales, il existe autant de recettes de truffades que de foyers. On confectionne la truffade avec de la tomme fraîche (de cantal ou de salers). D'aucuns vous diront que l'ajout de crème fraîche permet d'atténuer le goût, d'autres qu'un morceau de lard ou des lardons sont indispensables à la cuisson des pommes de terre.

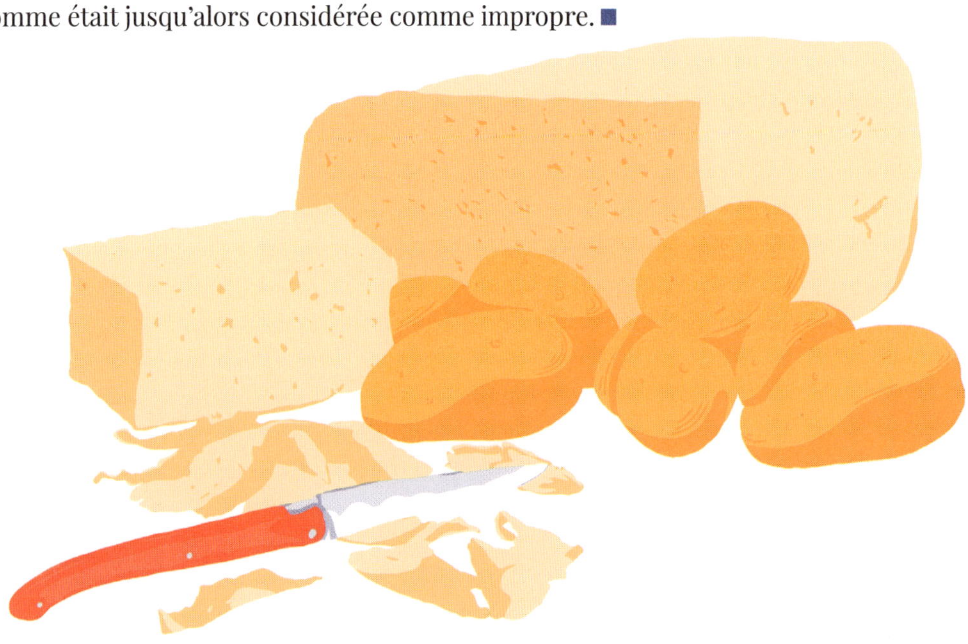

POMME DE TERRE

Dénominations de la *pomme de terre* dans les parlers galloromans vers la fin du XIXe siècle
Source des données : ALF 1057.

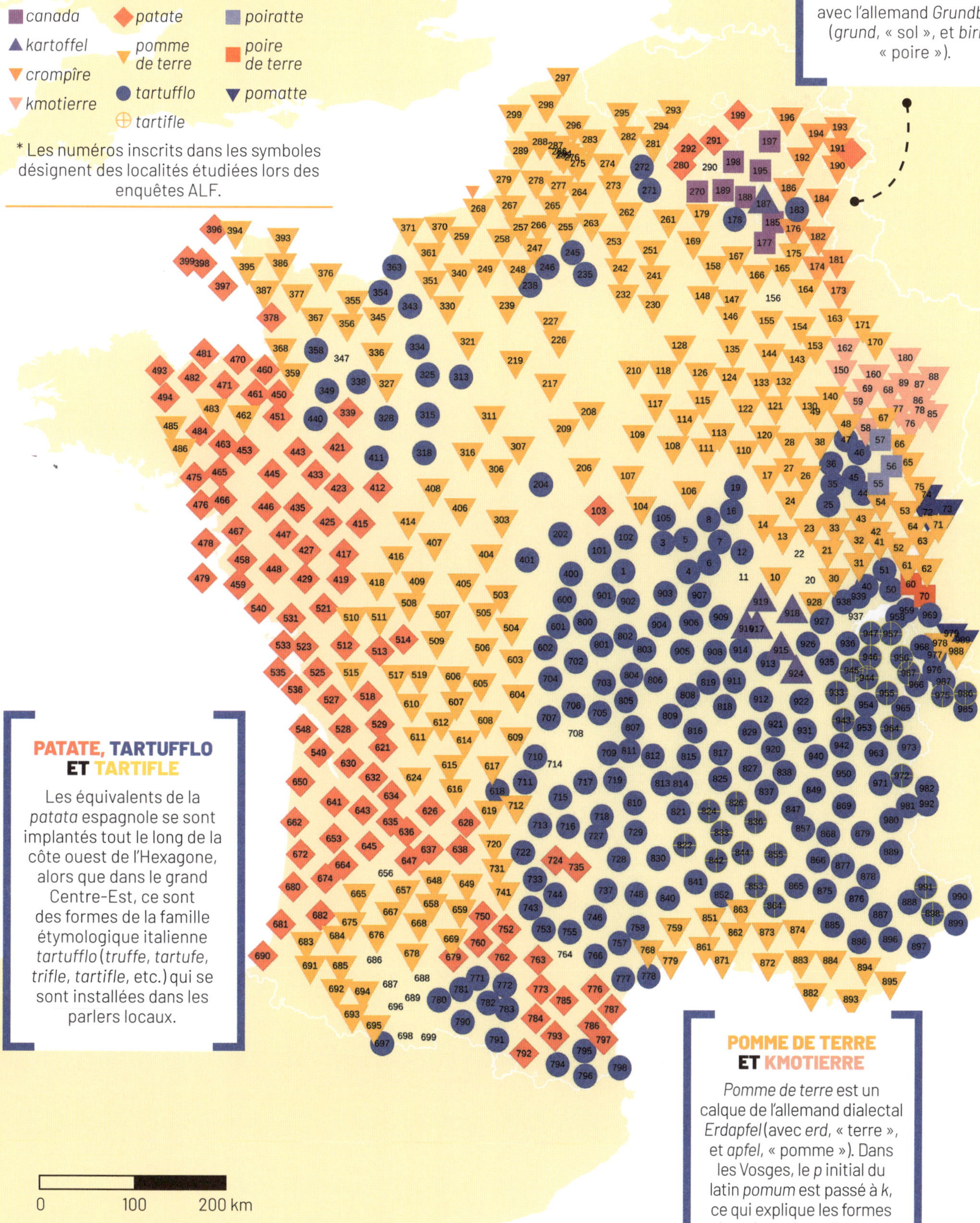

CROMPÎRE

Crompîre et ses variantes sont à mettre en relation avec l'allemand *Grundbirne* (*grund*, « sol », et *birne*, « poire »).

PATATE, TARTUFFLO ET TARTIFLE

Les équivalents de la *patata* espagnole se sont implantés tout le long de la côte ouest de l'Hexagone, alors que dans le grand Centre-Est, ce sont des formes de la famille étymologique italienne *tartufflo* (*truffe*, *tartufe*, *trifle*, *tartifle*, etc.) qui se sont installées dans les parlers locaux.

POMME DE TERRE ET KMOTIERRE

Pomme de terre est un calque de l'allemand dialectal *Erdapfel* (avec *erd*, « terre », et *apfel*, « pomme »). Dans les Vosges, le *p* initial du latin *pomum* est passé à *k*, ce qui explique les formes *kmotierre*, *kmo de terre*.

MILLARD OU FLOGNARDE ?

Le *millard* – aussi orthographié *milliard* ou *milhard* – est une spécialité sucrée auvergnate qui consiste en une préparation à base de pâte à crêpes très claire, dans laquelle sont incorporées des cerises bien noires, fraîchement cueillies et non dénoyautées. En ce sens, le millard ne se différencie du *clafoutis* limousin que par son nom. La recette comme le produit sont en effet identiques !
Autrefois, dans les familles de paysans, où la plupart des repas consistaient en des plats uniques (une potée, un aligot, une truffade, une soupe), le millard était réservé au repas du dimanche : c'est en ce jour qu'on mangeait en général du dessert.

Traditionnellement, on prépare le millard de la mi-mai à la mi-juin, période pendant laquelle on récolte des cerises. Le reste de l'année, on réalise le millard avec d'autres fruits : pommes, poires, abricots, prunes, voire un mélange de tout ça.

Dans le Limousin, cette préparation de clafoutis sans cerises prend le nom spécifique de *flognarde* (ou *flaugnarde*). ■

ÉTYMOLOGIE

Dans l'Allier, le mot est resté plus proche de la forme qu'il avait en dialecte, c'est-à-dire *milla* (ou *millat*), dérivé sur l'occitan *mille*, qui correspond au français *millet* (terme générique qui désigne plusieurs espèces de graminées, utilisées pour produire de la farine). Dans le Puy-de-Dôme, dans le Cantal et en Haute-Loire, le mot *milla* a été modifié lors de son passage en français, par analogie avec le mot français *milliard*. Le nombre important de cerises nécessaires pour la confection de cette pâtisserie a sans doute joué un rôle dans ce processus d'étymologie populaire.

MILLE
« plusieurs espèces de graminées »
↓
MILLA
↓
MILLARD

ASTUCE POUR UN BON MILLARD

Il est important de ne pas retirer les noyaux des cerises, car ces derniers – en plus du goût qu'ils ajoutent – permettent aux fruits de ne pas rendre d'eau, et donc de maintenir la pâte du millard fondante en bouche une fois qu'il est cuit.

MILLARD AUX FRUITS, LA RECETTE DE PAULETTE

Grand-mère de l'auteur Jean Mathat-Christol

1. Pour 1,5 kg de fruits, battez ensemble 3 œufs, 8 c. à s. rases de sucre et ajoutez 10 c. à s. rases de farine.
2. Éclaircissez avec du lait (ou de la crème) jusqu'à obtenir la consistance d'une pâte à crêpes un peu épaisse.
3. Beurrez un moule et mettez-y les fruits. Couvrez de pâte et enfournez environ 40 min à 180-200 °C.

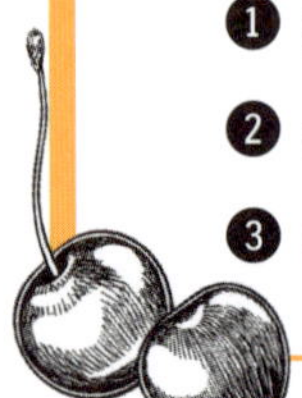

MILLARD OU FLOGNARDE ?

Aire de *millard* et *flognarde* au sens de « clafoutis »
Source des données : Enquêtes DRF, 1994-1996.
Méthode : Méthode des *k* plus proches voisins.

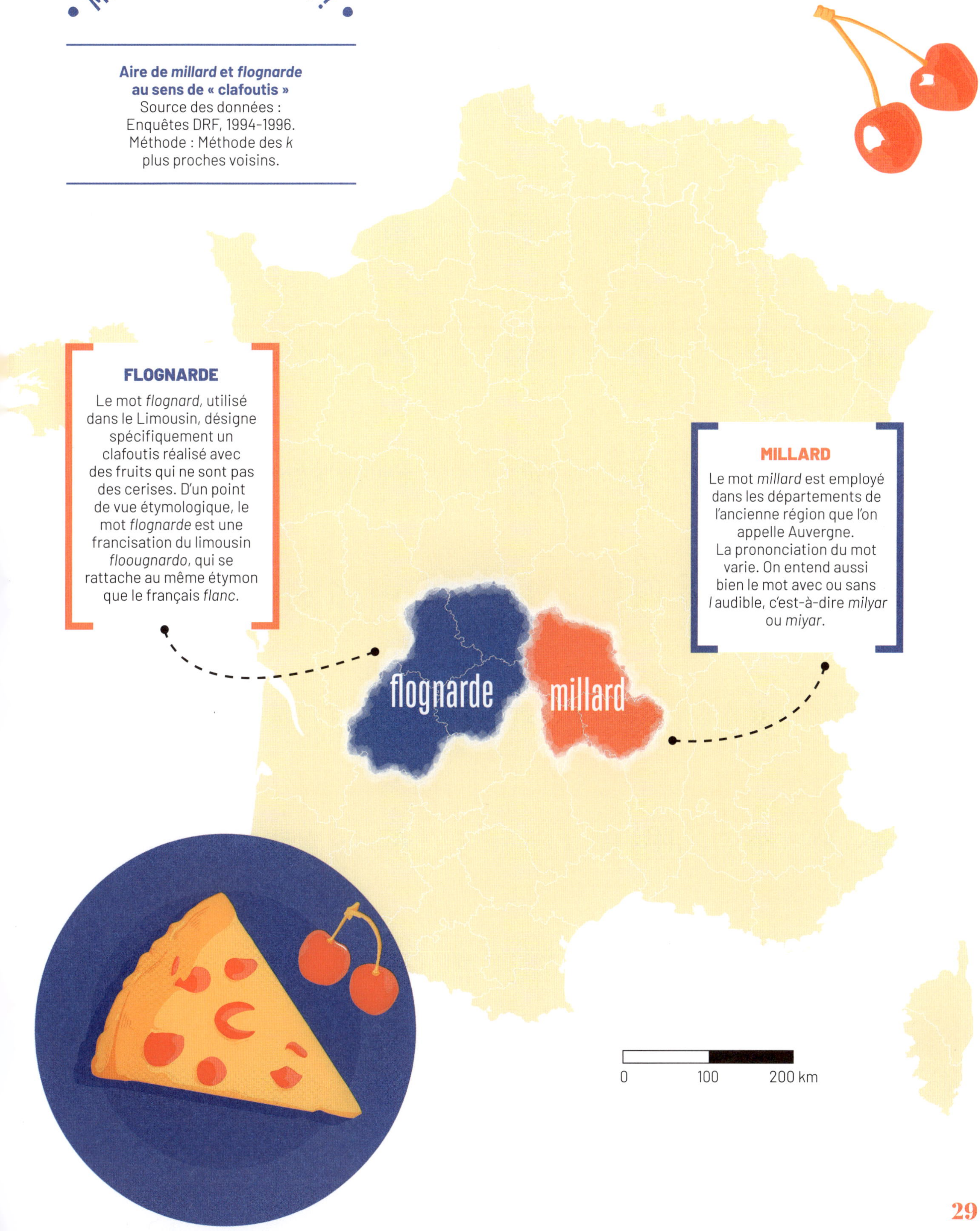

FLOGNARDE

Le mot *flognard*, utilisé dans le Limousin, désigne spécifiquement un clafoutis réalisé avec des fruits qui ne sont pas des cerises. D'un point de vue étymologique, le mot *flognarde* est une francisation du limousin *floougnardo*, qui se rattache au même étymon que le français *flanc*.

MILLARD

Le mot *millard* est employé dans les départements de l'ancienne région que l'on appelle Auvergne.
La prononciation du mot varie. On entend aussi bien le mot avec ou sans *l* audible, c'est-à-dire *milyar* ou *miyar*.

LES FOURMES DU MASSIF CENTRAL

On appelle *fourme* un ensemble de fromages produits dans le Massif central. La fabrication de certaines variétés de fourmes est ancienne et résulte d'un savoir-faire acquis depuis au moins le Moyen Âge. Jadis, les fourmes étaient produites de façon artisanale, dans les *jasseries* des monts du Forez, équivalents des *burons* du Massif central, ces bâtiments de montagne, comparables aux chalets alpins, qui constituaient l'habitat des bergers lors de l'estive (de mai à octobre). Les fourmes étaient stockées dans les caves de ces bâtiments, puis descendues dans la vallée pour être vendues sur les marchés des grandes villes. Elles prenaient alors le nom de la localité accueillant le marché où elles étaient vendues : Ambert dans le Puy-de-Dôme, Montbrison dans le département de la Loire, Laguiole dans le département du Cantal, etc.

Depuis la fin du XIXe siècle, en raison des changements qu'ont connus nos sociétés, la production des fourmes s'est industrialisée. Les techniques de fabrication ont également évolué, et certaines variétés ont acquis dans les années 1960 une AOC (appellation d'origine contrôlée). Aujourd'hui, le mot *fourme* désigne principalement deux types de fromage :

• Un fromage au lait de vache, à pâte pressée non cuite. Parmi les plus connues : la *fourme de Salers*, la *fourme de Cantal*, la *fourme de Laguiole*, la *fourme de Rochefort-Montagne*.

• Un fromage bleu à pâte non cuite, légèrement pressée et persillée. Les plus célèbres : la *fourme d'Ambert*, la *fourme de Montbrison* (au lait de vache) ; la *fourme de Roquefort* (au lait de brebis).

L'usage préfère plutôt le mot *fourme* et lui préfère ponctuellement le mot *tomme*. Il arrive bien souvent que le nom de la localité désigne le fromage lui-même. C'est ce qui explique que l'on parle familièrement de *cantal*, de *laguiole*, de *roquefort*, etc., sans préciser qu'il s'agit de fourme. ■

• AOC, AOP OU IGP ? •

Le label AOC s'applique à des produits du terroir français, réalisés selon un savoir-faire reconnu. Leur origine géographique, comme leur fabrication (composition, technique) répondent à un cahier des charges précis, et font l'objet d'une procédure de contrôle. Le label a été mis au point au début du XXe siècle, et s'appliquait d'abord aux vins : il avait été proposé pour lutter contre la fraude et les malfaçons.

Au niveau européen, le label correspondant est l'AOP (appellation d'origine protégée).

Quant au label IGP, il désigne des produits dont l'indication géographique est protégée.

DU FROMAGE SINON RIEN

On estime que 95 % des Français consomment du fromage au moins une fois par semaine. Dans les ménages, les produits fromagers représentent 7 % du budget alimentaire moyen.

CUISINE

Ces fromages entrent dans la confection de nombreuses spécialités locales, comme l'aligot, la truffade ou encore le retortillat.

SANS AOC

Le mot *fourme* s'applique parfois à des fromages bleus sans AOC, produits dans le Velay, région de la Haute-Loire.

FOURMES

Aire géographique de la production des fourmes
Source des données : www.data.gouv.fr

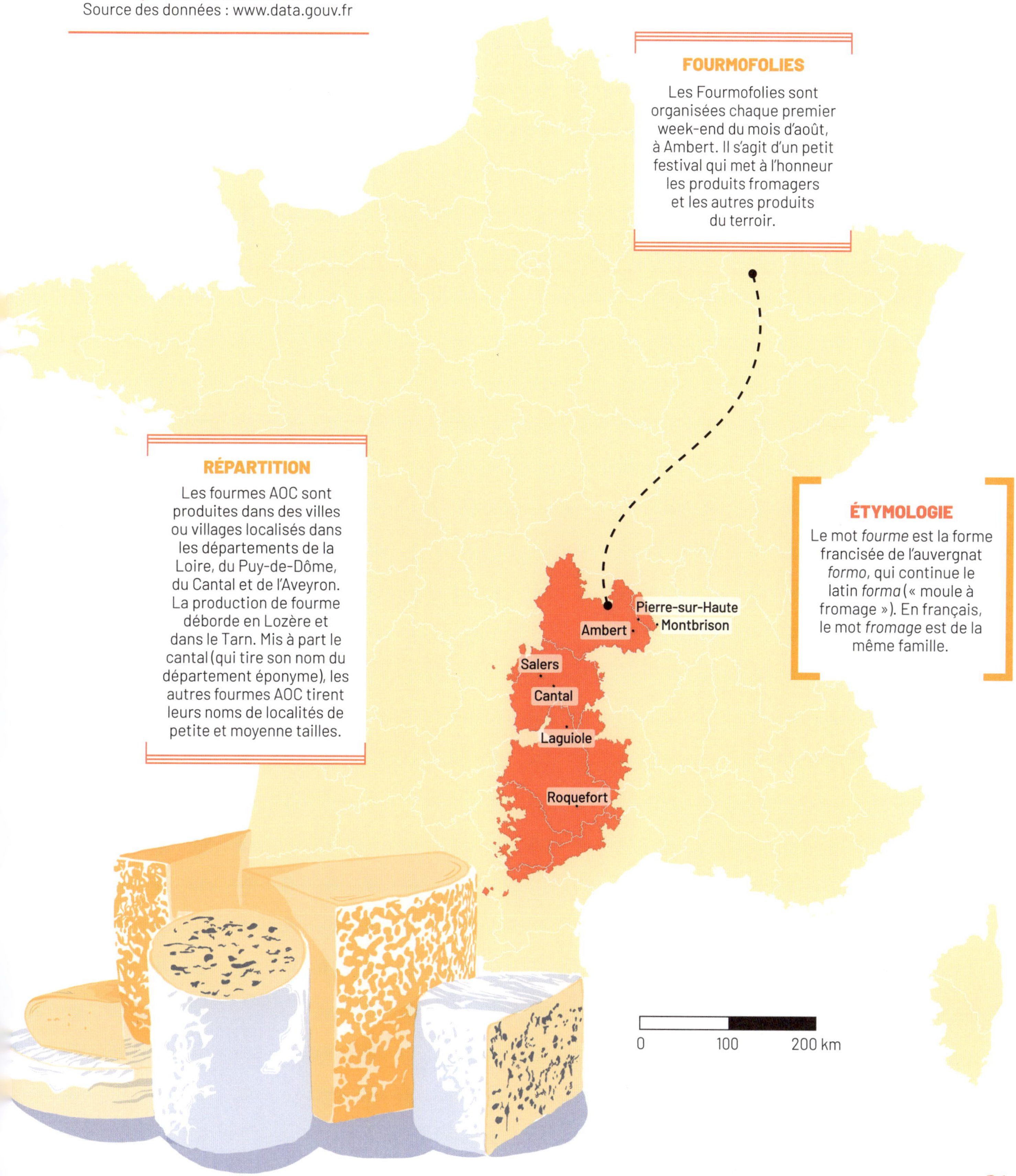

FOURMOFOLIES

Les Fourmofolies sont organisées chaque premier week-end du mois d'août, à Ambert. Il s'agit d'un petit festival qui met à l'honneur les produits fromagers et les autres produits du terroir.

RÉPARTITION

Les fourmes AOC sont produites dans des villes ou villages localisés dans les départements de la Loire, du Puy-de-Dôme, du Cantal et de l'Aveyron. La production de fourme déborde en Lozère et dans le Tarn. Mis à part le cantal (qui tire son nom du département éponyme), les autres fourmes AOC tirent leurs noms de localités de petite et moyenne tailles.

ÉTYMOLOGIE

Le mot *fourme* est la forme francisée de l'auvergnat *formo*, qui continue le latin *forma* (« moule à fromage »). En français, le mot *fromage* est de la même famille.

PETIT LEXIQUE AUVERGNAT

L'Auvergne est le nom d'une ancienne région administrative qui comportait quatre départements : l'Allier, le Cantal, la Haute-Loire et le Puy-de-Dôme. Située au cœur du Massif Central, l'Auvergne est une région qui se rattache linguistiquement à trois domaines dialectaux distincts. Sur son front nord, les parlers se rattachent aux langues d'oïl, ensemble le plus proche du français que l'on parle aujourd'hui. Sur son flanc est, les parlers font partie du domaine francoprovençal, dont les villes de Lyon et Genève sont les plus importantes. Enfin, sur sa frange sud, les parlers font partie de la grande famille des langues d'oc, qu'on appelle aussi *occitan*.

Aussi, il n'est pas surprenant que les dénominations des spécialités gastronomiques auvergnates rappellent, par leurs consonances, la diversité des parlers qu'on retrouve alentours. ■

DE BON MATIN

Compte tenu de sa composition riche en œufs (il faut autant d'œufs que de cuillères de farine de froment), la *pachade* était souvent consommée au petit-déjeuner car elle présente l'avantage de bien tenir au corps. Dans la région Rhône-Alpes, le *matafan* ou *matefaim* (p. 78) est une préparation équivalente.

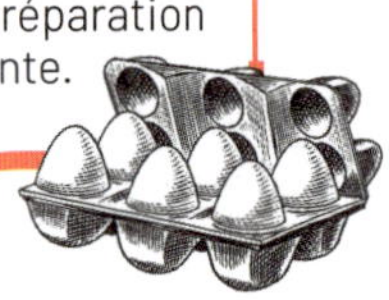

VARIATIONS CULINAIRES AUVERGNATES

On reconnaît dans le nom de nombreux plats le suffixe *-ade*, francisation de l'occitan *-ada* qui permet de dériver des noms de recettes ou de plats à partir d'un autre mot. À côté de la désormais célèbre truffade, on peut mentionner :

L'ESTOFINADE

Estofinade est encore souvent dit *estofinado*. C'est une préparation à base de morue et de pommes de terre au four. Le mot est dérivé sur *estofi* (qui désigne dans les parlers locaux du cabillaud séché).

LA PACHADE

C'est une sorte de crêpe beaucoup plus épaisse qu'une crêpe traditionnelle, typique de l'alimentation des paysans auvergnats. Linguistiquement, la forme diffère des correspondants occitans typiques, restés plus proches du mot latin (*pascha*, « Pâques »). Dans l'Aveyron, on parle ainsi de *pascade*.

LA PADELADE

C'est une spécialité du Velay. Le mot est un dérivé de *padelo*, forme que prend l'aboutissant du latin *patella*, qui a donné le francoprovençal *pelâ* (p. 212) et le français *poêle*.
La *padelade* peut désigner une poêlée de pommes de terre cuites avec des œufs, ou alors un mets constitué de boudins et d'abats de porc frits à la poêle (un plat qu'on réalise classiquement après la tuade du cochon ; p. 122 et 216).

Le mot de la faim

CARINE COURIOL
créatrice de contenus culinaires

L'Auvergne, une histoire de famille ?
Absolument ! Ma famille est de Haute-Loire, mon mari du Cantal, mes enfants sont nés à Clermont-Ferrand…

Un coin préféré dans la région
J'aime les promenades dans les sous-bois environnants. Non loin de chez moi, il y aussi le village de Hérisson, avec sa jolie cité médiévale, ou Vichy, un peu plus loin, une ville d'eau très agréable.

Un plaisir coupable
Un gâteau au chocolat fondant, très fondant ! Sinon un plat de pâtes avec un pesto à l'ail des ours – en ce moment je mets de l'ail des ours avec tout !

La première spécialité dont vous parlez quand vous évoquez la région
Mes parents étaient producteurs de lentilles du Puy à Bains, en Haute-Loire. C'est une production importante en Auvergne. Pour ma part je les aime en salade, avec des petits pickles d'oignons rouges ; mais je m'en sers aussi en pâtisserie dans un gâteau au chocolat, dans un financier, pour remplacer la farine et le beurre. À essayer !

Un produit toujours présent chez vous
Il y a toujours du fromage ! Quand on peut, on va acheter de la tomme fraîche directement chez le producteur. Ça se garde très bien au congélateur et on en a toujours sous la main pour les truffades !

Ce que votre communauté réclame le plus
Des recettes sucrées, essentiellement ! Côté salé, les plats à base de fromage marchent bien, quelle que soit la saison.

SCIEURS DE LONG

Fut un temps où les cultivateurs du Massif central occupaient leurs hivers sans récolte en devenant scieurs pour la saison, suivant les bûcherons dans les bois pour y débiter les grumes en madriers et autres planches. Ils allaient même jusqu'aux chantiers navals du Var ou de Bretagne d'où ils revenaient, sinon avec une paye maigrelette, du moins avec de la morue ! Voilà comment un plat de poisson a trouvé sa place dans un territoire sans front marin…

Retrouvez Carine Couriol sur Instagram @chic_chic_chocolat

ESTOFINADO
de Jean Mathat-Christol

❶ La veille, faites dessaler 500 g de morue à l'eau froide. Si vous le pouvez, changez l'eau régulièrement.

❷ Épluchez 1 kg de pommes de terre et coupez-les en grosses rondelles. Faites-les ensuite rissoler à la poêle avec du saindoux (ou toute autre matière grasse à votre convenance) et, lorsqu'elles ont bien coloré, ajoutez une ou deux gousses d'ail hachées.

❸ Couvrez la morue d'eau froide et portez à frémissement. Au premier bouillon, interrompez la cuisson. Égouttez-la et, une fois refroidie, émiettez-la.

❹ Dans un plat à four, faites des couches successives de pommes de terre et de morue émiettée. Couvrez de crème liquide entière et cuisez 1 h à four doux (150 °C) en couvrant d'une feuille d'aluminium.

❺ Dégustez tiède. (Idéalement, laissez reposer une nuit et dégustez réchauffé le lendemain.)

BOURGOGNE

Rencontre avec...
LES FEMMES LOISEAU :
BÉRANGÈRE, BLANCHE ET DOMINIQUE LOISEAU
des restaurants étoilés à Saulieu, Dijon, Beaune et Paris

Le plat régional incontournable
Les *œufs en meurette* bien sûr, mais aussi les *crapiauds* du Morvan.

Le plat impossible à mettre à la carte
Un plat déjà transformé !

Le produit inconnu que tout le monde devrait découvrir
La *Cazette® de noisette*.

Le mot interdit en cuisine ou en salle
On apprend à ne jamais dire *non* au client.

Le produit que vous pourriez manger sans jamais vous lasser
Le bœuf de Charolles, AOC depuis 2010 et AOP depuis 2014.

Le meilleur conseil à donner à un gourmet qui passe aux alentours
Croquez la région ! Venez découvrir nos meilleurs artisans locaux : la moutarderie Fallot à Beaune, la maison du pain d'épices Mulot & Petitjean à Dijon, la route des grands crus, mais aussi les trésors naturels du parc du Morvan, nos nombreux châteaux, nos belles abbayes...

« C'est en revenant de Paris, quelques années après son apprentissage chez Troisgros, que Bernard Loiseau a trouvé son style. Il sentait une angoisse de la clientèle parisienne face aux classiques trop gras, aux desserts traditionnels si sucrés... Il a pensé une cuisine plus digeste, moins riche. Moi [Dominique] qui étais professeur de diététique, j'étais intéressée par sa démarche avant même de le connaître !

Arrivé à Saulieu, il a tout de suite commencé par enlever la crème, qui rendait tout doucereux et qui alourdissait les plats inutilement. Il s'est intéressé aux recettes bourguignonnes et les a épurées. Quand on travaille avec les meilleurs produits, pourquoi les masquer ?

Bernard parlait d'excellence, jamais de luxe. Il voulait des produits très frais, qui n'avaient pas voyagé : pour Bérangère et Blanche, ce n'est pas tendance, c'est tout simplement normal de proposer une cuisine en rapport avec la région. C'est une philosophie que les chefs ont à cœur dans nos établissements. Une assiette, c'est un produit principal que doivent transcender les produits qui l'accompagnent. C'est ça, la cuisine de Bernard Loiseau : des goûts plus purs, des recettes avec trois ingrédients ou pas beaucoup plus. Je suis heureuse de vous proposer aujourd'hui un plat qui symbolise cet esprit au mieux : les jambonnettes de grenouilles à la purée d'ail et au jus de persil. »

·LA RECETTE DU CHEF·

JAMBONNETTES DE GRENOUILLES

à la purée d'ail et au jus de persil

de Bernard Loiseau

4 pers.

48 cuisses de grenouilles (1 kg) ; 400 g d'ail ; 200 g de persil plat équeuté ; 60 g de beurre ; 5 cl de graisse de canard ; ½ verre de lait ; farine, sel fin, gros sel, poivre du moulin.

Préparation de la purée d'ail

❶ Cassez les têtes d'ail avec la paume de la main, puis blanchissez-les 3 fois de suite dans de l'eau. Enlevez alors la peau et le germe de chaque gousse d'ail. Blanchissez de nouveau les gousses d'ail autant de fois qu'il sera nécessaire pour d'une part en enlever la force et l'amertume, et d'autre part le cuire.

❷ Après cuisson, égouttez bien l'ail. Puis passez-le au mixeur pour en faire une purée. Détendez-la légèrement avec un peu de lait. Réservez.

❸ **Préparation du jus de persil :** Lavez le persil et égouttez-le. Cuisez-le dans de l'eau bouillante et salée pendant 4 à 5 min, puis rafraîchissez-le dans de l'eau froide. Égouttez-le bien dans une passoire puis passez-le au blender pour en faire une purée. Détendez-le avec un peu d'eau pour obtenir la consistance d'un coulis. Réservez.

❹ **Préparation des grenouilles :** Coupez les bouts des cuisses de grenouilles puis enlevez les 2 muscles inférieurs de chaque cuisse pour ne garder que le muscle supérieur.

❺ **Cuisson des jambonnettes de grenouilles :** Assaisonnez les jambonnettes de sel fin et de poivre du moulin puis farinez-les. Faites chauffer la graisse de canard et le beurre dans un sautoir. Quand la matière grasse est chaude (légèrement noisette), mettez les cuisses de grenouilles à cuire dedans, faites-les colorer pendant 3 min sur le même côté, puis faites-les cuire 1 min de l'autre côté. Dès qu'elles sont cuites, débarrassez-les sur du papier absorbant.

❻ **Finition :** Pendant la cuisson des jambonnettes de grenouilles, chauffez et assaisonnez la purée d'ail et le jus de persil. Nappez le fond des assiettes avec le jus de persil et déposez une cuillère de purée d'ail au milieu. Disposez autour les cuisses de grenouilles.

BLANCHIR DE L'AIL

Pour blanchir l'ail, plusieurs méthodes existent. La plus courante consiste à le recouvrir d'eau froide et à le faire cuire jusqu'à ébullition, trois fois. Si vous êtes très sensible à l'odeur, vous pouvez blanchir l'ail dans du lait.

DÉTENDRE OU DÉLAYER ?

On *détend* une préparation dense et épaisse en y ajoutant du liquide : par exemple on détend une béarnaise en ajoutant du jus de citron ou une sauce trop épaisse en y ajoutant du liquide ou de la crème. En revanche, on *délaye* un liquide en ajoutant encore plus de liquide !

BEURRE NOISETTE

La graisse de canard étant une matière grasse presque totalement pure, c'est la petite quantité de beurre qui va lui donner une coloration. Lorsqu'on fait fondre du beurre, le lactose cuit et se transforme en caramel, prenant ainsi l'odeur, la saveur et la couleur de la noisette, d'où son nom de *beurre noisette*. Le *beurre noir*, presque disparu de nos tables, est un beurre noisette poussé au point de partiellement brûler.

LES CUISSES

Les cuisses – la seule partie comestible des grenouilles – ont une chair délicate, presque fade, ce qui explique qu'on la relève avec une purée d'ail ici, avec une fondue d'oignons en Picardie ou avec de la ciboulette dans les Dombes.

L'EFFET BŒUF DU BOURGUIGNON

Le *bœuf bourguignon* est un plat de viande braisée emblématique de la gastronomie locale de même que de la cuisine française, en France comme à l'étranger. Il tire son nom de la région d'où sont originaires deux de ses principaux ingrédients : le bœuf (c'est dans la ville de Charolles, en Saône-et-Loire, que sont élevés les bœufs charolais, réputés pour la qualité de leur viande) et le vin (les vins bourguignons, fruits d'une longue histoire, figurent parmi les terroirs les plus connus au monde).

Les premières attestations du syntagme *bœuf bourguignon* remontent au milieu du XIXe siècle. On les trouve dans des textes spécialisés (recueil de médecine vétérinaire, journal d'agriculture) tous rédigés en Bourgogne : elles ne font pas référence au plat, mais aux animaux. Les occurrences de *bœuf bourguignon* désignant un mets sont à peine plus tardives. On les retrouve dans les textes d'établissements parisiens (des bouillons, cantines populaires parisiennes où l'on sert des plats uniques, p. 108). Il n'est pas aisé de dire si *bœuf bourguignon* désigne alors le plat en sauce tel qu'on le connaît aujourd'hui ou un morceau de viande d'origine bourguignonne, préparé d'une autre façon.

C'est ce dont témoignent les occurrences de *sauté de bœuf Bourguignon*, de *filet de bœuf Bourguignon*, où l'utilisation de la majuscule sur l'adjectif semble bien faire référence à l'origine de la viande. D'année en année, les attestations de *bœuf bourguignon* se font de plus en plus nombreuses et ne sont plus spécifiquement localisées à Paris. Le bœuf bourguignon, popularisé dans les brasseries parisiennes, se diffuse dans le reste de la France.

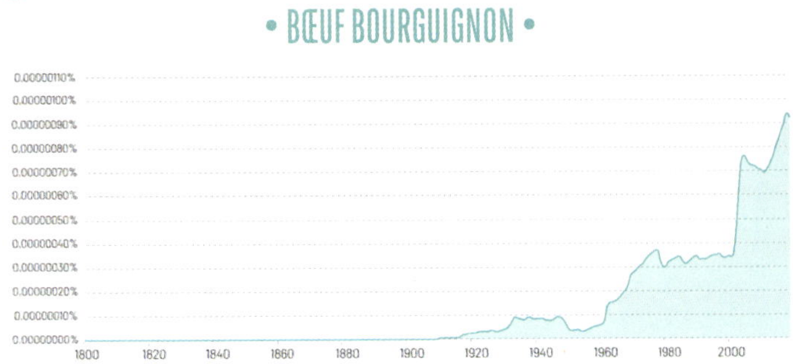

Occurrences de *bœuf bourguignon*
Légende : Pourcentage d'occurrences par rapport au nombre de mots dans Google Ngram.
Source : Google Ngram.

L'IMPORTANT, C'EST LA SAUCE

La *sauce bourguignonne* reprend les mêmes éléments que le bœuf : oignons, champignons, lardons, vin rouge. Elle entre dans la recette des *œufs en meurette* !

BŒUF BOURGUIGNON

La recette

6 pers.

1,6 kg de bœuf
1 bouteille (ou plus) de vin rouge
20 cl de bouillon ou de fond de bœuf
250 g de lardons fumés
3 carottes
150 g de champignons de Paris
2 oignons
2 gousses d'ail
2 c. à s. de farine
1 bouquet garni (thym, laurier)
½ botte de persil, au service

1. Coupez la viande en cubes et mettez-la dans un grand saladier avec les oignons émincés, l'ail dégermé et haché, les carottes détaillées en rondelles, le bouquet garni et le poivre. Couvrez de vin, filmez et faites mariner une nuit au frais.
2. Le lendemain, décantez la viande (égouttez-la à l'aide d'une écumoire). Filtrez la marinade à travers une passoire et récupérer le liquide.
3. Émincez les champignons. Faites chauffer une poêle et faites-y colorer les lardons sans matière grasse. Une fois colorés, ajoutez les champignons et cuisez à feu fort pendant 5 min. Réservez.
4. Dans une cocotte, colorez les morceaux de viande à l'huile bien chaude, puis retirez du feu. Saupoudrez la viande de farine (on dit qu'on *singe* la viande) et mélangez.
5. Ajoutez dans la cocotte les légumes, le bouquet garni. Versez la marinade et le bouillon. Couvrez et cuisez à feu très doux pendant 3 h.
6. En fin de cuisson, ajoutez les champignons et les lardons.
7. Garnissez d'un peu de persil haché au moment de servir.

POUR OU CONTRE LE CARRÉ DE CHOCOLAT ?

Conseil : gardez plutôt le chocolat pour la fin de votre repas ! Pour lier la sauce, comptez sur le mélange de farine avec les sucs de cuisson.

GRAND CRU OU PIQUETTE MODESTE ?

Choisissez un vin corsé, riche en tanins, qui donnera de la longueur en bouche à la sauce.

ET LES OIGNONS GRELOTS ?

Une fois glacés à blanc (enveloppés d'un fin lustre de beurre, sans coloration), les oignons grelots sont une touche finale dont on laissera la prérogative aux établissements qui font encore leur bourguignon à l'ancienne. Vous pourrez vous en passer dans votre version domestique...

BEAUX MORCEAUX OU BAS MORCEAUX ?

Oubliez le filet et la côte ! Gardez ces belles pièces pour les griller. Pour le bourguignon, choisissez des morceaux maigres (gîte à la noix, nerveux de gîte, rond de gîte) et gras ou demi-gras (tendron, plat de côtes, poitrine, flanchet, veine grasse). Complétez par des morceaux gélatineux (paleron, macreuse, jumeau à pot-au-feu, gallinette). Chaque morceau apporte des qualités organoleptiques (goût, tendreté) ou physiques (liaison de la gélatine, velouté du gras).

FOND BLANC, FOND BRUN OU BOUILLON ?

Un fond est un bouillon un peu plus corsé au départ. Un fond blanc est de veau ou de volaille, un fond brun de bœuf ou de canard : pour cette recette, on recommande plutôt un fond brun ou un bouillon de bœuf, mais un fond blanc de veau, par exemple, donnera aussi du goût sans teinter la sauce. Bref, la seule règle, c'est la vôtre... Si vous ne faites pas vos fonds vous-même, choisissez un produit de qualité.

CONNAISSEZ-VOUS **LA TREMPUSSE ?**

La *trempusse* est le nom local que l'on donne à un mets traditionnel qui consiste simplement en un morceau de pain trempé dans du vin rouge, parfois sucré. En période de fortes chaleurs, cette soupe froide permettait aux paysans de se rafraîchir tout en reprenant des forces, le mélange de sucre et d'alcool donnant un véritable coup de fouet. Dans les campagnes de l'époque, on apportait la trempusse aux personnes travaillant dans la vigne ou en charge de faire la buée (la lessive, corvée qui durait plusieurs jours). On la proposait également aux femmes enceintes quand elles avaient un coup de mou.

La recette de la trempusse n'est pas fixée. Selon certaines sources, le pain doit être cuit au four avant d'être disposé dans le vin ; selon d'autres, il vaut mieux utiliser du pain rassis. La plupart du temps, la trempusse est faite avec du vin rouge, mais on trouve des recettes avec du vin blanc ou du vin rosé, voire du ratafia (une liqueur à base d'eau-de-vie et de fruits ou de plante, souvent de fabrication artisanale), mélangé avec de l'eau.

Il n'était à l'époque pas rare que l'on donne de la trempusse à des enfants, même si certains devaient se contenter d'une version non alcoolisée, à base de pain trempé dans du lait frais sucré, auquel on ajoutait parfois des fraises pour lui donner une couleur rouge.

Sur le plan étymologique, *trempusse* est la forme régionale du français *trempée*. On l'emploie dans les parlers du grand est de la France, et dont il reste des traces dans la région de Dijon. Le fait de manger du pain imbibé de vin sucré n'a en effet rien de bourguignon : c'est une tradition qui existait dans toute la France, comme dans d'autres pays d'Europe de tradition catholique. Aussi, jusqu'au milieu du XXe siècle, avant que cette tradition commence à disparaître, quand on parle de *faire (une) trempette*, on ne parle pas de prendre un bain pour se rafraîchir, mais bien de tremper du pain dans du vin sucré ! ■

L'ALCOOL DÉLIE LES LANGUES !

Molière, dans la bouche de Sganarelle, fait référence à la trempusse dans *Le Médecin malgré lui*. Le faux médecin en prescrit à une jeune fille muette, en rappelant qu'« il y a dans le vin et le pain, mêlés ensemble, une vertu sympathique qui fait parler ; ne voyez-vous pas bien qu'on ne donne autre chose aux perroquets, et qu'ils apprennent à parler en mangeant de cela ? »

CHABROT

La trempusse n'a rien à voir avec le *chabrot* (qu'on appelle aussi *chabrol* ou *godaille*), une pratique commune dans le sud de la France, qui consiste à verser du vin rouge dans les restes de sa soupe ou de son potage.

VARIANTES

Les dictionnaires du français consignent les mots *trempée* et *trempette* pour désigner cette soupe, mais, comme le montre la carte, il existe de nombreuses autres variantes dans les régions où elle était préparée.

• TREMPUSSE OU TREMPOTTE ? •

Dénominations de la *trempusse* dans les parlers galloromans de Bourgogne et de Franche-Comté
Source des données : ALB 1503, ALFC 980.

TREMPUSSE ET TREMPOTTE

Les données des atlas dialectaux sont trop parcellaires et incomplètes, elles ne permettent pas de rendre compte de la diversité des dénominations qui a pu exister pour désigner cette soupe froide au vin sucrée, qui régalait nos anciens. Cette carte rapporte les informations contenues dans les *Atlas linguistiques de la Bourgogne et de la Franche-Comté* qui donnent à voir l'aire de deux dénominations : *trempusse* (dans la région de Dijon) et *trempotte* dans les départements du Jura, de la Haute-Saône et du Doubs.

MIJET

Dans le centre-ouest de la France, jusque dans le Berry et la Touraine, on parlait de *mijet*, de *mijhot*, de *miotte* ou de *miot* (des mots dialectaux dérivés sur l'équivalent du français « mie »).

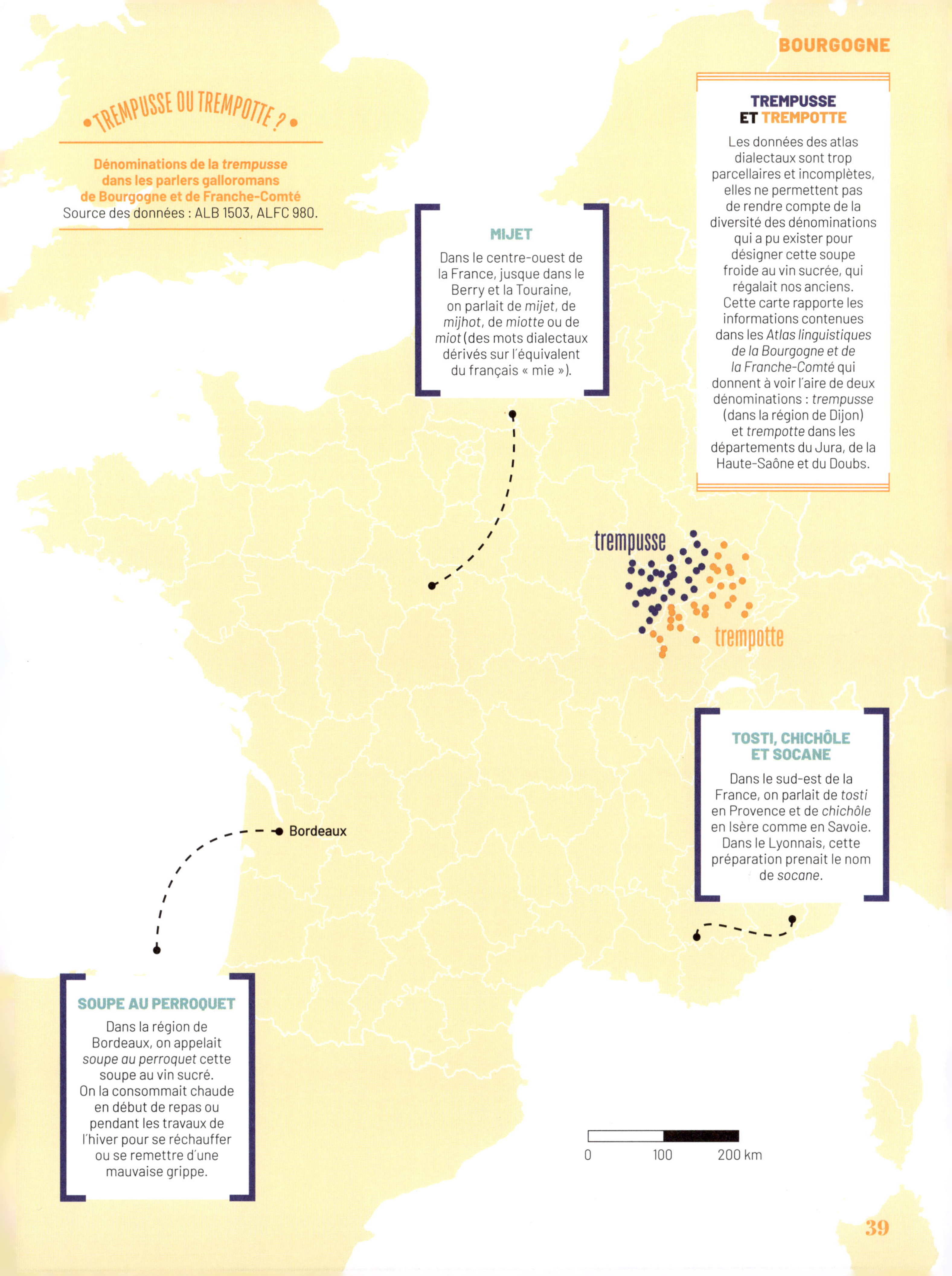

TOSTI, CHICHÔLE ET SOCANE

Dans le sud-est de la France, on parlait de *tosti* en Provence et de *chichôle* en Isère comme en Savoie. Dans le Lyonnais, cette préparation prenait le nom de *socane*.

SOUPE AU PERROQUET

Dans la région de Bordeaux, on appelait *soupe au perroquet* cette soupe au vin sucré. On la consommait chaude en début de repas ou pendant les travaux de l'hiver pour se réchauffer ou se remettre d'une mauvaise grippe.

LA POCHOUSE

La *pochouse* (aussi orthographiée *pauchouse*, *pochouze* ou *pôchouse*) est une spécialité typique de la cuisine bourguignonne, qui consiste en une préparation à base de vin blanc local et de poissons d'eau douce. Les poissons sont coupés en morceaux, et servis dans leur bouillon. Comme pour la bouillabaisse (p. 208), l'assiette est servie avec des croûtons de pain beurrés et frottés à l'ail.

Les premières traces écrites du mot *pochouse* remontent au milieu du XVIIe siècle. Elles figurent dans un ouvrage d'archive de la ville de Chalon-sur-Saône, préfecture du département de la Saône-et-Loire. Les attestations qu'on en trouve au fil des décennies nous indiquent qu'il s'agit d'une préparation typique des villes et villages localisés sur les bords du confluent de la Saône et du Doubs.
Même si le mot est attesté à Paris à partir du XIXe siècle, c'est toujours en référence à la Bourgogne ou, plus rarement, à la Franche-Comté.

D'un point de vue étymologique, le mot *pochouse* est passé en français par l'intermédiaire des parlers bourguignons. Dans les dialectes de cette région, le latin *piscator*, qui a donné *pêcheur* en français, a abouti à *pochoux*. *Pochouse* est la forme féminine de *pochoux*, et désigne le produit de la pêche, ou la façon dont on accommode cette pêche. Rien à voir – comme on peut le lire parfois – avec le mot *poche* qui désigne dans le français local une louche ! ■

HISTOIRE

La mise au point de la pochouse et son importance patrimoniale s'expliquent historiquement. Du XVIIe au XXe siècle, beaucoup d'habitants de la région où confluent la Saône et le Doubs vivent de la rivière et du commerce du bois. Des pièces de bois de taille variable sont alors assemblées en radeaux et guidées par des radeliers ou des flotteurs, qui parcourent parfois plus d'une centaine de kilomètres avant de retourner à pied chez eux après avoir revendu leurs matériaux.

LA CONFRÉRIE DE LA POCHOUSE

Depuis 1949, les membres de la Confrérie de la pochouse se réunissent chaque troisième samedi du mois d'octobre. À cette occasion, quelques centaines des 2 530 chevaliers, commandeurs et chanceliers membres se réunissent lors d'une grande fête où sont mises à l'honneur la pochouse et d'autres spécialités locales.

MILLE ET UNE FAÇONS DE FAIRE LA POCHOUSE

Il existe de nombreuses recettes de pochouse, mais la tradition s'accorde sur plusieurs points : il faut mélanger deux poissons gras (comme l'anguille et la tanche), et deux poissons maigres (le brochet et la perche), mais on s'ajustera selon les régions, utiliser un vin blanc sec (type aligoté, de préférence bourguignon), ne pas oublier le lard (lardons, poitrine, même du petit salé). Certaines variantes évoquent le saumon, mais c'était un poisson bien plus courant il y a quelques siècles qu'il ne l'est maintenant… Bref, à vous de vous ajuster selon vos approvisionnements !

POCHOUSE

Aire et vitalité de *pochouse*
Source des données : Enquêtes DRF, 1994-1996.
Méthode : Méthode des *k* plus proches voisins.

0% emploi déclaré 100%

ET AILLEURS ?

La pochouse est également servie dans certains restaurants du Jura et du Doubs.

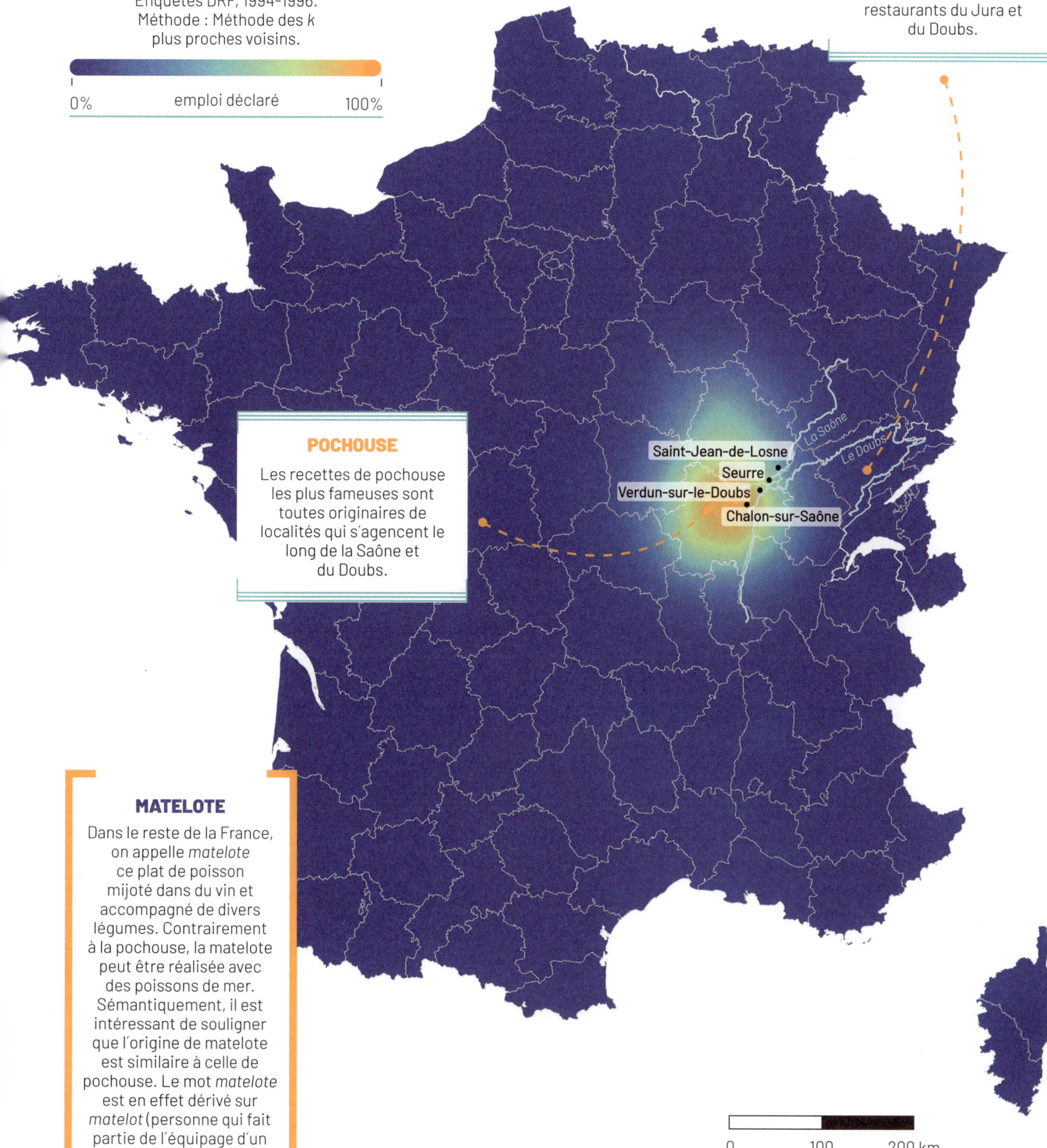

POCHOUSE

Les recettes de pochouse les plus fameuses sont toutes originaires de localités qui s'agencent le long de la Saône et du Doubs.

MATELOTE

Dans le reste de la France, on appelle *matelote* ce plat de poisson mijoté dans du vin et accompagné de divers légumes. Contrairement à la pochouse, la matelote peut être réalisée avec des poissons de mer. Sémantiquement, il est intéressant de souligner que l'origine de matelote est similaire à celle de pochouse. Le mot *matelote* est en effet dérivé sur *matelot* (personne qui fait partie de l'équipage d'un bateau).

DIJON,

CAPITALE DE LA GASTRONOMIE BOURGUIGNONNE

Chaque année au cours du mois d'octobre, la capitale de la Bourgogne accueille l'un des événements économiques et populaires les plus importants de France : la foire internationale et gastronomique de Dijon. Les dizaines de milliers de visiteurs qui s'y pressent peuvent ainsi découvrir ce qui fait la particularité culturelle d'un pays mis à l'honneur pour l'occasion : outre les spécialités culinaires, l'artisanat et le folklore sont à la fête.

La consultation des archives nous révèle que lors des premières éditions au début des années 1920, cette foire n'avait rien d'international. Son créateur – le maire de la ville de l'époque – avait en effet décidé d'organiser un événement de grande taille en vue d'accroître le tourisme, et de faire connaître au plus grand nombre les vieilles traditions culinaires et gastronomiques de la région. C'est aussi un moyen pour les enseignes locales de faire connaître leurs produits. ■

•VARIATIONS SUR LES PRODUITS BOURGUIGNONS•

MOUTARDE DE DIJON OU MOUTARDE DE BOURGOGNE ?

Les Français associent souvent la moutarde à la ville de Dijon, l'usine d'une des marques les plus importantes ayant longtemps eu ses entrepôts dans la capitale bourguignonne. Pourtant, la moutarde de Dijon qu'on trouve dans le commerce n'est pas une appellation d'origine contrôlée. Si elle est bien produite dans la région de Dijon, la moitié des grains qu'on utilise pour la confectionner sont importés du Canada. En France, seule la moutarde de Bourgogne jouit d'une IGP.

LE PAIN D'ÉPICES

Les recettes de ce qu'on appelle *pain d'épices* sont connues depuis l'Antiquité, en Europe comme ailleurs, sous différentes dénominations. En France, c'est à Dijon que la locution apparaît pour la première fois, en 1702. Les recettes bourguignonnes, renommées pour leur finesse, font que le produit devient vite un produit typique de la région. Fourrés de confiture, les petits pains d'épices prennent le nom de *nonnettes* ; taillé en forme de boudoir plat recouvert d'un glaçage blanc, le pain d'épice prend le nom de *glacé mince*.

LES ESCARGOTS

Trois races d'escargots sont consommées en France : le gros blanc de Bourgogne, le plus connu et le plus consommé ; le petit-gris, plus typique de l'Ouest et du Sud (p. 192-193) ; le blond des Flandres, aussi gros que le gros blanc, est de plus en plus réputé.
Le *gros blanc* ou *escargot des vignes* atteint l'âge adulte lorsque sa coquille fait environ 5 cm de diamètre.
Le ramassage est sujet à réglementations locales, mais il est toujours interdit de les ramasser entre le 1er avril et le 30 juin (période de reproduction) ou lorsque la coquille fait moins de 4 cm de diamètre. Les gros blancs sont au cœur d'une des recettes phares de la région : les escargots de Bourgogne au beurre persillé (voir ci-contre).

LA BOURGOGNE À TOUTES LES SAUCES

Outre la ville de Dijon qui a donné la sauce dijonnaise (à la moutarde donc), de nombreuses régions et villes bourguignonnes ont donné leur nom à des sauces ou des façons d'apprêter certains plats :

❶ *La chablisienne* : cette sauce au chablis, un vin blanc sec local, mélangé à de la sauce tomate et de la crème, entre dans la confection du jambon *à la chablisienne*.

❷ *À la nivernaise* : c'est l'expression utilisée pour parler d'une viande ou d'un poisson accompagné d'une garniture constituée de carottes tournées et d'oignons.

❸ *À la mâconnaise* : ce tour renvoie à une préparation de poissons coupés en morceaux ou en filets et cuits dans du vin rouge avec des oignons grelots.

❹ *À la morvandelle* : cette locution désigne toute préparation qui comporte du jambon cru de la région du Morvan.

Le mot de la faim

COLETTE

romancière illustre et cuisinière mémorable

Originaire de Bourgogne, région qu'elle décrit et défend dans ses romans, Sidonie-Gabrielle Colette cultive ses aspirations de romancière régionaliste tout en étant, à Paris, journaliste, mime, actrice… et cuisinière. ■

Ses repas préférés

Ceux qu'elle met au point avec sa gouvernante-cuisinière, où ceux qu'elle prend au *Grand Véfour*.

Si elle ne pouvait manger que ça

Elle vante de sa Bourgogne « une nourriture aussi simple qu'alliacée, un beau pays, du silence ». Alors qu'elle y travaille au manuscrit de *Mitsou ou Comment l'esprit vient aux filles*, elle s'y nourrit de « six gousses d'ail à dîner, deux oignons à déjeuner », fait des orgies de beurre et de meringues au cognac fourrées à la crème préparées par Miss Draper, la nourrice anglaise de sa fille. Elle raffole également de la poitrine de veau farcie aux épinards de sa gouvernante-cuisinière.

Son vin préféré

Éduquée très tôt aux grands crus, Colette se fait aussi vigneronne en Provence et marchande de vins en Bourgogne.

Ses autres passions

Le mime, la comédie, la liberté d'aimer.

Sa récrimination de cuisinière bourgeoise

« L'art culinaire français, le plus riche de tous, une équipe ignorante et prétentieuse le veut enrichir encore. »

ESCARGOTS DE BOURGOGNE au beurre persillé

de Jean Mathat-Christol

Pour six douzaines d'escargots

1. Faites dégorger les escargots avec 50 g de sel pendant 2 h. (Attention, il faut qu'ils aient jeûné pendant trois à sept jours). Rincez-les plusieurs fois à l'eau froide courante jusqu'à ce qu'ils ne soient plus gluants.
2. Ébouillantez-les dans un grand volume d'eau (comptez 5 min à la reprise de l'ébullition). Une fois sortis de l'eau bouillante, rincez-les aussitôt à l'eau froide. Retirez-les des coquilles en veillant enfin à retirer la bave restante et les tortillons noirs.
3. Plongez les escargots dans un court-bouillon bien relevé (il faut qu'ils soient totalement recouverts). Cuisez à petit feu pendant 3 h et laissez-les refroidir dans le liquide.
4. Nettoyez les coquilles et égouttez-les.
5. Réalisez un beurre persillé en mélangeant ensemble 500 g de beurre, 4 bottes de persil finement haché, autant d'ail qu'il vous plaira. Ajoutez 2 c. à s. de farine pour absorber l'excédent d'humidité du persil. Salez et poivrez à convenance.
6. Remettez les escargots dans les coquilles et garnissez de beurre. Réservez au frais la veille pour le lendemain.
7. Réchauffez à four chaud (170 °C) en veillant à ne pas faire bouillir. Dégustez sans attendre.

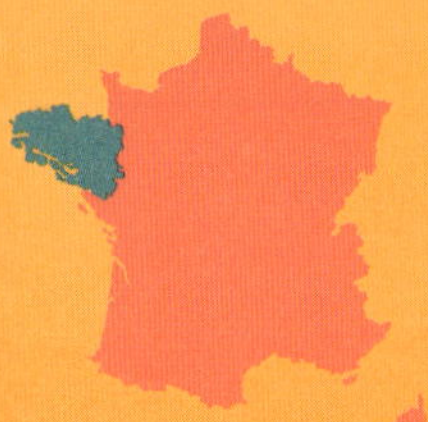

BRETAGNE

Rencontre avec…
OLIVIER RŒLLINGER

chef du restaurant *Le Coquillage** à Cancale jusqu'en 2014, vice-président de l'association internationale Relais et Châteaux**

Le plat impossible à mettre à la carte

Une composition huîtres, melon, porto, menthe et cardamome. C'est l'un de mes plus beaux plats et pourtant ça ne marchait pas.

Le produit inconnu que tout le monde devrait découvrir

Le *kombu royal* breton (une algue), qui vaut bien le japonais !

Le mot régional

Lichou. On dit « c'est *lichou* » quand c'est doux, chaleureux, comme un *kouign-amann* !

Le mot interdit en cuisine

Chef. On m'appelait Olivier ou Monsieur Rœllinger.

Le plat que vous pourriez manger sans jamais vous lasser

La *solette au beurre salé*, avec des pommes de terre nouvelles.

Vous avez 6 œufs, 30 minutes et un accès libre à votre cuisine

Je fais des œufs mollets, probablement avec juste quelques moules ouvertes.

« La Bretagne est, par définition, un pays très pauvre, où la cuisine bourgeoise était très limitée – la cuisine bourgeoise, en région, c'est ce qu'on est tenté d'appeler la gastronomie ; et la dérive de la gastronomie, c'est la cuisine d'apparat pour bourgeois internationaux fréquentant les palaces. Je crois en la valeur de l'intention affective qu'on y met. On parle de ces cuisines primordiales de l'humanité, réalisées à 99 % par des femmes : faudrait-il que les hommes s'approprient une activité pour qu'enfin on en parle ? Ma cuisine a été beaucoup influencée par la *Gastronomie bretonne d'hier et d'aujourd'hui* de Simone Morand (p. 52). Étoilé ou non, je ne suis pas un grand adepte d'Escoffier.

On retrouve encore une cuisine composée d'après une ambiguïté ancienne des pays celtes, qui cuisinent très peu la mer, représentative d'un mal primordial. Voilà qui donne un début d'explication à certaines famines : pourquoi les Irlandais se sont-ils laissés mourir de faim quand les récoltes de patates étaient mauvaises, alors qu'ils auraient trouvé de quoi manger dans l'eau ? L'enfer, il est dans les abysses et dans les profondeurs où tant de marins sont morts parce que, pour réussir, il fallait partir. Le plateau de fruits de mer, c'est une invention de Parisiens ! »

·LA RECETTE DU CHEF·

GALETTES DE SARRASIN,
morue fumée, asperges et jaune d'un œuf*
d'Olivier Rœllinger

4 pers. | 45 min | 10 min

Deux galettes de sarrasin ; un filet de morue salée, séché, fumé ou un morceau de haddock, ni trop rouge ni trop salé ; 1 kg d'asperges vertes ou blanches, si l'on opte pour les blanches, prendre une variété du Val de Loire ; 2 dl de crème ; ½ botte de cerfeuil ; 1 citron ; 4 gros œufs de ferme ; poivre, sel ; une poignée de petite mâche coquille de Louviers.

❶ **Préparation de base 6 h à l'avance :** Hachez grossièrement la moitié du cerfeuil, ajoutez-la à la crème liquide poivrée et à peine salée. Laissez infuser au frais.

❷ **Réalisation :** Préparez les asperges. Lavez la mâche. Taillez le filet de morue ou du haddock en très fines tranches les plus grandes possibles, comme des tranches de saumon fumé. Disposez ses lamelles sur les galets pour les recouvrir entièrement. Roulez serrée chaque galette pour obtenir un dur boudin, puis enfermez-les chacun dans un film.

Dernière minute

❸ Faites cuire les asperges à l'eau salée bouillante. Les temps de cuisson sont très variables. Si vous voulez les cuire bien avant, vous devez les rafraîchir pour ensuite les réchauffer à la vapeur, par exemple. Mais elles sont meilleures lorsqu'elles viennent juste de cuire.

❹ Ajoutez un trait de citron à la crème de cerfeuil.

❺ Coupez les boudins en tranches de 5 mm d'épaisseur. Réchauffez-les à une température de 25 °C près de la cuisinière, en hauteur. Ils ne doivent surtout pas être glacés.

❻ Séparez les jaunes des blancs de chaque œuf. Gardez les blancs pour une autre recette. Disposez chaque jaune dans un ramequin avec une goutte d'eau. Mettez les jaunes au chaud, à la vapeur. Ils ne doivent pas blanchir mais seulement tiédir.

❼ **Pour servir :** Dressez les asperges chaudes bien égouttées sur les assiettes, avec d'un côté les tranches de galette et de morue, puis de l'autre le jaune versé délicatement. Nappez de crème de cerfeuil froide. Disposez quelques bouquets de mâche et les pluches de cerfeuil, ajoutez quelques cristaux de fleur de sel et donnez un tour de moulin à poivre sur le jaune et les asperges.

* Cette recette est extraite du *Livre de cuisine d'Olivier Rœllinger*, paru en 1994 aux éditions du Rouergue.

ASTUCE

Pour le plaisir, si vous disposez d'un fumoir alsacien, vous pouvez vous amuser à préparer vous-même votre morue fumée : levez les filets d'un gros cabillaud bien frais sans enlever les arêtes latérales. Salez au gros sel marin et réservez pendant 4 h. Puis rincez, égouttez, faites sécher à l'air le poisson suspendu. Fumez environ 18 h à la sciure d'arbres fruitiers. Consommez après 48 h.

MÂCHE COQUILLE DE LOUVIERS

Cette variété ancienne doit son nom à la petite rosette de feuilles vert foncé en forme de cuillère.

PRÉPARATION DES ASPERGES

L'asperge verte ne s'épluche pas, elle s'écussonne : avec la pointe d'un petit couteau, il faut couper à ras les petits picots jusqu'à la queue avant de retirer la partie blanche dite *bois de l'asperge*. L'asperge blanche s'épluche à l'économe, jusqu'à deux fois lorsqu'elle donne beaucoup de fils.

PAS DE THERMOMÈTRE ?

Le jaune d'œuf coagule aux alentours de 68 °C. Pour tester la température sans thermomètre, plongez-y les dents d'une fourchette et appliquez-les sur l'intérieur de votre lèvre : il faut que l'œuf soit à peine plus chaud.

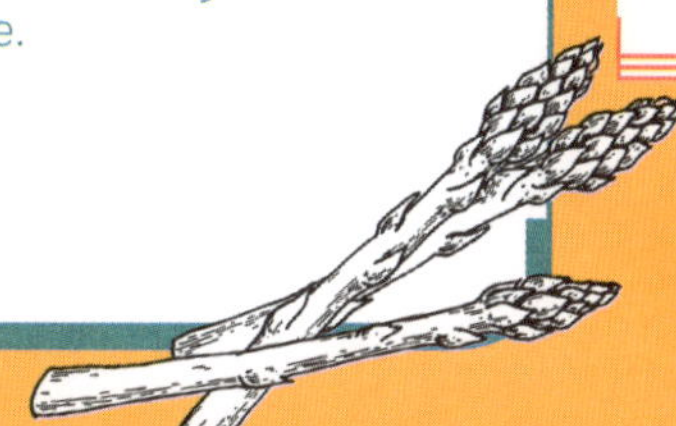

GALETTE OU CRÊPE ?

En Bretagne, l'utilisation du mot *crêpe* fait débat. En Basse-Bretagne (grosso modo dans la région où l'on parlait jadis le gallo, une langue latine cousine du français et du normand), on utilise le mot *crêpe* pour désigner cette fine couche de pâte réalisée à base d'œufs et de farine de froment mélangé à un liquide (eau, lait ou bière). Dans cette même région, on utilise le mot *galette* pour désigner la même préparation du moment qu'on utilise de la farine de sarrasin. En Haute-Bretagne, où la langue ancestrale se rattache à la famille des langues celtiques, on utilise uniquement le mot *crêpe*, en distinguant la crêpe sucrée (faite avec de la farine de froment) de la crêpe salée (faite avec de la farine de blé noir).

Crêpe ou galette, en Bretagne, la préparation est une véritable institution ! Rappelons qu'il existe autant de recettes de crêpes qu'il existe de villages, voire de familles, et que tout le monde vous dira qu'il connaît la vraie recette. ■

VARIANTES

Version salée

Du côté de Rennes, vous ne pourrez pas visiter un marché, une foire ou rencontrer un vendeur de rue qui ne propose la fameuse *galette-saucisse*.

Version sucrée

La *crêpe dentelle* ou *gavotte* est une crêpe très fine enroulée chaude autour d'un couteau et qu'on a laissée sécher.

USTENSILES

BILLIG

Dans les campagnes d'autrefois, on cuisait crêpes et galettes sur une tuile en fonte qu'on appelle *billig* (ou *pillig*), et qu'on suspendait sur l'âtre d'une cheminée. Aujourd'hui, les *billigoù* que l'on trouve dans le commerce fonctionnent au gaz ou à l'électricité. En Basse-Bretagne, on parle de *tuile*, de *galetier*, de *galettoire* ou de *galetière* (liste non exhaustive !).

ROZELL

La petite raclette que l'on utilise pour étendre la pâte prend le nom de *rozell* ou *rastelle* en Basse-Bretagne, alors qu'en Haute-Bretagne on parle plutôt de *rouable* ou de *raclette*.

SPANELL

Un autre ustensile est utilisé pour tourner la crêpe : on l'appelle *spanell* (plus rarement *askeledenn* en breton ; *tournette* ou *virouë* en pays gallo).

HÊCHE

Une fois cuite, la crêpe est déposée sur une hêche (ou hec), qui consiste en une sorte de claie en bois.

Frittou

Après chaque crêpe, il est d'usage de graisser la surface de la tuile avec un *frittou* ou un *frottoué*, chiffon roulé et ficelé imbibé de jaune d'œuf et de saindoux (mélange qu'on appelle *lardiguel*).

QUE MET-ON DANS LA PÂTE À GALETTES ?

La pâte à galettes se prépare exclusivement avec de la farine de blé noir, qu'on travaille avec de l'eau et du gros sel. Dans certaines régions, on ajoute de l'œuf et on mêle parfois une petite quantité de farine blanche.

LES CRÊPERIES

Visualisation des crêperies en France selon leurs distances mutuelles
Source des données : pagesjaunes.fr
Méthode : distanceFromPoints, R.

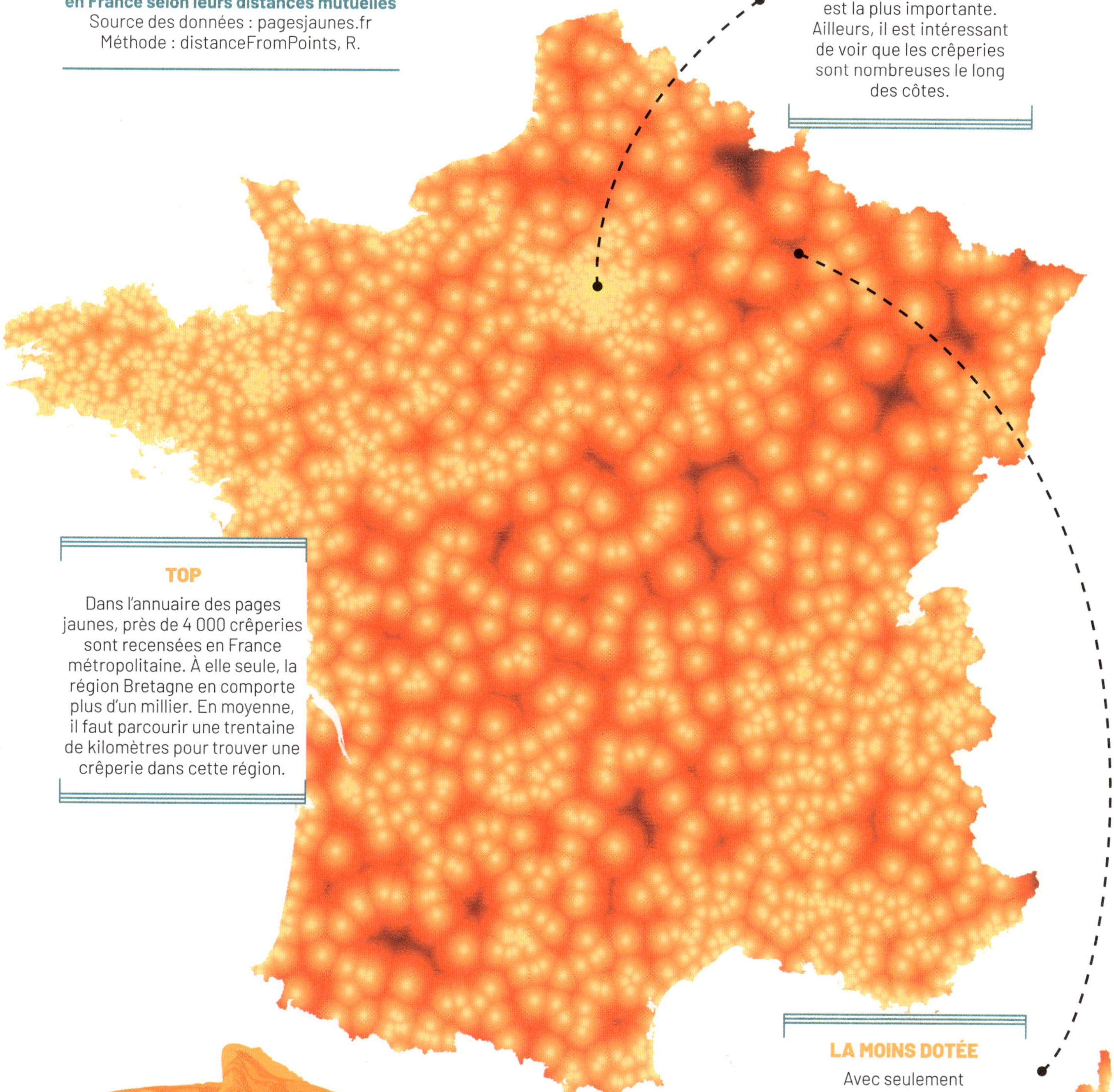

NUMÉRO BIS

En dehors de la Bretagne, c'est en l'Île-de-France que la densité de crêperies est la plus importante. Ailleurs, il est intéressant de voir que les crêperies sont nombreuses le long des côtes.

TOP

Dans l'annuaire des pages jaunes, près de 4 000 crêperies sont recensées en France métropolitaine. À elle seule, la région Bretagne en comporte plus d'un millier. En moyenne, il faut parcourir une trentaine de kilomètres pour trouver une crêperie dans cette région.

LA MOINS DOTÉE

Avec seulement une quarantaine d'établissements, l'ex-région Champagne-Ardenne est la moins dotée en crêperies par rapport à sa surface.

VARIATIONS SUR LE FAR(Z)

Dans sa définition la plus connue et la plus répandue, le mot *far* désigne une sorte de flan aux pruneaux, que tout le monde associe à la Bretagne. Dans cette région pourtant, le mot *far* (*farz* en breton) désigne plus généralement une préparation faite à base de farine ou de semoule, qui entre dans la confection de nombreuses spécialités. ■

LE KIG-HA-FARZ

L'une des variations les plus emblématiques prend le nom de *kig-ha-farz* (mot à mot : « viande et far »). Proche du pot-au-feu qu'on cuisine dans d'autres régions, il présente une certaine particularité : celle d'être accompagné d'une pâte de farine ou de semoule de blé noir que l'on a mise à cuire dans un sac en toile plongé dans le bouillon du pot-au-feu et que l'on a *brujunée* (du breton *bruzhunet* ou *bruzunog*, c'est-à-dire émiettée).
Cette préparation qu'on appelle *farz* prend l'aspect d'une semoule brune, et s'accompagne parfois d'un *lipig* (mot formé sur le verbe *lipeg* qui veut dire « lécher » et qui désigne une sauce à base d'échalotes et de beurre fondu).
Dans certaines familles, le *farz* est dit *gwenn* (« blanc ») car préparé avec de la farine de froment (*gwinizh* en breton). Il est alors accompagné de raisins secs, qui en relèvent le goût sucré.

FARZ FACILE

❶ Dans un grand saladier, faites un puits avec 250 g de farine de blé noir.

❷ Versez-y 2 œufs battus en omelette, puis 400 g de lait et 100 g de crème.

❸ Faites cuire au micro-ondes 8 min à 800 W.

❹ Émiettez à la fourchette, puis remettez à cuire 2 ou 3 min.

❺ Laissez tiédir une dizaine de minutes avant d'émietter à nouveau.

❻ Servez en accompagnement d'une viande ou d'un poisson.

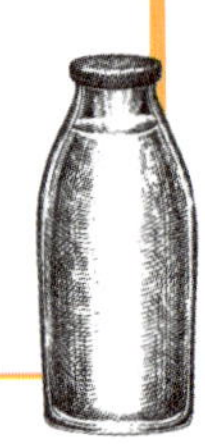

LE FARZ OALED

Le *farz oaled* (« far au foyer) est une spécialité rustique originaire de l'île d'Ouessant. Il est préparé à partir d'un mélange de pommes de terre râpées et de farine d'orge, auquel on ajoute du lard, des pruneaux et/ou des raisins secs. Il est cuit à l'étouffée selon la technique du « four au foyer », c'est-à-dire dans une marmite en fonte placée dans une cheminée pleine de braises incandescentes.

LE FARZ PITILLIG

Le *farz pitillig*, qu'on appelle aussi *pitillig*, est beaucoup moins connu. Comme son nom le laisse penser, il s'agit originellement d'un far préparé sur une *billig*.
La recette n'est pas fondamentalement différente de celle d'une pâte à crêpes : elle comporte simplement moins de lait, et davantage de beurre. La préparation est cuite dans une poêle bien beurrée, comme une omelette. Elle est mangée chaude, recouverte de beurre et de sucre. Et si vous ratez votre *pitillig* et que la préparation ressemble à des œufs brouillés, vous aurez cuisiné un *farz buen* !

KIG-HA-FARZ

Aire et vitalité de *kig-ha-farz*
Source des données :
Enquêtes DRF, 1994-1996.
Méthode : Krigeage.

0% emploi déclaré 100%

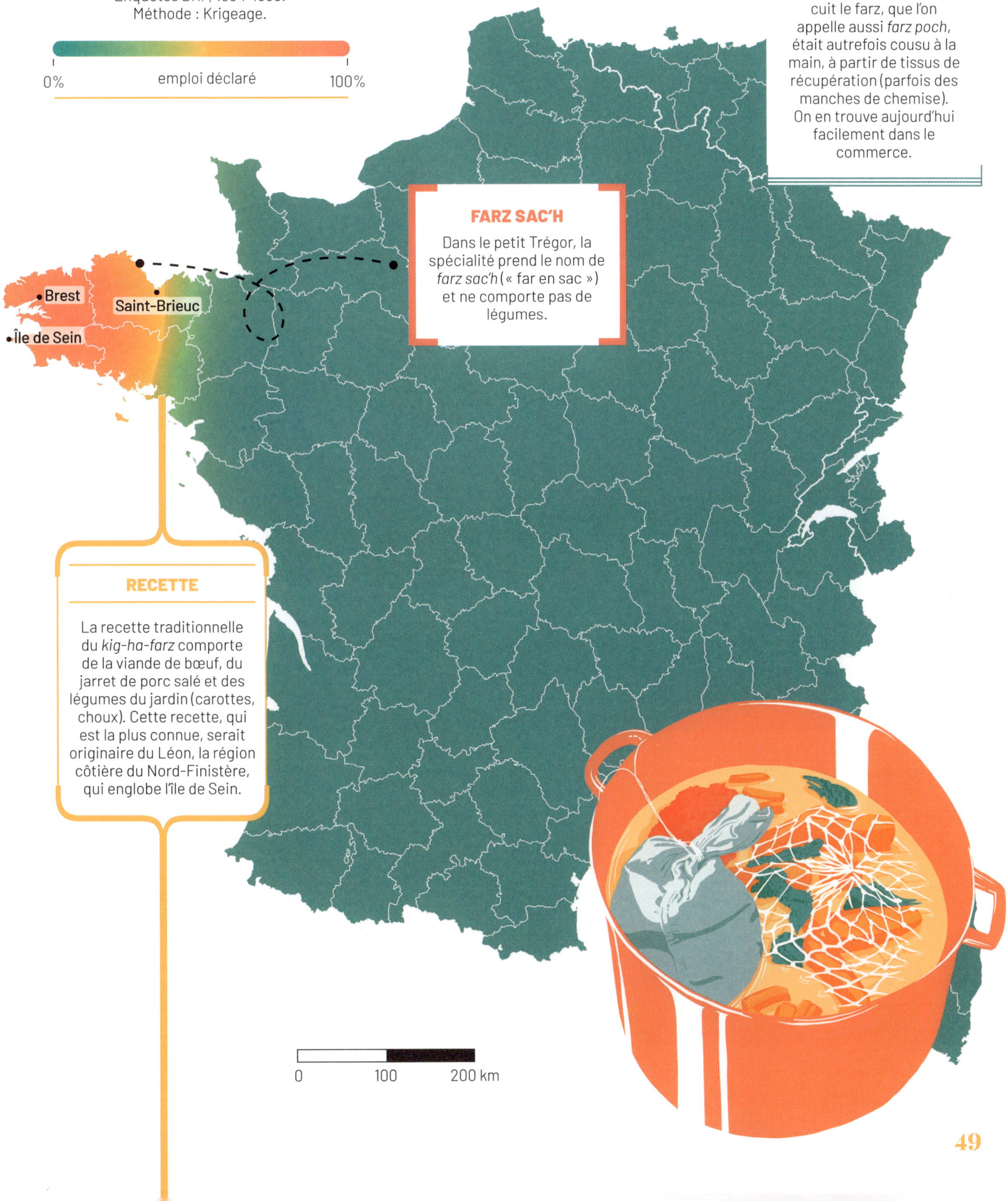

FAIT MAISON

Le sac dans lequel on cuit le farz, que l'on appelle aussi *farz poch*, était autrefois cousu à la main, à partir de tissus de récupération (parfois des manches de chemise). On en trouve aujourd'hui facilement dans le commerce.

FARZ SAC'H

Dans le petit Trégor, la spécialité prend le nom de *farz sac'h* (« far en sac ») et ne comporte pas de légumes.

RECETTE

La recette traditionnelle du *kig-ha-farz* comporte de la viande de bœuf, du jarret de porc salé et des légumes du jardin (carottes, choux). Cette recette, qui est la plus connue, serait originaire du Léon, la région côtière du Nord-Finistère, qui englobe l'île de Sein.

LA COTRIADE

La *cotriade* est le nom que l'on donne à une soupe à base de poissons typique des côtes du Finistère. Aussi emblématique que la *bouillabaisse* en Provence (p. 208) ou que la *bouillinade* dans le Languedoc, la cotriade est préparée selon les mêmes principes de base : un assortiment de poissons fraîchement pêchés est mis à cuire dans une marmite avec des pommes de terre, des oignons et différentes herbes. La soupe est ensuite servie dans des assiettes creuses où l'on a disposé des morceaux de pain rassis. On déguste d'abord le bouillon, ensuite les morceaux de poisson.

Bien qu'il existe autant de variantes de recettes que de ports, on retrouve toujours, d'un village à l'autre, les mêmes poissons de base : sardines, maquereaux et congres. La réussite du plat nécessite que l'on prenne soin de cuire les poissons les uns après les autres, en tenant compte de leur taille et de leur texture, de sorte que tous soient cuits à point.

À l'origine, la cotriade est un plat populaire, qui permettait d'accommoder les poissons de second choix invendables ou invendus. Les pêcheurs préparaient la cotriade à même la barque, avec de l'eau de mer. C'est ce qui explique l'utilisation de vinaigre et d'herbes locales (sarriette, marjolaine, oseille, etc.) : il fallait atténuer la teneur du plat en sel. Depuis que la préparation a gagné l'intérieur des terres et les tables des meilleurs restaurants, on y ajoute du vin blanc, des crustacés (crabes verts, moules, crevettes, voire du homard !) et parfois d'autres légumes (tomates, céleri, poireaux). Dans certains restaurants, on sert même la cotriade avec une *beurrée*. ■

BEURRÉE

Dans le français régional de Bretagne et de Normandie, une *beurrée* est une tartine de beurre. De nos jours, il est devenu synonyme de *tartine* (une tranche de pain quelle qu'elle soit). Si bien qu'il n'est pas rare d'entendre parler d'une *beurrée de beurre* !

ÉTYMOLOGIE

Cotriade est un emprunt au breton *kaoteriad*, qui désigne dans la langue ancestrale de ce peuple celte le contenu d'un chaudron (dérivé sur breton *kaoter*, « chaudière, marmite »). En français, le mot *cotriade* désignait également jadis la part en nature que recevaient les marins pêcheurs au retour de la pêche.

MÉTONYMIE

Dans d'autres régions en bord de mer, des soupes de poisson équivalentes tirent également leur nom de l'objet dans lequel on les prépare. En Vendée, on parle ainsi de *chaudrée* (variante de *chaudiérée*, dérivé sur *chaudière*). Dans le Boulonnais, la *caudière* est étymologiquement apparentée (il remonte au latin *caldaria* qui a donné le français *chaudière*).
On appelle *métonymie* ce processus qui consiste à désigner le contenu par le nom du contenant.

•COTRIADE•

Aire et vitalité de *cotriade*
Source des données : Enquêtes DRF, 1994-1996.
Méthode : Krigeage.

0% — emploi déclaré — 100%

ORTHOGRAPHE

L'orthographe *cotriade* est la plus répandue, mais on trouve également les formes *cautriade*, *cautériade* voire *kottériade*. Certains parlent également de *bouillabaisse bretonne* ou de *bouillabaisse des Bretons*.

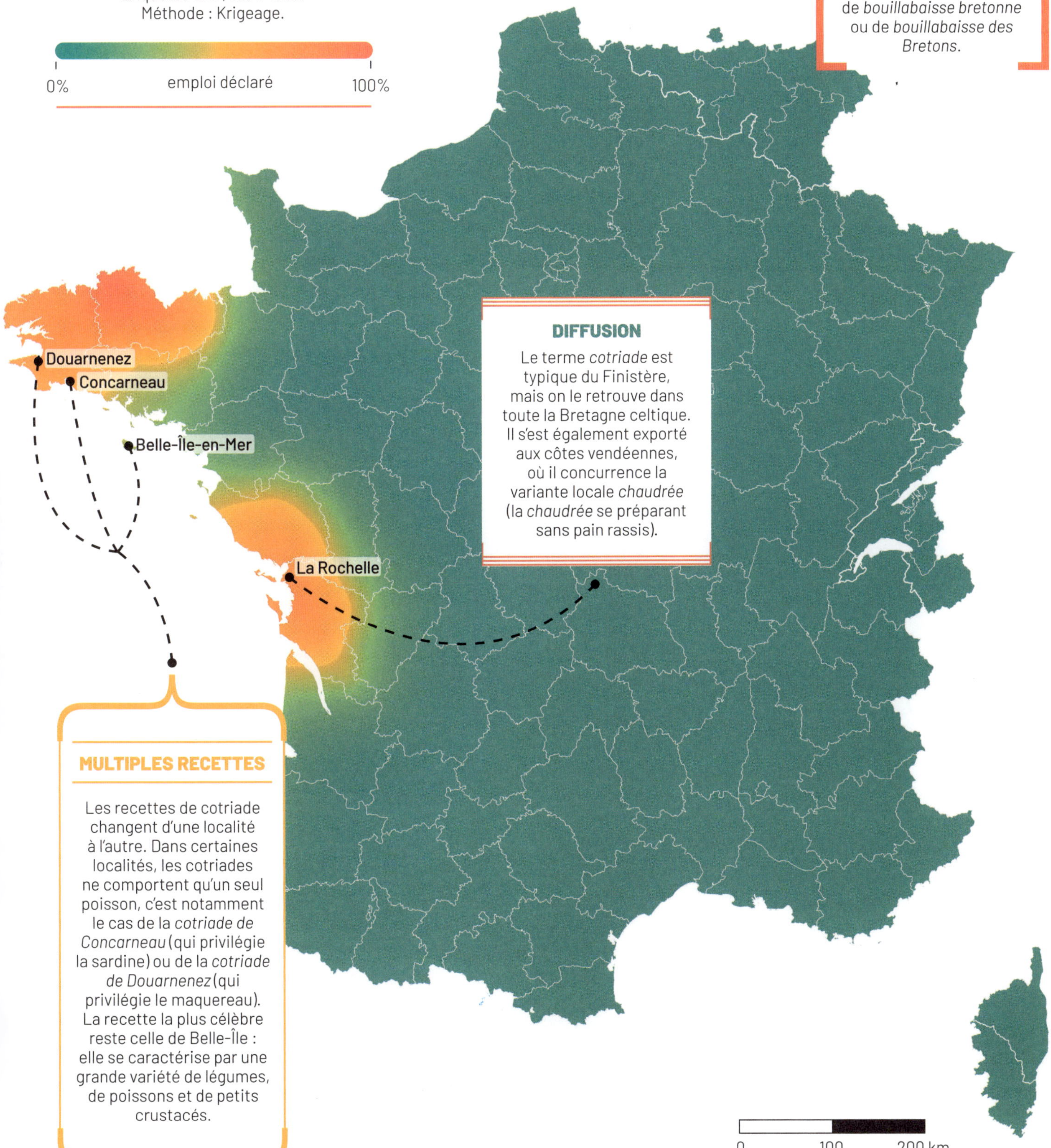

DIFFUSION

Le terme *cotriade* est typique du Finistère, mais on le retrouve dans toute la Bretagne celtique. Il s'est également exporté aux côtes vendéennes, où il concurrence la variante locale *chaudrée* (la *chaudrée* se préparant sans pain rassis).

MULTIPLES RECETTES

Les recettes de cotriade changent d'une localité à l'autre. Dans certaines localités, les cotriades ne comportent qu'un seul poisson, c'est notamment le cas de la *cotriade de Concarneau* (qui privilégie la sardine) ou de la *cotriade de Douarnenez* (qui privilégie le maquereau). La recette la plus célèbre reste celle de Belle-Île : elle se caractérise par une grande variété de légumes, de poissons et de petits crustacés.

LA GODINETTE

La *godinette* est une invention de Simone Morand. C'est une boisson à base d'eau-de-vie de cidre, de muscadet et de fruits macérés imaginée à l'occasion des fêtes gallèses de Monterfil (Ille-et-Vilaine). ■

QUI EST SIMONE MORAND ?

Présidente du conservatoire des arts culinaires de Bretagne et ancienne conservatrice de l'Écomusée du Pays de Montfort, Simone Morand est une personnalité qui œuvre toute sa vie à la redécouverte et la reconnaissance d'un patrimoine culturel dont la cuisine est une composante essentielle.
Sa *Gastronomie bretonne d'hier et d'aujourd'hui*, publiée en 1965, est un incontournable aujourd'hui.

INSPIRATION

Le nom de la godinette est tiré de celui d'un groupe de musique de Haute-Bretagne dans les années 1970.

GODINETTE

30 pers.

1,5 kg de fraises
jusqu'à 1 kg de sucre
1 l eau de vie de cidre
6 l de gros-plant
20 cl de crème de cassis

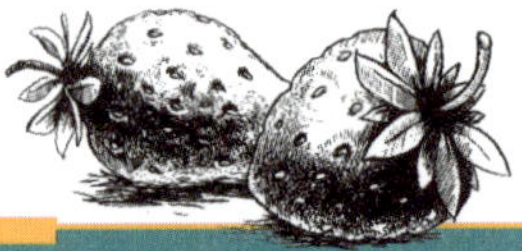

1. Équeutez les fraises et recouvrez-les de sucre, sans excès.
2. Versez ensuite délicatement l'eau-de-vie de cidre (calva), laissez macérer 8 à 12 h.
3. Ajoutez ensuite le gros-plant. Mélangez avec soin jusqu'à complète dissolution du sucre. Laissez reposer 24 h, puis mélangez à nouveau. Goûtez pour rectifier, au besoin, le dosage en alcool ou la teneur en sucre.
4. Laissez reposer encore 24 h. Le surlendemain, terminez par la crème de cassis pour rectifier la coloration.
5. Après avoir mélangé une dernière fois, servez très frais.

PETITE REINE ET PÂTE À CHOUX

En 1891, Pierre Giffard, rédacteur en chef du *Petit Journal*, décide d'organiser une course de vélo pour en démontrer la facilité d'usage et l'intérêt. Le premier Paris-Brest-Paris voit le jour, et les 211 cyclistes qui s'élancent le 6 septembre 1891 doivent parcourir 1 200 kilomètres, soit un aller-retour Paris-Brest.
On attribue le gâteau éponyme, en forme de roue de vélo et garni d'une crème au praliné, à trois pâtissiers implantés dans des villes traversées par la course, Maisons-Laffitte et Chartres. Mais les sources se contredisent.
Le gâteau aurait d'abord été un éclair au praliné, avant de prendre une forme circulaire dans les années 1940. Cette forme, qui rappelle la roue de vélo, s'inspirerait d'une pâtisserie antérieure, en forme de couronne de laurier (celle auréolant la tête du vainqueur de la course), créée, elle, par un pâtissier de… Brest ! ■

Le mot de la faim

FRANÇOIS-RENÉ DE CHATEAUBRIAND
écrivain et mémorialiste préromantique

Originaire de Saint-Malo, où il est également enterré, François-René de Chateaubriand réside la plus grande partie de sa vie à Paris. Il passe à la postérité pour son éternelle nostalgie de la Bretagne, ses vues anti-napoléonniennes, ses *Mémoires d'outre-tombe* et… la possible cuisson d'une pièce de bœuf qui lui serait dédiée !

Ses repas préférés

Ceux qu'il prend à Lyon, « où l'on nous fait si prodigieusement manger qu['il a] à peine le courage de sortir de cette excellente ville ».

Le dîner de la désillusion

Invité à dîner à Prague, ou Charles X est exilé, il constate avec dépit que « le dîner était maigre et assez mauvais. Le Roi […] vanta un poisson de la Moldau, qui ne valait rien du tout ». L'ambiance d'Ancien Régime, l'amertume du monarque détrôné font comprendre à Chateaubriand que la monarchie et les idéaux qu'il pensait défendre ont fait long feu.

Caramel curateur

Alors qu'il souffre de fièvres régulières, son père lui fait voir un rebouteux plutôt qu'un médecin, qui le soigne avec des prières et un caramel.

Souvenir de disette

Trouvant un compatriote en Angleterre, et alors qu'il peine à joindre les deux bouts, il se souvient d'un repas à la *London Tavern*, arrosé de porto, à « manger du *roast-beef* et du *plum-pudding* à en crever ».

Réminiscence de Bretagne

Marqué par une théorie ancienne qui voudrait que les gaulois de l'Adriatique aient pour origine ceux d'Armorique, il croit trouver à Venise « la crème comme en Bretagne et le beurre comme à la Prévalaye ».

Ses autres passions

La diplomatie, l'Orient, dire du mal de Napoléon et de l'Empire.

CHATEAUBRIAND OU CHÂTEAUBRIANT ?

L'invention de cette découpe serait celle du cuisinier Montmireil, au service de l'écrivain pendant un voyage londonien. D'autres sources orthographient le plat comme la ville de Châteaubriant située dans une zone importante d'élevage bovin entre Rennes et Nantes.

CHATEAUBRIAND
de Jean Mathat-Christol

6 pers.

1. Faites tailler 4 chateaubriands à votre boucher : il s'agit d'une découpe dans le filet de bœuf d'une épaisseur de 4 centimètres (en dessous, c'est un tournedos, au-dessus, c'est un rôti de filet).
2. Hachez 3 des échalotes et faites-les suer au beurre. Mélangez-les avec de la moelle (si vous en disposez) et une petite botte de ciboulette hachée. Poivrez fortement et salez.
3. Pratiquez une ouverture horizontale au centre du chateaubriand sans en couper les bords, de sorte à obtenir une poche.
4. Farcissez chaque pièce de bœuf du condiment d'échalotes et refermez l'ouverture avec une pique en bois.
5. Saisissez la viande à feu vif dans un peu de matière grasse. Retournez régulièrement la viande selon la cuisson souhaitée : bleue (1 min 30), saignante (2 min), à point (3 min) ou bien cuite (4 min).
6. Servez sans attendre avec un beurre maître d'hôtel (beurre persillé et citronné) et des pommes château (gros parallélépipèdes de pommes de terre frits inventés pour ce plat), ou plus simplement une béarnaise et des frites !

CHAMPAGNE

Rencontre avec...
ARNAUD LALLEMENT

chef de *L'Assiette champenoise** à Tinqueux**

Le plat régional incontournable

La *potée champenoise.*

Le plat impossible à mettre à la carte

Aucun, il faut savoir tout travailler. Même une betterave seule, ça se fait !

Le produit inconnu que tout le monde devrait découvrir

Le *vinaigre de Reims*, pas assez connu et pourtant si subtil !

Le conseil à donner à un gourmet qui passe aux alentours

La géographie souterraine de la Champagne : il faut visiter les caves centenaires, construites à la main, chez un vigneron ou dans une grande maison.

Vous avez 6 œufs, 30 minutes et un accès libre à votre cuisine

Je fais des œufs brouillés au jambon blanc : le plus simple et le meilleur. Ou une omelette avec un peu de tomate.

« Je ne suis pas plus privilégié que d'autres chefs. Chaque territoire est riche, la Champagne est elle aussi une région inspirante, avec une puissance œnologique décuplée. Ailleurs on appelle parfois les vins par le nom du cépage qui les compose : ici, c'est *champagne*, comme un mot de passe.

Il ne faut jamais oublier d'où on vient, où on se trouve et pour qui on fait à manger. Quand je cuisine un produit, je réfléchis en fonction de trois éléments culinaires et d'un élément œnologique. Qu'est-ce que j'ai envie de manger avec tel produit ? Une fois qu'on a appris les bases, il faut évoluer : tout est question d'accords avec sa région et son identité. L'asperge, par exemple : je cherche quels ingrédients je veux lui associer. Une gelée de haddock légèrement fumé ? Un œuf ?... Il faut ensuite penser à la sauce, et puis un lien avec un champagne. Ici, j'ai entre 1 000 et 1 200 références de champagne. La moitié de ma carte est champenoise : c'est un plat, une sauce, un champagne. Il y a de l'iode naturel dans le raisin, dans la vigne – dans les vignobles, on met encore au jour des fossiles de coquillages. Cette salinité, on la retrouve en fin de bouche dans certains champagnes : je cherche à retrouver ça dans mes plats. Extraction, réduction, foisonnement, émulsion : tous les moyens sont bons. Je suis 100 % champenois et 50 % breton : c'est l'accord parfait. Maman est bretonne, papa était champenois. Le plat familial, ça a toujours été le homard, sauce paprika, pommes de terre. »

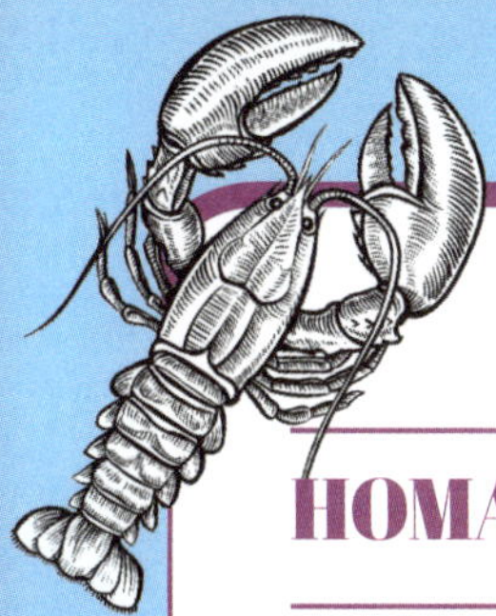

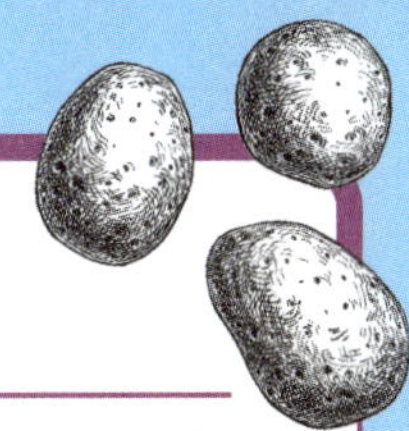

·LA RECETTE DU CHEF·

HOMARD BLEU, HOMMAGE À MON PAPA

d'Arnaud Lallement

4 pers. | 1 h | 30 min

2 homards bleus de 500/600 g ; 3 feuilles de capucine ; sauge émincée.
Beurre de homard : 500 g de carapaces des homards ; 5 g de paprika ; 100 g de beurre.
Siphon piment doux : 250 g de pommes de terre ; 7 g huile d'olive ; 7 g de piment doux fumé (paprika) ; 0,26 l d'eau ;100 g de lait ; 200 g de crème fraîche ;10 g de sel.
Sauce homard : 500 g de têtes de homard ;10 g d'huile d'olive ; 15 g de paprika ; 50 g de miel ; 100 g d'échalotes ; 37,5 cl de champagne rosé ; 0,5 l de crème fraîche ; eau.
Ronds de pommes de terre : 200 g de pommes de terre ; 100 g de sauce homard.
Pommes soufflées : 6 pommes de terre Bintje ; bain d'huile de tournesol.
Réduction vinaigre de champagne : 100 g de vinaigre de champagne.

❶ **Homards :** Séparez, à cru, pinces, corps et têtes de homards. Faites blanchir les pinces pendant 6 min et les corps pendant 2 min. Décortiquez et réservez. Vous les réchaufferez dans le beurre de homard juste avant de servir. Hachez les parures et les coudes. Réservez pour le dressage.

❷ **Beurre de homard :** Faites revenir les carapaces de homard avec le paprika. Couvrez de beurre à hauteur. Cuisez doucement pendant 1 h. Passez au chinois. Faites bouillir afin de retirer les impuretés. Réservez.

❸ **Siphon piment doux :** Pelez les pommes de terre. Coupez en morceaux. Faites revenir à l'huile d'olive. Ajoutez le piment. Couvrez d'eau. Faites réduire presque à sec. Ajoutez le lait, la crème fraîche et le sel. Faites bouillir. Mixez. Passez au chinois. Versez dans un siphon contenant une cartouche.

❹ **Sauce homard :** Pelez et ciselez les échalotes. Faites revenir les têtes de homards à l'huile d'olive. Ajoutez le paprika, le miel et les échalotes. Déglacez au champagne rosé. Faites réduire de moitié. Mouillez d'eau à hauteur. Cuisez doucement pendant 1 h. Ajoutez la crème fraîche. Passez au chinois. Vérifiez l'assaisonnement.

❺ **Ronds de pommes de terre :** Pelez les pommes de terre. Réservez-en une. Dans les autres, coupez trente rondelles de 6 cm de diamètre. Blanchissez pendant 1 min. Glacez avec la sauce homard.

❻ **Pommes soufflées :** Coupez les pommes de terre en lamelles de 3 mm, puis en ovales de 6 cm par 4 cm de large. Faites blanchir à l'huile de tournesol à 135 °C pendant 5 min en arrosant constamment puis à 180 °C pendant 1 min. Salez.

❼ **Réduction vinaigre de champagne :** Faites chauffer et réduire le vinaigre à consistance de sirop.

❽ **Capucines :** À l'aide d'un emporte-pièce, taillez les feuilles en trois ronds de 2, 3 et 4 cm.

Dressage : Dans la partie gauche de chaque assiette, disposez trois ronds de pommes de terre glacés. Garnissez légèrement de homard haché, de siphon piment et de sauge émincée. Recouvrez chaque rond de pomme de terre d'un autre rond de sorte à former trois ravioles. Sur la droite de l'assiette, faites un trait de réduction de vinaigre. Posez la demi-queue de homard par-dessus et une pince debout à côté. Terminez par trois ronds de capucine et trois pommes de terre soufflées. Servez la sauce homard à table.

PASSER AU CHINOIS

Voir p. 221.

POMMES SOUFFLÉES

La légende veut que les pommes soufflées soient nées grâce à un train en retard, qui devait arriver à Pecq, alors terminus de la ligne Paris - Saint-Germain-en-Laye. Au menu du restaurant de la gare de Pecq figuraient notamment des pommes de terre frites (p. 184). Parti pour faire sa friture, le cuisinier est prévenu du retard du train : on égoutte alors les tranches de pommes de terre partiellement frites, et en les remettant dans le bain de friture bouillant on s'étonne qu'elles soufflent et se gonflent comme des balles. Légende sans doute : d'abord parce que le train n'aurait eu aucun retard, ensuite parce que la brièveté de la halte n'aurait pas permis que tout un repas ait lieu.

LES CRETONS

Dans les départements du nord de la région Champagne, les *cretons* (parfois orthographiés *quertons*, *curtons*, *crêtons* ou *crétons*) désignent des petits morceaux de lard que l'on a grillé. On les mange en l'état, ou on s'en sert comme ingrédient lors de la préparation de nombreuses spécialités ardennaises, en France comme de l'autre côté de la frontière, en Belgique.

Sur le plan étymologique, le mot *creton* est ancien. On le trouve déjà en usage dans les textes datant du début du XIIe siècle et dans les parlers galloromans de Normandie, de Picardie et de Lorraine. Il y est employé dans le même sens que dans les Ardennes ou bien pour désigner tantôt les résidus de la graisse des animaux, tantôt des morceaux de panne de porc frite.

FRANCOPHONIE

Au Québec, où le mot s'est exporté avec les premiers colons venus de l'ouest de la France au XVIIe siècle, les *cretons* désignent une préparation de charcuterie qui se présente sous la forme d'un pâté de porc ou de veau haché, cuit et assaisonné, soit l'équivalent de ce qu'on appelle en France des *rillettes* (p. 222-223).

VARIATIONS SUR LES CRETONS

LA TARTE ARDENNAISE AUX CRETONS

C'est une quiche aux lardons fumés, qui rappelle la *quiche lorraine* (p. 142-143).

LA SALADE ARDENNAISE

C'est une version locale de la *salade aux cramaillots* (p. 86-87), qui présente la particularité de comporter des pommes de terre cuites à l'eau et coupées en tranches.

LES CANADAS AUX ROUSSES

Aussi appelée *canadôs*, c'est une spécialité qui comporte des oignons et des pommes de terre rôties dans la graisse des cretons, ce qui leur donne une couleur rousse. Dans les parlers locaux, *canada* est le nom que l'on donne aux pommes de terre (p. 26-27).

LE MATOUFET

Prononcé *matoufè* ou *matoufé*, c'est une spécialité proche de l'omelette typique des régions des Ardennes en France et de la Famenne en Belgique.

VARIANTES

Ailleurs en France, comme on peut le voir sur la carte ci-contre, d'autres mots dérivés au moyen du même suffixe *-on* (qui marque la petitesse) sont en usage. Comme *cretons*, ces mots sont polysémiques et désignent diverses préparations à base de résidu de graisse d'animaux. La plupart de ces mots sont aujourd'hui vieillissants.

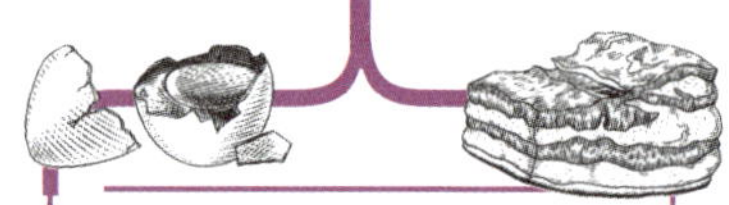

MATOUFET

10 min — 20 min

1. Mélanger 2 œufs, 1 c. à s. de farine, 2 c. à s. de lait de sorte à obtenir une pâte.
2. Faites revenir quelques cretons dans une poêle à feu vif, sur lesquels vous versez la pâte.
3. Retournez la crêpe ainsi formée et enfournez une dizaine de minutes dans un four préchauffé à 180 °C.
4. Consommez chaud sur une tranche de pain !

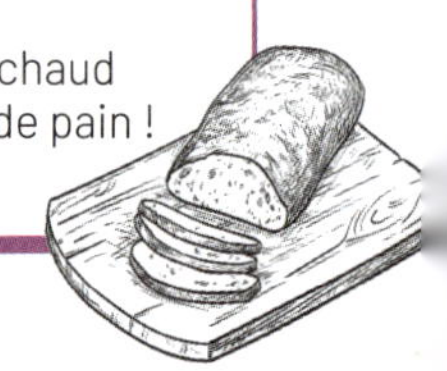

• CRETONS •

Dénominations des *cretons*
Source des donnés :
Enquêtes Français de nos Régions, 2015-2020.
Méthode : Méthode des *k* plus proches voisins.

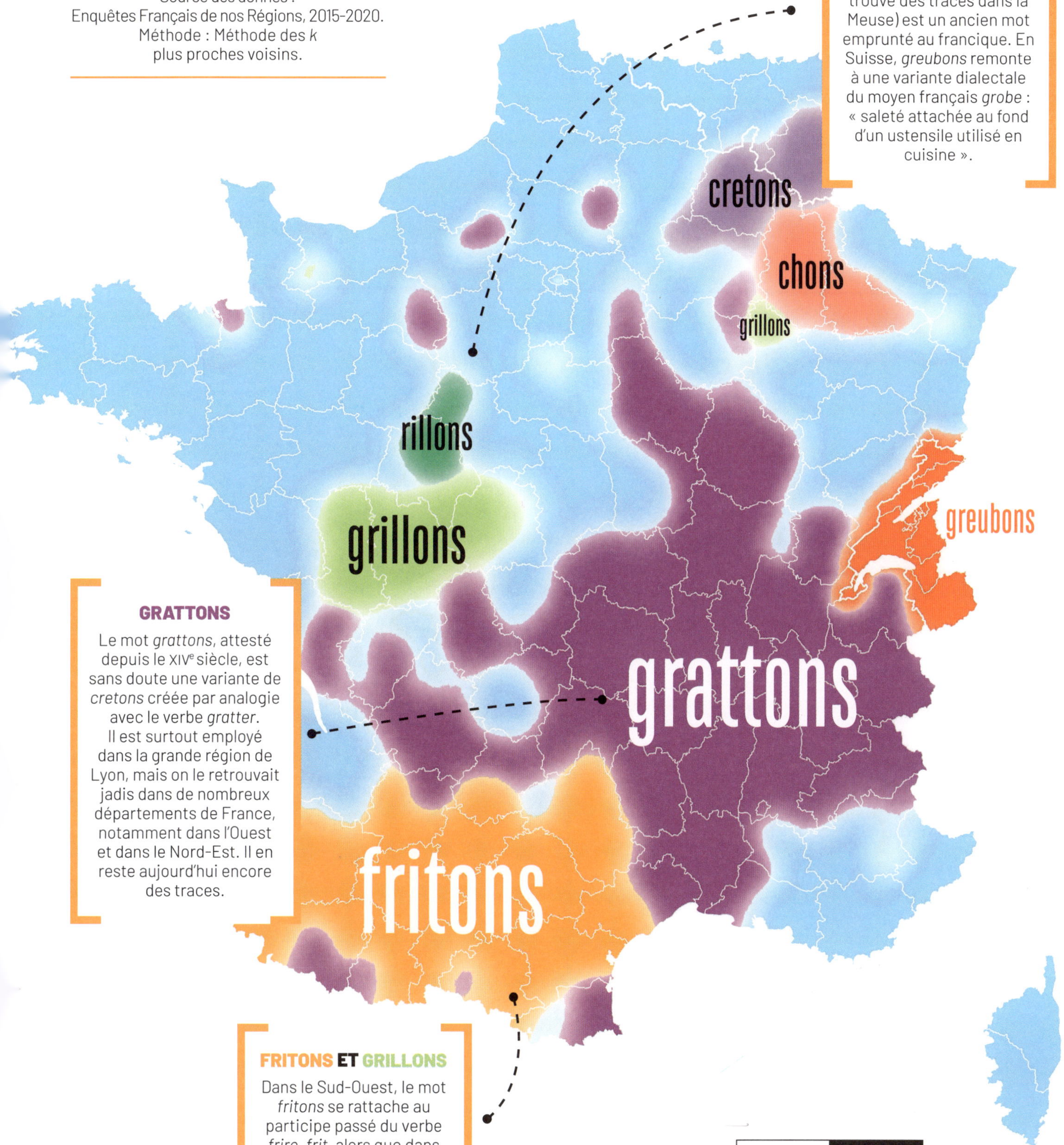

RILLONS, CHONS ET GREUBONS

En Touraine, *rillons* s'apparente à *rillettes*, alors que *chons* (dont on trouve des traces dans la Meuse) est un ancien mot emprunté au francique. En Suisse, *greubons* remonte à une variante dialectale du moyen français *grobe* : « saleté attachée au fond d'un ustensile utilisé en cuisine ».

GRATTONS

Le mot *grattons*, attesté depuis le XIVe siècle, est sans doute une variante de *cretons* créée par analogie avec le verbe *gratter*. Il est surtout employé dans la grande région de Lyon, mais on le retrouvait jadis dans de nombreux départements de France, notamment dans l'Ouest et dans le Nord-Est. Il en reste aujourd'hui encore des traces.

FRITONS ET GRILLONS

Dans le Sud-Ouest, le mot *fritons* se rattache au participe passé du verbe *frire*, *frit*, alors que dans l'Ouest *grillons* se rattache au verbe *griller*.

LA BRIE
ET SES SPÉCIALITÉS

La Brie est une région historique située à l'est de Paris, bornée au nord par le cours de la Marne et au sud par le cours de la Seine. Compte tenu des propriétés géologiques de son sol, la Brie est un terrain particulièrement propice à l'agriculture et à l'élevage de bêtes laitières, notamment de vaches. Aussi, la Brie est connue pour la production d'une famille importante de fromages à pâte molle à croûte fleurie d'un blanc duveteux, à qui elle a donné son nom : le *brie*.

La production et la consommation de fromage dans la région sont sans doute aussi anciennes qu'ailleurs (on sait que l'homme consomme du fromage dès la période dite du néolithique, qui correspond à l'invention de l'agriculture et de l'élevage). Les traces écrites ne permettent pas de retracer avec précision l'origine de ces fromages. On sait toutefois que ces derniers sont déjà renommés en dehors de la région au XIIIe siècle, et qu'ils régalent les plus grands monarques (on dit que Louis XVI doit son arrestation au fait d'avoir fait une étape à Claye-Souilly pour se rassasier avec du brie).

Au fil des siècles, leur production se spécialise, et on se met à nommer différemment les fromages en fonction du nom de la ville qui héberge le marché où ils sont produits. Chacun des fromages présentant en plus des durées d'affinage et des tailles distinctes, il n'est pas étonnant qu'il existe aujourd'hui une bonne douzaine de variétés !

SPÉCIALITÉS BRIARDES

Le brie entre dans la composition de nombreuses spécialités locales :

Le croque-briard

C'est un croque-monsieur réalisé avec des tranches de pain de campagne beurrées, que l'on garnit avec du brie dont on a retiré la croûte, et mélangé à du beurre.

Les galettes briardes

Il s'agit de petits sablés de 6 à 7 cm de diamètre, préparés à partir de brie, de farine et de jaunes d'œufs. Elles sont dorées au four et mangées chaudes ou tièdes en apéritif.

La talmouse

Cette pâtisserie en forme de chausson triangulaire est confectionnée à partir d'une abaisse de pâte feuilletée garnie d'une préparation à base de brie, de lait, d'œufs et de beurre. Elle est consommée en entrée avec une salade.

MAÎTRE CORBEAU, SUR SON ARBRE PERCHÉ, TENAIT EN SON BEC UN...

Pour la petite histoire, sachez que c'est à Château-Thierry, près de Meaux, qu'est né Jean de La Fontaine. De là, bon nombre ont fait l'hypothèse que le fromage que tient en son bec le corbeau est un brie. De Melun, de Meaux ou de Coulommiers, l'histoire ne le dit pas !

BRIES DE FRANCE

Spécialités laitières AOC de Champagne
Source des données : www.data.gouv.fr

brie de Melun — brie de Meaux

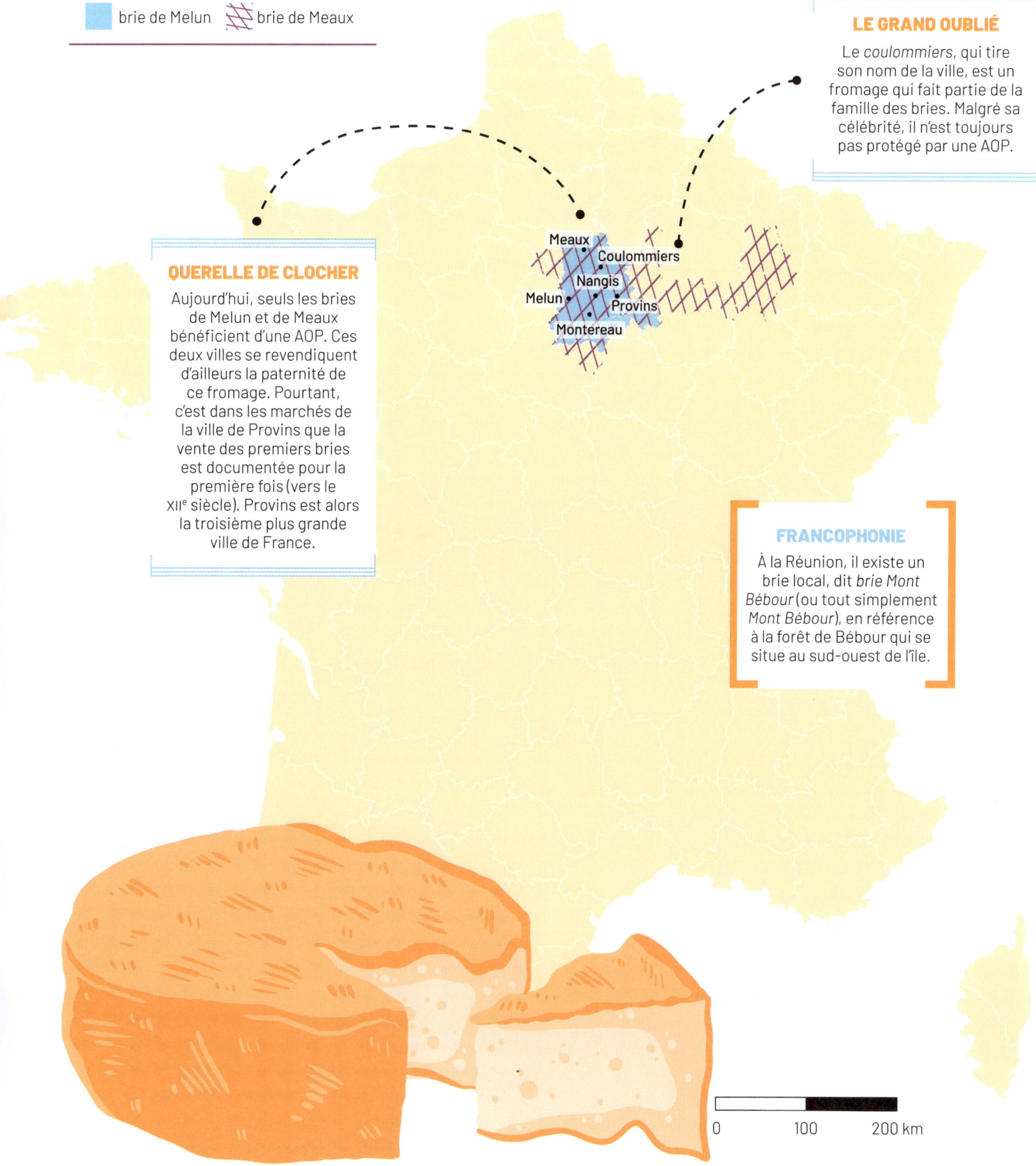

LE GRAND OUBLIÉ

Le *coulommiers*, qui tire son nom de la ville, est un fromage qui fait partie de la famille des bries. Malgré sa célébrité, il n'est toujours pas protégé par une AOP.

QUERELLE DE CLOCHER

Aujourd'hui, seuls les bries de Melun et de Meaux bénéficient d'une AOP. Ces deux villes se revendiquent d'ailleurs la paternité de ce fromage. Pourtant, c'est dans les marchés de la ville de Provins que la vente des premiers bries est documentée pour la première fois (vers le XIIe siècle). Provins est alors la troisième plus grande ville de France.

FRANCOPHONIE

À la Réunion, il existe un brie local, dit *brie Mont Bébour* (ou tout simplement *Mont Bébour*), en référence à la forêt de Bébour qui se situe au sud-ouest de l'île.

LE GÂTEAU DE NOËL

Dans l'ex-région Champagne-Ardenne, comme en Wallonie et dans le Nord-Pas-de-Calais, la tradition veut que les parents (ou les marraines et parrains) offrent aux enfants une brioche présentant une forme spéciale le jour de Noël. Comme c'est le cas pour la viennoiserie consommée lors de la Saint-Nicolas dans l'Est (p. 140), ses formes comme ses dénominations sont relativement variables.

On trouve deux grands types de forme de ces gâteaux de Noël. En Champagne notamment, cette brioche prend la forme de deux croissants plus ou moins bien dessinés, accolés dos à dos, ce qui lui donne la forme d'une croix arrondie, comme un X. En Wallonie comme dans le Nord-Pas-de-Calais et dans les Ardennes, la viennoiserie résulte de l'assemblage de deux ou trois boules de pâtes de taille variable, ce qui donne au tout l'allure d'un petit jésus emmailloté.

Si ces gâteaux étaient autrefois fabriqués exclusivement à Noël, parfois à Pâques, on peut aujourd'hui en trouver chez les boulangers tout au long du mois de décembre. ■

COMMENT LES APPELLE-T-ON ?

On trouve trois grands types de dénomination de ces gâteaux de Noël. La distribution dans l'espace de ces dénominations ne recoupe pas la distribution des formes.

LE TYPE *COUGNOU*

Les mots *cougnou*, *cugnot*, *cugneux*, *cougnole*, etc., se rattachent tous au latin *cuneus*, qui signifie *coin*.
Le choix de ce mot peut sembler obscur, mais il s'explique en raison du fait que ces viennoiseries sont souvent réalisées avec les coins (les restes) de la pâte.

LE TYPE *COQUILLE*

Dans le Nord-Pas-de-Calais et le Hainaut belge, le mot *coquille* est employé par analogie avec l'enveloppe dans laquelle le petit Jésus est emmailloté.

LE TYPE *FOLARD*

Quant au *folard* dunkerquois, c'est un emprunt au flamand *volaeren* qui signifie… *crotte* ! D'ailleurs on trouve dans cette région des attestations de *pain à crotte* !

VARIATIONS

Dans certaines régions, on fait des stries sur la pâte avant de la cuire, ce qui donne au petit pain une croûte en relief. Dans d'autres, on décore la brioche d'un petit jésus en sucre rose. Les cougnous ont une texture qui s'apparente à celle d'un pain au lait. Il est possible de les trouver nature, au sucre, avec des pépites de chocolat ou des raisins secs.

SUFFIXES

L'ensemble de ces formes s'oppose par leur suffixe : *-ou*, *-ot*, *-eux*, *-ol*, etc. sont tous des suffixes diminutifs.

GÂTEAU DE NOËL

Dénominations du *gâteau de Noël*
Source des données :
Enquêtes Français de nos Régions, 2015-2020.
Méthode : Méthode des *k*
plus proches voisins.

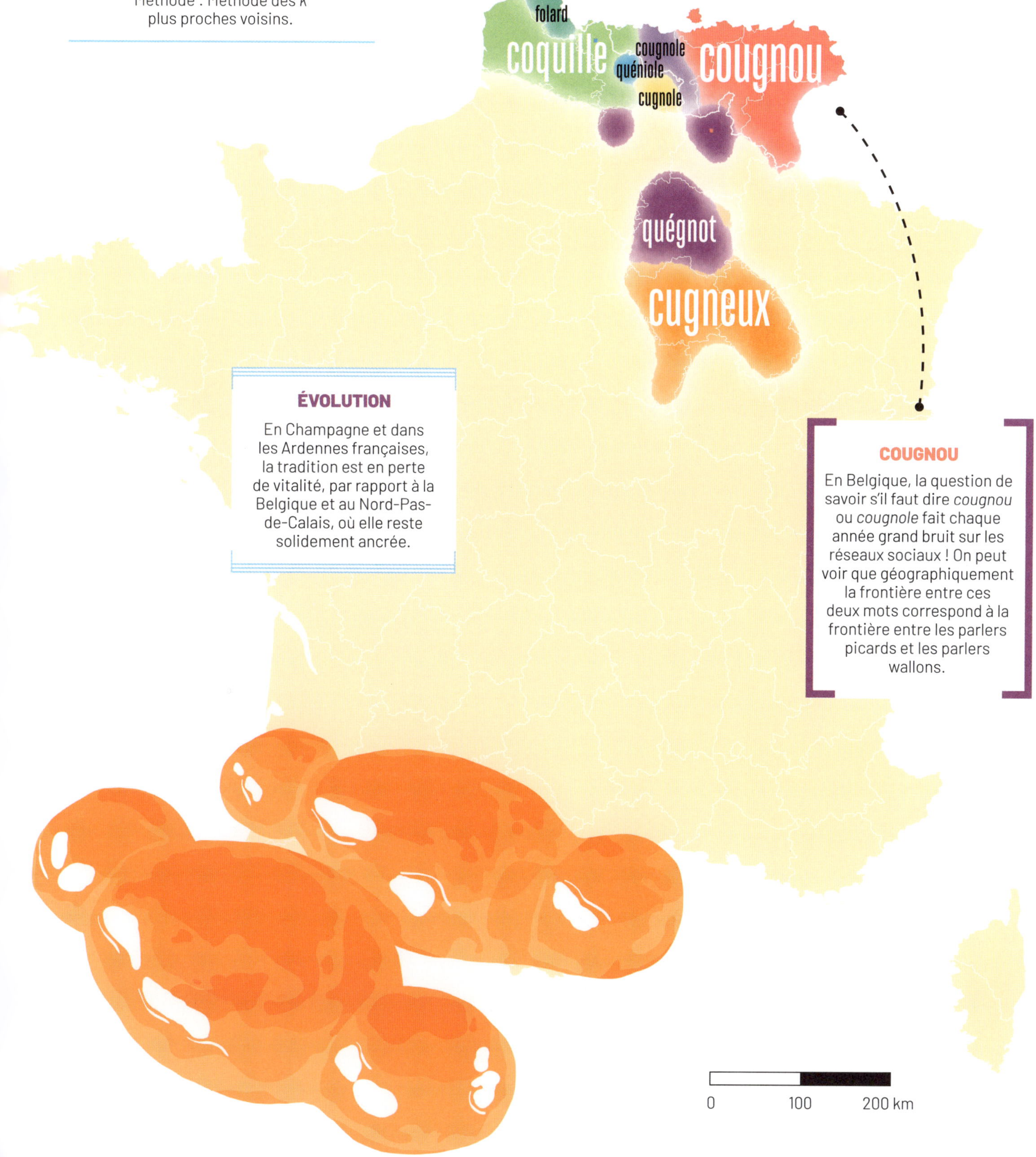

ÉVOLUTION

En Champagne et dans les Ardennes françaises, la tradition est en perte de vitalité, par rapport à la Belgique et au Nord-Pas-de-Calais, où elle reste solidement ancrée.

COUGNOU

En Belgique, la question de savoir s'il faut dire *cougnou* ou *cougnole* fait chaque année grand bruit sur les réseaux sociaux ! On peut voir que géographiquement la frontière entre ces deux mots correspond à la frontière entre les parlers picards et les parlers wallons.

QUELQUES SPÉCIALITÉS **CHAMPENOISES**

Les spécialités traditionnelles de la cuisine de Champagne sont des plats simples, qui constituaient jadis des plats familiaux et roboratifs. Tout comme les spécialités des régions environnantes, à savoir l'Île-de-France, la Picardie et la Lorraine, la cuisine locale exploite largement la pomme de terre, qui entre dans de nombreuses préparations, dont les consonances rappellent que la langue que l'on parle dans cette région n'a pas toujours été le français. ■

CACASSE

❶ Dans une cocotte, faites revenir 4 tranches de lard. Une fois bien dorées, réservez-les.

❷ Émincez 4 petits oignons puis faites-les colorer dans la graisse du lard à feu vif et en mélangeant souvent.

❸ Ajoutez 2 cuillères de farine pour faire un roux en mélangeant bien.

❹ Ajoutez 1,5 kg de pommes de terre moyennes préalablement épluchées (au besoin, coupées en deux).

❺ Ajoutez de l'eau à hauteur. Salez et ajoutez 2 branches de thym et 2 feuilles de laurier.

❻ Couvrez et laissez mijoter pendant 45 min.

❼ Remettez le lard quelques minutes avant la fin juste pour le réchauffer. Poivrez. Parsemez d'un peu de persil avant de servir.

AU MENU dans la région

Cacasse à cul nu ou culottée ?

La *cacasse* est une spécialité à base de pommes de terre, d'oignons, de thym et de laurier, que l'on fait revenir dans de la graisse de lard (ou de saindoux), avec des oignons et de la farine (pour faire un roux). Servie sans viande, on parle de *cacasse à cul nu* ; si elle est accompagnée de viande (saucisse fumée ou morceau de lard), on parle de *cacasse culottée* ou *cacasse rhabillée*. Depuis le début des années 2000, la cacasse dispose de sa confrérie, qui a donné à ce plat éminemment populaire ses lettres de noblesse.

Bayenne

La *bayenne* (aussi orthographié *baïenne* ou *bailline*) est un autre plat populaire à base de pommes de terre. Les tubercules sont coupés en deux dans le sens de la longueur, et disposés face coupée tournée vers le fond d'une cocotte qu'on a beurrée et dans laquelle on a mis un peu d'eau. On les recouvre d'oignons émincés et d'ail, puis d'une autre couche de pommes de terre. On couvre le tout qu'on laisse cuire à feu doux, sans jamais enlever le couvercle. On sait que les pommes de terre sont cuites quand une légère odeur de brûlé s'échappe de la cocotte.

Djoûte

Chaque région dispose de sa potée. En Champagne, celle-ci prend le nom de *djoute*, en raison de la façon dont on nomme le chou dans les parlers de la région. Une fois n'est pas coutume, les ingrédients et les recettes changent en fonction des saisons, des lieux et des traditions familiales. Dans cette potée, on retrouve souvent de la charcuterie locale (lard, saucisse ou jambon fumé) et des légumes d'hiver (légumes racines, choux et pommes de terre).

Tantimolle, vaute, berdelle ou braque ?

Il existe dans la région différentes préparations de crêpes, que l'on consommait traditionnellement à la chandeleur. La *tantimolle*, la plus connue, désigne une crêpe, quelle qu'elle soit. La *vaute* (ou *vôte*) est une crêpe épaisse, dans laquelle on a incorporé de la levure de boulanger, ce qui lui donne un aspect soufflé. *Berdelle* désigne plutôt une crêpe de sarrasin. Enfin, le mot *braque* est le moins répandu : il est surtout utilisé dans la région de Nouzonville, dans la vallée de la Meuse.

Le mot de la faim

ARTHUR RIMBAUD

poète prodigieux et aventurier voyageur

Arthur Rimbaud est originaire des Ardennes, chères à son cœur avec la Belgique voisine et l'Allemagne toute proche. Passé à la postérité pour sa poésie, qu'il abandonne à vingt ans, il passe le reste de sa (courte) vie à l'étranger et sur des bateaux, entre l'Afrique et l'Europe. ■

La faim

Prouesse poétique, dénonciation politique, il décrit la misère des *Effarés*, des gamins pauvres de Charleville devant la vitrine d'un boulanger qui regardent le pain en train de se faire. Il compose également les *Fêtes de la faim* où il annonce des nourritures ascétiques : air, galets, fruits blets…

Ses repas préférés

Il mange de tout, sans préférence. Au *Cabaret vert* de Charleroi, il mange des tartines beurrées et du jambon qu'il accompagne d'une bière ; dans un café de Douai, il décrit « une odeur de vernis et de fruits » et mange « je ne sais quel mets belge ».

Ses fromages

Gruyère, brie et roquefort apaisent la faim du rêve de la *Chambrée de nuit*.

Sa boisson préférée

L'absinthe, « le plus délicat et le plus tremblant des habits que l'ivresse par la vertu de cette sauge des glaciers », qu'il boit à *L'Académie*, rue Saint-Jacques à Charleville, et qu'il baptise « l'académie d'absomphe ». Dans le poème *Comédie de la soif*, il semble la rejeter au profit du vin peut-être, ou plus sûrement de la bière : « Choisirai-je le Nord ou le pays des vignes ? »

Il fréquente

L'Auberge verte, le *Cabaret vert* et s'inspire même d'une serveuse de restaurant pour un poème intitulé « *La Maline* » (*Cahier de Douai*, 2).

Ses autres passions

La Commune, la photographie, mener la vie dure à Verlaine.

GIVET

La ville de Givet est notamment connue pour sa foire agricole, dont les premières éditions remontent au début du XVIIe siècle. Au cours des siècles, l'oignon (et l'ail !) s'impose comme le produit phare de cette manifestation.

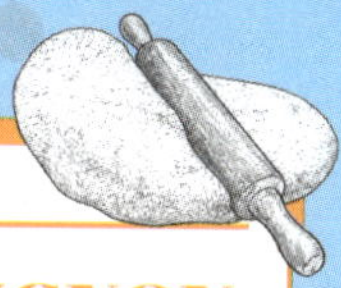

TARTE À L'OIGNON DE GIVET

de Jean Mathat-Christol

6 pers.

1. Foncez un moule à tarte d'une pâte brisée prête à l'emploi (ou maison, mais, dans ce cas-là, remplacez le beurre par du saindoux).

2. Pelez et émincez 750 g d'oignons de Givet, et cuisez-les à feu doux dans 1 c. à s. de saindoux. Mélangez souvent pour vous assurer d'une coloration homogène. Salez sans excès.

3. Ajoutez 1 c. à s. de farine et mélangez bien, puis ajoutez 150 g de crème liquide entière et autant de lait. Poursuivez la cuisson à feu moyen sans cesser de mélanger, jusqu'à obtenir une consistance épaisse. Assaisonnez à votre convenance.

4. Battez 4 gros œufs en omelette, ajoutez-les à la bouillie d'oignons et mélangez bien. Versez la totalité de ce mélange sur le fond de pâte.

5. Enfournez dans votre four préalablement préchauffé à 200 °C. Cuisez une vingtaine de minutes. Servez bien chaud.

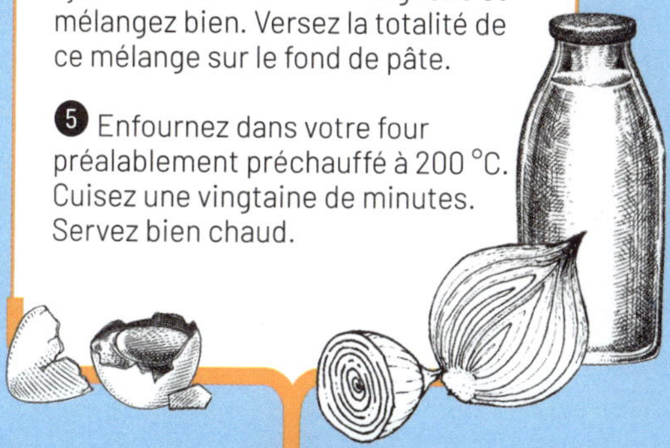

CORSE

Rencontre avec... JONATHAN ROUX chef de *L'Écrin* à Ajaccio

« En Corse, la diversité des produits sauvages due au climat, et aussi bien à la proximité du bord de mer que de la montagne, permet d'avoir de nombreux produits variés. C'est une des grandes forces de l'île et cela offre des possibilités infinies en cuisine. D'autant que, lorsqu'on veut revisiter un grand classique, une des règles d'or est de conserver les produits de base qui le constituent. »

Le plat régional incontournable

Les *cannellonis au brocciu*, fromage AOP, produits phares de la région, fabriqués de novembre à juin. Les cannellonis sont nappés d'une sauce tomate préparée l'été et mise en bocaux afin d'être servie toute l'année.

Le plat impossible à mettre à la carte

Les *tripettes de veau*... Rien que le nom n'est pas très vendeur.

Le produit inconnu que tout le monde devrait découvrir

Le *lentisque*, un arbuste incontournable du maquis. Aussi bien utilisé en cosmétique, pour ses nombreuses vertus, qu'en cuisine. Utilisé en poudre ou en gomme, il sublimera vos plats. Nous l'utilisons par exemple dans du pain parfumé au lentisque.

L'expression régionale

Un proverbe corse : « Si la maison est petite, le cœur est grand », proverbe qui reflète beaucoup notre restaurant.

L'expression interdite en cuisine ou en salle

À peu près. L'importance du détail compte énormément en cuisine.

Le plat que vous pourriez manger sans jamais vous lasser

Le *risotto*. C'est un plat simple, mais tellement délicieux. Et on peut le décliner de tant de manières.

Le meilleur conseil à donner à un gourmet qui passe aux alentours

Les îles Sanguinaires, incroyablement belles aussi bien la journée qu'au coucher du soleil.

Vous avez 6 œufs, 30 minutes et un accès libre à votre cuisine

Je fais des œufs toqués aux oursins et caviar, accompagnés de mouillettes.

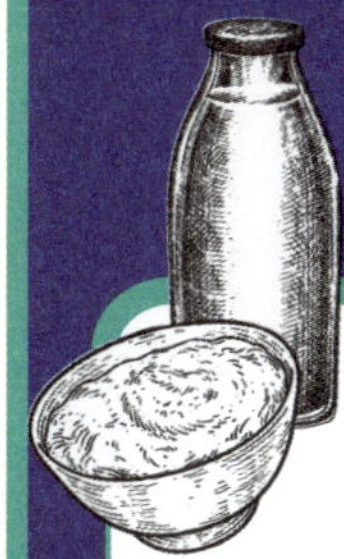

·LA RECETTE DU CHEF·

GLACE AU FENOUIL SAUVAGE

de Jonathan Roux

pour environ
2 l de glace

20 cl de lait
40 cl de crème
40 g de fenouil frais sauvage
8 g de stabilisateur
300 g de sucre
1 kg de fromage blanc 20 % de matière grasse

1. Portez à ébullition 20 cl de lait, 40 cl de crème et 40 g de fenouil frais sauvage.
2. Laissez infuser 24 h au réfrigérateur.
3. Le lendemain, portez à nouveau à ébullition. Ajoutez alors 8 g de stabilisateur et 300 g de sucre.
4. Mixez le tout et ajoutez 1 kg de fromage blanc 20 % de matière grasse.
5. Versez dans deux bols Pacojet et faites prendre une nuit au congélateur. Pacossez avant de servir.

Astuce : La recette est adaptable avec une sorbetière.

FENOUIL SAUVAGE

Le fenouil sauvage est une plante qui pousse naturellement dans des terrains rocailleux, comme la garrigue corse. Le fenouil sauvage, après avoir été cultivé, a sans doute donné deux plantes différentes : l'une cultivée pour le bulbe, l'autre pour les tiges aromatiques (aneth). Un petit fenouil sera beaucoup plus aromatique qu'un gros.

ASTUCE

Au besoin, ajoutez ½ c. à c. de graines de fenouil moulues finement pour corser le goût.

PACOJET

Le Pacojet est une machine professionnelle qui permet de faire des glaces et sorbets en quelques minutes. C'est tout naturellement que les chefs ont forgé le verbe *pacosser* !

PAS DE PACOJET NI DE SORBETIÈRE ?

Ce n'est pas un souci, vous pouvez aussi faire la recette sans stabilisateur et sans la congeler. Le fromage blanc infusé au fenouil pourra alors également être agrémenté de fruits secs torréfiés.

STABILISATEUR

Le stabilisateur est un produit destiné aux professionnels qu'on trouve désormais en petits contenants sur des sites spécialisés. Il évite la formation de cristaux d'eau et rend ainsi les glaces plus homogènes et onctueuses.

MATIÈRE GRASSE

Le taux de matière grasse des fromages blancs peut varier du sinistre 0 % aux plus gourmands 40 %. Néanmoins, comme ce taux se mesure sur extrait sec (et que le fromage blanc est humide à 85 %), il faut regarder les étiquettes : 20 % de matière grasse correspond en fait à un étiquetage à 3,3 %. Et c'est cette matière grasse qui donne de l'onctuosité à la glace !

COMMENT FAIRE À LA SORBETIÈRE

Pour cela, remplissez la cuve de votre machine avec la préparation et faites turbiner selon les instructions du fabricant. Servez sans attendre. Attention, si vous congelez la glace et que vous n'avez pas mis de stabilisateur, elle ne se conservera pas plus de quelques jours au congélateur.

L'OLIU DI CORSICA

L'*oliu di Corsica* (*huile de Corse* dans la langue du continent) est une variété d'huile d'olive produite sur l'île de Beauté qui fait partie intégrante de son patrimoine gastronomique local. Comme les autres huiles d'olive du bassin méditerranéen, l'*oliu di Corsica* est fabriquée à partir des fruits d'oliviers, dont certains sont vieux de plusieurs siècles, et résulte d'un mélange entre un savoir-faire ancestral et la mise en œuvre de techniques modernes.

Ces olives sont ramassées pendant les mois les plus doux de l'année, à savoir de mars à avril, dans des oliveraies (qu'on appelle *aliveti*, mot corse correspondant au français *olivet*). Une fois mûres, elles sont cueillies sur l'arbre à l'aide de peignes mécaniques ou vibreurs à olives électriques. Les olives sont ensuite ramassées au sol où l'on a préalablement disposé de grands tissus ou des filets. Pour les vieux arbres, on préfère une récolte naturelle : on suspend des filets entre les oliviers, qui permettent de recueillir des olives qui tombent naturellement. Les olives récoltées mécaniquement ont une saveur différente des olives tombées naturellement. Ajoutons que d'un bout à l'autre de la Corse, ce ne sont pas les mêmes variétés d'oliviers qui sont cultivées. Les différentes combinaisons que font les producteurs permettent d'expliquer pourquoi il n'y pas une seule huile d'olive en Corse, mais plusieurs !

Étymologiquement, le mot *oliu* est le correspondant du français *huile*. L'un comme l'autre remontent au latin *oleum*, de même sens. En français, l'évolution phonétique est allée plus loin qu'en Corse. En ancien français, on trouve d'abord les formes *oli* et *oile* (vers le XIIe siècle), puis *oile* change encore pour donner *uil* (au XIIIe siècle). Dans la langue écrite, un *h* est alors ajouté pour faciliter la lecture et éviter l'ambiguïté avec le mot *vil*. À cette époque en effet, les sons [u] et [v] s'écrivent tous deux *v*. ■

OR VERT

La production d'huile d'olive est ancienne : elle remonte comme la fabrication du vin, à la période de l'invention de l'agriculture (soit le néolithique). Dans l'Antiquité, l'huile est stockée dans des amphores, et fait l'objet d'un véritable commerce (d'où son surnom d'*or vert*).

MADELEINES
À L'HUILE D'OLIVE DE CORSE

1. Fouettez 60 g de sucre et 50 g de miel avec un œuf et une pincée de sel.
2. Tamisez ensemble 5 g de levure et 150 g de farine.
3. Ajoutez-les progressivement au premier mélange en alternant avec 85 g d'huile d'olive de Corse et 75 g de lait.
4. Idéalement, laissez reposer la pâte la veille pour le lendemain.
5. Graissez et farinez des moules à madeleines. Garnissez-les aux trois quarts. Enfournez à 200-220 °C pendant 5 min puis baissez à 160 °C pendant 10 min.
6. Laissez refroidir avant de décoller les madeleines des moules.

HUILES D'OLIVE

Huiles d'olive AOC de France
Source des données : www.data.gouv.fr

AOC

En France, l'*oliu di Corsica* est protégée par une AOC. C'est aussi le cas de huit autres huiles d'olive françaises. Elles sont toutes produites dans des régions qui sont en contact avec la Méditerranée.

TOP 3

Avec 3,5 litres d'huile d'olive consommée par an et par habitant, la France reste derrière l'Italie (12 litres), l'Espagne (14 litres) et la Grèce (23 litres) !

FESTA DI L'OLIU NOVU

Chaque année, au mois d'avril, la *Festa di l'Oliu Novu* (soit mot à mot : « la fête de l'huile nouvelle ») a lieu à Sainte-Lucie-de-Tallano, un petit village du sud de la Corse, dans la région de Sartène. À cette occasion, de nombreux artisans se réunissent et mettent en valeur le patrimoine local.

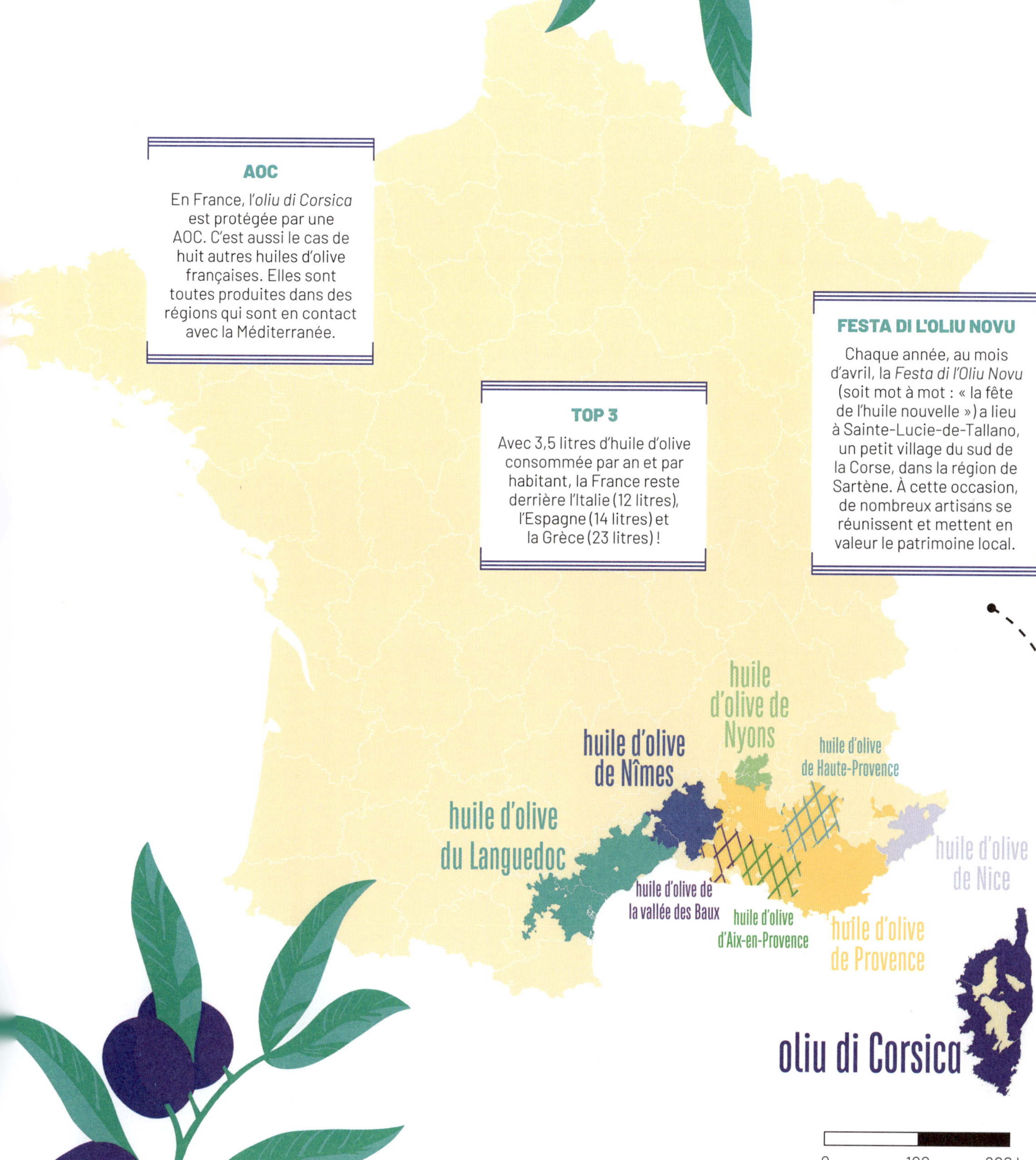

LE BROCCIU,

FROMAGE NATIONAL DE CORSE

Le *brocciu* est un fromage corse réalisé à partir du petit-lait et du lait frais que produisent les brebis ou les chèvres de race corse. C'est un fromage que l'on consomme frais (il est alors vendu dans une faisselle en plastique, comme la ricotta) ou sec (l'affinage se fait en cave pendant au moins 21 jours, le brocciu est alors dit *passu*). D'un bout à l'autre de la Corse, le processus de fabrication reste identique, même si l'on observe des variations dans le produit (pâte molle ou pressée, croûte lavée ou sèche, etc.).

LE BROCCIU *sous toutes ses formes*

Le brocciu est un fromage qui occupe une place importante dans la gastronomie corse, ce qui explique qu'on le caractérise de « fromage national », et qu'on le retrouve dans un grand nombre de préparations, notamment des pâtisseries, dont les dénominations et les recettes changent en fonction des localités. Parmi les plus célèbres :

Les migliacci

Devant leur nom au latin *miliaceus*, « de millet », qui a donné le toscan *migliàccio* (mot qui désigne dans la région une galette de pain), les *migliacci* sont des petits pains salés, réalisés à partir d'une pâte de farine, de levure et de brocciu. Après avoir levé, les miches sont cuites au feu de bois ou au four, sur des feuilles de châtaignier.

L'imbrucciata

C'est une tartelette comportant une pâte brisée dont on a relevé les bords pour éviter que la garniture (un mélange de *brocciu*, d'œufs battus, de sucre et de zeste de citron) ne s'échappe lors de la cuisson. Le nom est formé sur *bruccio*, variante de *brocciu*.

Le fiadone

Proche de l'*imbrucciata*, le *fiadone* consiste en un flan rectangulaire, que l'on cuit avec ou sans fond de pâte feuilletée. Sur le plan étymologique, *fiadone* continue un mot d'origine germanique, *flado*, « gâteau, galette, crêpe » (qui a donné le français *flan*).

FIADONE

❶ Beurrez un moule à manqué ou un cercle à bord haut. Réservez au frigo.

❷ Zestez un gros citron.

❸ Clarifiez 4 œufs. Blanchissez les jaunes avec 60 g de sucre. Ajoutez 250 g de brocciu frais, 3 cl de liqueur de myrte (ou, si vous n'en trouvez pas, de Grand Marnier ou autre alcool à votre goût), et le zeste râpé du citron.

❹ Montez en neige les blancs d'œufs avec 15 g de sucre. Incorporez-les au mélange précédent. Versez la préparation dans le moule de votre choix et cuisez 30 à 40 min à 180 °C.

❺ Défournez le fiadone et présentez-le sur un plat de service. Badigeonnez-le sans excès de myrte. Servez tiède ou refroidi.

Astuce : Pas de brocciu ? Essayez avec un mélange de ricotta de brebis (200 g) et de ricotta de vache (50 g).

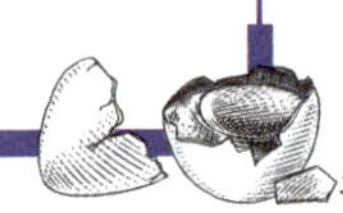

• FROMAGES DE CHÈVRE ET DE BREBIS •

Fromages de chèvre et de brebis AOC de France
Source des données : www.data.gouv.fr

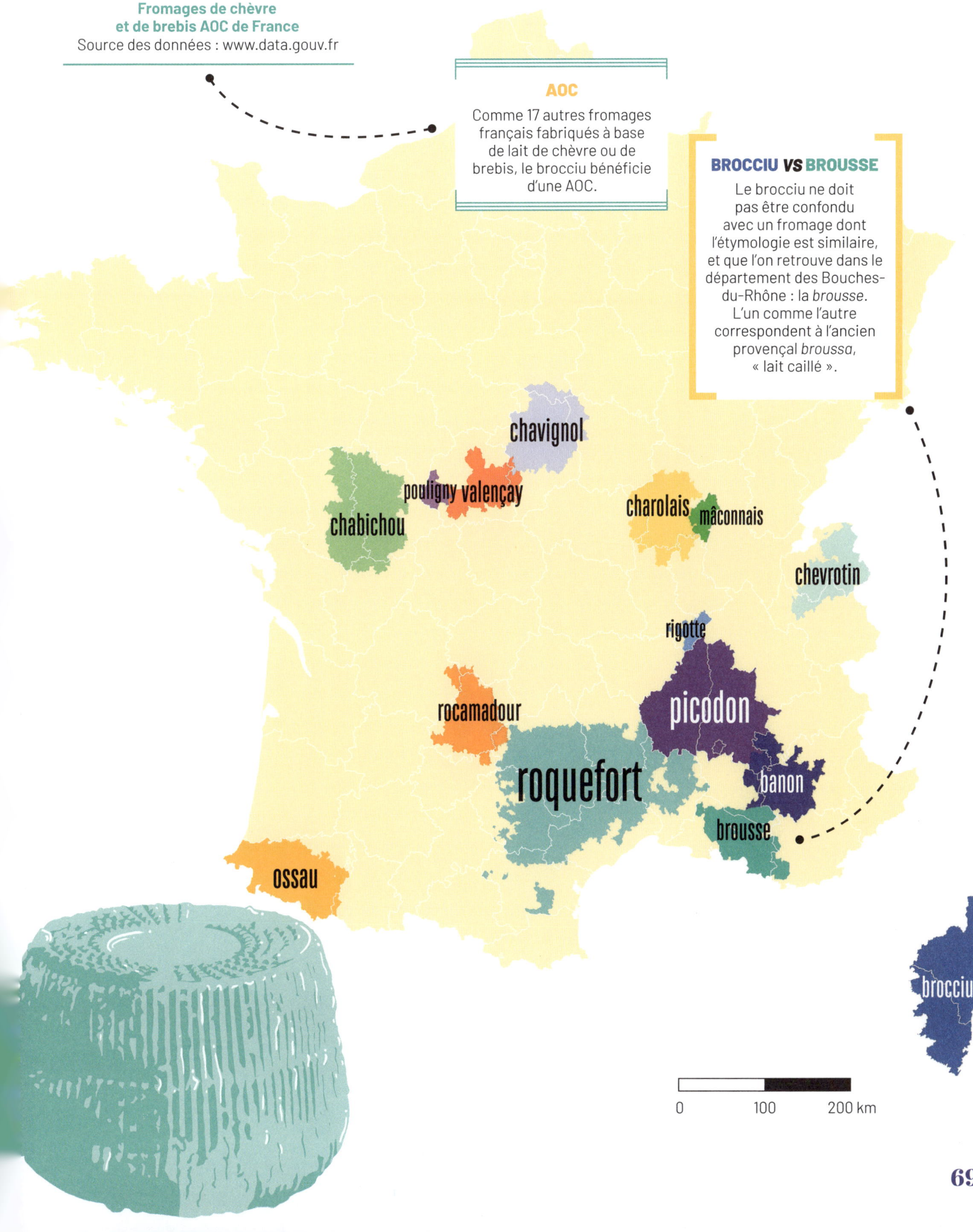

AOC

Comme 17 autres fromages français fabriqués à base de lait de chèvre ou de brebis, le brocciu bénéficie d'une AOC.

BROCCIU VS BROUSSE

Le brocciu ne doit pas être confondu avec un fromage dont l'étymologie est similaire, et que l'on retrouve dans le département des Bouches-du-Rhône : la *brousse*. L'un comme l'autre correspondent à l'ancien provençal *broussa*, « lait caillé ».

CONNAISSEZ-VOUS
LA PULENDA ?

En Corse, la châtaigne est un produit dont la culture s'est surtout développée à partir du XVIe siècle. La farine que ce fruit permet de produire s'est en effet avérée idéale pour nourrir la population insulaire pendant les périodes de disettes et famines. En raison de ses qualités gustatives et nutritionnelles, elle reste un ingrédient central dans la préparation de nombreux éléments des repas dans les familles corses (crêpes, bouillies, gâteaux, etc.), et notamment d'une spécialité emblématique de l'île de Beauté : la *pulenda*.

La pulenda est une sorte de pain dont la confection fait appel à trois ingrédients : la farine de châtaigne, l'eau et le sel. Compte tenu de la simplicité de ces ingrédients et du caractère peu noble de la farine de châtaigne (jusqu'au début du XXe siècle, la farine de châtaigne est une alternative pour les familles pauvres qui ne peuvent s'offrir de la farine à base de blé), on appelle aussi la pulenda *le pain du pauvre*.

En apéritif, elle va très bien avec les charcuteries locales (*coppa*, *lonzo* ou *panzetta*) et le *brocciu*. Lors d'un repas plus classique, elle se mange en accompagnement de viandes cuites en sauce ou de *figatelli* cuits au feu de bois. ■

ÉTYMOLOGIE

Le mot *pulenda* continue le latin *polenta* (« bouillie de farine de maïs ou de châtaigne »), que l'on retrouve en italien et qui a été emprunté tel quel en français (sauf dans les pays de Savoie, p. 218). En Italie comme en France, la polenta est préparée avec de la farine de maïs.

POLENTA
« bouillie de farine de maïs ou de châtaigne »
↓
PULENDA

CHARCUTERIE IGP

La coppa de Corse, le *lonzo* (du latin *lumbea*, qui a donné le français *lombes*, *lombaire*), la *panzetta* (en italien *pancetta*), les *figatelli*, comme d'autres spécialités charcutières (jambon sec de Corse et *bulagna*), bénéficient d'une IGP depuis 2018.

COMMENT FAIRE DE LA PULENDA ?

Comme la *polenta* italienne, la *pulenda* est mélangée à de l'eau bouillante avec un bâton (en corse, on appelle *pulendaghju* cet ustensile) pendant une vingtaine de minutes. Quand la pâte fait une boule autour du *pulendaghju*, elle est sortie de la marmite et posée sur un linge fariné. On lui donne alors la forme d'une galette ou d'un pain, puis on la saupoudre de farine. On en taille ensuite des parts que l'on mange chaudes ou tièdes.

FARINE DE CHÂTAIGNE

Farine de châtaigne corse AOP
Source des données : www.data.gouv.fr

Farine de châtaigne corse AOP

Région naturelle de la Castagniccia

LA FIERA DI A CASTAGNA

Chaque année, la Fiera di a Castagna (foire de la châtaigne) a lieu le premier week-end de décembre à Bocognano. C'est l'une des plus anciennes foires agricoles de Corse.

20 000 HECTARES

La farine de châtaigne corse bénéficie d'une AOC depuis 2006, et d'une IGP depuis 2010. On estime que la Corse comporte plus de 20 000 hectares de châtaigneraies, qui couvrent la quasi-totalité du territoire.

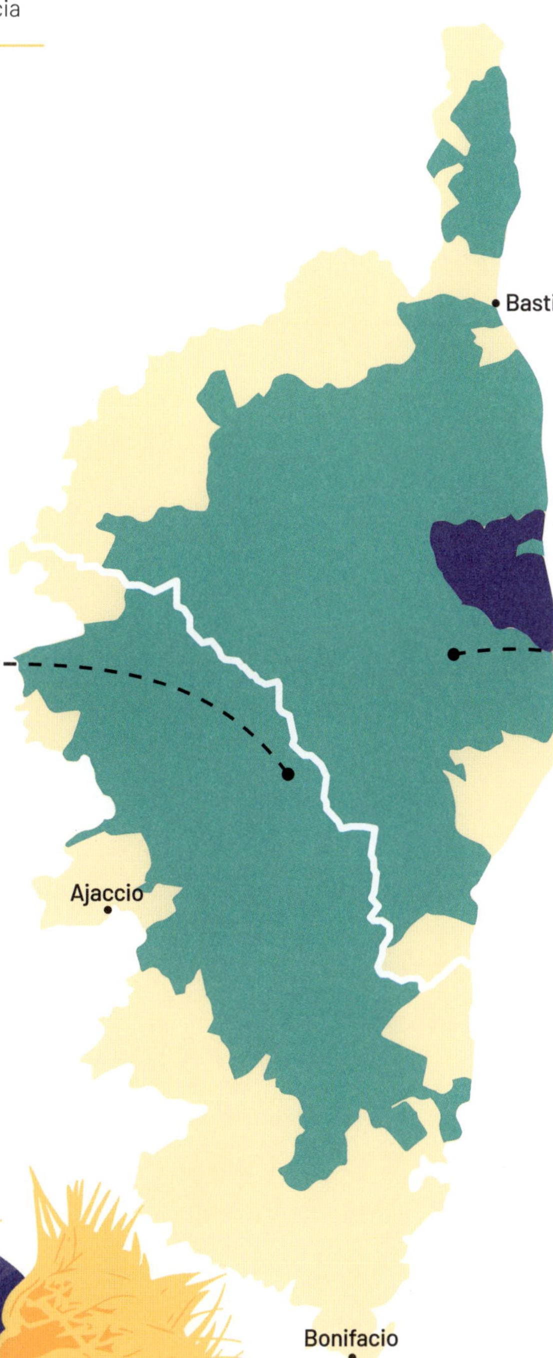

LA CASTAGNICCIA

Dans le nord-est de l'île, le châtaignier (*castagnu* en corse, du latin *castanea*) a donné son nom à une région naturelle, la Castagniccia.

BIÈRE À LA CHÂTAIGNE

C'est en Corse qu'est produite la bière Pietra, brassée à partir de malt d'orge et de farine de châtaigne. Cette bière aux saveurs de caramel tire son nom de la ville où elle est fabriquée : Pietraserena, une commune de Haute-Corse.

0 10 20 km

PETIT LEXIQUE CORSE

Sur l'île de Beauté comme dans d'autres régions de France, la langue locale (en l'occurrence le corse, ou *corsu*) n'est pas reconnue comme une langue officielle par l'État français. Malgré cette absence de reconnaissance de l'État, la langue reste pratiquée par un grand nombre de locuteurs.

Et le français, qui s'est imposé à tous les habitants lorsque la Corse est rattachée à la France à la suite de la Révolution française, n'a toujours pas remplacé l'idiome local dans les pratiques quotidiennes. D'ailleurs, de nombreuses spécialités locales ont gardé leur nom original, contrairement à ce qu'on a pu observer dans d'autres régions de France, où bon nombre de régionalismes continuant les patois ont été francisés. ■

OPTION VIANDE

Sur l'Île de Beauté comme sur le continent, le sanglier est chassé depuis l'époque préhistorique. À date encore récente, il permettait à des familles qui le chassaient de disposer de viande pour un long moment, ce qui explique qu'il existe tant de façons de le cuisiner.

L'une des formes les plus répandues prend le nom de *stufatu di cignale* (mot à mot « étouffée de sanglier »). La viande est préparée à la façon d'un civet (c'est-à-dire marinée pendant plusieurs jours), et cuite avec différents légumes, à la manière d'un bœuf bourguignon (p. 36-37).

OPTION POISSON

Comme les autres régions de la France qui baignent dans la Méditerranée, la Corse a sa propre recette de soupe de poisson. Sur l'île de Beauté, ne demandez point de *bourride* ou de *bouillabaisse* (p. 208), cherchez plutôt à savoir où l'on peut manger le meilleur *aziminu* !

Comme ses proches cousines continentales, l'*aziminu* comporte un mélange de poissons cuits dans un bouillon parfumé au moyen de divers aromates. Il est servi en deux temps (d'abord les poissons, puis le bouillon), et se déguste avec des tranches de pain frottées à l'ail, recouvertes d'aïoli ou de rouille.

OPTION VÉGÉTARIENNE

Le brocciu (p. 68-69), qu'on considère comme le fromage national, n'est pas uniquement employé pour confectionner des pâtisseries. Il entre dans la préparation de plats salés, parmi lesquels les *sturza preti* (littéralement « étrangle prêtres »), qui consistent en de petites quenelles résultant de l'amalgame de brocciu et de vert de blettes (ou d'épinards), cuites dans un coulis de tomate. Mais aussi les *mirizani pieni*, des « aubergines pleines », que l'on appelle aussi *aubergines à la bonifacienne*, qui consistent en des aubergines farcies.

Le mot de la faim

NAPOLÉON BONAPARTE triste convive

Ses repas préférés

Ceux qui se prennent rapidement. Napoléon n'aime pas rester à table : il expédie le petit-déjeuner en quelques minutes, le dîner en vingt, et même les dîners protocolaires ne dépassent pas la demi-heure.

S'il ne pouvait manger que ça

Les œufs sous tous leurs apprêts, le poulet cuisiné de toutes les manières, les lasagnes de sa maman.

Son vin préféré

Il ne boit que du chambertin (coupé d'eau) qu'il fait suivre en quantité partout où il va. Son secrétaire particulier raconte comment nombre de bouteilles intactes reviennent d'Égypte faute d'être bues.

Son souvenir de cuisine française à l'étranger

Alors qu'il va (avec une armée) dans le Piémont à la rencontre d'homologues autrichiens (eux aussi avec une armée), on lui improvise un poulet aux œufs et aux écrevisses. Le plat est ensuite retravaillé et prend le nom du lieu-dit de *Marengo*. Il passe à la postérité préparé avec du veau.

Sa spécialité quand il reçoit

Envoyer ses frères et beaux-frères en cuisine vérifier que le déjeuner ne tarde pas.

Sa citation de mangeur terne

« Si on reste plus longtemps à table, c'est le début de la corruption du pouvoir. »

Ses autres passions

Conquérir le monde (avec des résultats discutables), râler contre les Anglais, écrire ses mémoires.

ROUGETS À LA BONIFACIENNE

de Jean Mathat-Christol

6 pers.

1. Videz et écaillez 6 rougets. Hachez une botte de persil, 4 ou 5 gousses d'ail préalablement pelées et dégermées s'il y a lieu.
2. Concassez (coupez en petits cubes) 3 petites tomates (retirez-en l'eau de végétation et les graines). Ajoutez au mélange.
3. Ajoutez également 4 anchois que vous pouvez, si vous avez du temps à perdre, désarêter un à un. Poivrez sans excès.
4. Garnissez les rougets de cette farce. Disposez-les dans un plat à four huilé.
5. Couvrez de chapelure ou de croûtons à l'ail. Enfournez 20 min à 200 °C, et terminez la cuisson par quelques minutes sous le grill.
6. Servez avec des pommes de terre cuites à l'eau.

DAUPHINÉ

Rencontre avec...
ANNE-SOPHIE PIC

cheffe* du groupe Pic, maison historique à Valence**

Le plat régional incontournable

La *caillette* drômoise ou ardéchoise !

Le plat impossible à mettre à la carte

Je n'exclus rien !

Les produits que vous pourriez cuisiner sans jamais vous lasser

Les plantes aromatiques et les légumes. Je suis fascinée par le végétal, j'aime imprégner de douces marinades que j'associe aux viandes et aux poissons.

Le meilleur conseil à donner à un gourmet qui passe aux alentours

Les caves de la vallée du Rhône, le palais idéal du Facteur Cheval, un peu plus loin, et puis les petits villages de la Drôme, comme Mirmande.

Vous avez 6 œufs, 30 minutes et un accès libre à votre cuisine

Je fais une omelette. J'adore ça, ça me rappelle mon père. J'en fais souvent le dimanche soir, avec des herbes du jardin.

Les souvenirs d'enfance

La *pogne* de Romans, le *suisse* valentinois, les *copeaux à la fleur d'oranger* d'Ardèche...

« Mon grand-père était un Ardéchois qui a déménagé le restaurant dans la Drôme en 1936. La Drôme, c'est très lié à l'été, l'abricot, la pêche blanche, et puis nous sommes sous le 45e parallèle : le microclimat nous permet d'avoir des fleurs et plantes aromatiques et les terres d'alluvions, le plus beau maraîchage du monde ! Mon terroir me nourrit constamment, mais il faut savoir ne pas se restreindre pour éviter l'ennui ou tourner en rond.

Je suis à un moment de ma vie dans une forme de forte cohérence porteuse, avec des gens qui partagent mes valeurs. On a désenclavé les services pour que tout le monde travaille et apprenne ensemble. L'écoute, le dialogue, la bienveillance permettent une complémentarité dans les aptitudes des uns et des autres sans empêcher l'exigence. La conception des recettes se fait principalement à Valence, où j'ai créé il y a deux ans le poste de chef de cuisine des essais. Les autres chefs du groupe y viennent pour travailler. Je pars d'une palette aromatique fixée pour chaque restaurant et le terroir où il se trouve : c'est ainsi qu'on démontre notre légitimité. On fait de l'artisanat. D'ailleurs, pendant le confinement, j'ai cherché des épices sourcées en France : c'était le moment de se réapproprier plus encore les terroirs. J'ai toujours porté des valeurs héritées de mes parents, mais il est je pense important de se réinventer, de repousser ses limites, de savoir faire preuve d'audace et de rester curieux ! »

·LA RECETTE DE LA CHEFFE·

LES CHAUSSONS
À LA CAILLETTE DE LA DRÔME

d'Anne-Sophie Pic

4 pers. | 1 h | 20 min

Pour la farce
500 g d'épinards frais ; 200 g d'échine de porc ; 50 g de foies de volaille ; 75 g de lard gras frais (non salé, poitrine de porc frais) ; 1 gousse d'ail ; 1 échalote ; ½ oignon ; 1 œuf ; 1 trait de cognac ; 1 c. à s. rase de sel ; 1 tour de moulin à poivre.

Pour les chaussons
2 rouleaux de pâte feuilletée ; 1 œuf.

Matériel
Pinceau.

La farce

❶ Faites bouillir une casserole d'eau salée.

❷ Triez, lavez les épinards, puis faites-les cuire à l'eau bouillante pendant 5 min.

❸ Égouttez-les, refroidissez-les en faisant couler de l'eau froide dessus, égouttez encore dans une passoire puis pressez à la main pour bien extraire l'eau. Hachez-les avec un couteau puis mettez-les de côté.

❹ Coupez l'échine, les foies de volaille et le lard gras en morceaux. Hachez ces viandes et abats (ou demandez au charcutier de le faire pour vous) avec l'ail, l'échalote et l'oignon préalablement épluchés.

❺ Dans un saladier, mélangez la viande, l'ail, l'échalote, l'oignon avec les épinards puis ajoutez l'œuf, le cognac, le sel et le poivre.

Les chaussons

❻ Préchauffez le four à 180 °C.

❼ Découpez 4 ronds de 14 cm de diamètre dans la pâte feuilletée puis répartissez 1 ou 2 cuillères à soupe de farce sur chaque rond.

❽ Battez l'œuf dans un bol. Avec un pinceau, badigeonnez le pourtour des ronds de pâte d'œuf battu puis rabattez la pâte sur elle-même, en prenant soin de bien chasser l'air, pour former des chaussons.

❾ Badigeonnez le dessus du chausson avec le reste d'œuf battu puis enfournez pendant 15 min. Dégustez chaud !

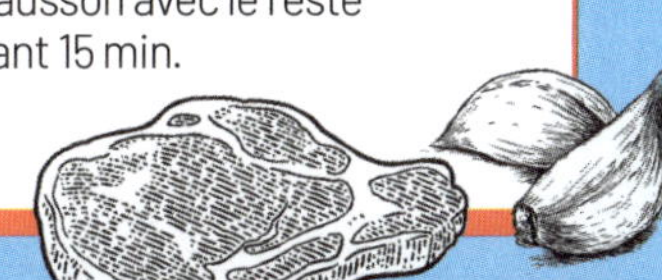

ACTIVITÉ

Voici une recette typique de la région de Valence, amusante à faire avec les enfants qui sont toujours très heureux de la réussir !

NE LÉSINEZ PAS SUR LA QUALITÉ

Choisissez une pâte feuilletée de la meilleure qualité ! Vous pouvez par exemple vous rapprocher de votre pâtissier local et lui commander du feuilletage maison.

FIN DE CUISSON DES ÉPINARDS

Ce passage du chaud au froid permet d'interrompre la cuisson et de garder la couleur des épinards. Pour éviter l'excédent d'humidité dans la farce, vous pouvez aussi presser les épinards dans un linge propre et tourner, tourner...

ASTUCE

Pour que le blanc et le jaune battus se mélangent bien, ajoutez une pincée de sel. Laissez reposer quelques minutes avant d'utiliser en dorure.

CONSEIL

Faites bon usage des restes ! Pour utiliser la farce restante, vous pouvez la rouler dans de la crépine (à acheter chez le charcutier) en formant des boules, puis la faire cuire au four dans un plat à gratin pendant 20 min à 220 °C. À déguster chaud ou froid ! On peut aussi congeler la farce et s'en resservir pour faire d'autres chaussons !

LA VRAIE HISTOIRE DU GRATIN DAUPHINOIS

ÉTYMOLOGIE

Le nom de la ville de Grenoble vient du latin *Gratianopolis*. Mais rien à voir avec le gratin, puisque le mot signifie littéralement « ville de Gratien ».

En France, les premières préparations de plats à base de pommes de terre remontent au plus tôt à la fin du XVIe siècle, période à laquelle le tubercule est importé des Amériques (p. 26). Quant à la première mention officielle du *gratin dauphinois*, on la trouve sous la plume d'un certain Auguste Prudhomme, archiviste de profession, lorsqu'il évoque le menu d'un banquet servi à Gap, en 1788. Il n'est pas possible de savoir alors à quoi ressemble ledit gratin. Les attestations que l'on trouve par la suite, qui remontent à 1830 au plus tôt, n'aident pas y voir plus clair, le syntagme *à la dauphinoise*, qui s'attache à différents aliments (pommes de terre, haricots, poulet, rougets, etc.), désignant alors des spécialités revenues à la poêle avec des oignons et/ou bouillies.

• GRATIN DAUPHINOIS •

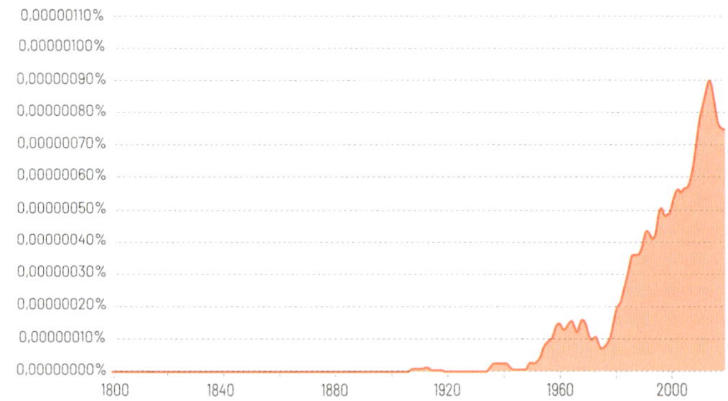

Occurrences de *gratin dauphinois* de 1800 à nos jours
Légende : Pourcentage d'occurrences par rapport au nombre de mots dans Google Ngram.
Source : Google Ngram.

À la fin des années 1880, on trouve enfin des attestations en pagaille du syntagme *gratin dauphinois*. Toutes sont relevées dans des journaux parisiens. Les unes font référence à une société de Dauphinois établis à Paris (fondée en 1869, la société du Gratin organise divers événements, fêtes, tombolas, dîners, etc.). Les autres font référence au plat de pommes de terre cuit au four, et s'accompagnent de recettes. On y apprend que le plat est une spécialité servie lors des banquets organisés à Paris par les immigrés dauphinois. Citant les meilleures maîtresses de maison de Grenoble, d'Allevard et d'Oisans, il précise que les pommes de terre, une fois coupées en rondelles, doivent être disposées dans un plat, recouvertes de fromage râpé et d'un mélange d'œufs battus et de beurre, avant d'être passées au four… ■

GRATIN DAUPHINOIS

La recette

4 à 6 pers.

800 g de pommes de terre
1 l de lait entier
Ail à convenance
Sel
Poivre
Muscade

1. Épluchez et passez les pommes de terre à la mandoline pour obtenir de fines rondelles. Ne les lavez pas.
2. Frottez le plat de cuisson avec une ou deux gousses d'ail puis beurrez-le.
3. Procédez au montage en faisant se chevaucher les rondelles de pommes de terre. À mi-parcours, assaisonnez largement en sel, poivre et muscade moulue.
4. Continuez de monter le gratin en ajoutant le reste des rondelles de pommes de terre. Assaisonnez à nouveau, puis couvrez largement de lait jusqu'à la surface des pommes de terre.
5. Enfournez pour 40 à 50 min à 160 °C et surveillez la cuisson en piquant les pommes de terre avec la pointe d'un couteau qui doit entrer sans peine.
6. La surface du gratin doit présenter une belle croûte dorée et homogène. Défournez et servez sans attendre.

QUELLES POMMES DE TERRE ?

Privilégiez une variété de pommes de terre à chair ferme pour éviter que les rondelles ne se délitent à la cuisson (Belle de Fontenay, Monalisa, Roseval, etc.).

PLUS OU MOINS D'AIL

Le fait de frotter le plat avec une gousse d'ail permet de parfumer le gratin sans excès et, selon certains, de le rendre plus digeste. Si vous aimez l'ail, pelez et hachez-en plusieurs gousses en veillant à les dégermez ou, si vous êtes vraiment inquiet pour votre digestion, blanchissez-les avant usage !

LAIT OU CRÈME ?

La plupart des recettes préconisent l'utilisation de lait et, facultativement, l'ajout de crème. Pour une plus grande onctuosité et un goût plus prononcé, préférez le lait cru et entier.

AVEC OU SANS FROMAGE ?

La croûte dorée (le *gratin*, donc) provient de la matière grasse contenue dans le lait. Le fromage n'est donc pas nécessaire, même s'il peut apporter une touche de goût supplémentaire.

VARIONS DANS L'ALLÉGRESSE

Vous pouvez remplacer les pommes de terre par d'autres légumes à la chair dense (patate douce, butternut, taro, topinambour, etc.) et le lait de vache par des laits végétaux. Essayez ainsi : patates douces + lait de coco + gingembre. C'est délicieux mais ce n'est plus du tout, du tout dauphinois !

LA MUSCADE, C'EST D'ÉPOQUE ?

Elle est en tous les cas connue et employée depuis le Moyen Âge. Très coûteuse, comme la plupart des épices, et parfois rendue rare par des guerres commerciales, peut-être figurait-elle dans la recette initiale non pour son goût mais pour « faire passer » les pommes de terre qui avaient, elles, mauvaise presse !

AVEC OU SANS ŒUFS ?

Les premières recettes suggèrent d'intégrer des œufs battus avec du beurre et/ou de la crème. Pourtant, le lait et l'amidon des pommes de terre suffisent à assurer la liaison du plat.

LA CRIQUE ARDÉCHOISE

La *crique* est une spécialité dauphinoise moins connue que le gratin mais tout aussi classique ! Les criques sont de petites galettes de pommes de terre que l'on a râpées crues après les avoir épluchées, et que l'on a fait frire dans une poêle avec un peu d'huile. Traditionnellement, on sert les criques avec une salade verte.

Il existe de nombreuses variantes de la recette de base. Aux pommes de terre râpées, on peut ainsi ajouter des oignons, des échalotes, de l'ail, du persil, des lardons. Certains y mêlent des blettes ou des épinards, voire des tomates. D'aucuns diront aussi qu'il est préférable d'ajouter des œufs à la préparation, quand d'autres argumenteront que l'amidon que contiennent les pommes de terre suffit. C'est l'un des aspects de la recette qui est le plus débattu.

La taille des galettes varie également : plus la crique est grosse et épaisse, plus elle prend de temps à cuire. On appelle *criquettes* les criques dont le diamètre ne dépasse pas 15 centimètres.

Quelle que soit la recette, on considère qu'une crique réussie est fondante en son centre et craquante sur les bords.

ORIGINE

Historiquement, le mot *crique* est attesté pour la première fois au début du XXe siècle, dans un texte qui fait référence à l'Ardèche. La plupart des recettes de crique que l'on trouve sur Internet sont qualifiées d'*ardéchoises*, mais il existe également des *criques auvergnates*, *drômoises*, *lyonnaises*, etc. D'un point de vue étymologique, l'utilisation du mot *crique* s'explique par le caractère craquant des bords de ces galettes.

CRIQ'ZZA

La cuisine régionale se réinvente sans cesse... Si vous passez du côté de Privas, fief de l'Ardèche, vous aurez peut-être l'occasion de tester la *criq'zza*, dans laquelle la pâte à pain est remplacée par une crique moelleuse. Ce mot-valise résulte de la fusion de *crique* et *pizza*.

ASTUCE POUR UNE BONNE CRIQUE

Nous donnons la recette des *rapées* (p. 147). Pour réussir vos criques, préférez une variété de pommes de terre bien farineuse (la Bintje ou l'Adria). Ces variétés, riches en amidon, vous permettront d'obtenir de belles galettes qui tiennent à la cuisson. Attention : les pommes de terre ne doivent être ni lavées ni essuyées avant d'être râpées, pour ne pas gâcher l'amidon.

CRIQUE

Dénominations de la *galette de pommes de terre râpées*
Source des données :
Enquêtes Français de nos Régions, 2015-2020.
Méthode : Méthode des *k* plus proches voisins.

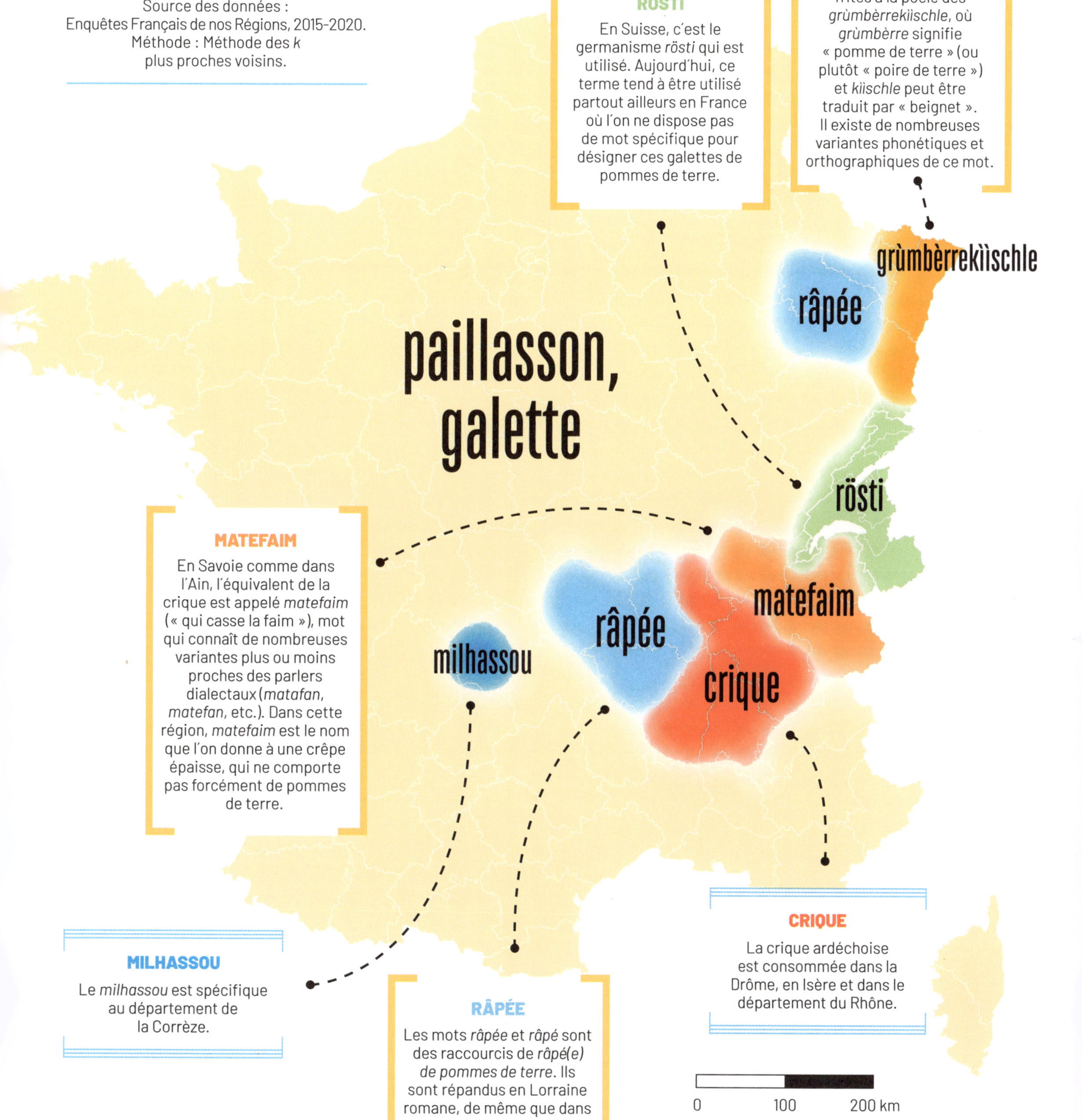

RÖSTI

En Suisse, c'est le germanisme *rösti* qui est utilisé. Aujourd'hui, ce terme tend à être utilisé partout ailleurs en France où l'on ne dispose pas de mot spécifique pour désigner ces galettes de pommes de terre.

GRÙMBÈRREKÌISCHLE

En Alsace comme en Moselle germanophone, on appelle les galettes de pommes de terre frites à la poêle des *grùmbèrrekììschle*, où *grùmbèrre* signifie « pomme de terre » (ou plutôt « poire de terre ») et *kììschle* peut être traduit par « beignet ». Il existe de nombreuses variantes phonétiques et orthographiques de ce mot.

MATEFAIM

En Savoie comme dans l'Ain, l'équivalent de la crique est appelé *matefaim* (« qui casse la faim »), mot qui connaît de nombreuses variantes plus ou moins proches des parlers dialectaux (*matafan*, *matefan*, etc.). Dans cette région, *matefaim* est le nom que l'on donne à une crêpe épaisse, qui ne comporte pas forcément de pommes de terre.

MILHASSOU

Le *milhassou* est spécifique au département de la Corrèze.

RÂPÉE

Les mots *râpée* et *râpé* sont des raccourcis de *râpé(e) de pommes de terre*. Ils sont répandus en Lorraine romane, de même que dans l'est de l'Auvergne.

CRIQUE

La crique ardéchoise est consommée dans la Drôme, en Isère et dans le département du Rhône.

LA CAILLETTE est-elle drômoise ou ardéchoise ?

La *caillette* est une préparation charcutière classique de la cuisine dauphinoise. Bien avant la révolution industrielle et l'exode rural, quand la majeure partie de la population vivait encore principalement des fruits de sa production agricole, la caillette était traditionnellement préparée dans les fermes, au moment de l'hiver où l'on tuait le *cayou* (nom que l'on donne dans les dialectes locaux au cochon, p. 216-217).

Les caillettes sont consommées froides comme un pâté, sur une tranche de pain de campagne, en accompagnement d'autres charcuteries. En plat principal, elles accompagnent une salade verte. Chaudes, elles sont servies en plat principal avec des pommes de terre cuites à l'eau. Dans la gastronomie française, on parle de *crépinette* ou de *crépine* (par métonymie) pour désigner ces boulettes de viande hachée aplaties. ■

ORIGINE

Deux départements se disputent la pérennité des caillettes : la Drôme (et plus précisément la ville de Chabeuil, près de Valence) et l'Ardèche (on fête la caillette chaque année dans différentes localités).

VARIANTES

Comme c'est le cas de nombreuses spécialités régionales, il y a accord sur les ingrédients de base. Tout boucher-charcutier dauphinois vous dira qu'une caillette doit être réalisée à base de viande de porc grasse et maigre, de légumes verts (blettes, p.132, épinards, salades et/ou choux), de divers assaisonnements et aromates (persil, thym, sarriette, etc.), le tout étant emballé dans une crépine et cuit au four ou dans une cocotte.

Le débat porte sur les parties de la viande à utiliser (poitrine, foie et/ou gorge, parfois d'autres abats : cœur, rognons), leur coupe (hachées ou coupées au couteau) et leurs proportions, mais aussi ce qui concerne l'utilisation d'autres ingrédients, comme les œufs ou l'alcool.

ÉTYMOLOGIE

Le mot *caillette* est un dérivé sur l'ancien français *caille*, « présure, ou organe digestif dont on fait la présure », qui se rattache à la même famille que le verbe *cailler* (utilisé pour parler du lait). Les deux mots remontent au même étymon latin *coagulum* (« présure »).

CRÉPINE OU BOYAU ?

La *crépine* est la membrane qui relie les viscères de l'animal. Elle ne doit pas être confondue avec le *boyau* (qui renferme les boyaux de l'animal, et que l'on utilise pour la saucisse).

•CRÉPINETTE•

Dénominations de la *crépinette*
Source des données : Enquêtes DRF, 1994-1996.
Méthode : Méthode des *k* plus proches voisins.

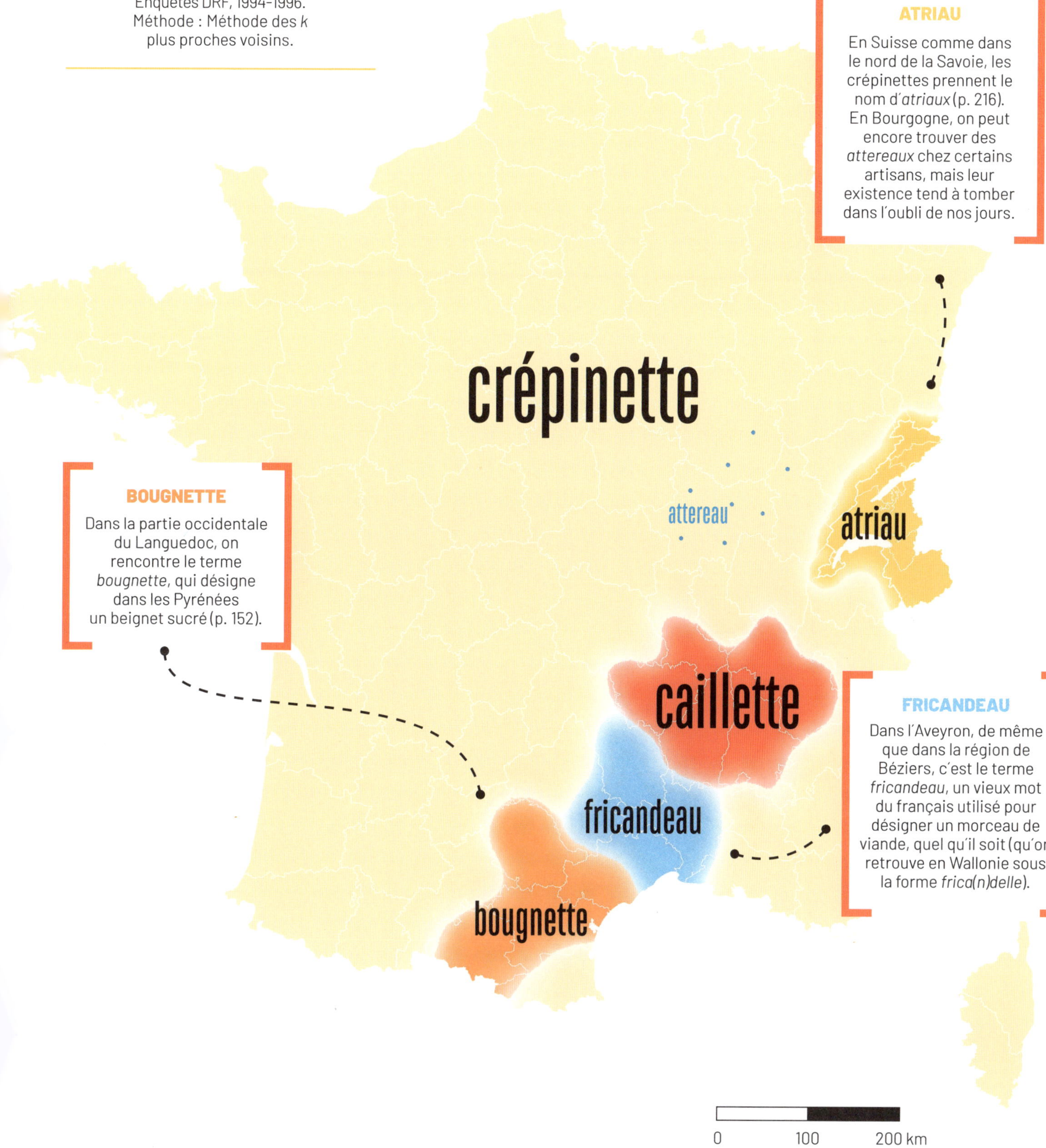

ATRIAU

En Suisse comme dans le nord de la Savoie, les crépinettes prennent le nom d'*atriaux* (p. 216). En Bourgogne, on peut encore trouver des *attereaux* chez certains artisans, mais leur existence tend à tomber dans l'oubli de nos jours.

BOUGNETTE

Dans la partie occidentale du Languedoc, on rencontre le terme *bougnette*, qui désigne dans les Pyrénées un beignet sucré (p. 152).

FRICANDEAU

Dans l'Aveyron, de même que dans la région de Béziers, c'est le terme *fricandeau*, un vieux mot du français utilisé pour désigner un morceau de viande, quel qu'il soit (qu'on retrouve en Wallonie sous la forme *frica(n)delle*).

PETIT LEXIQUE DAUPHINOIS

Le Dauphiné est une ancienne province qui correspond aux trois départements que sont la Drôme, les Hautes-Alpes et l'Isère, auxquels on associe souvent l'Ardèche. Bien que rattaché à l'origine à la province indépendante du Vivarais, le département de l'Ardèche reste en effet de nos jours fondamentalement associé à la Drôme dans les représentations des Français.

Sur le plan linguistique, le Dauphiné est une région à cheval sur deux domaines dialectaux. Sur son flanc nord, on parle des dialectes qui se rattachent à la famille du francoprovençal (zone qui correspond à un quadrilatère dont les villes de Saint-Étienne, Mâcon, Neuchâtel en Suisse et Aoste en Italie sont les points cardinaux). Au sud, on parle des dialectes qui se rattachent au domaine des langues d'oc (zone dite « occitane » qui correspond à la moitié nord de la partie méridionale de la France, à l'exclusion des pays catalan et basque).

DÉRIVÉS

Dans le Dauphiné, la confection des ravioles est si importante que le mot a été dérivé pour créer dans les dialectes locaux un verbe *rävioula* (« rouler de la pâte ») et un substantif *ravioulé* (qui désigne le bâton servant de rouleau à pâtisserie).

ÉTYMOLOGIE

Pogne a été emprunté à un mot francoprovençal qui correspond au français *éponge* (du latin *spongia*).

VARIATIONS CULINAIRES DAUPHINOISES

Les dénominations des spécialités gastronomiques dauphinoises reflètent les traces de cet écartèlement entre nord et sud.

L'ESTOUFFE

Ce mot désigne un plat de pommes de terre cuites à l'étouffée. Dans les dialectes du nord de la France, contrairement à ce qui s'est passé dans la partie septentrionale, le *s* de *estouffe* est tombé (ce qui explique qu'en français on dise *étouffe*, *étouffé*, et non plus *estouffe*). En revanche, on ne dit pas *estouffade* comme dans le reste des parlers du Sud, ce qui rapproche le mot des parlers du Nord.

LES RAVIOLES

Les ravioles, qui font la renommée de la ville de Romans-sur-Isère (chef-lieu de la Drôme), désignent des petits carrés de pâte fourrés de fromage. Emprunté à l'italien, le mot est utilisé sous une forme francisée (*raviolle* ou *raviole*). Il sort ensuite des usages, sauf dans le Dauphiné où il demeure pour désigner des pâtes dont les recettes sont aujourd'hui protégées par une IGP.

LES TOURTONS

Ce sont des spécialités de la région de Champsaur, dans le département des Hautes-Alpes. Ils consistent en de petits beignets frits après avoir été farcis d'une purée de légumes (pommes de terre auxquelles on ajoute épinards, viande et autres épices) lorsqu'ils sont salés, d'une compote de fruits (pomme, pruneaux) lorsqu'ils sont sucrés. Dans l'histoire du français, le mot *tourte* a toujours désigné des pains et des pâtisseries. La dérivation du mot *tourte* au moyen du suffixe *-on* (qui marque l'idée de petitesse) n'est pas attestée ailleurs que dans cette région de la France.

LA POGNE

Le mot *pogne* désigne une brioche en forme de couronne, parfumée à la fleur d'oranger, que l'on trouve parfois recouverte de sucre glace. Comme les ravioles, la pogne est une spécialité de la ville de Romans-sur-Isère. Elle était fabriquée jadis à Pâques, après le carême. Aujourd'hui, elle se consomme au moment de l'Épiphanie, mais on peut en acheter toute l'année chez les boulangers.

Le mot de la faim

ANNE FASHAUER

styliste et photographe culinaire installée à Saint-Péray, près de Valence

Un coin préféré dans la région

Saint-Péray ! Le village dans lequel je vis, à flanc de montagne. C'est à la fois minéral et végétal, avec aussi le Rhône pas très loin.

Votre rapport à la gastronomie

D'abord reconvertie en pâtisserie après un passage par la communication, j'ai été formatrice pour le chocolatier Valrhona. Je fais désormais du conseil et de l'accompagnement numérique pour des acteurs locaux de la gastronomie.

Un plaisir coupable

Je suis née en Alsace, donc j'aime manger un bretzel frais quand j'y retourne ! J'aime aussi la torche aux marrons, et quel plaisir de retrouver ici d'autres spécialités à base de marrons d'Ardèche...

La première spécialité dont vous parlez quand vous évoquez la région

Je parle de la caillette de la Drôme, bien sûr, mais aussi de la crique ardéchoise, les salaisons variées..., le choix est large !

Le plat toujours présent chez vous

J'ai toujours des ravioles de Royan dans mon placard ! C'est rapide, ça change des pâtes, et c'est toujours bon...

Ce que votre communauté réclame le plus

En m'inscrivant sur Instagram en 2012, j'ai commencé par partager mes découvertes de grands pâtissiers à Paris. Depuis que je vis ici, j'ai changé de ligne éditoriale en postant des recettes personnelles – et désormais je poste mon porfolio, mais les gens demandent toujours des recettes.

Retrouvez Anne Fashauer sur escale-gourmande.com
et sur Instagram @anne_fashauer

MOELLEUX AUX MARRONS

d'Anne Fashauer

6 pers.

1. Séparez les blancs des jaunes de 4 œufs et montez les blancs en neige.
2. Faites fondre 120 g de beurre et incorporez-y 500 g de crème de marrons. Ajoutez ensuite les jaunes et tamisez la farine par-dessus.
3. Ajoutez délicatement les blancs en neige à l'aide d'une maryse. Faites préchauffer votre four à 160 °C.
4. Versez la préparation dans un moule à manqué de 24 cm de diamètre préalablement beurré et fariné
5. Enfournez pour 40 min.
6. À la sortie du four, démoulez le gâteau sur une grille et laissez-le refroidir.
7. Saupoudrez de sucre glace et décorez à l'aide de quelques marrons confits, pour un supplément de gourmandise.

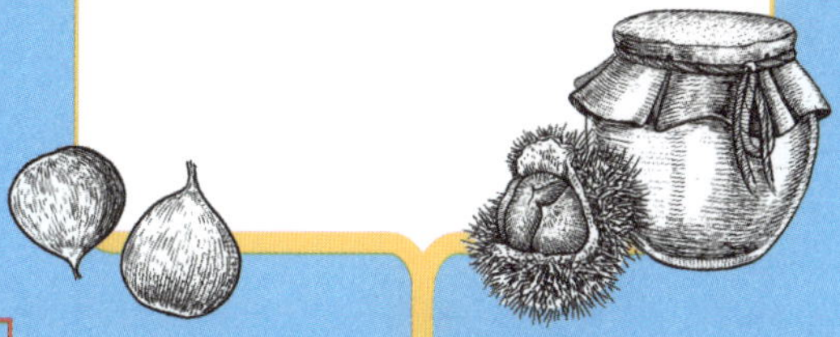

FRANCHE-COMTÉ

Rencontre avec...
LUCAS RÉGNIER
second au *Château de Germigney* à Port-Lesney

La spécialité régionale incontournable
Le comté, le vin jaune, les morilles.

Le produit local inconnu que tout le monde devrait découvrir
À part les *gaudes*, ce serait bien qu'on remette un jour à une table de Franche-Comté l'or blanc de Salins-les-Bains... Il y a toujours une saline, mais le sel n'est plus produit !

Le meilleur conseil à donner à un gourmet qui passe aux alentours
Il y a les belles cascades des Tufs aux Planches, près d'Arbois, les forts de Salins-les-Bains, la source du Lison...

Vous avez 6 œufs, 30 minutes et un accès libre à votre cuisine
Un œuf mollet avec des asperges tiédies et des copeaux de lard de Franche-Comté.

« Je suis né à Belfort, j'ai grandi à Besançon, je suis allé au lycée hôtelier à Poligny : je suis un enfant du pays. La cuisine a fait partie très tôt de ma vie : j'ai le souvenir du lapin au vin blanc du dimanche de ma grand-mère paternelle, et les légumes du potager de ma grand-mère maternelle.

La gastronomie contemporaine cherche à moderniser ce qu'on appelait la *cuisine bourgeoise* : on ancre la cuisine classique française avec des produits régionaux. Pour le chef Pierre Basso-Maro, un plat réussi c'est la conjonction d'un bon produit, d'une bonne cuisson et d'un bon assaisonnement. Il faut savoir puiser dans les produits qu'on a. Les *vins de voile* (voir ci-contre) ont fait connaître le Jura sur le tard, mais la région est en plein essor. Lorsque la technique se met au service de la cuisine, c'est le produit qui l'emporte : si aujourd'hui on décide de faire un plat seulement à base de blettes, les procédés techniques doivent s'effacer devant le produit. La trame d'un plat, c'est l'équilibre. On n'invente rien. Il y a toujours quelqu'un qui a déjà fait ou s'est rapproché de ce qu'on imagine. Nous, cuisiniers, nous sommes des passeurs de gastronomie, comme le sommelier est un passeur du vigneron, ou le maître d'hôtel est un passeur entre la cuisine et la salle. »

·LA RECETTE DU CHEF·

RADIS EN RÉMOULADE DE VIN JAUNE,

copeaux de vieux comté et lard fumé

de Lucas Régnier

4 pers.

15 radis glaçons ; 3 bottes de radis roses ronds ; 30 feuilles de livèche ou de céleri-branche ; 1 jaune d'œuf ; 10 cl de vinaigre de vin jaune ; 5 cl de vin jaune ; 2 c. à c. de moutarde ; 20 cl d'huile de pépins de raisin ou huile neutre ; 20 copeaux de vieux comté ; 4 tranches fines de lard fumé ; sel et poivre.

❶ Disposez les tranches de lard sur une plaque de cuisson puis enfournez à 160 °C pour les rendre croustillantes. Une fois séchées, débarrassez sur du papier absorbant.

❷ Pendant que le lard sèche au four, réalisez la rémoulade : râpez ou taillez finement en julienne les deux tiers des radis. Passez les autres à la mandoline pour faire une salade fraîcheur par-dessus la rémoulade. Hachez finement la livèche.

❸ Mélangez le vinaigre de vin jaune, la moutarde, le jaune d'œuf, le sel et le poivre. Montez la mayonnaise avec l'huile.

❹ Assaisonnez à votre convenance, ajoutez le vin jaune et mélangez avec les radis taillés ou râpés et la livèche finement hachée.

❺ Dressez la rémoulade de radis sur une assiette à l'aide d'un cercle ou d'un emporte-pièce.

❻ Sur votre rémoulade, disposez en volume le mélange des deux variétés de radis coupés en tranches fines. Ajoutez la livèche hachée, les copeaux de comté et par-dessus posez la tranche de lard fumé.

RADIS GLAÇONS

Les *radis glaçons* portent ce nom en raison de leur couleur très pâle. Une fois épluchés, ils sont opaques et brillants comme des glaçons. Il s'agit en réalité de petits navets.

RÉMOULADE

Contre toute attente, la *rémoulade* ne désigne pas un plat à base de céleri (un classique honni des cantines scolaires) mais la sauce qui l'accompagne. C'est un classique d'Escoffier qu'on qualifie parfois de *béarnaise froide*, c'est-à-dire… de mayonnaise, dans sa version contemporaine du moins, puisque à l'époque d'Escoffier la mayonnaise se fait sans jaune d'œuf !

VIN JAUNE

Le *vin jaune* est un des vins qui font la renommée du Jura. C'est un *vin de voile*. On appelle *vins de voile* les vins à la surface desquels on laisse se former une pellicule de levure (au lieu de combler la poche d'air créée par l'évaporation naturelle du vin : *la part des anges*). C'est une vraie maîtrise du processus d'oxydation, puisque ce *voile* a le pouvoir de détruire les bactéries responsables de la piqûre acétique (la transformation en vinaigre).

LIVÈCHE

La *livèche* ou *ache des montagnes* est une herbe aromatique très proche du céleri-branche dans sa forme (on l'appelle parfois *céleri perpétuel* ou *céleri bâtard*). Son goût herbacé, vert, presque anisé, est beaucoup plus prononcé.

MONTER UNE MAYONNAISE

Monter une mayonnaise exige un bon coup de poignet. Lorsque tous les ingrédients sont bien mélangés, ajoutez l'huile goutte à goutte. Une fois l'émulsion bien homogène, vous pourrez ajouter l'huile un peu plus vite, mais ne perdez pas patience !

SALADE DE **CRAMAILLOTS**

Dans le Territoire de Belfort, de même que dans le département du Doubs, le long de la frontière avec la Suisse, les *cramaillots* désignent des plantes de la famille *Taraxacum*, facilement identifiables en raison de l'aspect cranté de leurs feuilles et de la fleur jaune dont on souffle les graines quand elle commence à faner. Ces plantes qu'on appelle communément *pissenlits* sont l'ingrédient principal d'une salade qui se déguste surtout au début du printemps, quand l'heure de la récolte a sonné.

Les cramaillots peuvent s'acheter dans le commerce, mais les locaux ont l'habitude de les cueillir eux-mêmes. On en trouve dans n'importe quel champ, parfois même au beau milieu des parcs ou du gazon. Ils se ramassent jeunes (avant que la fleur ait poussé), et la botte ne doit pas être trop grosse. On les arrache à l'aide d'un couteau, en raison de leurs longues racines. Une fois bien nettoyés et débarrassés de leurs racines, on les laisse tremper dans du vinaigre (ce qui va raffermir les feuilles), on les égoutte puis on les assaisonne d'une vinaigrette. On y ajoute des œufs durs, et des petits lardons rapidement revenus à la poêle. Cette salade se consomme aussi bien comme une entrée que comme un plat unique.

Il existe différentes variantes de cette recette de salade, que l'on retrouve dans tout le grand est de la France, des Ardennes au pays lyonnais. On la consomme froide ou tiède (le cas échéant, les cramaillots sont rapidement revenus dans la graisse des lardons frits), avec des croûtons dorés, des échalotes, de l'oignon, voire de l'ail. ■

ÉTYMOLOGIE

Cramaillot est une forme dérivée de *cramia* (terme en usage dans les terres jurassiennes en Suisse), qui se rattache à une racine grecque *kremaster* (« crémaillère »). La ressemblance entre la forme des feuilles de la plante et un objet qui comporte des dents explique ce rapprochement. C'est la même motivation étymologique qui explique l'origine de *dent-de-lion*, utilisé en Suisse romande ainsi qu'en Savoie et Haute-Savoie.

KREMASTER
« crémaillère »
↓
CRAMIA
↓
CRAMAILLOT

VARIANTES

À Lyon, c'est une salade de ce genre que vous recevrez si vous commandez une *salade lyonnaise* dans un bouchon (p. 156-157). Dans les Vosges, cette salade appelée *chaude meurotte*, est consommée tiède (*meurotte* désignant la sauce de la salade, où les matières grasses sont celles rendues par les lardons).

PISSENLIT

La forme *pissenlit*, s'explique en raison des vertus diurétiques de la plante. Jadis, le pissenlit était en effet utilisé pour soigner des maladies liées aux reins et à la vessie, comme les calculs.

•PISSENLIT•

Dénominations du *pissenlit*
Source des données :
Enquêtes Français de nos Régions, 2015-2020.
Méthode : Méthode des *k*
plus proches voisins.

VARIANTES

Les manuels et autres précis de botanique font état de l'existence de dizaines de termes pour désigner les pissenlits. Aujourd'hui, un tout petit nombre de ces mots survit dans l'est de la France et en Suisse à côté de *pissenlit*.

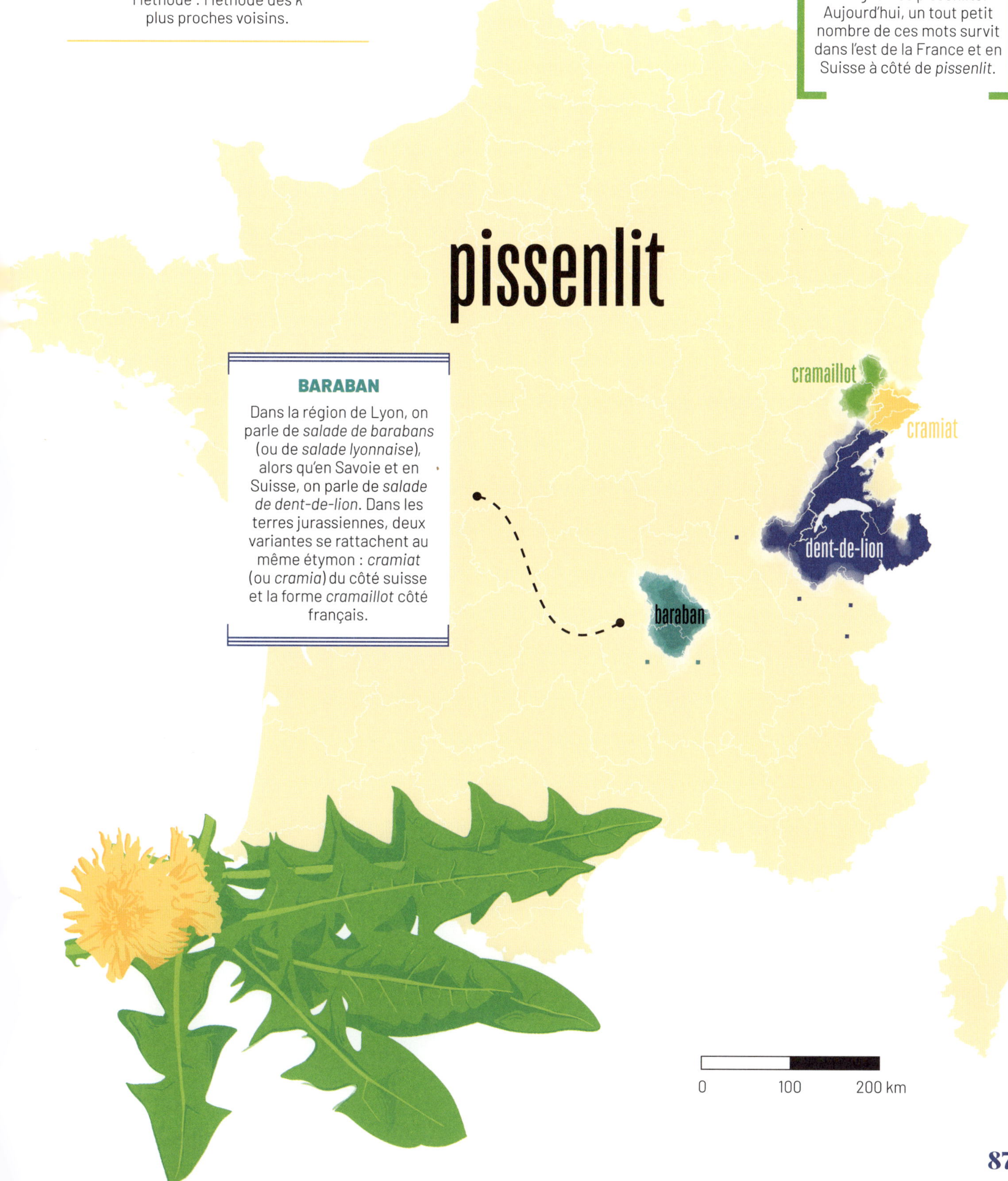

BARABAN

Dans la région de Lyon, on parle de *salade de barabans* (ou de *salade lyonnaise*), alors qu'en Savoie et en Suisse, on parle de *salade de dent-de-lion*. Dans les terres jurassiennes, deux variantes se rattachent au même étymon : *cramiat* (ou *cramia*) du côté suisse et la forme *cramaillot* côté français.

QUELQUES SPÉCIALITÉS FRANCS-COMTOISES

Comme ses voisines bourguignonnes, alsaciennes, savoyardes et suisses, la cuisine franc-comtoise est une cuisine de terroir, qui met surtout à l'honneur les viandes et les produits laitiers. Aujourd'hui, bon nombre d'entre elles sont consommées bien au-delà des frontières de la région de Besançon, et bénéficient de labels qui les protègent.

Le *porc de Franche-Comté* est une appellation d'indication géographique protégée (IGP) qui caractérise la viande de porc produite dans le département du Doubs et certaines localités environnantes. De cette viande, on produit des spécialités charcutières telles que la saucisse de Morteau (consommée cuite) et la saucisse de Montbéliard (consommée crue). L'une comme l'autre présentent la spécificité d'être fumées selon une méthode ancestrale, dans des fermes que l'on appelle *fermes à tuyé*.

FERMES À TUYÉ

Tuyé (aussi écrit *tué* ou *thué*) est le nom que l'on donne à la pièce centrale de fermes traditionnelles, typiques du Haut-Doubs. Cette pièce abrite en son centre un âtre où l'on brûle du bois d'arbres à aiguilles. Ce bois, qui se consume lentement, enfume la charcuterie suspendue sous la grande hotte qui débouche sur le toit. Si, aujourd'hui, plus personne ne vit à proprement parler dans ces fermes, la méthode d'enfumage des charcuteries est toujours la même !

LES FROMAGES
de Franche-Comté

Côté produits laitiers, la Franche-Comté comporte quatre fromages AOC :

Le comté

C'est sans doute le plus célèbre : 50 000 tonnes de ce fromage au lait cru à pâte pressée cuite sont produites chaque année.

Le morbier

C'est un fromage de lait cru de vache à pâte pressée non cuite, reconnaissable par la fine couche de cendres en son cœur. Il est lui aussi de plus en plus connu et de plus en plus consommé lors des raclettes. Il entre aussi dans la confection de la morbiflette (une variation de la tartiflette, p. 212, à base de morbier).

Le bleu de Gex

C'est un fromage au lait de vache à pâte persillée, typique du Haut-Jura. Les premières traces de production de ce bleu remontent au XIIIe siècle.

Le mont d'or

Dit aussi *vacherin du Haut-Doubs*, c'est un fromage au lait de vache à pâte molle à croûte lavée. Il est vendu dans une boîte confectionnée en écorce d'épicéa, tout comme la variante suisse produite dans le canton de Vaud et appelée *vacherin Mont-d'Or* (le mont d'Or est un sommet du massif du Jura, à cheval sur la France et la Suisse).

BOÎTE CHAUDE ET SA SAUCISSE DE MORTEAU

6 pers.

La recette de la boîte chaude est un classique de la cuisine franc-comtoise. C'est un moyen original de consommer le mont d'or, qui se répand de plus en plus en dehors de la région.

1. Après avoir retiré le couvercle, entourez la boîte du mont d'or de papier aluminium.
2. Plantez quelques têtes d'ail à travers la croûte, puis faites un trou dans le centre du fromage.
3. Versez-y un peu de vin blanc, puis passez le tout au four, jusqu'à ce que le fromage soit complètement fondu.
4. Servez avec une saucisse de Morteau cuite à l'eau, des pommes de terre, de la salade et du pain.

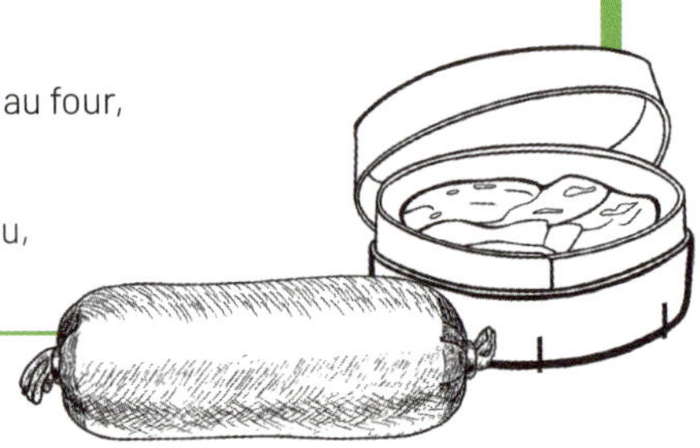

FROMAGES AOC

Fromages AOC de Franche-Comté
Source des données : www.data.gouv.fr

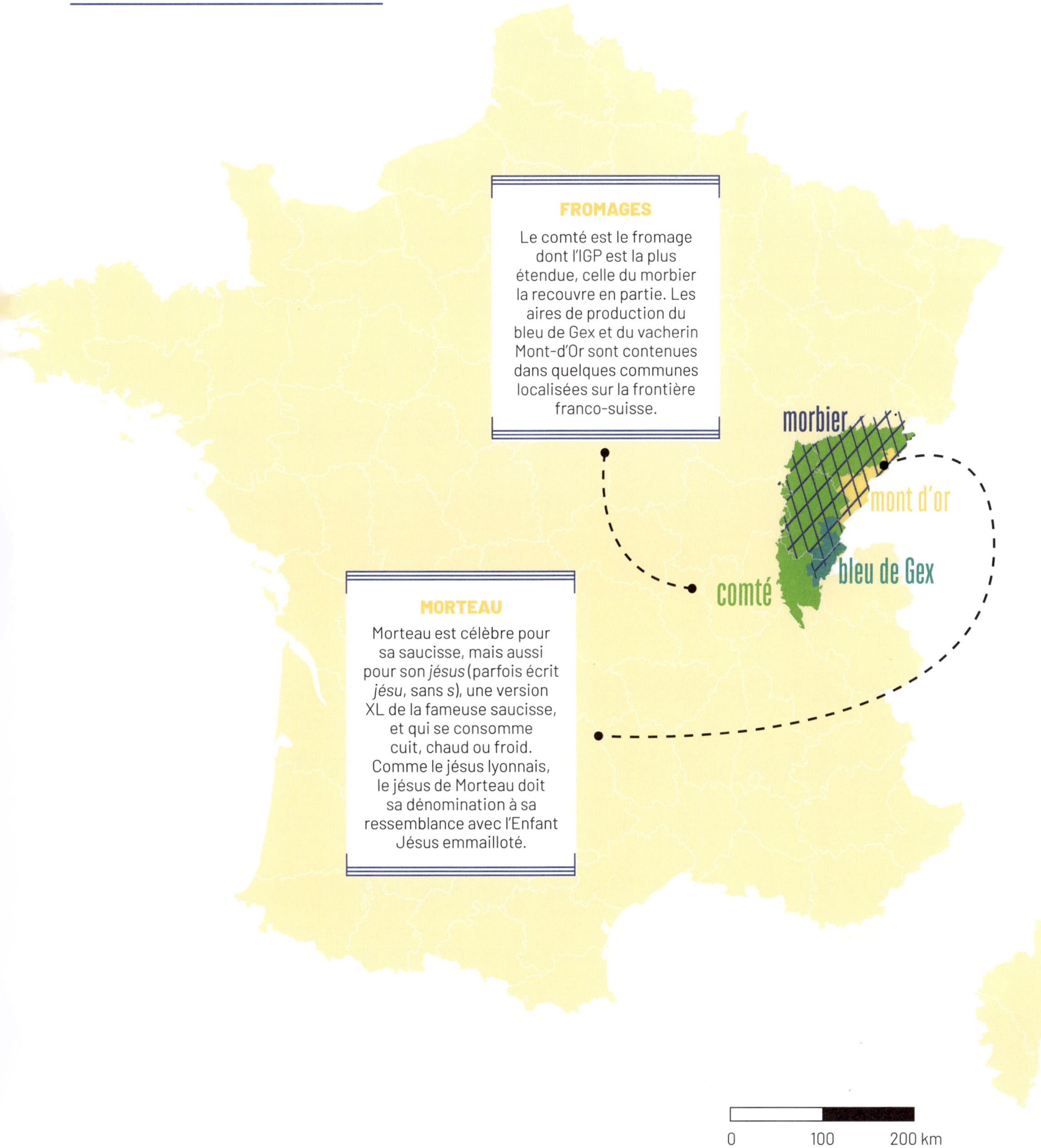

FROMAGES

Le comté est le fromage dont l'IGP est la plus étendue, celle du morbier la recouvre en partie. Les aires de production du bleu de Gex et du vacherin Mont-d'Or sont contenues dans quelques communes localisées sur la frontière franco-suisse.

MORTEAU

Morteau est célèbre pour sa saucisse, mais aussi pour son *jésus* (parfois écrit *jésu*, sans *s*), une version XL de la fameuse saucisse, et qui se consomme cuit, chaud ou froid. Comme le jésus lyonnais, le jésus de Morteau doit sa dénomination à sa ressemblance avec l'Enfant Jésus emmailloté.

LE TOUTCHÉ
OU GÂTEAU DE MÉNAGE

Le *toutché* est un gâteau traditionnel de la grande région du Jura. On l'appelle aussi *gâteau de ménage* ou *gâteau de fête*. Ce gâteau prend la forme d'une tarte dont la base est une pâte briochée plus ou moins riche en beurre, et dont la garniture consiste en un mélange d'œuf et de crème légèrement salé : le *goumeau*.

Sur le plan étymologique, le mot *toutché* est une forme qui continue une forme latine *torta* (tourte en français), dérivée au moyen du suffixe *-ellus* (c'est ce même mot qui a donné le français *tourteau*).

Dans les dialectes galloromans parlés dans le Jura français comme dans le Jura suisse, les variantes sont nombreuses : *totché*, *toitché*, *touché*, *touétché*, *touitché*, etc. On retrouve cette variété dans le français local. Le mot n'étant pas répertorié dans les dictionnaires du français général, il a gardé des formes proches de celles qu'il avait dans les patois (notons toutefois que, de l'autre côté de la frontière, en Suisse, on parle plutôt de *totché* que de *toutché*).

Dans la bouche de certains locuteurs, le *toutché* désigne un gâteau, quel qu'il soit, comme c'est le cas dans les parlers jurassiens du début du XXe siècle. Dans cette région comme dans de nombreuses régions de la France et de la Suisse, les dialectophones n'utilisent alors pas le mot *gâteau* comme générique pour désigner les spécialités à base de farine, d'œufs et de sucre, mais des mots qui désignent aujourd'hui des spécialités locales, qu'on consomme à l'Épiphanie (p. 120) ou à d'autres occasions de l'année (p. 202). ■

ÉTYMOLOGIE

Le mot *gâteau* est d'origine francique, ce qui explique les formes du type *wato*, que l'on retrouve dans les parlers picards du Nord-Pas-de-Calais. Bon nombre de mots germaniques commençant par *w-* ont subi une mutation de leur consonne initiale en *gu-* lors de leur passage en français. C'est ce qui explique la parenté entre l'anglais *war* et le français *guerre*, entre l'allemand *Wespe* et le français *guêpe*, entre les prénoms *William* et *Guillaume*, etc.

GOUMEAU

Goumeau (ou *commeau*, *k'mau*, *cumeau*, etc.) est le nom que l'on donne au mélange de crème et d'œufs, sucré ou salé, dont on garnit le *toutché*. Comme *toutché*, *goumeau* est un emprunt aux dialectes locaux. Il dériverait du verbe *goumer* (« humecter, tremper, imbiber »).

ÉVOLUTION CULINAIRE

À l'origine, le *toutché* se préparait avec le colostrum de la vache (premier lait secrété par les vaches qui viennent de vêler), un lait relativement riche. Comme la quiche (p. 142) et la tarte flambée (p. 20) dont il est une variante, la garniture du *toutché* est traditionnellement salée, ce qui explique que, dans certains coins, on le dégustait à l'apéritif. Aujourd'hui, les *toutchés* vendus dans le commerce comportent une garniture plutôt sucrée, et une crème aigre mélangée avec des œufs remplace le colostrum.

• GÂTEAU •

Dénominations du *gâteau* dans les parlers galloromans vers la fin du XIXe siècle
Source des données : ALF 627.

- *pastis*
- *coque*
- *cougnou*
- *éponge*
- *fouace*
- *fougasse*
- *galette*
- *gateau*
- *pogne*
- *pompe*
- *totché*
- *tourte*
- *wato*

* Les numéros inscrits dans les symboles désignent des localités étudiées lors des enquêtes ALF.

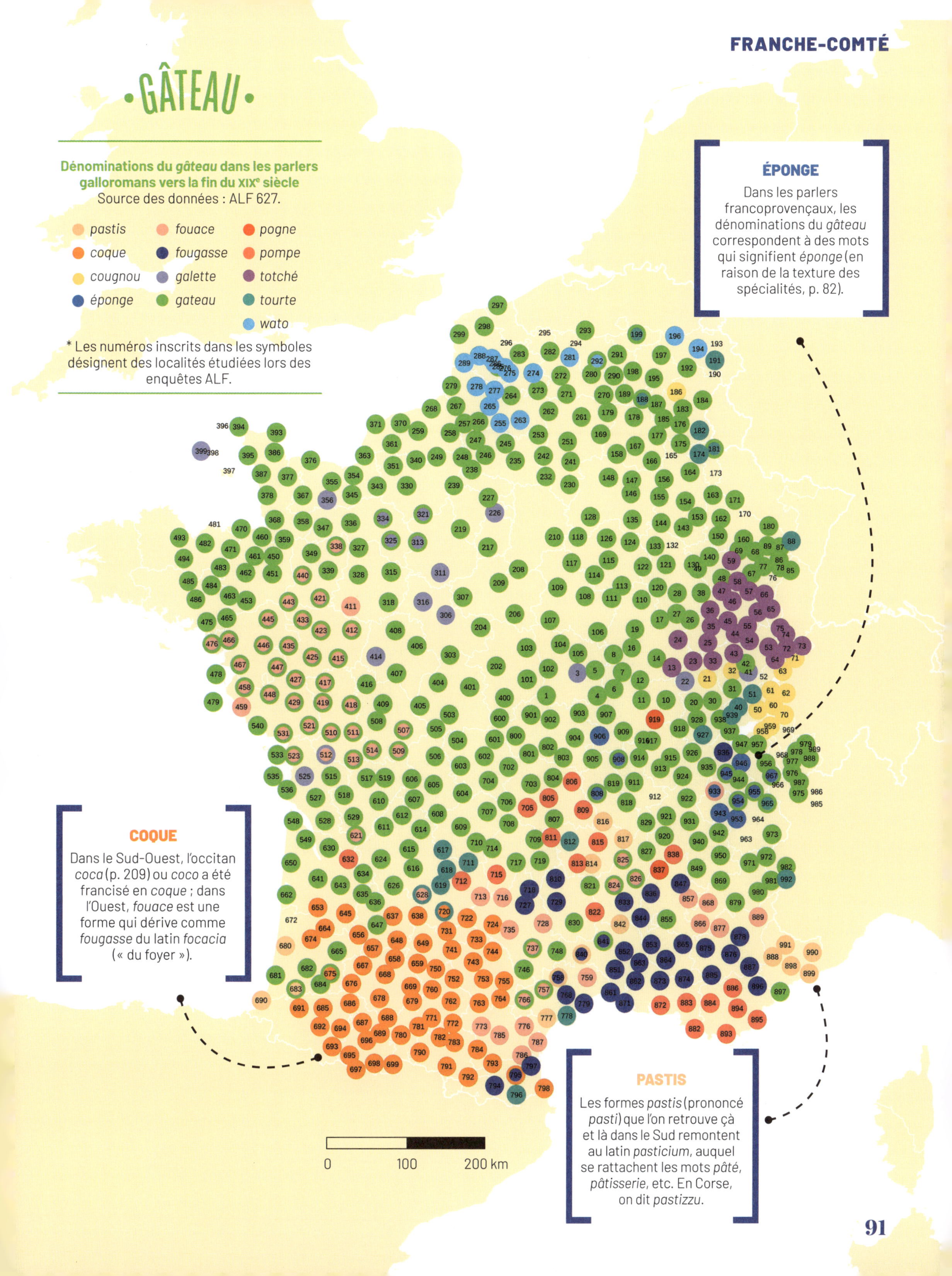

ÉPONGE

Dans les parlers francoprovençaux, les dénominations du *gâteau* correspondent à des mots qui signifient *éponge* (en raison de la texture des spécialités, p. 82).

COQUE

Dans le Sud-Ouest, l'occitan *coca* (p. 209) ou *coco* a été francisé en *coque* ; dans l'Ouest, *fouace* est une forme qui dérive comme *fougasse* du latin *focacia* (« du foyer »).

PASTIS

Les formes *pastis* (prononcé *pasti*) que l'on retrouve çà et là dans le Sud remontent au latin *pasticium*, auquel se rattachent les mots *pâté*, *pâtisserie*, etc. En Corse, on dit *pastizzu*.

LA CANCOILLOTTE

La *cancoillotte* est un fromage à pâte fondue typique de Franche-Comté, mais que l'on retrouve sous d'autres dénominations dans l'est de la France et dans le Grand-Duché du Luxembourg. De texture onctueuse, la cancoillotte résulte du mélange de *metton* fondu dans de l'eau ou du lait, et d'un peu de beurre. Autrefois, la cancoillotte se fabriquait à la maison. Aujourd'hui, on la trouve déjà toute prête dans le commerce.

On mange la cancoillotte chaude ou froide, à la petite cuillère comme un fromage ou sur une tartine de pain de campagne. Elle accompagne sinon les pommes de terre chaudes d'une *assiette comtoise* (assiette de charcuteries locales, dont la fameuse saucisse de Morteau) ou les pommes de terre rissolées à la poêle avec des lardons, voire cuites en gratin, à la manière de la tomme fraîche dans la truffade (p. 26-27) ou du reblochon dans la tartiflette (p. 212-213). Elle fait également office d'ingrédient de premier plan dans la confection du *poulet à la cancoillotte*, une spécialité comtoise emblématique où elle sert de sauce à une escalope de poulet cuite à la poêle.

• CANCOILLOTTE •

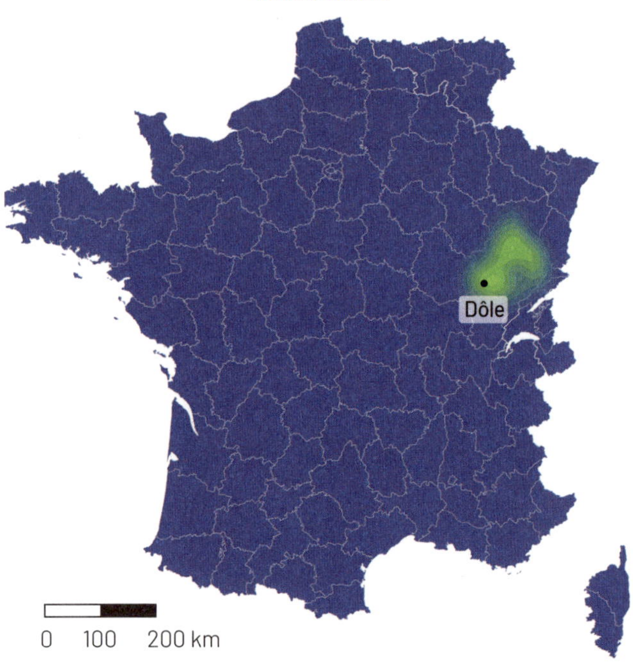

Aire de *cancoillotte* dans les parlers francs-comtois
Source des données : ALFC 659, ALLR 661
Méthode : Estimation de la densité par la méthode du noyau.

0 — 1

COMMENT FAIT-ON DU METTON ?

Metton est le nom que l'on donne au lait caillé écrémé (le lait qui demeure une fois qu'on en a retiré le corps gras qu'on utilise pour fabriquer la crème et le beurre) que l'on a fait chauffer dans une marmite, et qu'on a laissé fermenter deux ou trois jours dans une terrine après l'avoir égoutté.

ÉTYMOLOGIE

Le mot *cancoillotte* est passé en français par l'intermédiaire du franc-comtois. Dans ces parlers, le mot *coille* est le correspondant local du français *caille* (du verbe *cailler*), *-otte* un suffixe diminutif et *can-* un préfixe péjoratif, la cancoillotte étant originellement un « fromage de pauvre ».

BON POUR LE RÉGIME

Contre toute attente, la cancoillotte est un fromage relativement maigre avec environ 5 % de matière grasse.

ANALYSE

La carte permet d'avoir une idée de l'aire d'utilisation de ce mot dans les parlers dialectaux au milieu du XXe siècle, avant que le produit ne s'exporte en dehors de sa zone d'origine.

Le mot de la faim

GUSTAVE COURBET
peintre du réalisme

Courbet est un peintre qui fait carrière à Paris, mais qui est plus qu'aucun autre attaché à sa terre franc-comtoise. En 1860, il achète à Ornans une ancienne fonderie dans laquelle il aménage à la fois sa maison et son atelier. Lorsque, injustement accusé d'avoir fait renverser la colonne Vendôme, il doit s'exiler, il choisit la Suisse frontalière. ■

Ses repas préférés

Il mange et boit beaucoup, dans les brasseries parisiennes, bien sûr, mais aussi en famille et chez ses amis de Franche-Comté. Les reliefs de repas aperçus dans *L'Après-dînée à Ornans* laissent supposer qu'il sait finir son assiette !

S'il ne pouvait manger que ça

Plus de cent trente tableaux de chasse, chasseurs et gibier nous rappellent qu'il est grand amateur de venaison.
On note aussi le souvenir ému qu'il garde d'un séjour commun à Trouville avec Whistler, se remémorant « des saladiers de crevettes au beurre frais sans compter les côtelettes au déjeuner ».

Son vin préféré

Il aime les vins du Jura qu'il commande par tonneaux entiers à des vignerons locaux.

Son souvenir culinaire maudit

La cantine ! Interne au Collège royal de Besançon, il écrit dans une lettre de 1837 : « La nourriture me dégoûte tellement que je ne puis rien manger. »

Ses autres passions

La sculpture, le dessin, la politique.

ŒUFS POCHÉS À LA CANCOILLOTTE

de Jean Mathat-Christol

1. Dans une petite casserole, faites fondre 100 g de cancoillotte avec 350 g de crème liquide. Une fois la préparation fumante, assaisonnez sans excès et réservez.
2. Versez une goutte de vinaigre d'alcool dans 6 ramequins. Cassez-y 6 œufs : le vinaigre va permettre au blanc d'œuf de partiellement coaguler.
3. Faites chauffer une petite casserole d'eau additionnée d'un tiers de vinaigre d'alcool. Arrivée à petite ébullition, faites-y un tourbillon avec un fouet ou une spatule.
4. Versez-y délicatement un œuf. Comptez 1 min 45 de cuisson, puis retirez l'œuf de l'eau à l'aide d'une écumoire. Réservez dans un plat rempli d'eau chaude pour à la fois rincer les œufs de l'excédent de vinaigre et les tenir au chaud.
5. Procédez de même avec les autres œufs.
6. Transférez les œufs dans les ramequins que vous pouvez brièvement réchauffer au micro-ondes. Couvrez de crème, parsemez de ciboulette ciselée et servez sans attendre avec une salade de mesclun.

GASCOGNE

ET PAYS VOISINS

Rencontre avec... JULIEN DUBOUÉ

chef landais de B.O.U.L.O.M., à Paris

Le plat régional incontournable

Le *confit de canard* !

Le plat impossible à mettre à la carte

La *sanguette* (p. 122). Il s'agit de sang de canard récupéré lorsque l'on tue du canard. Ce n'est pas destiné à tous les estomacs !

Le produit local inconnu que tout le monde devrait découvrir

Les *pibales*, des alevins d'anguille que l'on poêle dans un peu de ventrèche de cochon ; un peu de piment d'Espelette, d'ail et de persil, et voilà !

Le plat que vous pourriez manger sans jamais vous lasser

La *garbure*, une potée de chou cavalier, additionné de haricots tarbais, de jambon et de confit de canard.

L'expression locale

« Un bon coup de vin vaut mieux qu'un écu au médecin. »

« Les seules limites que je me donne, c'est l'origine du produit : les Landes, et c'est tout. Je ne peux pas séparer la cuisine bonne et simple du produit, et le produit du producteur qui s'en occupe. En Gascogne, on a la chance d'avoir la côte Atlantique et des affluents et donc à la fois des poissons de mer et d'eaux douces. Et même si les Landes ont souffert d'être des marécages asséchés pour faire de la monoculture, les temps changent. Chez B.O.U.L.O.M., le blé vient d'à côté de Dax, où l'on cultive nos propres blés de population, en bio.

La région s'exporte aussi avec les chefs : il y a un vrai échange entre le Sud-Ouest et la capitale. Alain Dutournier, Hélène Darroze, Alain Ducasse sont montés à Paris pendant que Michel Guérard faisait le chemin inverse. La modernité, c'est d'utiliser des vieilles recettes landaises avec de nouveaux produits, ou l'inverse : des produits d'ailleurs avec des méthodes de cuisine traditionnelles. En mangeant la salade landaise de ma mère, je réfléchissais à une autre façon de la servir... Au moment de la vogue de la restauration asiatique dans toute la France, j'ai eu l'idée de reprendre les éléments de la salade landaise en les traitant à la manière d'un rouleau de printemps, afin de pouvoir manger l'ensemble facilement avec les doigts en trempant le tout, non plus dans une sauce asiatique, mais dans une vinaigrette parfumée à l'Armagnac. »

·LA RECETTE DU CHEF·

ROULEAUX DE SALADE LANDAISE

de Julien Duboué

4 pers. | 45 min | 10 min

Pour les rouleaux et les asperges
4 feuilles de riz de 35 cm de diamètre ; 1 laitue ; 2 tomates pelées épépinées et coupées en lanières ; 100 g de foie gras de canard fermier des Landes cuit (en conserve) ; 50 g de magret de canard fermier des Landes fumé ; 50 g de gésiers de canard fermier des Landes confits ; 2 c. à. s. de pignons de pin ; 1 échalote ; 100 g d'asperges des sables des Landes.

Pour la vinaigrette landaise
10 cl d'huile d'olive ; 10 cl d'huile d'arachide ; 1 c. à. c. de vinaigre balsamique ; 5 c. à. s. de vinaigre de Xérès ; 2 c. à. s. de moutarde forte ; 1 c. à. s. de moutarde à l'ancienne ; 1 c. à. c. de pâte de coing ; 1 gousse d'ail haché ; 1 demi-échalote ciselée ; 1 pincée de piment d'Espelette ; 1 c. à. c. d'armagnac ; ½ c. à. c. de sel ; 1 pincée de romarin haché.

❶ **La cuisson des asperges :** Pelez les asperges, puis faites-les cuire pendant 10 min à la vapeur : elles ne doivent pas être croquantes, mais fondantes.

❷ **Les rouleaux de salade landaise :** Humidifiez chaque feuille de riz, étalez-les, puis tapissez-en la surface, jusqu'à 5 cm des bords, avec des feuilles de laitue.

❸ Sur un côté de la feuille de riz, disposez alors quelques lanières de tomate, un peu de foie gras coupé en bâtonnets de 1 cm de côté, une asperge entière, quelques émincés de magrets de canard séché fumé et de gésiers de canard confit, quelques pignons de pin et quelques morceaux d'échalote hachée.

❹ Roulez l'ensemble sur lui-même, jusqu'à un tiers de la feuille de riz, puis rabattez chaque côté, afin d'obtenir un rectangle.

❺ Terminez de rouler le tout, en veillant à maintenir tous les ingrédients à l'intérieur de la feuille de riz. Avec l'humidité, l'ensemble collera sans difficulté.

❻ Serrez bien, tirez vers vous, puis enveloppez les rouleaux de film alimentaire.

❼ Conservez-les au réfrigérateur pour qu'ils gardent bien leur humidité.

❽ **La vinaigrette :** Mixez l'ensemble des ingrédients, en terminant par les huiles.

❾ **La finition :** Enlevez le film alimentaire, puis découpez le rouleau en plusieurs morceaux. Comme pour un rouleau de printemps chinois, vous n'avez plus alors qu'à tremper un morceau de rouleau de salade landaise dans un peu de vinaigrette, avant de déguster.

CANARD FERMIER DES LANDES

Incontournable de la gastronomie landaise, le canard fermier des Landes est protégé par une IGP et un Label rouge qui s'étend même aux produits cuits ! Le Sud-Ouest produit 72 % du foie gras de canard d'origine française.

ASPERGES DES SABLES DES LANDES

Les asperges des sables des Landes poussent à quelques kilomètres de l'océan. Récoltées précocement, elles sont exceptionnellement tendres. Elles bénéficient d'une IGP depuis 2005.

ARMAGNAC

L'armagnac est produit dans trois régions aux terroirs spécifiques : les Landes, le Gers et le Lot-et-Garonne sont ainsi les seuls territoires où le vin est distillé de façon continue en un seul passage.

ASTUCE

Vous pouvez aussi cuire vos asperges dans un cuiseur à asperges traditionnel qui cuit les tiges à l'anglaise et les pointes à la vapeur.

SECRET

Le secret consiste à tremper les feuilles de riz et à les retirer de l'eau encore un peu raides, sinon elles risquent de se dégrader très vite !

LA VRAIE HISTOIRE DE **LA CHOCOLATINE**

Dans tout le sud-ouest de la France, la viennoiserie qu'on appelle ailleurs *pain au chocolat* ou *petit-pain (au chocolat)* est commercialisée sous l'appellation *chocolatine*. Pour expliquer l'origine de ce dernier terme, emblématique des débats linguistiques qui agitent la Toile depuis la popularisation des réseaux sociaux, tout un tas d'hypothèses plus ou moins farfelues ont été formulées, que ce soit sur l'origine de la viennoiserie ou l'étymologie du mot *chocolatine*. L'examen d'archives permet d'apporter un regard actualisé sur ces questions.

Les premières mentions comme les premières recettes de *pain au chocolat* remontent au XIXe siècle. Elles ne désignent pas la viennoiserie qu'on connaît aujourd'hui, mais des préparations chocolatées à base de poudre d'amande ou de type entremets (*pain* prend alors la même valeur qu'il a dans le syntagme *pain de viande*). Quand *petit-pain au chocolat* apparaît dans les années 1920, il est impossible de savoir alors si le *petit-pain* en question est un pain dans lequel on a glissé une barre de chocolat, ou une viennoiserie cuite avec une barre de chocolat à l'intérieur (étant donné que la recette de la pâte à croissant, telle qu'on la connaît aujourd'hui n'est mise au point qu'à cette époque). À partir des années 1970, l'adjectif *petit* se fait de plus en plus rare au fur et à mesure qu'augmentent les occurrences de *pain au chocolat*.

Quant au mot *chocolatine*, il apparaît pour la première fois dans un article datant de 1853 : il désigne alors un bonbon au chocolat, qui ressemble à une dragée. Dans les années qui suivent, on le trouve employé avec différents sens : « liqueur à base de chocolat », « chocolat à base de cacao et de sucre de raisin », « dragée à la quinine », puis, au début des années 1950, comme synonyme de « viennoiserie au chocolat », dans un magazine du sud-ouest de la France. ■

• CHOCOLATINE, PAIN AU CHOCOLAT OU PETIT-PAIN AU CHOCOLAT ? •

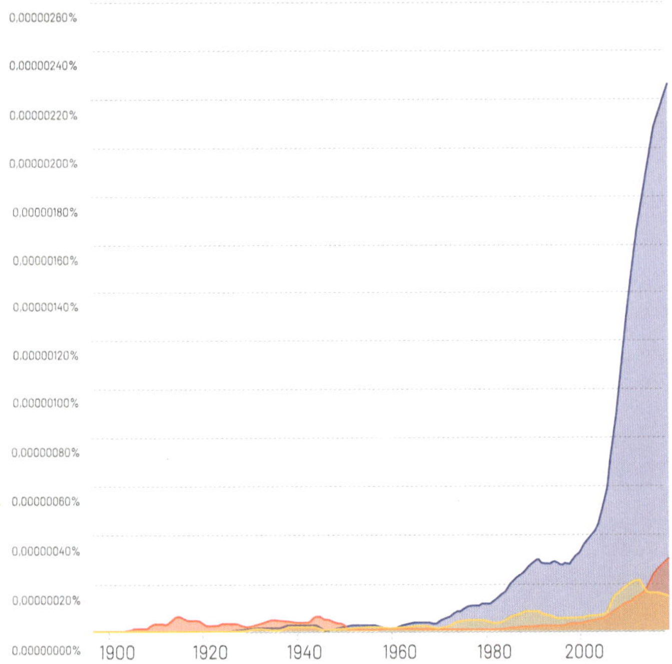

Occurrences de *chocolatine*, *pain au chocolat* et *petit-pain au chocolat* de 1900 à nos jours
Légende : Pourcentage d'occurrences par rapport au nombre de mots dans Google Ngram.
Source : Google Ngram.

pain au chocolat — petit-pain au chocolat — chocolatine

HISTOIRE

Un peu partout en France, le pain au chocolat a dû se diffuser dans un premier temps sous l'appellation *petit-pain au chocolat*. Le terme a disparu des usages du centre de la France pour faire place à *pain au chocolat*, mais s'est maintenu dans les aires périphériques. Dans le Sud-Ouest, c'est le mot *chocolatine*, qui a été créé de toutes pièces, qui s'est maintenu et s'est diffusé.

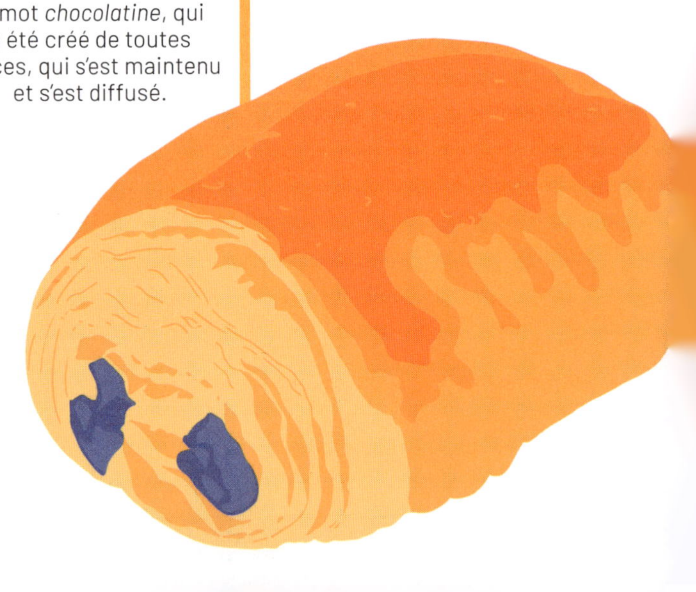

PAIN AU CHOCOLAT

Dénominations du *pain au chocolat*
Source des données :
Enquêtes Français de nos Régions, 2015-2020.
Méthode : Méthode des *k*
plus proches voisins.

CROISSANT AU CHOCOLAT

Croissant au chocolat est vraisemblablement un calque de l'allemand *Schokoladencroissant*. Il est sporadiquement attesté en Lorraine.

CHOCOLATINE

Chocolatine est un mot français formé à l'aide du suffixe *-ine*, relativement fréquent dans le lexique culinaire (*gélatine*, *grenadine*, *amandine*, etc.). Il est également utilisé au Québec, où la viennoiserie s'est exportée depuis la France dans les années 1980.

DEPUIS QUAND ?

Le débat *pain au chocolat* ou *chocolatine* remonte à 2013, date à laquelle Jean-François Coppé, alors candidat à la présidence de l'UMP, relate la mésaventure d'un jeune homme à qui des voyous auraient « arraché son pain au chocolat [...] sous prétexte qu'on ne mange pas pendant le ramadan ». Trois ans plus tard, le politicien remet (malgré lui) le feu aux poudres en disant qu'un *pain au chocolat* coûte entre 15 et 20 centimes.

LES CHIPIRONS

Chipiron, *seiche*, *calamar* (et sa variante *calmar*), *encornet* ou encore *supion* : tous ces termes désignent des mollusques marins dont la texture de la chair et le goût sont assez proches.

Comment les différencier ? Les avis divergent. Pour les uns, la différence est dans la taille : l'encornet serait plus petit que le calamar. Pour d'autres, c'est la forme qui entre en ligne de compte : l'encornet serait plus allongé que la seiche. Certaines sources signalent également que les dénominations varient selon qu'on parle du mollusque (*encornet*) ou du plat (*calamar*). En fait, les mots *calamar*, *encornet*, et *seiche* s'utilisent pour désigner des mollusques différents, qui ont en commun la propriété d'être pourvus de tentacules, de pouvoir cracher de l'encre quand ils se sentent en danger.

Sur le plan de la géographie linguistique, on remarque toutefois que si les termes *calamar* (et *calmar*), *encornet* et *seiche* sont connus de tous les francophones d'Europe, ce n'est pas le cas des mots *chipiron* et *supion*. *Chipiron* est en usage dans l'extrême sud-ouest de la France. Il s'agit d'un emprunt au basque *txipiroi* (« calamar »), que l'on retrouve également en gascon sous la forme *chipiroùn*. Quant à *supion*, en usage dans le Sud-Est, il s'agit d'une forme francisée d'un mot occitan ancien qui continue le latin *sepia* (qui a donné le français *seiche*). ■

ORTHOGRAPHE

Calamar et *calmar* sont deux variantes d'un même mot emprunté à l'italien *calamaro* (« écritoire portative », par métaphore avec la poche d'encre). *Calamar*, qui est une forme plus proche de l'original, est aujourd'hui davantage répandu dans les usages que *calmar*. Quant à *seiche*, on le trouve aussi orthographié *sèche* (les deux orthographes sont acceptées).

LE LABOURD

Le Labourd, *Lapurdi* en langue basque, est la province située entre l'Adour, la Nive, la Nivelle et la Bidassoa. Sa capitale a longtemps été Ustaritz, avant de laisser sa place à Bayonne. D'autres petits bourgs typiques du Labourd sont connus bien au-delà de la province : Ascain, Sare, Ainhöa, Espelette...

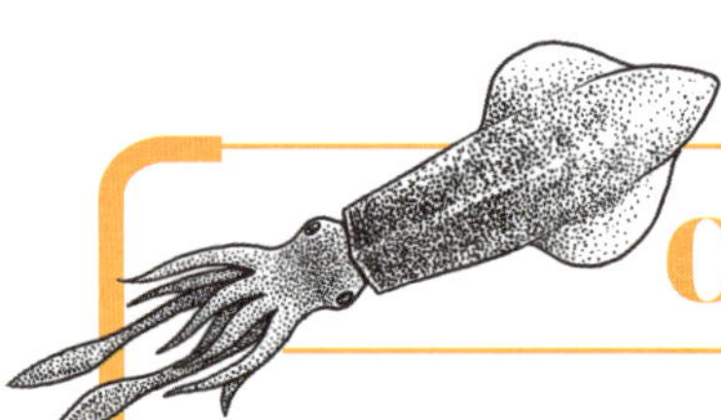

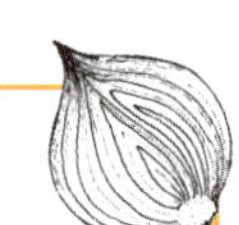

CHIPIRONS À LA LABOURDINE

4 pers.

❶ Nettoyez 8 chipirons, coupez les bras et la tête (veillez à retirer le bec et les yeux), et hachez avec 2 oignons, 2 gousses d'ail, un peu de persil, 1 tranche de jambon de Bayonne. Complétez à convenance avec de la mie de pain.

❷ Salez, poivrez et faites frire cette farce dans un peu d'huile neutre.

❸ Videz les chipirons de leurs entrailles, cartilage et poche d'encre, si elle n'a pas déjà été percée. Farcissez les chipirons et refermez avec un cure-dent.

❹ Faites cuire à couvert et à feu moyen pendant 1 h 30.

•CALAMAR•

Dénominations du *calamar*
Source des données :
Enquêtes Français de nos Régions, 2015-2020.
Méthode : Méthode des *k* plus proches voisins.

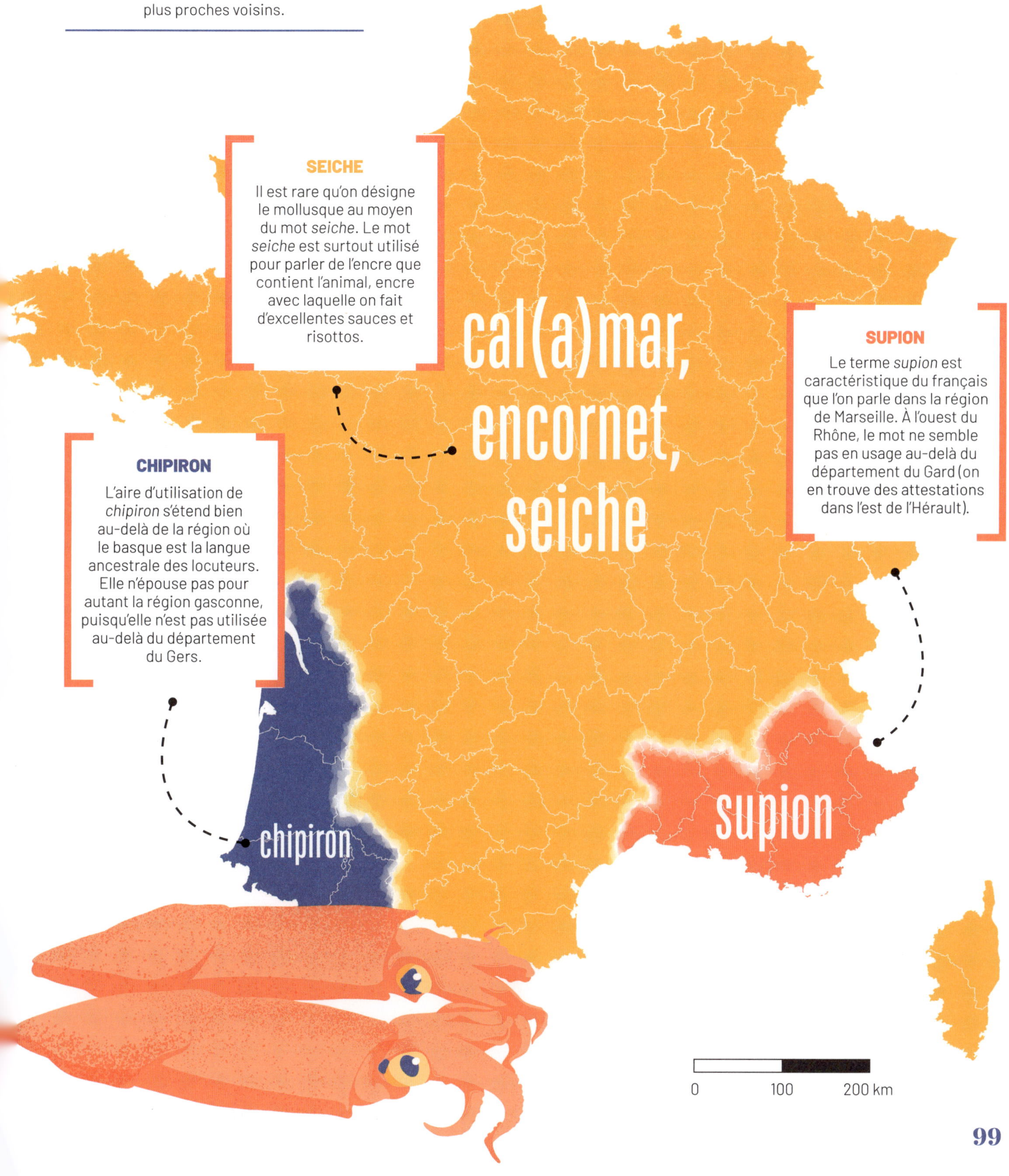

SEICHE

Il est rare qu'on désigne le mollusque au moyen du mot *seiche*. Le mot *seiche* est surtout utilisé pour parler de l'encre que contient l'animal, encre avec laquelle on fait d'excellentes sauces et risottos.

SUPION

Le terme *supion* est caractéristique du français que l'on parle dans la région de Marseille. À l'ouest du Rhône, le mot ne semble pas en usage au-delà du département du Gard (on en trouve des attestations dans l'est de l'Hérault).

CHIPIRON

L'aire d'utilisation de *chipiron* s'étend bien au-delà de la région où le basque est la langue ancestrale des locuteurs. Elle n'épouse pas pour autant la région gasconne, puisqu'elle n'est pas utilisée au-delà du département du Gers.

LE TOURIN

Le *tourin* est une spécialité typique du sud-ouest de la France, qui consiste en une soupe relativement épicée dont la base est soit de l'ail, soit de l'oignon. Il existe des dizaines de recettes de tourin. Certaines signalent que l'ajout de vermicelles est utile pour donner du corps au breuvage, d'autres que le tourin est meilleur s'il est dégusté accompagné de tranches de pain grillées et frottées à l'ail. On trouve aussi certaines recettes qui incorporent de la tomate : le tourin peut alors prendre une couleur rouge.

Parmi ces nombreuses recettes, certaines sont ancrées régionalement. Ainsi, le *tourin d'archevêque* (ou *tourin de l'archevêque*) est une spécialité du Périgord : il se prépare avec de la graisse d'oie ou de canard. On trouve même des variantes où un morceau de canard ou d'oie confite est cuit et servi avec la soupe. Le *tourin blanchi*, lui, se rattache à la région de Toulouse. Dans cette variante, on incorpore du blanc d'œuf, après avoir utilisé le jaune en vue d'épaissir le breuvage. ■

ÉTYMOLOGIE

Tourin est un mot attesté en occitan, qui se rattache au verbe latin *torrere* (« faire sécher, brûler, griller »). Il comporte de nombreuses variantes graphiques et phonétiques, aussi il n'est pas rare de trouver des références à cette soupe sous les formes *torin*, *tourrin*, *tourri*, *tourril*, etc.

CUL SEC !

Comme avec la soupe à l'oignon dans le reste de la France, la tradition veut que l'on porte aux jeunes mariés, le matin suivant leur nuit de noces, un tourin dans un pot de chambre. La préparation prend alors le nom de *tourin des noces*. Cette tradition encore bien vivace s'explique en raison du fait que le tourin, comme la soupe à l'oignon, possède la vertu d'être un remède efficace contre la gueule de bois. Pour cette raison, on y fait également référence sous l'appellation de *tourin à l'ivrogne*.

TOURIN TOULOUSAIN

1. Pelez et dégermez 10-12 gousses d'ail frais. Dans une casserole et à feu très doux, faites-les cuire dans un peu de graisse d'oie ou de canard en remuant ponctuellement.
2. Ajoutez 1 c. à s. de farine et laissez-la cuire brièvement. Ajoutez 1 l d'eau en remuant souvent pour éviter les grumeaux.
3. Assaisonnez à votre convenance et poursuivez la cuisson 30 min.
4. Clarifiez un œuf. Ajoutez quelques gouttes de vinaigre au jaune, puis versez ce mélange dans la casserole pour lier le potage.
5. Pour terminer le tourin, portez la préparation à très petite ébullition et faites-y couler le blanc d'œuf en filet. Servez aussitôt qu'il aura cuit avec une tranche de pain grillée frottée à l'ail.

TOURIN

Aire et vitalité de *tourin*
Source des données : Enquêtes DRF, 1994-1996.
Méthode : Krigeage.

0% emploi déclaré 100%

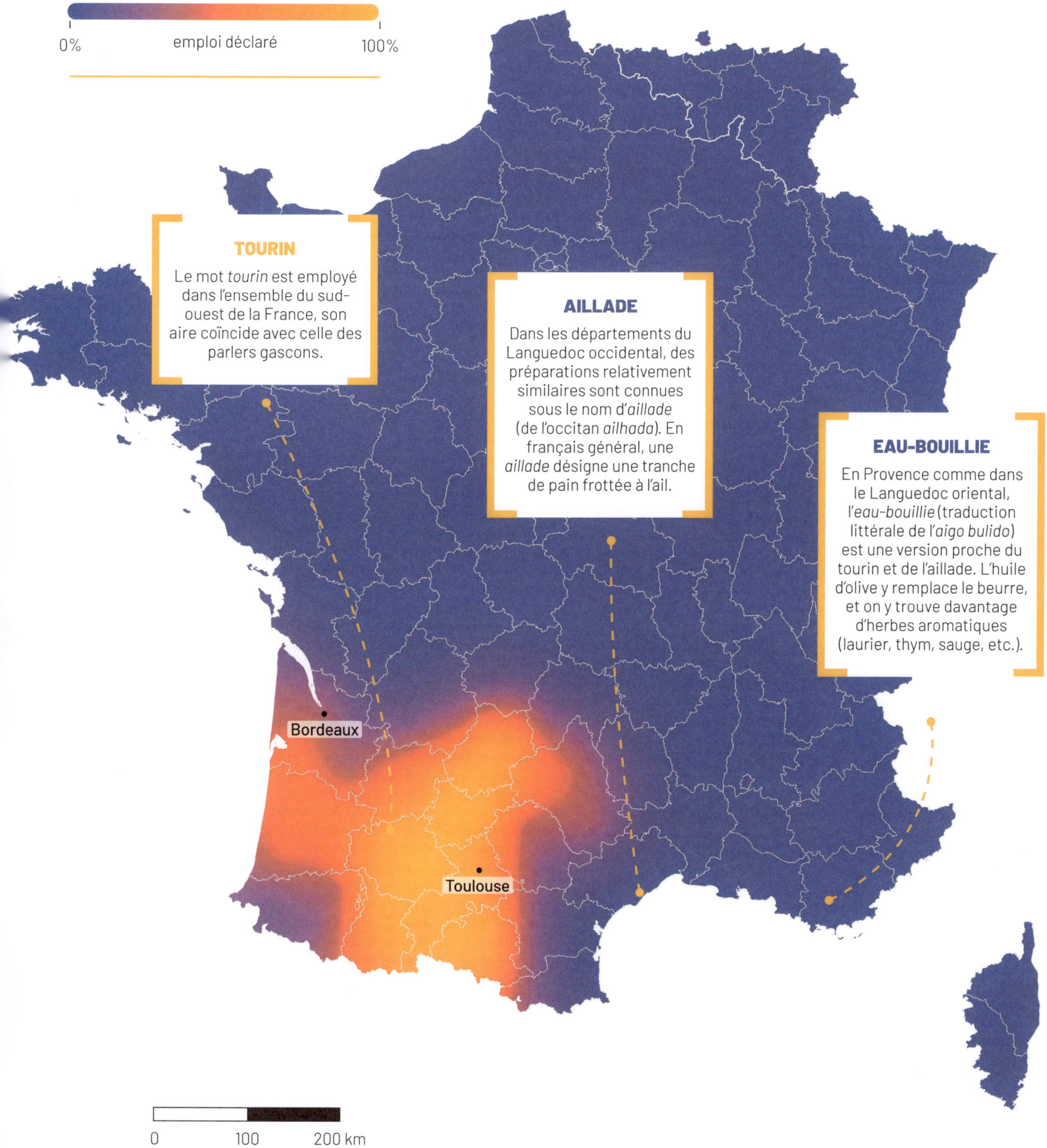

TOURIN

Le mot *tourin* est employé dans l'ensemble du sud-ouest de la France, son aire coïncide avec celle des parlers gascons.

AILLADE

Dans les départements du Languedoc occidental, des préparations relativement similaires sont connues sous le nom d'*aillade* (de l'occitan *ailhada*). En français général, une *aillade* désigne une tranche de pain frottée à l'ail.

EAU-BOUILLIE

En Provence comme dans le Languedoc oriental, l'*eau-bouillie* (traduction littérale de l'*aigo bulido*) est une version proche du tourin et de l'aillade. L'huile d'olive y remplace le beurre, et on y trouve davantage d'herbes aromatiques (laurier, thym, sauge, etc.).

LE CASSOULET,
« DIEU DE LA CUISINE OCCITANE* »

La cuisine du Sud-Ouest est une cuisine de terroir, qui met à l'honneur des produits paysans et cuisinés de façon simple. Le cassoulet est sans aucun doute l'une des spécialités gasconnes les plus connues en dehors de sa région d'origine, en France comme à l'étranger.

Au-delà des débats sur l'origine exacte du plat, des ingrédients qui entrent dans sa composition, il y a accord sur le fait que le cassoulet doit être préparé dans une *cassole* et saupoudré de chapelure avant d'être passé au four pendant plusieurs heures. ■

D'où vient LE CASSOULET ?

Castelnaudary, Carcassonne ou Toulouse ? Plusieurs villes du Sud-Osuest se disputent la pérennité de cette spécialité populaire à base de haricots blancs et de viandes et prétendent détenir la « vraie » recette. On prendra garde de ne pas trancher ici.

Le cassoulet de Castelnaudary

De nombreux chefs reconnaissent que c'est à Castelnaudary, où l'on cultive des haricots blancs, que la recette du cassoulet est la plus simple. Le cassoulet y est classiquement préparé avec divers morceaux de porc (saucisse, épaule, jarret, couenne, os), de volaille et des légumes (tomates, céleri, oignons, etc.).

Le cassoulet de Carcassonne

La recette dite *de Carcassonne* inclut de la perdrix rouge.

Le cassoulet de Toulouse

À Toulouse, le cassoulet comporte de la viande d'agneau, de mouton et du confit de canard.

* L'expression est de Prosper Montagné, un chef cuisinier français décédé en 1948, originaire de Carcassonne et auteur du *Larousse gastronomique*.

ÉTYMOLOGIE

Le mot *cassoulet* dérive du mot *cassole* auquel on ajoute le suffixe diminutif *-et*. Le mot *cassole* est passé en français par l'intermédiaire du languedocien *cassolo* (« mets qu'on met à cuire dans une terrine »). Il désigne un récipient en terre cuite qui a la forme d'un saladier.

CASSOLO
« mets qu'on met à cuire dans une terrine »
→
CASSOULET

LINGOTS

La variété de haricots blancs de Castelnaudary est proche des mogettes (p. 196). Elle prend le nom de *lingot de Castelnaudary* et a reçu son IGP en 2020, après plusieurs années d'attente.

CONFRÉRIE

Le cassoulet dispose d'une confrérie. Celle-ci est établie à Castelnaudary, où est organisée chaque année la grande fête du cassoulet. À Carcassonne, le cassoulet dispose également de son académie.

LA CROUSTADE

Le Sud-Ouest, c'est aussi d'excellentes spécialités sucrées. C'est notamment le cas de la *croustade* (ou *crostada* en gascon), une spécialité traditionnelle et familiale, qui prend la forme d'une tourte.

La recette de base est relativement simple : on dispose au fond d'un plat à tarte un morceau de pâte feuilletée, que l'on recouvre de morceaux de pommes caramélisés et flambés à l'armagnac. La préparation est ensuite recouverte d'une très fine couche de pâte feuilletée, enduite de beurre, d'armagnac et de sucre. Le tout est ensuite mis à cuire au four.

Dans les campagnes d'antan, la croustade était préparée avec de la graisse d'oie, car le beurre n'était guère répandu. Les croustades étaient alors réservées aux grandes occasions (mariages, communions, fêtes de villages, etc.). Aujourd'hui, on les confectionne tout au long de l'année, et on en trouve même dans la grande distribution.

Étymologiquement, *croustade* est un dérivé sur le latin *crusta* (qui a donné le français *croûte*), où l'on reconnaît le suffixe *-ada*, typique du sud de la France. ■

• CROUSTADE •

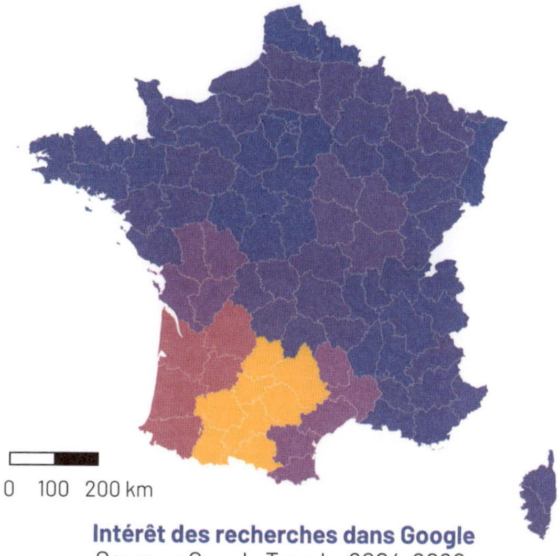

Intérêt des recherches dans Google
Source : Google Trends, 2004-2020.

VARIANTES LINGUISTIQUES

Dans le Sud-Ouest, le mot *croustade* connaît de nombreux synonymes. On l'appelle *pastis gersois* ou *gascon*, mais aussi *tourte* (aux pommes, aux fruits). La variante *tourtière* est en usage dans la région du Poitou.

FRANCOPHONIE

Le mot *croustade* est également utilisé au Québec, où les recettes impliquent des ingrédients traditionnels de la Nouvelle France (des bleuets, du sirop d'érable, etc.). Même chose avec le mot *tourtière*, qui désigne outre-Atlantique des tourtes à la viande.

ANALYSE

L'outil GoogleTrends permet de voir que le maximum d'intérêt pour la croustade est atteint pour la région Midi-Pyrénées, Ailleurs en France, le mot est également connu, ce qui est une preuve de sa dérégionalisation.

VARIANTES CULINAIRES

La croustade aux pommes est la plus célèbre, mais il n'est pas rare que les pommes soient accompagnées de pruneaux, voire remplacées par des poires. Certaines recettes comportent des fruits rouges et de la rhubarbe.

LA BÉARNAISE

Le Béarn est une ancienne province dont les frontières n'épousent pas tout à fait celles du département des Pyrénées-Atlantiques. Sur le plan gastronomique, on y retrouve un grand nombre de spécialités aux consonances gasconnes, variété d'occitan que l'on parle dans le sud-ouest de la France : la *garbure*, l'*estouffat* (une version locale de *daube*, p. 207) ou encore, côté sucré, le *crespèths* (diminutif de l'occitan *crespèu*, « petite crêpe »). La région a aussi donné son nom à une sauce : la *béarnaise*. ■

GENÈSE

La fameuse sauce béarnaise est l'un des fleurons de la gastronomie française et du Béarn. Pourtant, elle a été inventée à Paris au *Pavillon Henri IV* en 1837. Elle doit son nom au fait que le roi Henri IV est lui-même béarnais.

•COMMENT RÉUSSIR UNE BÉARNAISE ?•

Pour cela, suivez la recette ci-contre d'Yves Camdeborde et les 3 astuces de son maître Alain Capdouze :

Astuce 1 : la (double) réduction

Pour une sauce béarnaise avec un goût prononcé, il faut, au moment de la réduction, ajouter 12 cl d'eau filtrée, et continuer la réduction pour cuire une deuxième fois les échalotes (3).

Astuce 2 : l'émulsion à chaud

Il faut continuellement brasser les œufs à l'aide d'un fouet en réalisant le chiffre huit, de façon à faire des vagues régulières, qui donneront de l'onctuosité et de la légèreté à la préparation. La cuisson de la sauce sera parfaite quand, avec le bout de l'index, vous déposerez une pointe de crème sur votre lèvre inférieure et que vous ressentirez une chaleur plaisante.

La béarnaise est une émulsion à chaud : elle doit épaissir sur la flamme. C'est l'étape technique la plus délicate en cuisine. Pour une première fois, travailler sur un feu très doux pour bien surveiller la coagulation (l'épaississement) des jaunes d'œufs (4 et 5)

Astuce 3 : l'assaisonnement

Pour fixer des saveurs en bouche, il faut utiliser des exhausteurs de goût, mais attention : l'équilibre ne tient pas à grand-chose. Pour une béarnaise, ne rajoutez pas de sel car l'acidité du vinaigre est suffisante, mais plutôt une pointe de piment d'Espelette qui relèvera les saveurs, les fixera et donnera une âme supplémentaire à la sauce béarnaise (8).

Le mot de la faim

YVES CAMDEBORDE chef béarnais à Paris

Le plat régional incontournable

Le saumon sauvage du Gave d'Oloron sauce béarnaise, réalisé avec les haricots maïs béarnais, un haricot souple à peau fine très résistant à la cuisson.

Le plat impossible à mettre à la carte

Les couilles de mouton en ragoût, plat que j'ai mangé en vallée d'Ossau, plat d'une puissance redoutable.

Le produit local inconnu que tout le monde devrait découvrir

Le piment béarnais fumé produit par la Maison Malnou à Denguin, d'un équilibre et d'une puissance inégalés.

Le plat que vous pourriez manger sans jamais vous lasser

Une omelette aux piments du pays faite par mon papa avec les œufs de la ferme et les piments du jardin. Je peux en manger, matin, midi et soir. Je crois que son secret est qu'il ajoute une goutte de lait dans ses œufs, il le fait toujours quand j'ai le dos tourné.

L'expression régionale

Un beau dicton béarnais :
« *Bénte hart, bouque arridènte* »
(Ventre garni, bouche rieuse).

Une leçon de cuisine inoubliable

La recette de la béarnaise que m'a apprise Alain Capdouze lors de mon apprentissage à ses côtés au restaurant *Les Pyrénées*, à Pau. C'était le 1er septembre 1980. Ce jour-là est née une vocation, une passion, et encore aujourd'hui cette béarnaise ne me quitte pas. Elle m'accompagne au quotidien dans ma vie de cuisinier.

PREMIÈRE BÉARNAISE

d'Yves Camdeborde : une leçon du chef Alain Capdouze

6 œufs ; 3 75 g de beurre fermier ; 3 cl de jurançon sec ; 3 cl de vinaigre blanc ; 12 cl d'eau filtrée ; 3 petites échalotes grises en petits cubes ; ½ c. à c. de poivre du Cameroun ; 1 c. à s. d'estragon fraîchement ramassé ; 1 c. à s. de cerfeuil frais et du sel fin de Salies de Béarn.

1. Faites fondre le beurre pour le clarifier puis laissez-le tiédir et retirez à l'écumoire les éléments solidifiés à la surface. Faites ensuite couler la matière grasse dans un autre récipient, en vous assurant que la substance épaisse et blanche restée au fond de la casserole n'y coule pas. Gardez à température ambiante.

2. Ciselez les échalotes en petits cubes. Les échalotes ne doivent pas rendre leur eau quand on les taille, la planche doit rester sèche, leur jus est réservé à la sauce !

3. Déposez les échalotes dans une cocotte et ajoutez-y le poivre, le vin blanc, le vinaigre, l'eau et une pointe de sel. Faites bouillir à feu vif jusqu'à totale réduction (sans que ça brûle). Ajoutez 12 cl d'eau filtrée et faites réduire de nouveau.

4. Pendant la deuxième réduction, séparez les jaunes d'œufs des blancs. Ajoutez 1 c. à s. d'eau filtrée par jaune d'œuf et battez-les au fouet.

5. Versez cette préparation sur la réduction d'échalote.

6. Retirez la cocotte du feu et incorporez le beurre clarifié en le versant petit à petit tout en remuant délicatement.

7. Effeuillez les herbes et coupez-les avec un couteau bien tranchant, de façon à ne pas les écraser, ni les noircir, pour conserver toute leur eau de végétation. Ajoutez-les à la sauce.

8. Rectifiez l'assaisonnement avant de servir.

ÎLE-DE-FRANCE

Rencontre avec… ADELINE GRATTARD

cheffe de *Yam'Tcha** et *Lai'tcha*, à Paris

Le plat régional incontournable
Plus que le plat lui-même, le soin très parisien apporté à la présentation, au dressage à l'assiette, plus raffiné, moins copieux.

Le plat impossible à la carte
Je ne m'interdis pas grand-chose, à part peut-être la cervelle…

Le plat que vous pourriez manger sans jamais vous lasser
Le homard !

Le mot interdit dans votre établissement
On ne dit jamais « non ».

Le meilleur conseil à donner à un gourmet qui passe aux alentours
Aller voir la collection Pinault à la Bourse de Commerce, qui a ouvert ses portes en mai dernier.

« Paris et la région parisienne ne représentent pas la gastronomie française dans son entièreté. L'exigence de la clientèle parisienne, et de la région elle-même, avec le luxe, la diversité et les envies qu'elle véhicule, tout cela stimule et influence la recherche culinaire. Pour autant, ça ne m'interdit pas de cuisiner pour une clientèle de quartier, moins perméable au battage médiatique.

Je suis arrivée presque par hasard en cuisine, par la voie du service en salle : j'aimais l'ambiance, le monde, le service, et même l'épuisement à la fin d'une journée bien remplie. C'était un job étudiant dans une Weinstube allemande (p. 16). Lorsque Flora Mikula m'a accueillie dans sa cuisine, alors que je faisais mon CAP à Ferrandi, elle m'a mise dans la réalité du travail de la restauration. Elle m'a transmis sa puissance. Je suis ensuite partie à Hong Kong, à une période où la mousson venue du sud-ouest m'a rendue malade ! Et puis les produits étaient très différents, et pas toujours de grande qualité. Quand on s'éloigne de la France, elle manque beaucoup et très vite, pour la qualité de ses artisans, son histoire, son architecture.

Je suis toujours flattée quand on parle de "cuisine d'auteur". Je dirais simplement que je fais une cuisine du cœur, sincère, personnelle. Je viens d'une famille où l'on a toujours pris le temps et l'espace pour manger, se régaler ensemble. Je conçois ma cuisine comme un plat traditionnel, je veux qu'on *mange*, qu'il y ait de la mâche, plusieurs bouchées dans une assiette. C'est le produit qui guide le désir de ce que l'on veut manger avec, le désir des associations de saveurs. »

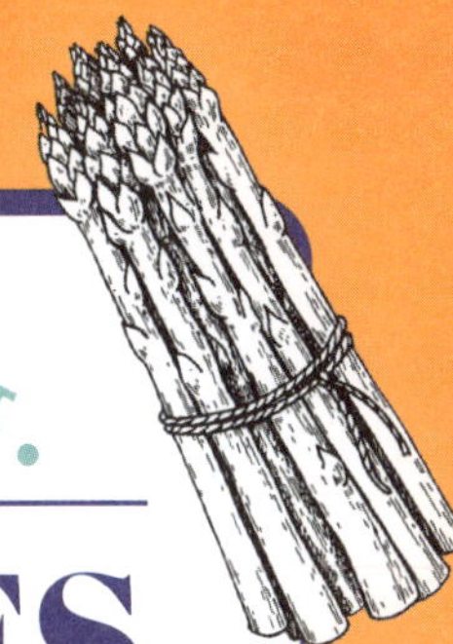

LA RECETTE DE LA CHEFFE

ASPERGES D'ARGENTEUIL,

sucrine, miso blanc et œufs de truite

d'Adeline Grattard

2 belles sucrines ; 12 asperges blanches d'Argenteuil ; 1 pot d'œufs de truite (100 g) ; 30 cl de vin blanc sec ; 30 cl de mirin ; 1 cuillère à café de moutarde Clovis ; 80 g de miso blanc ; 30 cl d'eau ; 20 g de sucre ; 1 cuillère à soupe de vinaigre de cidre ; 5 g de sauce soja ; 1 pincée de piment d'Espelette ; 50 g de beurre ; 1 citron jaune et 1 citron vert ; 1 échalote ; 1 botte d'estragon ; 30 g d'huile d'olive ; sel et poivre.

❶ Épluchez les asperges. Salez-les puis faites-les cuire entre 6 et 8 min à la vapeur (selon la taille). Refroidissez les asperges à l'eau froide. Effeuillez et lavez la sucrine, réservez. Effeuillez l'estragon.

❷ **Assaisonnement de la sucrine :** Pressez les citrons, ciselez l'échalote et ajoutez au jus. Ajoutez la sauce soja et l'huile d'olive.

❸ **La sauce miso :** Portez à frémissement le vin blanc, le mirin et l'eau. Ajoutez le miso et le sucre. Cuisez pendant 5 min à feu doux en remuant avec un fouet. Ajoutez le vinaigre de cidre, le piment d'Espelette, le beurre et la moutarde et réservez.

❹ **Dressage :** Assaisonnez la sucrine. Répartissez-la sur un plat de service ou dans des assiettes individuelles. Disposez les asperges refroidies sur la sucrine. Parsemez d'œufs de truite et de feuilles d'estragon. Saucez avec la sauce miso.

ASPERGES D'ARGENTEUIL

Grâce aux travaux de Louis Lhérault, les maraîchers d'Argenteuil déjà experts en matière d'asperges mettent au point, vers 1860, une variété blanche de pleine terre, avec une pointe légèrement rosée.

MIRIN ET MISO

Mirin et *miso* sont deux ingrédients fondamentaux en cuisine japonaise. Le mirin est une sorte de saké très doux qui entre dans la composition de sauces, de marinades et d'assaisonnements. Le miso est une pâte de soja (ou de céréales) fermenté, dont la complexité aromatique est utilisée dans des plats mijotés, en bouillon, ou plus simplement en base de condiment.

CUISSON

Pour la cuisson des asperges, voir également la cuisson proposée par Julien Duboué (p. 95).

CISELER

Ciseler est sans doute la découpe la plus fine qui soit : tous les morceaux doivent avoir la même taille ; à surface égale, ils auront tous le même goût et la même mâche. La facilité consisterait sans doute à tout *hacher*...

DANS LES CUISINES **D'UN BOUILLON**

Le *bouillon* est un restaurant typiquement parisien, où l'on sert une cuisine traditionnelle à des prix compétitifs, dans une grande salle de style cadre Art nouveau et une ambiance populaire.

Les premiers bouillons apparaissent au milieu du XIXe siècle. À cette époque, un certain Pierre-Louis Duval, boucher de profession, cherche un moyen pour écouler les morceaux de viande les moins nobles, qu'il n'arrive pas toujours à vendre. Il a alors l'idée d'ouvrir un restaurant aux Halles, destiné essentiellement aux ouvriers. On y sert un plat unique : de la viande cuite dans un bouillon (plat qui s'apparente à ce qu'on appelle dans le nord de la France un *hochepot*, et plus généralement un *pot-au-feu*). Les faibles coûts de production permettent au boucher de proposer à sa clientèle des portions généreuses tout en pratiquant des prix compétitifs. Le succès de son entreprise est telle que son fils ouvre ensuite de nombreux bouillons dans la capitale.

Des centaines de bouillons qu'on peut dénombrer au début du XIXe siècle à Paris, il n'en reste aujourd'hui que quelques-uns, du fait de la concurrence des fast-foods et autres établissements de restauration d'appoint. Certains, en raison de la beauté de leur cadre, ont perdu leur caractère populaire pour devenir des enseignes plus chics, plus ou moins touristiques. ■

AU MENU D'UN BOUILLON

Depuis de nombreuses années, les bouillons ne servent plus de repas unique, mais proposent les classiques de la cuisine parisienne et française.

EN ENTRÉE

Les *poireaux à la vinaigrette* constituent l'entrée traditionnelle de tout bon bistrot parisien qui se respecte. Pour qu'ils soient réussis, les poireaux ne doivent pas être trop cuits, et la vinaigrette préparée avec des herbes fraîches.
Le plus : ajouter du jaune d'œuf dur émietté et des croûtons !

EN PLAT

La *blanquette de veau* est un incontournable. Le plat qui doit son nom à la couleur de la sauce (à base d'œuf, de crème fraîche et de bouillon / fond blanc de veau) est en général servi avec du riz blanc ou des pommes de terre cuites à l'eau.

EN DESSERT

La *tarte Bourdaloue* est une tarte aux poires parées de crème d'amandes. Elle tire son nom de la rue du IXe arrondissement dans laquelle elle est créée en 1850.

DISPARU

On dénombre au début des années 1900 près de 15 bouillons Duval dans les rues de Paris. Aujourd'hui, il ne reste plus une seule enseigne qui arbore ce nom.

POIREAUX À LA VINAIGRETTE

les règles immuables

❶ Cuisez les poireaux dans une eau frémissante (une grosse ébullition les déliterait), salée (pour assaisonner le poireau à cœur) et à couvert (pour éviter l'évaporation de l'eau et la concentration du sel).

❷ Plongez-les dans de l'eau glacée pour arrêter la cuisson et préserver la couleur. Égouttez-les une nuit (oui), puis coupez-les en deux dans la longueur.

❸ Préparez une vinaigrette classique (huile + vinaigre + moutarde) ou composez votre recette personnelle et magique (soja, tahini, huile de courge ou de noix, jus de citron, etc.).

❹ Faites macérer les poireaux avec la vinaigrette ou assaisonnez-les juste avant de servir (question de goût !).

LES BOUILLONS

Quelques bouillons parisiens célèbres avec leur date d'ouverture
Source des données : pagesjaunes.fr

BOUILLON CHARTIER *

Les frères Chartier furent les concurrents du fils Duval. Deux enseignes demeurent, l'une dans le quartier des Grands Boulevards dans le IXe arrondissement, l'autre dans le quartier Montparnasse.

BOUILLON PIGALLE

Ouvert en 2017, c'est l'un des plus récents. On y fait la queue pour déguster des spécialités traditionnelles françaises dans la plus pure tradition du bouillon d'antan : accessible, copieux et fait maison !

BOUILLON JULIEN *

Bouillon traditionnel qui doit sa notoriété au fait qu'Édith Piaf était une habituée (table 24). On y déguste une cuisine bon marché.

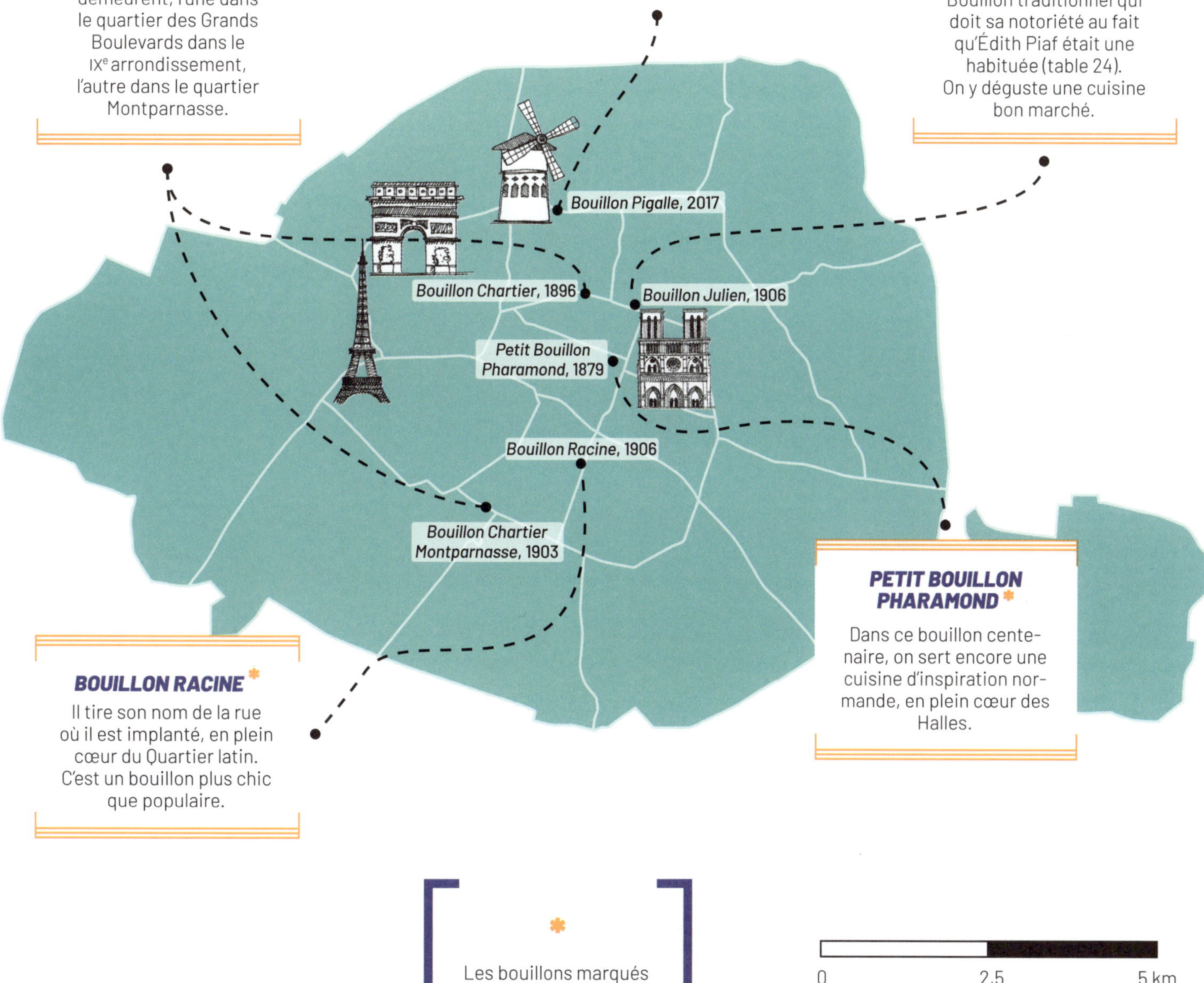

BOUILLON RACINE *

Il tire son nom de la rue où il est implanté, en plein cœur du Quartier latin. C'est un bouillon plus chic que populaire.

PETIT BOUILLON PHARAMOND *

Dans ce bouillon centenaire, on sert encore une cuisine d'inspiration normande, en plein cœur des Halles.

* Les bouillons marqués d'une * sont classés monuments historiques pour leur style Art nouveau.

PARIS,
CAPITALE AGRICOLE

LES MARAÎCHERS

La profession des maraîchers est officiellement reconnue dès 1670 par Jean-Baptiste de La Quintinie, le directeur des jardins de Louis XIV. Mais les maraîchers sont ensuite chassés par l'urbanisation des quartiers centraux de Paris. Après 1840, les maraîchers se réinstallent dans les anciens villages qui viennent d'être annexés par la ville de Paris. Les terrains qu'ils exploitent alors se situent principalement dans les faubourgs, au-delà des boulevards. Leur objectif est de se rapprocher des Halles pour toucher une clientèle située rive droite.
Les maraîchers parisiens produisent alors continûment, sans égard pour les saisons météorologiques – salades en janvier, melons et concombres dès le mois de mai – grâce aux *couches chaudes* (châssis garnis de fumier frais pour la chauffe et d'un lit de terreau) qui leur permettent d'atteindre huit récoltes par an.
600 hectares environ de la surface de la capitale intra-muros sont à l'époque consacrés au maraîchage, avec des parcelles de 4 000 m^2 en moyenne et un travailleur pour 1 000 m^2. On estime que durant la seconde moitié du XIXe siècle le travail des *jardiniers-maraîchers* de Paris suffit à assurer l'approvisionnement en légumes de la ville (qui compte à l'époque environ un million d'habitants). ■

ÉTYMOLOGIE

Le nom des *maraîchers* naît à Paris d'après le mot de *marais*, un jardin bas (souvent anciennement marécageux) situé dans l'enceinte ou autour de la ville qui a pour vocation la culture intensive des légumes.

LE VENTRE DE PARIS

Émile Zola donne aux Halles le surnom de *ventre de Paris* dans le roman du même nom publié en 1873. L'action se passe essentiellement aux Halles construites par Victor Baltard entre 1854 et 1870. Le romancier en fait un nouveau monstre, comme le sont plus tard le grand magasin dans *Au Bonheur des Dames*, l'alambic dans *L'Assommoir* ou la locomotive dans *La Bête humaine*. C'est près de l'église Saint-Eustache, dans un arrondissement central, que le roi Louis VI le Gros ordonne au XIIe siècle le déménagement de deux grands marchés de la capitale : le marché Palu et le marché central de la place de Grève. L'endroit choisi, les Champeaux, est fait d'anciens marécages asséchés et transformés en champs… Voilà d'où tient son nom l'actuelle rue des Petits-Champs, mais aussi le restaurant *Champeaux* fondé en 1800 place de la Bourse. Oublié puis redécouvert, ce restaurant est réinventé en brasserie par Alain Ducasse en 2016 et se loge aujourd'hui sous la canopée du centre commercial des Halles. ■

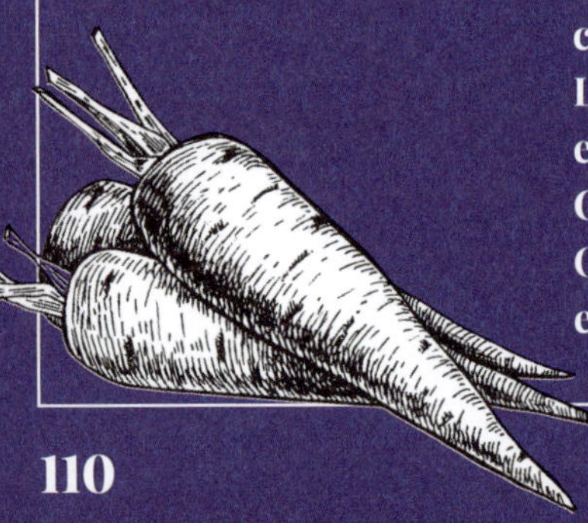

PLAN NOURRICIER DU MÉTRO PARISIEN

POISSONNIÈRE

Le poisson y était débarqué avant d'être acheminé jusqu'aux Halles par des *chasse-marées* (nom qui désigne à la fois une chaloupe de pêche, les charrettes de mareyeurs et ces mareyeurs eux-mêmes) empruntant une voie appelée *chemin des Poissonniers* (et qui passait également par *Marcadet-Poissonniers*, sur les lignes 4 et 12).

GLACIÈRE

Non loin de là, il existait autrefois l'ancienne ligne 5 qui reliait la *Gare du Nord* à l'*Étoile*, et sur laquelle on trouvait la station *Glacière* (désormais sur la ligne 6). Elle doit son nom au *hameau de la Glacière*, traversé par la rivière de la Bièvre (eh oui, il n'y a pas que la Seine à Paris) qui, lorsqu'elle gelait l'hiver, fournissait de la glace qui était stockée jusqu'à l'été pour être transformée en glaces, sorbets et boissons rafraîchissantes…

HÔTEL DE VILLE

Imaginez qu'ici, à l'emplacement du marché central de la place de Grève, les bouchers de l'époque médiévale travaillent près de la Seine pour pouvoir y jeter tout ce qui est impropre à la consommation ! Les œuvres de cette riche corporation permettent la construction de l'église Saint-Jacques de la Boucherie, aujourd'hui détruite mais dont la tour est toujours visible lorsque vous prenez la rue de Rivoli. Reprenez ici la ligne 1 jusqu'à *Palais Royal – Musée du Louvre* : à une encablure des Halles, c'est ici que sont nés les premiers restaurants, du plus luxueux au plus ordinaire.

SAINT-PAUL

Allez jusqu'à *Nation* pour prendre la ligne 1 et descendez à *Saint-Paul* : n'est-il pas étonnant de se dire qu'à l'angle des *rues Saint-Paul* et *Saint-Antoine*, il y a là une boulangerie-pâtisserie en exercice depuis avant la construction (et la démolition) de la *Bastille*, toute proche ?

MARAÎCHERS

La station *Maraîchers* (ligne 9) tire son nom de la rue adjacente, fusion en 1869 des *rues du Chemin-de-fer* et *des Quatre-Jardiniers*. On trouve à proximité d'autres rues aux noms évoquant l'activité agricole de l'époque, ainsi la *rue des Grands-Champs*, la *rue des Orteaux* (du lieu-dit *Horteaux*, du latin *hortus*, jardin), la *rue des Haies*…

FAMINE À LA CARTE

Le 1er septembre 1870, la France capitule à Sedan. Les armées prussiennes arrivent alors par le Nord et encerclent Paris jusqu'à la fin du mois de janvier 1871. Les seuls moyens de communication sont les pigeons voyageurs et les ballons dirigeables.

À Paris, où l'on n'imaginait pas la défaite, le rationnement est organisé… mais trop tard : les files d'attente s'allongent devant les commerces qui font vite fortune : « un oignon coûte un sou, une pomme de terre un sou », écrit alors Victor Hugo. À cela s'ajoute très rapidement le manque de bois et de charbon, au cœur d'un rude hiver. Le froid et la malnutrition font doubler le taux de mortalité en quelques mois.

Pour survivre, on mange tout, même les animaux domestiques (mais pas les pigeons voyageurs, trop utiles pour être garnis de petits pois !). Et comme les affaires sont les affaires, la *Boucherie anglaise* du boulevard Haussmann s'entend avec le Jardin des Plantes, qui lui vend tous ses animaux. Le journaliste Albert D. Vandam consigne ses expériences culinaires de l'époque dans un livre qui paraît près de trente ans plus tard, en 1897 (le temps de tout digérer, sans doute). Il rapporte notamment que les deux éléphants du Jardin des Plantes partent pour 27 000 francs (soit près de 89 000 euros). Dans les quartiers moins bien lotis, les affaires sont aussi les affaires, et on loue des caves « avec la jouissance de ce qu'elles contenaient », c'est-à-dire les derniers rats et les souris. ■

« Nous mangeons du cheval, du rat, de l'ours, de l'âne.

Paris est si bien pris, cerné, muré, noué,

Gardé, que notre ventre est l'arche de Noé ;

Dans nos flancs toute bête, honnête ou mal famée,

Pénètre, et chien et chat, le mammon, le pygmée,

Tout entre, et la souris rencontre l'éléphant. »

Victor Hugo, « Lettre à une femme », *L'Année terrible*, 1872.

GUIDE DES ÉQUIVALENCES GUSTATIVES INSOLITES

L'ouvrage *Curiosités alimentaires* de Peter Lund Simmonds nous renseigne sur les équivalences gustatives entre des mets improbables et d'autres plus habituels. Paru en 1859, onze ans avant le siège et la famine de 1870, sa lecture aurait pu, de façon prémonitoire, permettre au peuple de Paris d'anticiper les expériences culinaires à venir.

En relisant le menu du 25 décembre 1870 du restaurant *Voisin* et en se prêtant au jeu des équivalences, on peut donc se rassurer en se disant que les *côtes d'ours sauce poivrade* auraient un goût entre bœuf et porc, que le *civet de kangourou* aurait celui d'une venaison, le *cuissot de loup* celui de l'agneau, ou encore, le *consommé d'éléphant*, tout comme l'hippopotame, le goût du bœuf…

PEUT-ON TOUT MANGER ?

Le siège de Paris pose de façon immédiate et frappante la question de ce qui est mangeable d'un point de vue culturel. On se rend rapidement compte en 1870 que même de beaux menus, composés en périphrases sibyllines, ne suffisent plus.

Chaque époque se réjouit d'une nouveauté alimentaire ou s'indigne d'une consommation exotique d'animaux de compagnie. Ainsi la consommation de cheval, qui commence après la Révolution, à défaut de « manger les riches » (la formule serait de Rousseau) auxquels l'animal est associé, est très populaire avant de décliner lentement après la Seconde Guerre mondiale jusqu'à presque disparaître à l'heure actuelle : le cheval est un animal de compagnie, et ce n'est pas parce qu'il est comestible qu'on doit le manger. Une affaire de lasagnes nous l'a récemment rappelé : la tromperie ne portait pas sur leur qualité, mais sur leur contenu...

Le *mangeable* est symbole de civilisation et de ce qu'elle peut rendre acceptable au nom du progrès : on se fait peur en écoutant d'anciens récits de voyage rapportant des soupes de hannetons, ou leurs larves en persillade, les termites au beurre ou les sauterelles grillées, mais on salue aussi la récente décision des 27 États membres de l'Union européenne qui autorise la mise sur le marché d'insectes en tant qu'aliments.

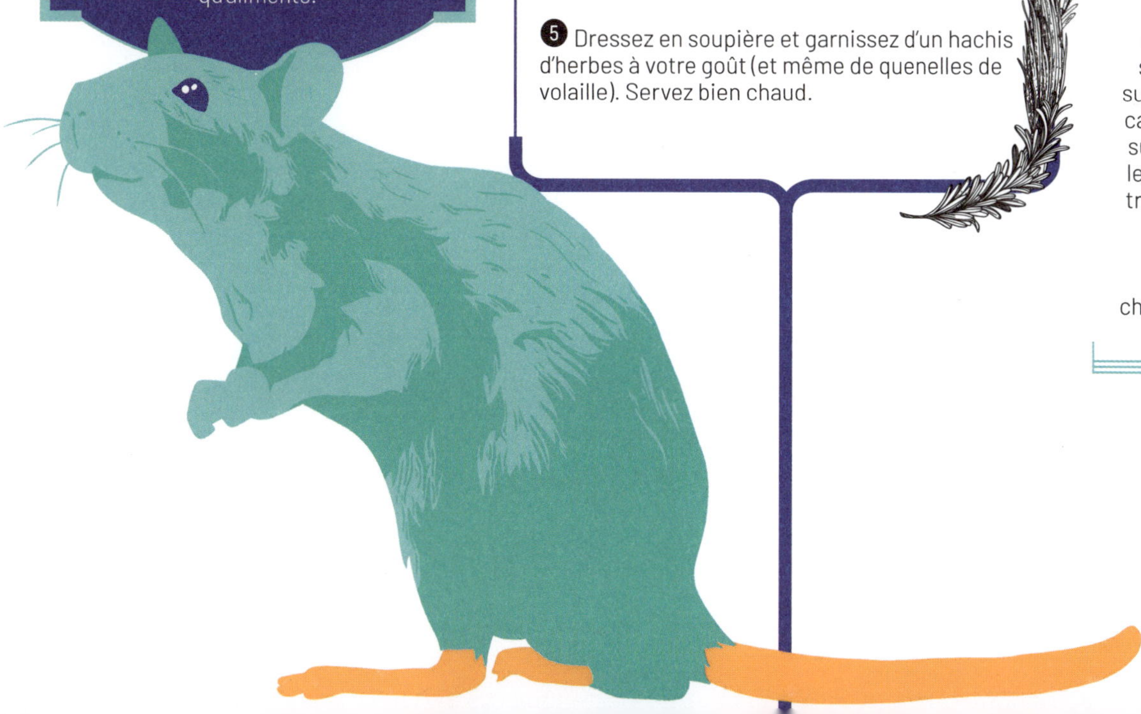

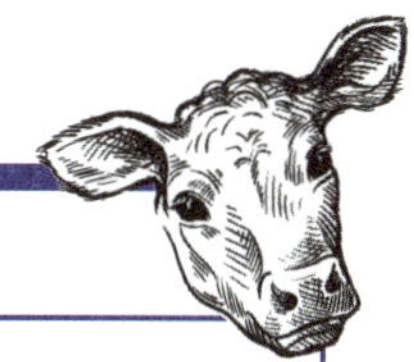

SOUPE À LA TORTUE (SANS TORTUE)

d'après *La Cuisine classique* d'Urbain Dubois, 1856.

❶ Réalisez un roux en mélangeant 30 g de beurre et 30 g de farine. Ajoutez ensuite un oignon émincé, 100 g de lardons fumés, 200 g de champignons de Paris coupés en quatre, 200 g de concassée de tomates et un verre de madère.

❷ Ajoutez 1 kg de tête de veau prête à cuire et détaillée en morceaux (museau, joue, langue). Couvrez de bouillon de légumes ou d'eau chaude et laissez mijoter à feu très doux pendant 3 h. (Attention : si vous cuisinez une tête de veau déjà cuite, comptez seulement 1 h de cuisson).

❸ Au besoin, écumez en cours de cuisson et ajoutez du bouillon.

❹ Crémez à convenance ou liez au jaune d'œuf. Assaisonnez convenablement.

❺ Dressez en soupière et garnissez d'un hachis d'herbes à votre goût (et même de quenelles de volaille). Servez bien chaud.

LE GESTE DE CUISINE REND TOUT COMESTIBLE

Ainsi le grand Dugléré cuisine des *pieds d'éléphant* pour les Rothschild, Lord Clayton sert feu son chien préféré en ragoût, les nageoires de tortue se cuisinent *régence*, on invente des *côtelettes de gazelle Isabelle Eberhardt*, comme on a pu dédicacer une pêche à Nelly Melba, etc. On ne craint plus l'exotisme, on le recherche ; on manque de matière première pour faire une soupe de tortue géante du *Festin de Babette* ? Qu'à cela ne tienne : on lui substitue un animal au goût voisin !

LE CHAMPIGNON DE PARIS

Jean-Baptiste de La Quintinie, jardinier de Louis XIV, cultive ce champignon pour la table du roi dans les jardins de Versailles, mais il prend son nom lorsque se développe, au siècle suivant, la culture dans les carrières abandonnées au sud de la capitale et dans les caves adjacentes. Les travaux du métro parisien au tournant des XIXe et XXe siècles conduisent ensuite à déplacer les champignonnières en Pays de la Loire.

GREC OU KEBAB ?

En Île-de-France, on appelle *grec* ce sandwich à base de fines tranches de viande grillée et de crudités, accompagné de sauce et parfois de frites. Ailleurs en France, on utilise plutôt le mot *kebab*. D'où vient cette différence ?

Un rapide regard sur l'histoire de ce sandwich permet d'apporter quelques éléments de réponse. Le grec / kebab est un sandwich inventé à Berlin par un immigré turc, Mehmet Aygün, dans les années 1970. Quand il s'exporte outre-Rhin dans les années 1980, il est principalement vendu par des restaurateurs Grecs du Quartier latin (rue de la Huchette et rue Mouffetard) dans le Ve arrondissement de Paris. Par métonymie, on prend alors l'habitude d'appeler ce casse-croûte *sandwich grec* puis *grec* (tout court).

Lorsque des restaurants d'appoint, les kebabs germano-turcs proprement dits, non tenus par des Grecs donc, font leur apparition dans toute la région parisienne dans les années 1990, c'est le terme *kebab* qui s'installe partout en France en même temps que le sandwich gagne en popularité. Partout sauf dans deux régions. D'abord à Paris, où le terme *grec,* bien installé dans l'usage, subsiste alors dans le français des consommateurs du sandwich. Et aussi en Alsace et en Moselle, régions adossées à l'Allemagne, qui font bande à part, puisque c'est le terme *döner*, raccourci de *döner kebab* (tournure turque que l'on peut traduire par « grillade tournante »), qui est aujourd'hui le plus répandu.

PAIN OU GALETTE ?

En Belgique, le sandwich est appelé *dürüm* et est préférentiellement réalisé avec une galette plutôt qu'avec du pain. Le mot *dürüm* est également un mot d'origine turque (il signifie « enroulade ») et désigne une préparation enroulée dans une galette. C'est donc une différence non pas linguistique mais d'objet qui oppose les Belges et les Français.

• KEBAB •

Dénominations du *kebab*
Source des données : Enquêtes Français de nos Régions, 2015-2020.
Méthode : Méthode des *k* plus proches voisins.

• LES KEBABS •

Visualisation des kebabs en France en fonction de leurs distances mutuelles
Source des données : www.kebab-frites.com
Méthode : DistanceFromPoints, R.

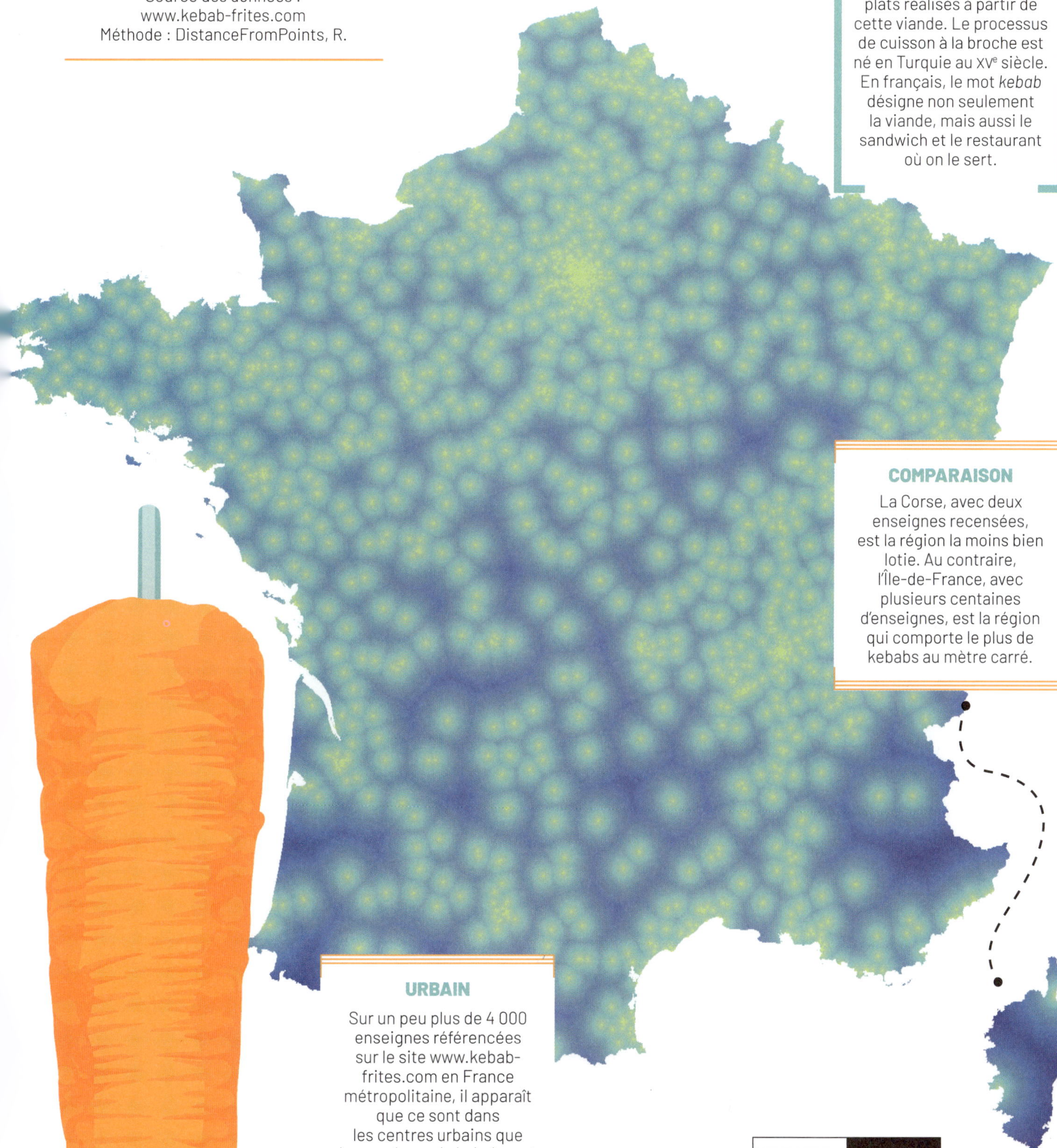

ÉTYMOLOGIE

Le mot *kebab* est emprunté à l'arabe كباب, *kabāb*, qui signifie littéralement « viande grillée, grillade » et qui désigne différents plats réalisés à partir de cette viande. Le processus de cuisson à la broche est né en Turquie au XVe siècle. En français, le mot *kebab* désigne non seulement la viande, mais aussi le sandwich et le restaurant où on le sert.

COMPARAISON

La Corse, avec deux enseignes recensées, est la région la moins bien lotie. Au contraire, l'Île-de-France, avec plusieurs centaines d'enseignes, est la région qui comporte le plus de kebabs au mètre carré.

URBAIN

Sur un peu plus de 4 000 enseignes référencées sur le site www.kebab-frites.com en France métropolitaine, il apparaît que ce sont dans les centres urbains que les vendeurs de kebab sont les plus nombreux.

LE CROQUE-MONSIEUR

Incontournable des repas rapides à Paris, le croque-monsieur apparaît à la carte d'une brasserie parisienne en 1910, boulevard des Capucines, et en 1919 chez Proust dans *À l'ombre des jeunes filles en fleurs*.

On doit à Brillat-Savarin d'avoir introduit le croque-monsieur en France en 1794, à son retour des États-Unis. Il s'inspire très largement du *grilled-cheese sandwich* américain, un sandwich poêlé au beurre jusqu'à coloration et garni de jambon et de fromage. Et en Français qu'il est, notre gourmet y ajoute de la béchamel : le croque-monsieur est né.

Il faut attendre un long moment avant que le croque-monsieur se popularise. Il en est fait mention en 1891, dans *La Revue athlétique* : « Ils sont exquis, les croque-monsieur, un peu gros peut-être, faits pour des mâchoires de géants, mais qu'importe. On en mange, on y revient, on s'extasie. » ■

VARIATIONS SUR LE CROQUE-MONSIEUR

LE WELSH RAREBIT

On dit aussi que le croque-monsieur est inspiré du *welsh rarebit* ou *rabbit* gallois. Le nom gallois *caws-wedi-pobi*, qui signifie « fromage cuit », nous renseigne un peu mieux sur le procédé, assez élémentaire : il s'agit de porter à ébullition de la bière dans un caquelon, dans laquelle on fait fondre du fromage (du cheddar ou du cheshire) avant d'y plonger une tranche de pain tartinée de moutarde et garnie de jambon. Le *welsh rarebit* se retrouve sur la Côte d'Opale où il est très populaire.

LE CROQUE-MADAME

Dit aussi *croque à cheval*, c'est un croque-monsieur surmonté d'un œuf au plat. Son invention est tardive (fin de la première moitié du XXe siècle) et oblige les cuisiniers à maîtriser deux fois le feu : une première fois pour avoir un croque-monsieur bien doré, une seconde pour avoir un œuf au plat bien coulant par-dessus. Il s'agit presque d'un œuf à la coque : le blanc est cuit et le jaune liquide est absorbé par le pain qui le supporte, comme une grosse mouillette !

LE FRENCH SANDWICH

Le *grilled-cheese sandwich* retraverse l'Atlantique auréolé de gloire. On y trouve alors le *Monte Cristo sandwich*, qui prend ensuite le surnom de *french sandwich* non pas en raison de sa supposée parenté avec le croque-monsieur, mais parce qu'il est passé dans un mélange de lait et d'œuf avant d'être grillé, à la façon d'un *pain perdu* (*french toast* en anglais). Toujours garni de jambon et de fromage, il est servi avec un voile de sucre glace ou une lampée de sirop d'érable.

Le mot de la faim

JEAN-ANTHELME BRILLAT-SAVARIN
gastronome de renom

« **Je sens que je vais passer, vite, apportez le dessert ! », aurait déclaré la mère de Brillat-Savarin au moment de mourir, à l'âge de 99 ans. Cette déclaration apocryphe nous donne une idée de la famille dans laquelle le jeune Jean-Anthelme a trouvé sa place : des gastronomes, doublés de magistrats. Voilà sa carrière toute tracée : avocat et politicien la majeure partie du temps, c'est un gourmet célèbre aux heures du repas. Il ne connaît jamais le succès de librairie de sa *Physiologie du goût*, publiée en 1825, l'année de sa mort.** ■

Le meilleur repas de sa vie
Une fricassée de poulet aux truffes, à l'heure d'un déjeuner dans une auberge de Mont-sous-Vaudrey (Jura), au moment de la Terreur.

Ses repas préférés
Quand il ne reçoit pas dans son hôtel de la rue de Richelieu à Paris, il aime et fréquente les restaurants, une nouveauté charmante de la capitale. Il dîne au *Véfour*, chez *Beauvilliers* et chez *Procope*.

Ses spécialités quand il reçoit
Le filet de bœuf aux truffes, l'omelette au thon, le faisan aux oranges.

Son souvenir de cuisine française à l'étranger
Les œufs brouillés au fromage qu'il enseigne à un cuisinier de Boston, alors qu'il « se refait une santé » (on ne dit pas *être exilé*, c'est impoli) aux États-Unis après la Révolution.

Sa citation de gourmet débonnaire
« L'intervalle n'est pas très grand entre ce qui est reconnu pour bon et ce qui est réputé excellent. »

Ses autres passions
L'archéologie, l'astronomie, la chimie, et bien sûr le violon, dont il joue fort bien.

SANDWICHS POÊLÉS AUX PÊCHES et brillat-savarin
de Jean Mathat-Christol

Double hommage : voilà des sandwichs poêlés comme le croque-monsieur originel, rapporté par Brillat-Savarin lui-même, qui contient un fromage re-nommé d'après l'illustre gourmet.

1. Coupez 8 fines tranches de pain de campagne. Épluchez et détaillez en tranches 2 à 3 pêches pas trop mûres. Coupez un brillat-savarin en tranches.

2. Garnissez les tranches de pain de lamelles de pêche et de fromage. Ajoutez 1 tranche de jambon cru. Assaisonnez à votre goût et refermez délicatement avec une autre tranche (elle aussi recouverte de fromage). Constituez ainsi 4 sandwichs.

3. Beurrez le dessus et le dessous des sandwichs et passez-les dans une poêle bien chaude. Faites-les colorer fortement pour faire fondre le fromage à cœur. Au besoin, finissez au four.

4. Servez sans attendre.

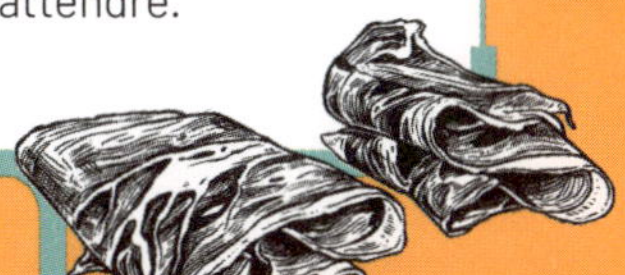

LANGUEDOC ET ROUSSILLON

Rencontre avec... LIONEL GIRAUD

chef de la *Maison Saint Crescent*, à Narbonne**

Le plat régional incontournable

La *bourride d'anguille*.

Le plat impossible à mettre à la carte

Un produit qui viendrait d'ailleurs que l'Occitanie, mon terrain de jeu !

Le produit local inconnu que tout le monde devrait découvrir

Le *violet de roche*, dit aussi *biju*.

Le plat que vous pourriez cuisiner sans jamais vous lasser

Le merlu ! Il y a aussi le *navet ivre*, un navet immergé dans du saké des Pyrénées, qui ne quitte pas la carte.

Le meilleur à donner à un gourmet qui passe aux alentours

Allez vous promener vers le magnifique étang de Bages !

Vous avez 6 œufs, 30 minutes et un accès libre à votre cuisine

Il y a trop de minutes par rapport aux œufs ! Je ferais un œuf flotté : c'est comme un œuf à la coque, avec un jaune cuit au bain-marie à 60 °C bien crémeux, recouvert des blancs montés et cuits par-dessus.

« "Il n'y a qu'une seule cuisine, c'est la bonne", comme disait Bocuse. Un produit bien assaisonné, bien cuit. La cuisine régionale, c'est aussi la mise en valeur d'un terroir et de l'identité des gens qui le font. Quand on est un enfant du pays, on livre avec le terroir une part de soi-même. Il s'agit de respecter la nature. Vous ne faites pas traverser la moitié de la planète à un produit : par exemple, on a une production de blé dur dans la région du Lauragais, il faut le faire savoir ! Ce sont ces petites victoires locales qui font notre fierté.

Pour chaque client, on décline, en au moins seize plats, les traceurs méditerranéens immédiats : la montagne, la mer, la plaine. On marque la mémoire de nos clients sur des combinaisons de produits de notre environnement immédiat car les produits locaux font la différence. Un seul beau produit permet une juxtaposition de textures ou une évocation de saveurs. Je me souviens de ma grand-mère qui faisait une salade de haricots avec des mûres : ce n'est pas une spécialité régionale, mais c'est un souvenir lié à mes intuitions de cuisine, comme le parfum de la flouve odorante, signature olfactive de notre restaurant, que je retrouve dans des souvenirs de promenades avec ma grand-mère dans les champs. »

ATTENTION

Ne transigez pas pour un autre sel : la fleur de sel est peu iodée et non additionnée de fluor après récolte, deux composants qui pourraient compromettre le salage du poisson.

CUISSON COURTE

La cuisson est particulièrement raccourcie en raison du salage et du séchage qui ont presque totalement déshydraté la chair du poisson.
Et pour rendre votre four domestique « vapeur » suivez les conseils p. 221.

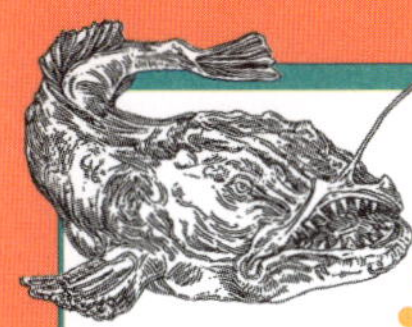

LA RECETTE DU CHEF

BAUDROIE CUITE AU SEL ET PÂTISSON

de Lionel Giraud

300 g de fleur de sel ; 50 g d'aiguilles de pin ; 15 g d'écorce de pin ; 50 g de fenouil sauvage ; 20 g de genévrier ; 1 baudroie (1 kg) ; 1 jaune d'œuf ; 10 g de moutarde ; 60 g d'huile de pépins de raisin ; 15 g de vinaigre de sapin ; basilic sauvage ; ciboulette ; 1 c. à s. d'oignon nouveau ; 1 c. à s. de cornichons ; 1 c. à c. d'ail ; 1 c. à s. de crème fraîche ; 4 pâtissons ; 2 c. à s. d'huile d'olive.

1. Mixez le sel avec les aiguilles et l'écorce de pin, le fenouil et le genévrier.

   Couvrez-en la baudroie. Réservez 3 h au frais, puis rincez, séchez et suspendez 7 jours à 3 °C.
2. Levez l'arête centrale et ficelez la baudroie.
3. Cuisez 2 min au four vapeur à 100 °C puis taillez en pavés.
4. Fouettez le jaune d'œuf avec la moutarde et l'huile de pépin de raisin.
5. Incorporez 5 g de vinaigre, du basilic, de la ciboulette, l'oignon, les cornichons et l'ail.
6. Ajoutez la crème.
7. Taillez les pâtissons en lamelles. Mélangez avec le reste du vinaigre, l'huile d'olive et du sel.
8. Servez la baudroie.

BAUDROIE

La baudroie est un poisson plus couramment connu sous le nom de *lotte*, et on en distingue deux espèces comestibles : la baudroie commune et la baudroie rousse. Elles ne se distinguent que par la couleur de leur péritoine, la membrane qui recouvre la paroi abdominale du poisson (blanc chez la baudroie commune ; noir chez la baudroie rousse).

L'UNION FAIT LA FORCE

Certains de ces ingrédients seront compliqués à trouver. Rapprochez-vous d'un maraîcher inventif ou d'un herboriste bien intentionné.

ASTUCE

Veillez à choisir des petits pâtissons, ce qui vous évitera de les éplucher.

GALETTE OU GÂTEAU DES ROIS ?

Le premier dimanche de l'année est le jour de l'Épiphanie, et la tradition veut que l'on partage ce jour-là une part de gâteau brioché ou de galette de pâte feuilletée, dans laquelle l'heureux élu trouvera une fève, et sera nommé roi ou reine le temps de la journée. Cette pratique, tout comme les traditions qui s'y attachent (présence d'une fève, tirage des parts en aveugle par le plus jeune, désignation d'un roi, etc.), remonte au moins à l'Antiquité. Il s'agit à l'origine d'une fête romaine (les Saturnales), qui a été réinterprétée comme une fête chrétienne (l'Épiphanie).

La France est partagée entre les mangeurs de *galette* et les mangeurs de *gâteau*, ces deux termes étant utilisés de façon générique. Le premier désigne une galette à base de pâte feuilletée dorée au four (aujourd'hui fourrée de frangipane ou de crème pâtissière, jadis de diverses confitures), le second une brioche en forme de pain ou de couronne, à la pâte parfumée à la fleur d'oranger et souvent accompagnée de fruits confits.
La répartition géographique entre les deux usages recoupe encore plus ou moins distinctement la frontière entre la France méridionale et la France septentrionale, même si désormais le fait qu'on trouve aussi bien des galettes que des gâteaux dans tous les supermarchés de France tend à brouiller les pistes.

D'un bout à l'autre du pays, les recettes changent, comme les dénominations. Dans le sud de la France, le *gâteau des rois* s'appelle également *couronne des rois*, qui devient *royaume* (en référence du domaine du roi) dans la région de Montpellier. D'autres dénominations locales de *brioches* (*coque*, *fouace*, *pogne*, etc.) restent encore employées (p. 91). ■

CONSENSUS

En 2020, une enquête nationale commanditée par le site epicery.com montre que 96 % des Français consomment de la galette ou du gâteau à l'occasion de l'Épiphanie en janvier. Cette même enquête montre que seulement la moitié des personnes interrogées se contentent de manger la galette sans tirer les rois.

TOUT EST PERMIS

Depuis quelques années, de plus en plus de chefs revisitent les galettes classiques, en agrémentant la frangipane de pistache, de chocolat, voire en remplaçant la frangipane par des pommes fondantes ou des fruits rouges.
Le gâteau n'est pas en reste, et l'on trouve de plus en plus de recettes faisant usage de fruits (banane et coco, amandes et citron, etc.).

AUTOUR DU MONDE

Cette tradition pâtissière n'est pas exclusivement française : on déguste des pâtisseries des rois en Espagne, dans le sud des États-Unis (en Louisiane), en Grèce, au Mexique, au Portugal, etc.

Galette des rois

Dénominations de la *galette des rois*
Source des données :
Enquêtes Français de nos Régions, 2015-2020.
Méthode : Méthode des *k*
plus proches voisins.

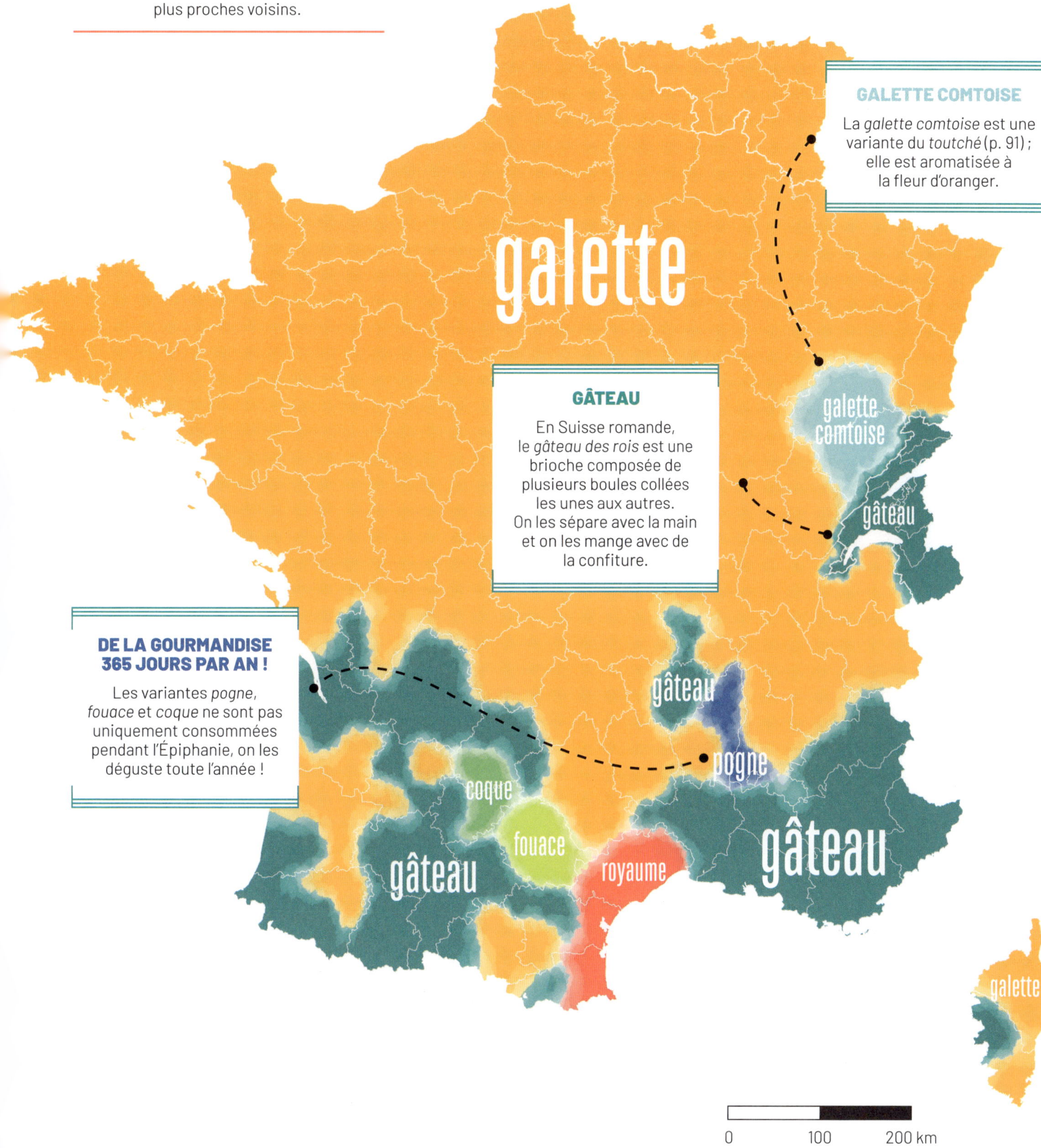

GALETTE COMTOISE

La *galette comtoise* est une variante du *toutché* (p. 91) ; elle est aromatisée à la fleur d'oranger.

GÂTEAU

En Suisse romande, le *gâteau des rois* est une brioche composée de plusieurs boules collées les unes aux autres. On les sépare avec la main et on les mange avec de la confiture.

DE LA GOURMANDISE 365 JOURS PAR AN !

Les variantes *pogne*, *fouace* et *coque* ne sont pas uniquement consommées pendant l'Épiphanie, on les déguste toute l'année !

LA SANQUETTE ET LA VENTRÈCHE

Le français régional du midi de la France a emprunté à l'occitan des mots pour désigner des spécialités à base de porc emblématiques de la cuisine locale, et qui n'ont pas d'équivalents en français général.

La *sanquette* (ou *sanguette*) est une préparation typique d'un quart du sud-ouest de la France, qui consiste en une spécialité réalisée à partir de sang frais frit. Le sang utilisé pour la sanquette est celui que l'on recueille après avoir tué un animal soi-même. Il est mélangé avec un peu de vinaigre (qui ralentit la coagulation), avant d'être cuit dans une poêle, accompagné éventuellement d'ail, d'épices, de lardons, de mie de pain, etc. Le produit final, qui ressemble à une crêpe épaisse brune dont la texture rappelle celle du foie, se consomme chaud, en entrée avec une salade. Les familles qui élèvent encore des animaux à la maison et qui les tuent pour les consommer ensuite sont de plus en plus rares. Aussi, depuis quelques années, la spécialité comme ses dénominations sont vieillissantes.

Comme la sanquette, la *ventrèche* est consommée dans les régions du Languedoc et de la Gascogne. La ventrèche est le morceau de viande qui correspond à la panse du porc. Plate, elle s'apparente à un morceau de poitrine ou de petit salé. Roulée, elle ressemble à un gros saucisson dont on coupe des tranches que l'on fait revenir à la poêle, que l'on mange séchée. Elle s'apparente alors à de la *pancetta* italienne. Dans les départements de l'ouest du Languedoc, le mot *cansalade* est un synonyme relativement courant, bien que moins célèbre. ■

ÉTYMOLOGIE

Le mot *ventrèche* est une variante d'une vieille adaptation française de l'ancien occitan *ventresca* (« entrailles d'un animal »).

CANSALADE

Cansalade est une adaptation de l'ancien occitan *carn salada*, où *carn* désigne de la viande et *salada* signifie « salée ».

ASTUCE

Le sang de porc peut être remplacé par du sang de chevreau, de poulet, d'oie ou de lapin.

SANQUETTE

❶ Hachez grossièrement 250 g de foies de canard, ou un mélange de foies et de cœurs et liez avec 400 g de sang frais. (Si vous n'avez que du sang frais, mélangez-en 400 g avec un oignon et quelques gousses d'ail hachées et liez le tout avec un œuf.)

❷ Assaisonnez largement, ajoutez un trait de vinaigre.

❸ Faites chauffer dans une poêle un peu de graisse d'oie ou de canard. Une fois chaude, versez-y le mélange et cuisez jusqu'à épaississement de la préparation. Retournez-la à l'aide d'une assiette et cuisez convenablement de l'autre côté.

❹ Servez avec un hachis d'herbes variées qui viendra équilibrer la dégustation.

•SANQUETTE•

Dénominations de la *sanquette*
Source des données :
Enquêtes DRF, 1994-1996.
Méthode : Méthode des *k*
plus proches voisins.

ÉTYMOLOGIE

Sanquette comme *sanguette* sont des emprunts du français à l'occitan (le suffixe diminutif occitan correspondant au français *-et*, *-ette* a été ajouté à une base *sank*, forme que prend le mot *sang* dans les parlers du Languedoc).

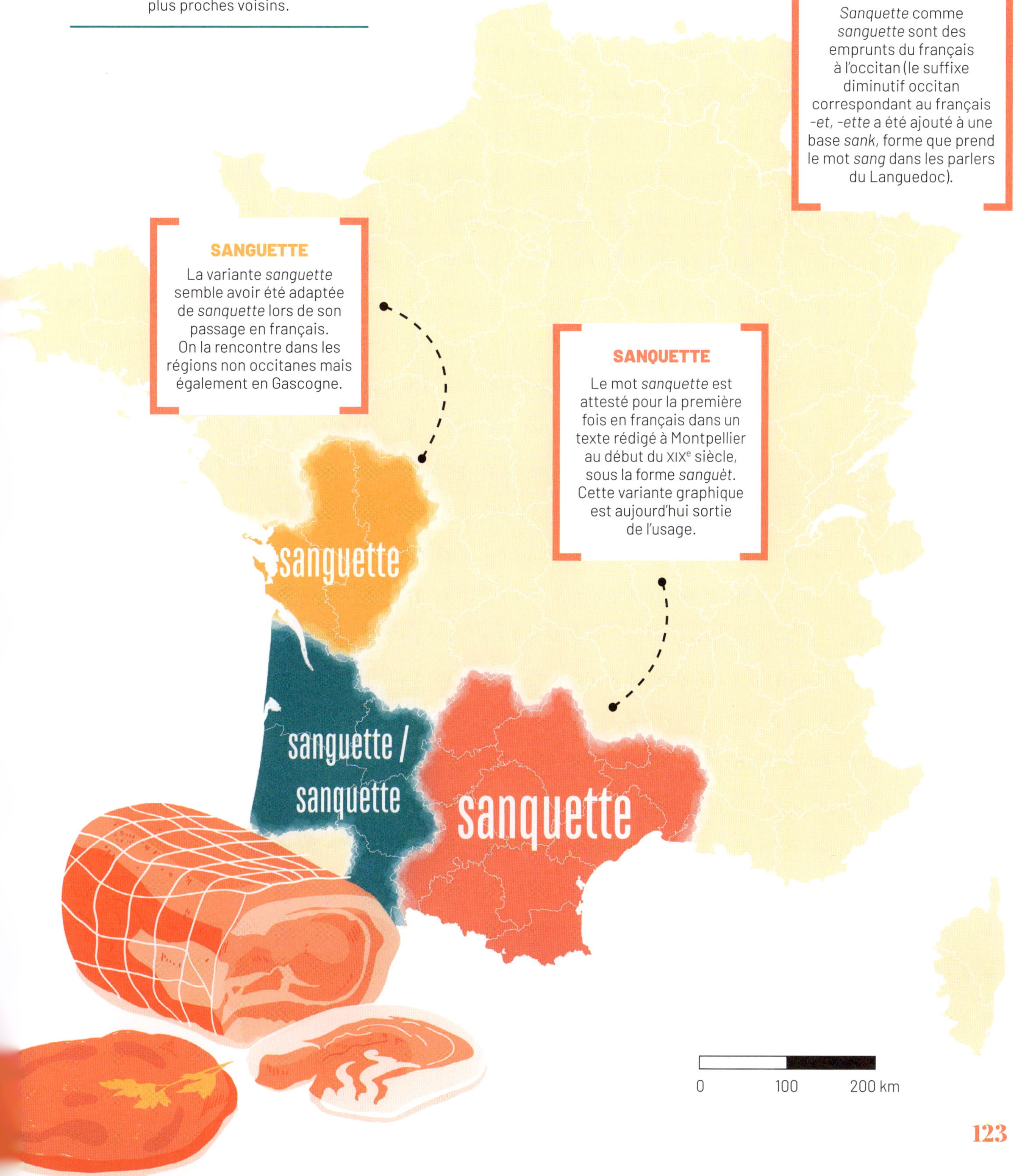

SANGUETTE

La variante *sanguette* semble avoir été adaptée de *sanquette* lors de son passage en français. On la rencontre dans les régions non occitanes mais également en Gascogne.

SANQUETTE

Le mot *sanquette* est attesté pour la première fois en français dans un texte rédigé à Montpellier au début du XIXe siècle, sous la forme *sanquèt*. Cette variante graphique est aujourd'hui sortie de l'usage.

QUELQUES SPÉCIALITÉS CATALANES

Dans la majeure partie du département des Pyrénées-Orientales, le catalan a longtemps été la première langue ou la seule langue que parlaient les locuteurs. Si, aujourd'hui, son usage est en déclin par rapport à ce que l'on peut observer en Espagne de l'autre côté de la frontière, où cette langue jouit avec le castillan du statut de langue officielle, on en trouve des traces dans les dénominations de spécialités gastronomiques. ■

ESCALIVADA

❶ Préchauffez votre four à 180 °C.

❷ Épluchez (ou non) 2 aubergines et 3 poivrons rouges. Retirez les pédoncules et les graines des poivrons.

❸ Coupez les aubergines en bandes et les poivrons en quatre.

❹ Sur des plaques de cuisson préalablement huilées, disposez les légumes sans les entasser. Assaisonnez avec du sel, du poivre et de l'origan sec ; arrosez largement d'huile d'olive.

❺ Enfournez ensuite pour 40 à 50 min, en veillant à retourner les légumes en cours de cuisson.

❻ Servez les légumes tièdes sur de grandes tranches de pain ou en garniture d'une viande grillée.

-ADA

Le suffixe *-ada* (*-ade* en français) est fréquent dans les parlers du sud de la France, où il sert à produire des noms de plats cuisinés ou des recettes.

Au menu catalan

Les tapas

Au rayon des *tapas* (amuse-gueules que l'on consomme au cours d'un apéritif dînatoire, typiques de la cuisine espagnole mais de plus en plus répandues en France), signalons les ***escalivades*** (francisation du catalan *escalivada*, où l'on reconnaît la base *caliu*, qui signifie « chaleur ») et les tartines catalanes (aussi appelées *pan amb tomaquet* dans l'idiome local). Les escalivades sont composées de légumes méditerranéens (aubergines, poivrons et oignons) cuits au four puis coupés en lanières. Elles sont servies arrosées d'huile d'olive et d'ail pressé. Les ***tartines catalanes***, elles, sont des petites tartines de pain grillé, frottées à l'ail et recouvertes de purée de tomate, d'huile d'olive et de sel. On ajoute parfois dessus un petit bout de jambon ibérique.

Les plats

Côté viande : l'*ouillade* est le nom d'une potée catalane qui comporte de la viande de porc (saucisses, boudins, petit salé, etc.) et des légumes d'hiver (haricots blancs, choux, pommes de terre, notamment). En catalan, le mot *ollada* a été formé par l'ajout du suffixe *-ada* au mot *olla* (*olla* étant le nom que l'on donne à la marmite traditionnelle dans laquelle on cuit cette spécialité).

Côté poisson : la *bouillinade* (*bullinada* en catalan) est souvent qualifiée de *bouillabaisse catalane*. C'est un plat simple qui fait la réputation du village de pêcheurs du Barcarès. Elle est préparée comme sa cousine provençale, avec différents poissons, des pommes de terre, de l'ail et du persil (p. 208).

Les desserts

La ***crème catalane*** est une version de crème brûlée internationalement réputée. Elle est plus légère, car on y remplace la crème par du lait.

Les ***rousquilles*** (parfois *rosquilles*) sont des petits biscuits secs recouverts d'un épais glaçage blanc qui ressemblent à des donuts américains, en plus petits. Le mot est une forme francisée du catalan *rosquilla*. On le retrouve dans les parlers béarnais sous la forme *rousquilhe*.qui correspond au français *poumon*, sans doute car cet organe du porc entrait dans leur fabrication autrefois.

ROUSQUILLE

Aire et vitalité de *rousquille*
Source des données :
Enquêtes DRF, 1994-1996.
Méthode : Krigeage.

0% emploi déclaré 100%

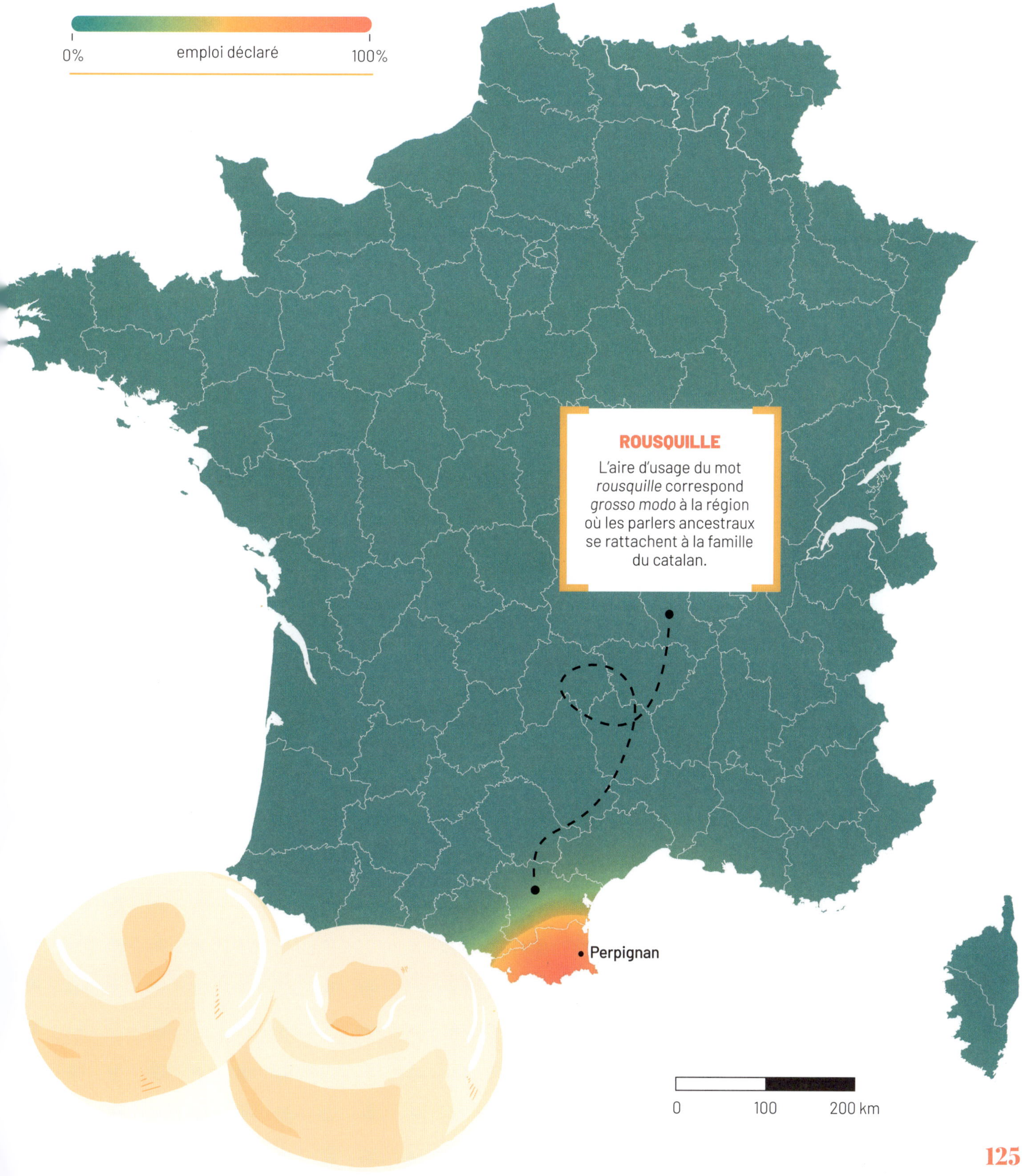

L'AGNEAU LANGUEDOCIEN

La région est une terre d'élevage très importante : les bovins sont de Camargue et de l'Aubrac, les porcs des Cévennes, les volailles du Lauragais… Un animal est particulièrement représenté : l'agneau. Les *ovins de Lacaune* sont les plus nombreux. On utilise leur lait (destiné à la fabrication du roquefort) et leur viande (agneaux de boucherie). Ils sont suivis de près par l'*agneau de Lozère*, protégé par une IGP, principalement destiné à la boucherie. Le pastoralisme extensif de la zone s'explique par une présence millénaire, ce qui a permis aux professionnels d'en parfaire l'élevage selon la topographie variée du Languedoc. En zone de montagne, on privilégie ces agneaux lourds dont l'autonomie alimentaire est soutenue par les surfaces pastorales (des prairies permanentes et temporaires de bonne qualité, où l'alimentation est complétée par du méteil). Dans les zones de montagne sèche, on favorise les races rustiques habituées à se rassembler en troupeaux transhumants, une pratique qui se raréfie en raison de l'irrégularité des neiges et de la meilleure disponibilité des céréales. ■

TRANSHUMANCE

On appelle *transhumance* le voyage qui conduit au-delà d'un territoire d'origine. Elle est mise en œuvre dans les régions où le climat estival sèche les pâturages des basses altitudes et rend impossible la culture d'herbe et de fourrage vert à cette période. Les troupeaux suivent donc les rythmes d'enneigement : ils gagnent les montagnes en juin où l'herbe s'est renouvelée (après la fonte des neiges) et en reviennent entre septembre et novembre, avant l'arrivée des nouvelles neiges. Dans la région cévenole, l'habitude de la transhumance s'amenuise : si l'on dénombre 100 000 moutons au mont Lozère en 1703, on n'en compte que 30 000 à la fin des années 1970. De nos jours, la transhumance ovine de la région ne représente plus que 20 000 moutons environ, et se limite aux montagnes cévenoles de l'Aigoual et du mont Lozère.

GARNITURE LANGUEDOCIENNE

On cuisine l'agneau *à la languedocienne*, c'est-à-dire avec des cèpes, des aubergines frites, des tomates, et un jus de viande réduit lié à la tomate et la purée d'ail. C'est également ainsi qu'on mange le pot-au-feu local ou bien les œufs, frits sur des rondelles d'aubergines, accompagnés d'une fondue de tomates à l'ail.

Le mot de la faim

GEORGES BRASSENS

poète sétois et chanteur parisien

Auteur, compositeur et interprète, Georges Brassens a composé plus de deux cents chansons et mis en musique les vers des plus grands poètes.

Un gros mangeur

Il rechigne à se servir « des assiettes de minets » et réclame une écuelle pour manger ses pâtes qu'il aime au beurre et au fromage. « Ayant l'habitude de manger seul, je mange comme une bête », déclare-t-il.

Mais un piètre cuisinier

Ses amis se plaignent qu'une invitation à dîner se solde par une boîte de pâté, des sardines, un saucisson. Raymond Devos s'en fait le témoin : « J'ai vu arriver des sacs de saucisson chez toi, des sacs ! », lui lance-t-il goguenard sur un plateau télé.

Ses nourritures

Elles sont *Terrestres* et *Nouvelles*, comme les romans d'André Gide, dont il est grand amateur.

Son bistrot préféré

Il trouve refuge en 1944 chez Jeanne et Marcel, dans le XIVe arrondissement de Paris. Il dédie *La Chanson pour l'Auvergnat* à Marcel, *Jeanne* à son épouse et *Le Bistrot* au couple.

Un goût de nostalgie

Il s'attable régulièrement, à partir de 1976, chez Pierre Vedel, chef étoilé qui tient la *Table des Sétois* à Paris.

Ses vers de mangeur reconnaissant

« Ce n'était rien qu'un peu de pain
Mais il m'avait chauffé le corps
Et dans mon âme il brûle encore
À la manière d'un grand festin. »
Chanson pour l'Auvergnat, 1954.

Ses autres passions

L'amitié, la poésie, l'humour sobre qui fait des rimes.

TIELLE À LA SÉTOISE

de Jean Mathat-Christol

6 pers.

1. Pochez 1 kg de petits poulpes nettoyés dans un court-bouillon aromatique (thym, oignon, laurier...) pendant environ 1 h.

2. Pelez et hachez une gousse d'ail et un oignon. Effeuillez et hachez une botte de persil. Dans une sauteuse, faites rissoler l'oignon dans un peu de matière grasse. Ajoutez 150 g de concentré de tomates et 80 g d'olives noires dénoyautées.

3. Versez un verre de vin blanc (ou de muscat) et faites réduire à feu moyen. Pendant ce temps, coupez en petits ou gros morceaux les poulpes refroidis.

4. Ajoutez les morceaux de poulpe dans la sauteuse ainsi qu'un petit verre d'eau. Faites cuire encore un quart d'heure. Vous souhaitez obtenir une consistance dense et pas trop liquide. Assaisonnez convenablement.

5. Étalez 500 g de pâte à pain en deux disques égaux. Répartissez le premier disque dans un plat ou un moule rond préalablement chemisé de papier sulfurisé. Répartissez-y la garniture puis couvrez du second disque de pâte.

6. Pour donner à la tielle sa forme cannelée caractéristique, incisez les bords de quelques millimètres de profondeur et d'environ 2 cm de distance, puis rabattez vers l'intérieur une dent sur deux.

7. Mélangez 80 g d'huile avec un sachet de Spigol® (épices prêtes à l'emploi), badigeonnez généreusement la tielle avec un pinceau. Cuisez à 200-220 °C pendant 30 à 40 min. La tielle doit être assez molle et ne pas croustiller.

LIMOUSIN

Rencontre avec...
GILLES DUDOGNON
chef de *La Chapelle Saint Martin à Nieul**

Le plat régional incontournable
Le veau sous toutes ses formes.

Le plat impossible à mettre à la carte
Le canard à l'orange ! C'était la spécialité de la première cuisinière de *La Chapelle*, du temps de mes parents. J'ai eu beau essayer de la refaire encore et encore, je n'y arrive pas.

L'expression interdite dans votre établissement
On ne demande pas si « ça vous a plu ? ». Il y a mille autres façons de s'assurer que nos convives ont passé un bon moment.

Un conseil à donner à un gourmet qui passe aux alentours
La maison du fromage à Limoges, une institution depuis 1935.

L'incontournable recette de famille
La *pastachoute*, un genre de pâtes à la bolognaise. La sauce cuit deux jours avec du céleri, de la livèche, du veau, un peu de porc, des tomates et des champignons...

« Je cherche à ce qu'il n'y ait pas d'écart entre le produit et l'émotion qu'il donne à une recette. Dès lors qu'on est précautionneux, attentif, et qu'on met toute sa foi et son amour dans la cuisine, on entre en gastronomie. Je ne fais que réfléchir à comment exprimer la recette au mieux. J'ai eu souvent des prises de position pour un "manger vert", mais ça ne m'empêche pas de reconnaître qu'il y a un élevage intelligent, dans le respect des animaux, qui a façonné le paysage – les vertes étendues ne servent finalement qu'à paître. La signification limousine de la gastronomie, qui tourne beaucoup autour de l'élevage, fait qu'au bout de quelques jours d'un régime qui peut être très carné, des gens étrangers à la région ont besoin de vert, de salade.

[...] En quarante ans de métier, j'ai pu voir des barrières tomber. Nous nous sommes éloignés des importations pas toujours intelligentes pour se recentrer sur des produits locaux ; la gastronomie se définit désormais comme la sensibilité à extraire avec discernement le meilleur de tous les produits, qu'ils soient simples ou dits "de luxe". Avant, on partait de la viande et on passait juste par les légumes, maintenant on arrive à la viande *grâce* aux légumes. On fleurit davantage, on arrive à quelque chose de plus complexe. [...] Je ne suis pas un chef de guerre, je ne suis qu'un outil pour que tout fonctionne : ce qui fait une grande recette, c'est le meilleur d'elle-même. »

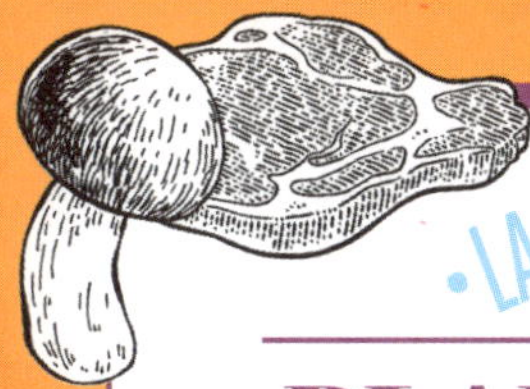

LA RECETTE DU CHEF

BLANQUETTE DE VEAU DU LIMOUSIN

chantilly aux cèpes, cèpes grillés, petits légumes et poudre de cèpes

de Gilles Dudognon

6 pers.

800 g d'épaule de veau du Limousin ; sans os, en morceaux de 50 g.

Garniture aromatique :
2 carottes ; 3 oignons et un demi-poireau émincés ; ail ; clous de girofle et parures de cèpes ; 1 l de crème liquide entière ; sel et poivre à convenance.

Chantilly aux cèpes :
20 g de cèpes séchés ; 250 g de crème liquide ; sel et poivre à convenance; poudre de cèpes : 30 g de cèpes séchés.

Petits légumes et cèpes grillés :
4 carottes fanes ; 4 mini-poireaux ; 2 cèpes frais ; 2 oignons nouveaux.

1. Dans une casserole, couvrez la viande d'eau froide et portez-la à frémissement. Écumez et ajoutez la garniture aromatique. Cuisez la blanquette sans ébullition, jusqu'à ce que la viande soit fondante.
2. Décantez et faites réduire le bouillon de cuisson de moitié, sans ébullition.
3. Faites réduire tranquillement la crème à part à consistance semi-épaisse. Rassemblez les deux liquides convenablement réduits, chinoisez et assaisonnez.
4. Remettez la viande dans une partie de la sauce, le reste sera émulsionné au moment du dressage.
5. Crème et poudre de cèpes : portez à ébullition la crème, ajoutez les cèpes séchés et laissez infuser. Mixez puis passez au chinois. Assaisonnez. Une fois refroidi, mettez en siphon et percutez une cartouche de gaz. Pour la poudre, mixez finement les cèpes séchés.
6. Cuisez les carottes et les mini-poireaux à l'anglaise. Grillez les cèpes et les oignons nouveaux, tous préalablement coupés en deux.

Dressage :
Mettez la viande au fond de l'assiette. Ajoutez les légumes en les disposant joliment. Émulsionnez la sauce et ajoutez sur la viande. Ajoutez la chantilly aux cèpes et saupoudrez de poudre de cèpes. Dégustez !

GARNITURE AROMATIQUE

Elle peut varier selon les recettes, mais elle comprend presque systématiquement de la carotte, de l'oignon et du poireau. Ici, le chef fait un rappel aromatique en utilisant les parures de champignons, pas présentables, mais utiles dans le bouillon.

DÉCANTER

On *décante* une viande lorsqu'on la retire d'un liquide de cuisson destiné à un autre usage (ici, être réduit).

LA DEMI-GLACE DE MICHEL TROIGROS

Demandez les os à part, ils vous serviront pour vos fonds et vos sauces ! Voici la recette de Michel Troigros (p. 148) : cuisez 2 kg d'os de veau (cassés par votre boucher) à 220 °C avec un filet d'huile. Lorsqu'ils sont colorés, transférez-les dans une casserole avec 6 tomates coupées en quatre, 5 carottes et 3 gros oignons coupés grossièrement, 1 c. à s. de concentré de tomates, 1 bouquet garni, 3 gousses d'ail pelées, du sel et du poivre blanc concassé. Couvrez d'eau froide et faites frémir pendant 8 h en écumant les impuretés. Maintenez le niveau d'eau toujours au-dessus des os. Filtrez ensuite le liquide dans une autre casserole et faites réduire jusqu'à obtenir 1 l de demi-glace de veau. Réfrigérez jusqu'à usage.

ÉCUMER

Écumer consiste à retirer, à l'aide d'une écumoire (c'est futé), les impuretés coagulées sous forme de mousse à la surface du liquide de cuisson.

CUISSON À L'ANGLAISE

Cuisson à l'anglaise est le nom donné à la cuisson des légumes plongés dans de l'eau bouillante salée et immédiatement refroidis à l'eau glacée une fois cuits. Seule exception : les pommes de terre sont dites *cuites à l'anglaise* lorsque, au contraire, on a démarré leur cuisson à l'eau froide.

LA SOUPE ROUSSE

Si, aujourd'hui, il figure au menu des plus grands chefs étoilés, le *pain perdu* est avant tout une recette éminemment populaire, dont les premières recettes remontent au Moyen Âge. À cette époque, le pain constitue un ingrédient clé dans l'alimentation de la population. Chez les pauvres, il est alors parfois le seul composant du repas ; chez les riches, il fait office d'assiette (on l'appelle alors *tranchoir* ou *tailloir*). Parallèlement, sur le plan religieux, le pain prend dès cette époque une valeur symbolique importante : il représente le corps du Christ. Pour ces deux raisons, il a pendant longtemps été socialement inacceptable de gaspiller ou de jeter du pain. Aussi, une fois sec ou rassis, cet aliment est-il accommodé de diverses façons, de sorte à être « sauvé ».

Arrosée de lait ou de bouillon, la tranche de pain prend alors le nom de *soupe* (du latin *suppa*, qui signifie « tranche de pain sur laquelle on verse le bouillon »). Au fil des siècles, l'usage change et la *soupe*, utilisée pour épaissir les potages, finit par désigner le *potage* lui-même.

Un peu partout en France, comme en Belgique, le mot *soupe* a longtemps conservé son sens étymologique dans des syntagmes comme *soupe rousse* ou *soupe dorée*. Le premier s'est maintenu dans le Limousin. Le second semble avoir été utilisé jusque dans les années 1990 dans la région qui englobe le Centre, l'Auvergne et la Touraine. Il n'en reste aujourd'hui plus de traces. Un peu partout en France, c'est le terme *pain perdu* qui est le plus employé (nous n'avons pas relevé d'attestations de *tranche dorée* dans le Sud-Est), bien que quelques emplois remarquables subsistent çà et là. ■

PAIN, BRIOCHE, CHALLAH, VOUS AVEZ L'EMBARRAS DU CHOIX

Si le pain perdu se trempe traditionnellement dans un mélange d'œufs battus avec un peu de sucre et de lait vanillé, les variantes sont nombreuses, surtout en ce qui concerne le support : on peut remplacer le pain par des morceaux de brioche, de challah (pâte briochée dans laquelle le lait et le beurre sont remplacés par de l'huile et de l'eau et qui se déguste les vendredis soirs, pour shabbat) ou même de kougelhopf (p. 23).

CUISSON AU FOUR

Vous pouvez aussi enfourner, dans un plat à gratin, des croissants rassis ou de la brioche un peu sèche, gonflés avec ce même appareil (ou avec de la crème anglaise, bien délayée, au besoin additionnée d'un peu de fécule) : vous aurez un pain perdu au four, c'est-à-dire quelque chose très proche du pudding !

PAIN PERDU

Dénominations du *pain perdu*
Source des données :
Enquêtes Français de nos Régions, 2015-2020.
Méthode : Méthode des *k*
plus proches voisins.

PAIN FERRÉ ET PAIN CROTTÉ

Les variantes *pain ferré* et *pain crotté* se maintiennent encore dans le Nord-Pas-de-Calais.

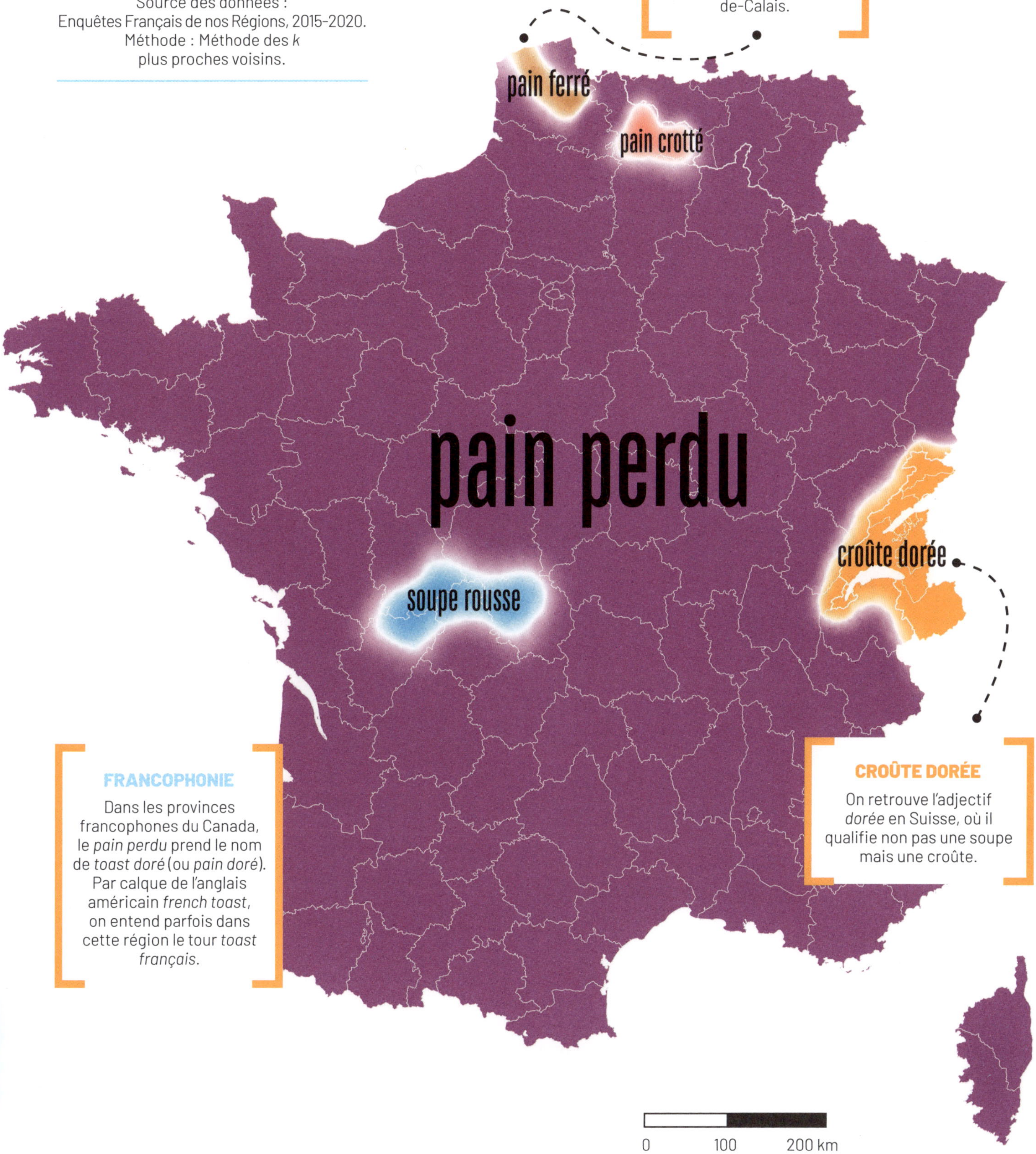

FRANCOPHONIE

Dans les provinces francophones du Canada, le *pain perdu* prend le nom de *toast doré* (ou *pain doré*). Par calque de l'anglais américain *french toast*, on entend parfois dans cette région le tour *toast français*.

CROÛTE DORÉE

On retrouve l'adjectif *dorée* en Suisse, où il qualifie non pas une soupe mais une croûte.

CARDES, BETTES OU BLETTES ?

En français, on recense plus d'une quinzaine de dénominations pour désigner cette plante potagère de la famille des chénopodiacées, que l'on cultive en vue d'en consommer les grandes feuilles vertes nervurées ou le pétiole charnu. Bon nombre de ces dénominations impliquent les termes *carde*, *bette* et *blette*.

Carde : c'est le nom du pétiole (aussi appelé *côte*) de la plante. On retrouve la base *carde* dans le mot *cardon* (légume proche de la carde, qu'on appelle aussi *artichaut carde*, dont on mange les côtes), de même que dans le mot *chardon*.

Bette et *blette* : le mot *bette* continue le latin *beta*. On retrouve la base *bette* dans le mot *betterave* (la betterave est une variante de la *bette*, cultivée pour sa racine, comme l'indique la forme *rave*). La variante *blette* est plus tardive dans l'histoire du français : elle est issue du croisement entre les formes latines *beta* et *blitum*.

VARIATIONS

Sur la carde

Les combinaisons entre *carde* et *bette* ou *blette* expliquent en partie la variété des dénominations. Quatre formes principales se répartissent sur le territoire de la francophonie d'Europe :

Bette et blette

Dans le Sud, on parle de *blette*, de même qu'en Bretagne et dans certaines régions de la France septentrionale. Dans la moitié nord de la France, le terme *bette*, forme raccourcie de *bette à carde*, est en recul devant *blette*, qui tend à devenir majoritaire.

Côte de blette

Dans le centre-est de la France, ainsi qu'en Suisse, on retrouve une forme typiquement francoprovençale : *côte de blette*, où *côte* est synonyme de *carde*.

Carde

Carde reste employé seul, par métonymie dans le Limousin et la région de Nantes.

Jotte

Dans l'ouest de la France demeurent quelques aires où l'on peut encore entendre le mot *jotte* (et sa variante *joutte*). L'existence de ce terme, qui continue le latin *jotta* (« bouillon »), s'explique par le fait que les cardes étaient l'un des ingrédients que l'on retrouve souvent dans les potages.

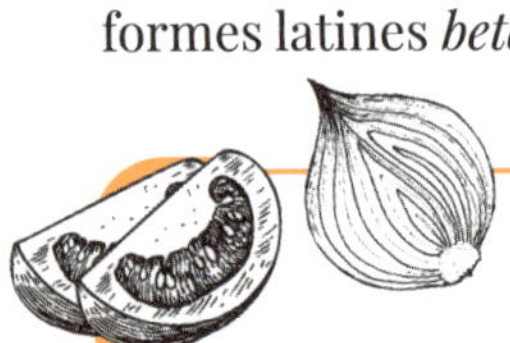

CARDES À LA TOMATE

1. Lavez une botte de cardes, séparez le blanc du vert. Coupez les tiges en biseaux, en veillant à éliminer celles des fibres qui seraient les plus dures.
2. Épluchez et émincez deux oignons et une gousse d'ail. Dans une sauteuse, rissolez 75 g de lardons et ajoutez les tiges de cardes coupées, le jus d'un demi-citron et une pincée de sel. Faites cuire à couvert et à feu moyen-fort en mélangeant ponctuellement.
3. Lorsque les cardes s'attendrissent, ajoutez une petite boîte de tomates concassées et faites cuire à découvert pendant une dizaine de minutes.
4. Hachez grossièrement le vert des cardes et ajoutez-les au mélange. Cuisez brièvement, le temps qu'elles se fanent, sans noircir.
5. Vérifiez l'assaisonnement et servez sans attendre.

•BLETTE•

Dénominations de la *blette*
Source des données : Enquêtes Français de nos Régions, 2015-2020.
Méthode : Méthode des *k* plus proches voisins.

FRANCOPHONIE

Au Canada, *bette à carde* ne connaît presque pas de concurrent.

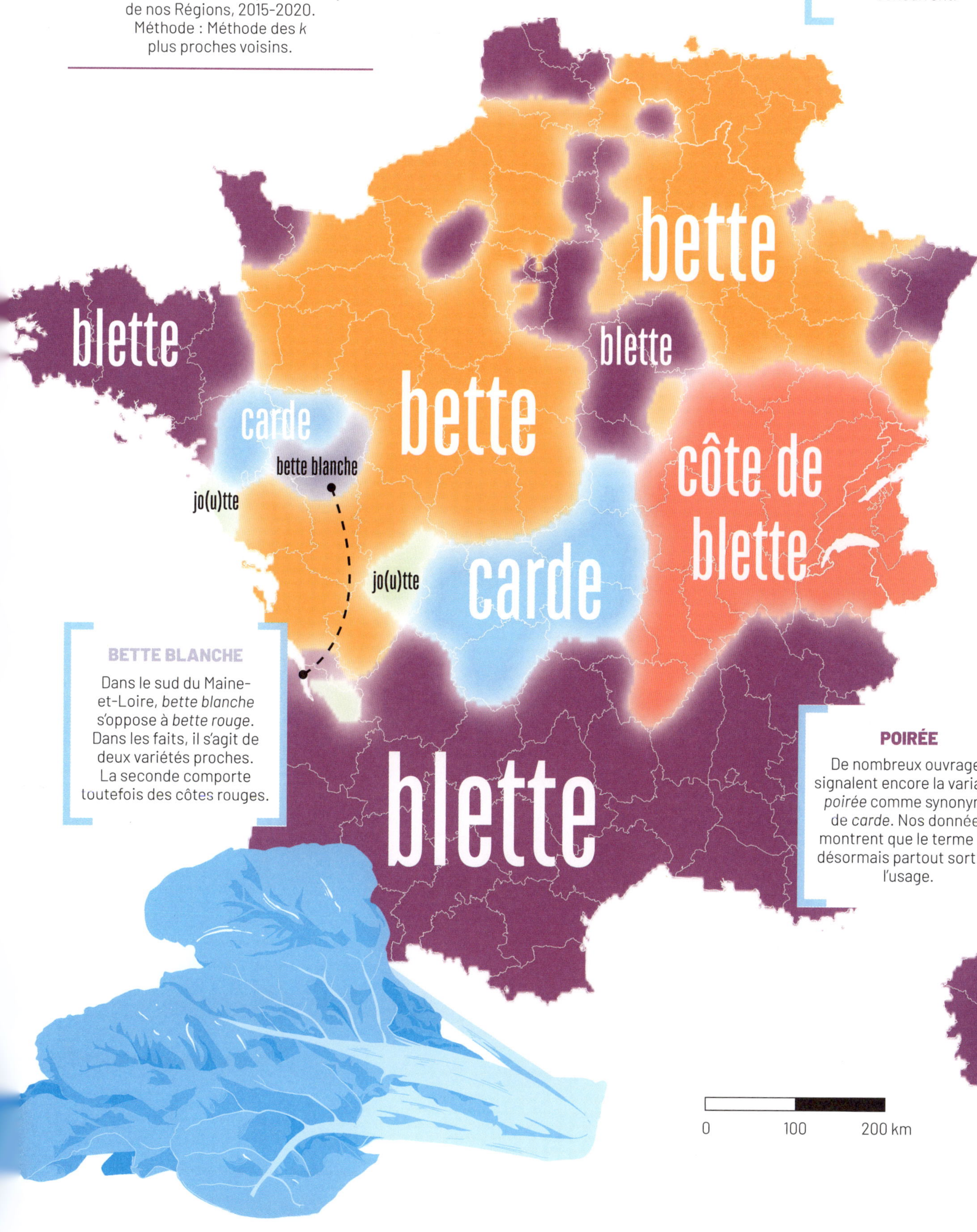

BETTE BLANCHE

Dans le sud du Maine-et-Loire, *bette blanche* s'oppose à *bette rouge*. Dans les faits, il s'agit de deux variétés proches. La seconde comporte toutefois des côtes rouges.

POIRÉE

De nombreux ouvrages signalent encore la variante *poirée* comme synonyme de *carde*. Nos données montrent que le terme est désormais partout sorti de l'usage.

LES FARCIDURES CORRÉZIENNES

La *farcidure* est une spécialité gastronomique typique du Limousin, et plus spécifiquement de la Corrèze. Représentative du mode de vie essentiellement rural et paysan qui a caractérisé cette région pendant de nombreux siècles, elle est préparée à partir d'ingrédients simples, mais roboratifs : de la mie de pain ou des pommes de terre, assaisonnées de différentes herbes aromatiques, enrichies parfois d'oignon, d'ail ou de légumes verts, de lardons ou de morceaux de viande. ■

HISTOIRE

L'utilisation du mot *milhassou* remonte à l'époque où les habitants de l'actuelle Corrèze ne connaissent pas encore la pomme de terre ; ils utilisent alors du millet (*milha* en occitan).

DESSERT

L'utilisation de *milhassou* est beaucoup plus large quand le mot désigne une spécialité sucrée. Dans les départements du sud-ouest de la France, il désigne notamment un gâteau à base de farine de maïs dans lequel on met parfois des raisins secs ou du miel.

•VARIATIONS SUR LA FARCIDURE•

Le mode de cuisson comme la forme des spécialités et leurs noms varient selon les lieux et les personnes qui les confectionnent. Traditionnellement, on distingue au moins six types de farcidure.

LA FARCIDURE DU PAYS DE TULLE

Aussi appelée *farcidure* (tout court), elle consiste en une préparation à base de pommes de terre dont le tiers est râpé cru et les deux autres tiers cuits en purée. Le tout est mélangé avec différentes herbes que l'on réunit en boules de la taille d'un poing, et que l'on cuit dans l'eau ou dans du bouillon à l'intérieur d'un faitout.

LA FARCIDURE DE FROMENT DU PAYS DE BRIVE

Elle prend également le nom de *mique*. C'est une préparation à base de levure et de farine qui a cuit dans du bouillon et qui ressemble à un pain gluant. La préparation tire son nom de l'occitan *mica* (« mie »).

LA FARCIDURE DU PAYS D'ARGENTAT

On l'appelle également *poule sans os*, *poule sèze*, ou *colombette*. C'est une farcidure proche de celle de Tulle, mais qui présente la particularité d'être pliée dans une feuille de choux et fourrée d'un morceau (d'un cul) d'andouille ou de lard.

LA FARCIDURE DU PAYS DE NEUVIC

On l'appelle *farcedure*. Elle est confectionnée à partir de restes de pain rassis, qu'on laisse tremper dans un mélange d'œufs battus et de hachis d'herbes. Le tout est ensuite cuit dans de la graisse de lard qu'on a laissée fondre au préalable.

LA FARCIDURE GRILLÉE OU MILLASSOU

C'est une recette que l'on associe au pays d'Égletons. Il s'agit d'une galette de pommes de terre râpées que l'on grille à la poêle ou dans une cocotte (p. 78-79). On l'appelle aussi *milhasson*.

LA FARCIDURE DU PAYS DE TREIGNAC

Aussi appelée *mounassou*, c'est une recette proche du milhassou. Il comporte, outre les pommes de terre, de l'ail, du persil et de la graisse de canard.

FARCIDURES

❶ Râpez finement 3 kg de pommes de terre Bintje et égouttez-les au moins 1 h. Si vous avez le temps, récupérez et faites réduire ensuite cette eau fortement amidonnée pour la réincorporer aux pommes de terre râpées.

❷ Réalisez une persillade avec une tête d'ail hachée et un gros bouquet de persil. Coupez 800 g de poitrine en gros lardons cubiques.

❸ Portez une grande casserole d'eau à ébullition. Formez de grosses boules au centre desquelles vous incorporez le cube de lard. Transférez les boules dans l'eau et comptez 45 min de cuisson lorsqu'elle se remet à frémir (ne faites pas bouillir).

❹ Les farcidures sont cuites lorsqu'elles remontent à la surface, mais vérifiez la cuisson en coupant une farcidure en deux pour goûter.

❺ Servez avec de l'andouille et du petit salé.

FARCIDURE

Aire et vitalité de *farcidure*
Source des données :
Enquêtes DRF, 1994-1996.
Méthode : Krigeage.

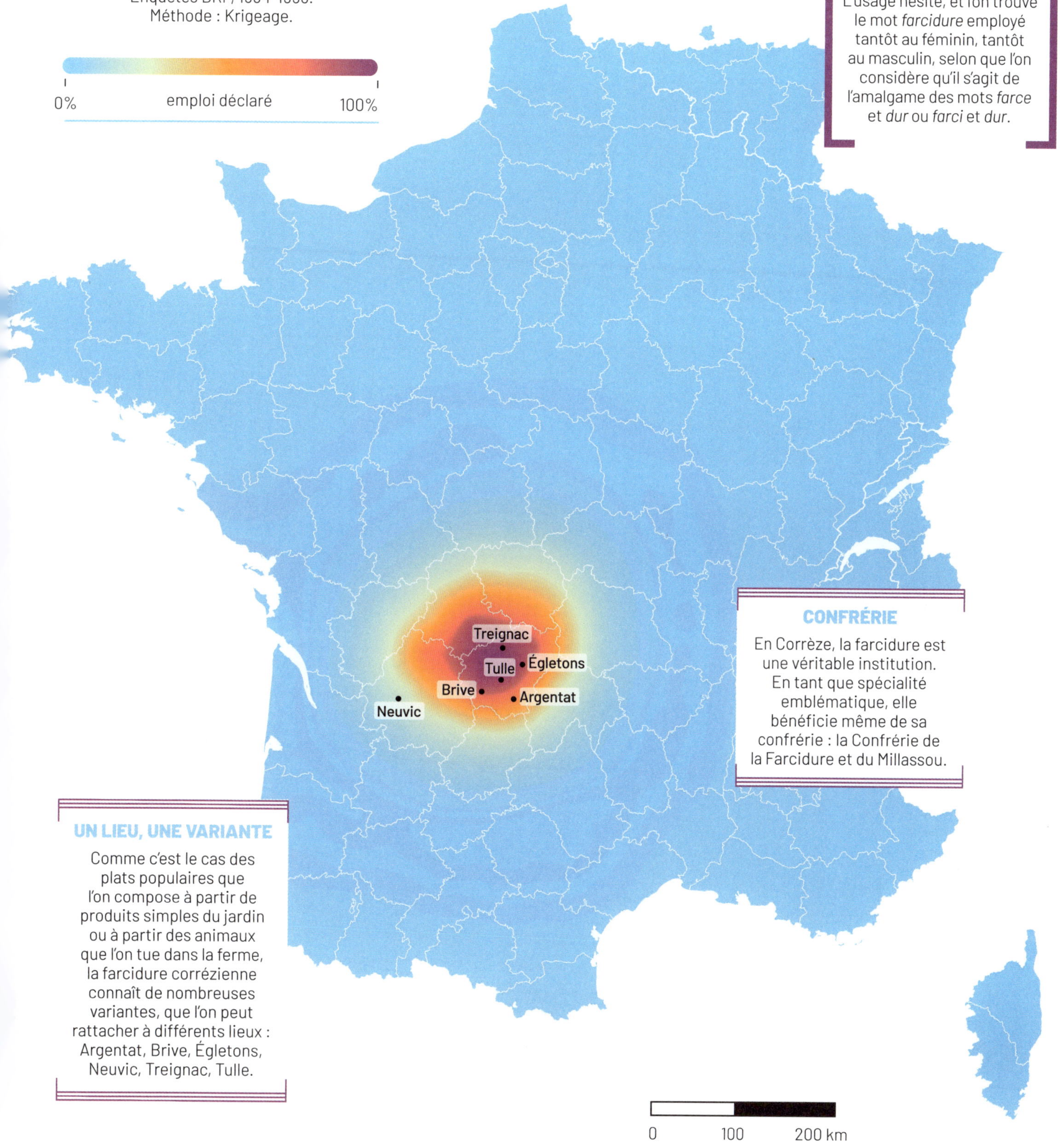

UNE OU UN ?

L'usage hésite, et l'on trouve le mot *farcidure* employé tantôt au féminin, tantôt au masculin, selon que l'on considère qu'il s'agit de l'amalgame des mots *farce* et *dur* ou *farci* et *dur*.

CONFRÉRIE

En Corrèze, la farcidure est une véritable institution. En tant que spécialité emblématique, elle bénéficie même de sa confrérie : la Confrérie de la Farcidure et du Millassou.

UN LIEU, UNE VARIANTE

Comme c'est le cas des plats populaires que l'on compose à partir de produits simples du jardin ou à partir des animaux que l'on tue dans la ferme, la farcidure corrézienne connaît de nombreuses variantes, que l'on peut rattacher à différents lieux : Argentat, Brive, Égletons, Neuvic, Treignac, Tulle.

UNE GASTRONOMIE DE VOISINAGES et de frontières mouvantes

LA SOUPE À LA CARCASSE

Plat profitable et savoureux, la *soupe à la carcasse* se retrouve historiquement de la Marche à la Guyenne, en passant par Limoges et Tulle, bien qu'elle reste plus ancrée dans la mémoire des territoires où des élevages de canards et d'oies se sont fortement implantés (Sarladais, Quercy et Gascogne voisine).

Les variantes domestiques sont infinies et relèvent de la plus pure fantaisie culinaire – comprenez, « de fin de frigo ». Ainsi, lorsqu'il ne reste plus de la volaille que sa carcasse, on la fait bouillir avec les légumes qu'on veut (ou qu'on a) et on attend qu'ils s'imprègnent du goût de la bestiole – on appelle ça l'*osmose*. Certaines personnes farcissent la carcasse pour avoir un peu plus à manger, les unes ne jurent que par le chou, tandis que d'autres y mettront des châtaignes et des champignons ! ■

À LA LIMOUSINE

Si des appellations comme *à la normande* ou *à la languedocienne* peuvent être évocatrices pour les gourmets, la garniture *à la limousine* souffre d'une amnésie collective, en raison de la popularité déclinante des ingrédients qui la composent : il s'agit d'une base de châtaignes et de chou rouge, le tout cuit à la graisse de porc. Ainsi, la *potée à la limousine* se prépare comme la *potée à la bourguignonne*, mais on y remplace le chou vert par du chou rouge et les pommes de terre par la même quantité de châtaignes dont on aura enlevé les deux peaux.

CHÂTAIGNE OU MARRON ?

Nous avons tendance à les confondre quand nous les nommons. Mais le marron n'est en fait pas comestible ! Ainsi, quand vous consommez de la *crème de marrons*, il s'agit en réalité de *crème de châtaignes*.

LES CHÂTAIGNES

Comme en Corse (p. 70-71), les châtaignes sont abondantes en Limousin. Historiquement, on les y prépare *en blanchies* : les châtaignes vertes (non séchées) sont cuites à l'eau bouillante ou grillées. Cette recette est exclusivement limousine. La Corrèze est également connue pour les *jaques* : une recette pour cuire les châtaignes sèches non dépouillées de leurs deux peaux. Les châtaignes sont aussi utilisées en conservation longue après avoir été séchées dans les *clédiers*. Le châtaignier s'est accommodé à la région et les habitants de la région se sont habitués à ses fruits et son bois. Ainsi, les *feuillardiers*, artisans uniquement limousins, mettent à profit son jeune bois dans l'élaboration des cercles en lattes qui entourent les tonneaux. On retrouve les châtaignes dans de nombreuses spécialités locales, comme certaines variations de la *soupe à la carcasse* ou la garniture *à la limousine*. ■

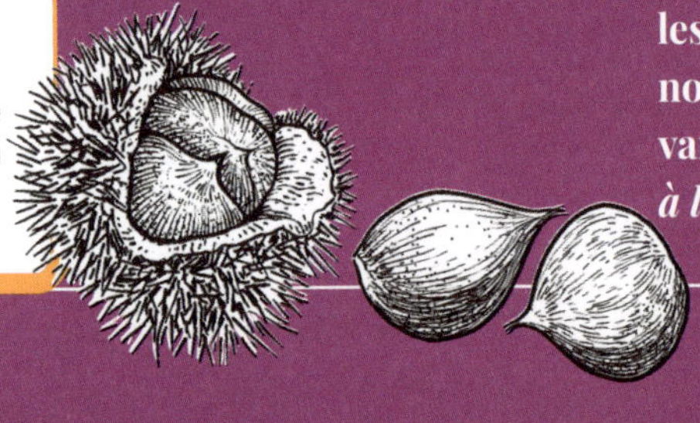

Le mot de la faim

FRANÇOIS HOLLANDE

Président de la République, ancien maire de Tulle et amoureux de la Corrèze

Région d'origine ou d'adoption

D'adoption !

Un coin préféré de la région

J'en ai beaucoup ! Tulle, nécessairement : son quartier ancien et sa cathédrale qui a la singularité de ne pas être entière. C'est rare ! Si on veut une belle promenade : Aubazine avec le canal des Moines.

Le plat régional incontournable

Le *milhassou*, autrement appelé *farcidure*. La Corrèze est une terre de labeur où il ne fait pas toujours chaud et où on avait besoin d'un plat consistant, roboratif. Ce plat, c'est cette galette de pommes de terre où on met du lard et tout ce qui nous plaît. Il y a même des concours de farcidures !

Un plaisir coupable

Oui ! Le *foie gras avec de la châtaigne*. Si on met beaucoup de châtaignes, c'est mieux pour le régime. Mais je préfère qu'il y ait quand même beaucoup de foie gras !

Le produit inconnu que tout le monde devrait découvrir

Ce n'est pas un produit inconnu, mais j'adore les *cèpes frits*. C'est ce qu'une dame, aujourd'hui disparue, me préparait quand je suis arrivé en Corrèze. Depuis, j'ai toujours voulu avoir des cèpes ainsi cuisinés.

Le plat ou le produit que vous pourriez manger sans jamais vous lasser

En plat, l'*omelette aux cèpes* ! Autrement, le produit qui est formidable et dont je ne me passerais jamais, c'est la *côte de bœuf*, l'*entrecôte limousine*.

La spécialité locale que vous aimez cuisiner

La *flognarde*. C'est une sorte de clafoutis, à la pomme le plus souvent, facile à faire.

La particularité de la gastronomie de la région

C'est une gastronomie faite avec des produits qui sont à la portée de tous, des produits pas chers (pommes de terre, lard, œufs, champignons, etc.), des produits que l'on peut cueillir ou jardiner soi-même. C'est une cuisine qui peut être succulente sans trop de travail, une cuisine familiale et de bonnes auberges : accessible, conviviale. Bref, républicaine.

Une expression locale

Ce serait : « Pressez-vous d'entrer. » C'est l'accueil, l'hospitalité.

UNE TRADITION PARTAGÉE

Ces biscuits secs corréziens s'inscrivent dans la tradition des croquants que l'on peut rencontrer dans d'autres régions, comme l'Auvergne voisine, mais ils sont parfumés à la fleur d'oranger, ce qui les en distingue.

CROQUANTS DE BORT LES ORGUES

de Jean Mathat-Christol

6 pers.

Outre la flognarde (p. 29), la madeleine de Saint-Yrieix, le massepain de Saint-Léonard-de-Noblat, le gâteau Treipaïs aux châtaignes et chocolat, on trouve en Limousin des petits gâteaux très simples et très bons : les croquants de Bort-les-Orgues.

1. Mélangez 20 g de beurre mou et 125 g de sucre. Aromatisez avec 1 c. à s. d'eau de fleur d'oranger. Ajoutez 50 g de farine, un gros œuf (ou deux petits) et une pincée de sel.

2. Sur un plan de travail fariné, abaissez la pâte au rouleau à pâtisserie sur une épaisseur de 5 mm. Détaillez les croquants à l'emporte-pièce, puis refaites une boule de pâte et renouvelez l'opération jusqu'à épuisement.

3. Transférez les sablés sur une plaque de cuisson préalablement recouverte de papier sulfurisé. Battez un œuf avec une cuillère à soupe de miel parfumé (idéalement, un miel local de châtaignier !). Dorez les sablés.

4. Enfournez à 180 °C et surveillez la cuisson jusqu'à obtenir une nette coloration.

Laissez refroidir avant de déguster. Dentitions fragiles s'abstenir !

LORRAINE

Rencontre avec… LES SŒURS EGLOFF

de *La Bonne Auberge** à Stiring-Wendel

Le plat régional incontournable

La *potée lorraine* à la bourgeoise.

Le plat impossible à mettre à la carte

Aucun ! S'il est à la carte, c'est que je l'aime.

Le produit que vous pourriez cuisiner sans jamais vous lasser

Le boudin noir.

Le meilleur conseil à donner à un gourmet qui passe aux alentours

Autour de chez nous, il faut aller voir le château du Schlossberg à Forbach, ou encore le Jardin franco-allemand de Sarrebruck !

Vous avez 6 œufs, 30 minutes et un accès libre à votre cuisine

Je fais une tarte au fromage blanc de chez nous ou des œufs cocotte aux morilles si c'est la saison ou un sabayon à la violette…

« Je [Lydia] n'ai jamais trop aimé les commandements stricts. En tant que femme, je n'ai jamais eu à me plaindre, à quelque moment de ma carrière, de l'attitude de mes collaborateurs ou supérieurs, même s'il a fallu pour ça que je redouble d'efforts pour gagner ma place. Bien sûr, lorsque nous avons ouvert en 1980 et que ma sœur Isabelle, sommelière, parlait de "sa sœur le chef", les clients étaient étonnés…

Ma cuisine est autant personnelle que régionale. Quand je sers une soupe de boudin noir, il y a d'un côté la tradition du boudin, que l'on fait ici avec du blanc de poireau au lieu de l'oignon, et d'un autre côté ma personnalité avec des macaronis que je farcis à la compote de pomme poivrée au poivre blanc de Guinée. J'aime aussi servir un dessert d'enfance, la soupe de fraises écrasées au lait de ferme, avec juste un peu de sucre. Notre grand-mère flambait sur une fourchette à viande des grandes tranches de pain de campagne de la veille, et on mangeait ce pain roussi avec la soupe de fraises. Une cuisine régionale s'inspire des produits de la région avant d'aller au fond des recettes. Jusqu'aux années 1990, nous avions une clientèle principalement allemande – nous sommes à quelques centaines de mètres de la frontière – mais pour autant je ne m'attachais pas forcément à leurs goûts. Ça n'empêche pas de s'instruire ailleurs tout en gardant nos fondements de cuisine française… Bref, ne vous attendez pas à ce que je fasse une quiche lorraine ! »

LA RECETTE DU CHEF

CUISSES DE LAPIN FERMIER CONFITES,

chutney de mirabelles et olives de Kalamata, daïkon orange et safran

de Lydia Egloff

4 pers.

4 cuisses de lapin fermier ; huile d'olive en quantité ; 100 g de miel ; le zeste et le jus d'une orange ; 200 g de mirabelles dénoyautées ; 200 g d'olives noires de Kalamata dénoyautées ; 80 g de sucre ; ½ l de jus d'orange frais ; 70 g de sauce soja ; un radis blanc daïkon moyen ; quelques stigmates de safran ; QS vinaigre balsamique blanc ; QS tabasco ; une petite botte d'hysope ; sel, poivre, poivre de Sichuan, curry de Madras, coriandre moulue.

1. La veille, frottez les cuisses avec du sel, du poivre, du curry et de la coriandre. Enduisez vos mains avec un peu d'huile d'olive et faites bien pénétrer les épices dans la chair de lapin. Filmez et mettez au frais.

2. Faites confire à feu très doux et à couvert les cuisses de lapin totalement immergées dans de l'huile d'olive pendant 3 à 4 h.

3. Dans une sauteuse, mettez à fondre le miel avec le poivre de Sichuan moulu, quelques gouttes de vinaigre balsamique, de l'hysope finement hachée, le zeste et le jus d'orange, la sauce soja, du poivre, du tabasco, et enfin les olives noires et les mirabelles. Mélangez bien, faites cuire à feu moyen sans laisser compoter et réserver au chaud.

4. Épluchez le radis blanc, taillez-le à la mandoline en lanières fines. Dans un sautoir, faites un caramel blond avec le sucre et 1 c. à c. d'eau. Décuisez avec quelques gouttes de vinaigre balsamique, ajoutez le jus d'orange, un peu de sel et de poivre, laissez réduire de moitié.

5. Ajoutez à présent le radis blanc, faites cuire à couvert pendant 15 min à petit feu. Réservez au chaud.

6. Dans un plat de service, disposez le radis blanc qui aura pris une belle couleur coucher de soleil, disposez par-dessus les cuisses de lapin confites, ajoutez autour quelques mirabelles et olives panachées. Ajoutez les pistils de safran juste avant de servir. Ajoutez une branche d'hysope sur chaque cuisse et servez.

SAUTEUSE OU SAUTOIR ?

Vous pensez sûrement avoir une *sauteuse* dans votre cuisine, mais elle a la forme de ce qu'on appelle un *sautoir* dans une cuisine professionnelle, là où la sauteuse est de format équivalent mais aux bords incurvés. Cette forme favorise notamment l'émulsion des sauces au fouet.

POIVRE DE SICHUAN

On ne garde de cette baie que l'enveloppe qui est concassée ou réduite en poudre. D'un point de vue botanique, c'est un faux poivre : de la famille des rutacées, il est génétiquement plus proche de l'orange de table que du poivre noir courant (de la famille des pipéracées).

QS

QS signifie « en quantité suffisante ».

VARIANTES

Pour cette recette, Lydia Egloff propose de s'ajuster selon la disponibilité des fruits : fraîches lorsqu'elles sont en saison (très courte, quelques semaines entre mi-août et fin septembre) ou en bocal si les fruits frais ne sont plus disponibles.

HYSOPE

L'hysope est une herbe aromatique dont on utilise les feuilles pour ses parfums qui rappellent la menthe et la sauge. Très populaire à l'époque médiévale dans la cuisine européenne, elle est désormais plutôt utilisée dans la confection de liqueurs. Dans cette recette, on pourra utiliser les feuilles pour le chutney et les fleurs pour le service.

LES BONSHOMMES DE LA SAINT-NICOLAS

La Saint-Nicolas est une fête qui met en scène Nicolas de Myre (appelé plus généralement saint Nicolas) et son méchant compagnon, le Père Fouettard. Elle est célébrée le 6 décembre dans les régions du Grand Est, des Hauts-de-France et de Franche-Comté.

À la Saint-Nicolas et jusqu'à l'Épiphanie, les boulangers en activité dans les régions où l'on fête Nicolas de Myre fabriquent pour l'occasion des petites pâtisseries briochées. Ces viennoiseries, vendues nature, au sucre, aux raisins secs ou aux pépites de chocolat, changent à peine de forme d'une localité à l'autre. Elles représentent toujours un petit bonhomme stylisé, décoré ou non. Du côté des dénominations, c'est un peu plus variable.

Un certain nombre de dénominations font référence à l'aspect de la viennoiserie. C'est le cas de *bonhomme de / en pâte*, *jean-bonhomme* (rappelons que le prénom Jean était le prénom le plus couramment donné à des hommes jusque dans les années 1950) et *petit saint Nicolas*.

Dans le Haut-Rhin, on trouve la forme *maennala* (ou *männala*) alors que c'est la forme *maennele* (ou *männele*) qui est utilisée dans la région englobant le Bas-Rhin et la Moselle. Dans l'un comme l'autre cas, c'est un même mot alsacien (donc un emprunt germanique) qui signifie « petit homme » (avec *Männ-* , « homme », et *-le* : suffixe diminutif) : seule la prononciation diffère.

Toujours au rayon des emprunts aux parlers germaniques, signalons la forme *grittibänz* sporadiquement utilisée dans les cantons de l'arc jurassien romand (*Benz* est le diminutif du prénom Benoît, jadis synonyme en suisse-alémanique du mot *homme* ; *Gritte* signifie « fourche » et par extension « jambes écartées »).

Quant à *Boxemännchen*, il est passé en français par l'intermédiaire du luxembourgeois sans avoir été adapté. Le mot se décompose de la façon suivante : *box-*, « pantalon » ; *-männ-*, « homme » et *-chen*, « joli, mignon ». On peut le traduire par « petit bonhomme qui est en pantalon ». ■

SAINT-NICOLAS

Saint Nicolas était un évêque à qui l'on a attribué de nombreux miracles, si bien qu'il demeure le saint patron de nombreux groupes (écoliers, enseignants, marins, célibataires, prisonniers, etc.), mais aussi de nombreuses localités et régions, à l'instar de la Lorraine. Ce qui explique l'importance particulière que prennent les célébrations liées à sa fête chaque année de Nancy à Metz, en passant par Strasbourg !

BRIOCHE DE SAINT-NICOLAS

Dénominations de la *brioche de Saint-Nicolas*
Source des données :
Enquêtes Français de nos régions, 2019-2020.
Méthode : Méthode des *k* plus proches voisins.

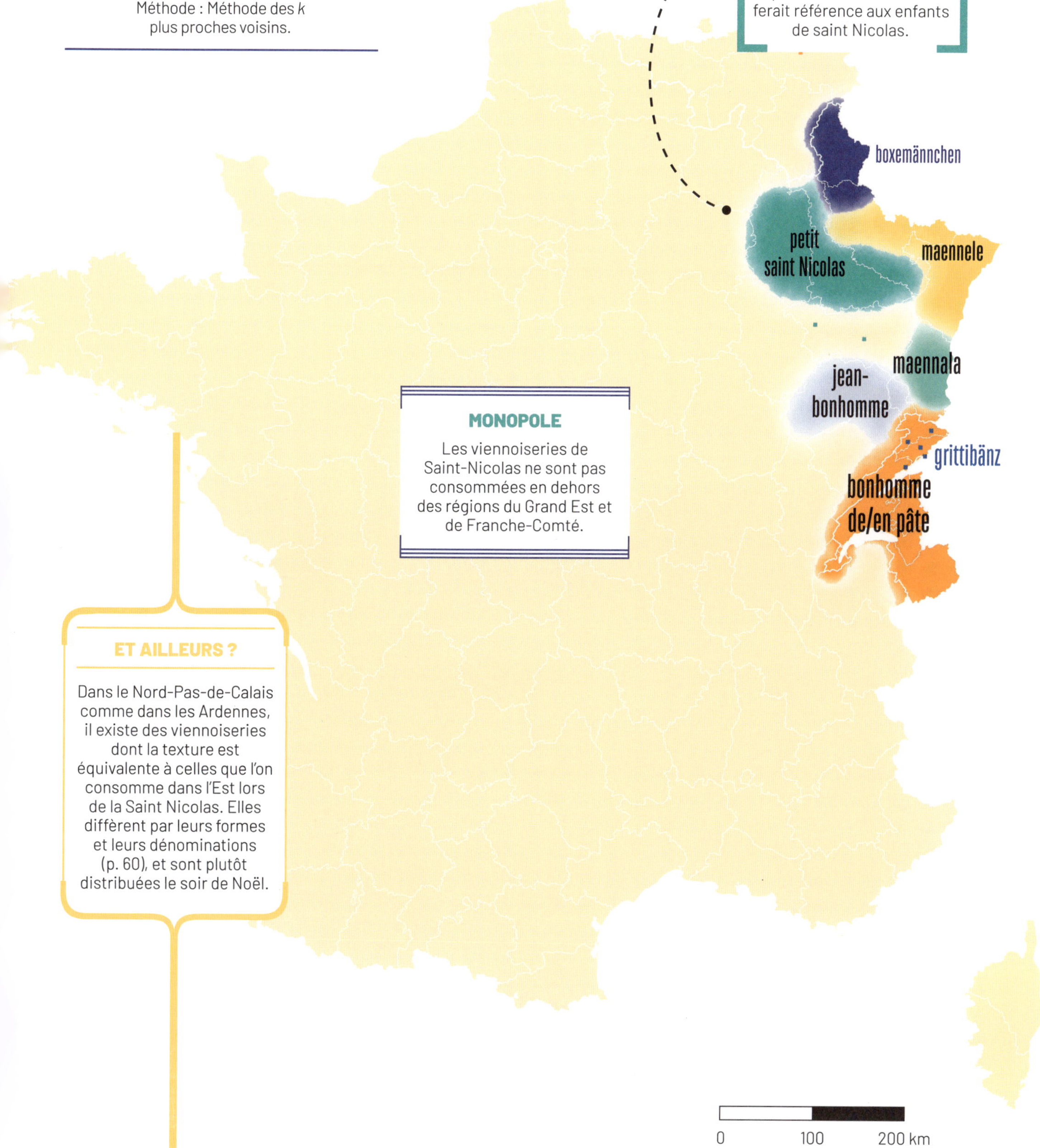

PETIT SAINT NICOLAS

La variante *petit saint Nicolas* en Lorraine fait référence au caractère miniature de la viennoiserie. On dit aussi que cette dénomination ferait référence aux enfants de saint Nicolas.

MONOPOLE

Les viennoiseries de Saint-Nicolas ne sont pas consommées en dehors des régions du Grand Est et de Franche-Comté.

ET AILLEURS ?

Dans le Nord-Pas-de-Calais comme dans les Ardennes, il existe des viennoiseries dont la texture est équivalente à celles que l'on consomme dans l'Est lors de la Saint Nicolas. Elles diffèrent par leurs formes et leurs dénominations (p. 60), et sont plutôt distribuées le soir de Noël.

LA QUICHE LORRAINE

Le mot *quiche* désigne un hors-d'œuvre traditionnel et emblématique de la région d'où la spécialité est originaire : la Lorraine. Dans cette région, les premières attestations qui remontent au début du XVIIe siècle nous indiquent qu'il s'agit à l'origine d'une spécialité fabriquée avec les restes de pâte à pain, sur lesquels on jetait un mélange d'œufs battus et de crème (ce qu'on appelle une *migaine*).

On ne sait pas vraiment dire quand la quiche lorraine s'est différenciée des autres spécialités à base de pâte à pain et de migaine.

On sait en revanche que le mot *quiche* apparaît pour la première fois au début du XVIIe siècle, dans le français régional de Lorraine. Il se rattache sans doute à *Kuchen*, un mot dialectal qui désigne un gâteau ou une tarte. Le mot *quiche* apparaît ensuite dans les dictionnaires généraux du français au milieu du XIXe siècle, il est alors masculin (*un quiche)* avant de devenir féminin à la fin du XIXe siècle.

Jusqu'au début du XXe siècle, l'usage hésite entre *quiche lorraine* et *galette lorraine*. C'est finalement le mot *quiche* qui s'impose dans les usages parisiens, puis dans la France entière.

L'ANCÊTRE DE LA QUICHE, LA FIOUSE LORRAINE

Les premières quiches sont proches des actuelles *tartes flambées* (p. 20) et peuvent être rapprochées de la *fiouse*. La *fiouse lorraine* est souvent considérée comme l'ancêtre de la quiche. Moins connue que cette dernière, la fiouse reste plus proche d'une tarte flambée par sa consistance et ses ingrédients.

MIGAINE

Dans le vocabulaire culinaire, on appelle *appareil* ce mélange d'œufs battus et de crème que l'on utilise dans la quiche. En Lorraine, cette préparation à la base de toute quiche prend le nom de *migaine*. Ce mot, d'abord attesté dans les patois locaux pour désigner une pâte délayée, a été également conservé en Moselle, pour nommer la préparation dont on se sert pour faire des crêpes ou des gaufres.

• MIGAINE •

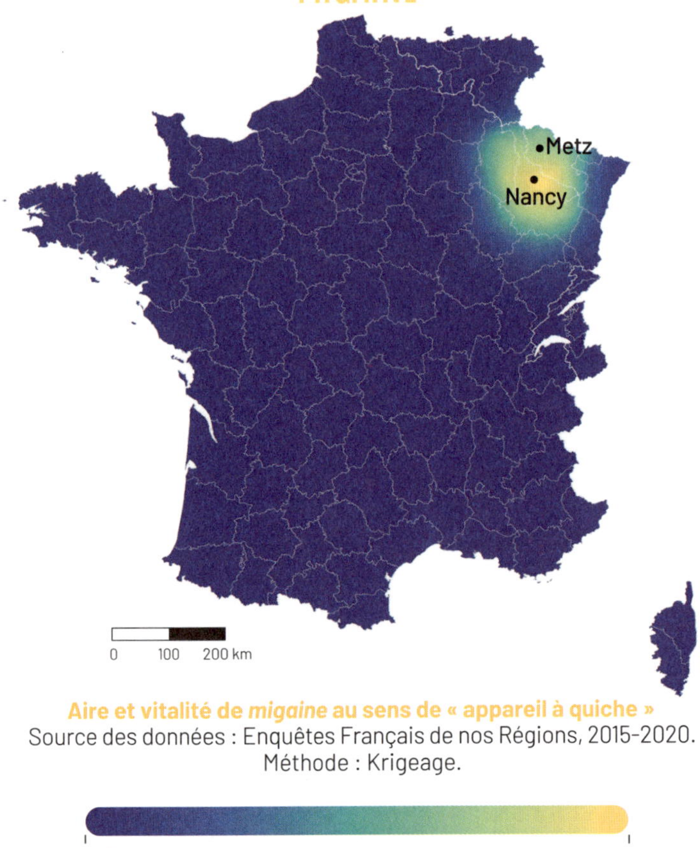

Aire et vitalité de *migaine* au sens de « appareil à quiche »
Source des données : Enquêtes Français de nos Régions, 2015-2020.
Méthode : Krigeage.

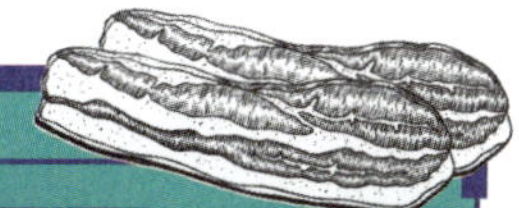

QUICHE LORRAINE

La recette

6 à 8 pers.

Pour la pâte brisée
250 g de farine ; 125 g de beurre ; 5 g de sel ; 60 g d'eau ; 1 jaune d'œuf.

Pour la garniture et la migaine
3 tranches de poitrine fumée ; 2 jaunes d'œufs ; 2 œufs entiers ; 250 g de lait entier ; 250 g de crème liquide entière ; sel, poivre, muscade à convenance.

Pour la pâte brisée

1. Dans un saladier, frottez le beurre avec la farine pour former un sablage grossier. Formez-y un puits et versez-y le sel, l'eau et le jaune d'œuf. Mélangez du milieu vers l'extérieur.

2. Lorsque la pâte est à peu près homogène, transférez-la sur le plan de travail et étirez-la avec la paume de la main. Cette opération consiste à étirer le gluten pour, plus tard, étaler la pâte sans risquer de la rompre. Pour autant, n'insistez pas au risque de la rendre élastique. Filmez et réfrigérez le pâton, idéalement la veille pour le lendemain.

Pour la garniture

3. Coupez les tranches de poitrine en bandes larges et passez-les 30 sec à l'eau bouillante pour en retirer l'excès de sel et de fumage. Rincez à l'eau froide et séchez avec un papier absorbant.

4. Faites sauter les bandes de poitrine avec un peu d'huile neutre jusqu'à obtenir une nette coloration. Épongez à nouveau pour retirer la matière grasse.

5. **Pour la migaine :** Mélangez ensemble tous les ingrédients en veillant à saler (le lard ayant été blanchi).

Montage et cuisson

6. Préchauffez votre four à 180 °C.

7. Étalez la pâte sur l'épaisseur de votre choix. Transférez-la dans un moule à tarte ou un cercle à entremets. Répartissez le lard au fond, puis couvrez de migaine.

8. Enfournez au moins 30 min. Surveillez la cuisson au moyen d'une lame de couteau qui doit en ressortir sèche. Laissez tiédir avant de couper et servir.

PÂTE BRISÉE CONTRE PÂTE FEUILLETÉE

Il y a une règle absolue, l'usage de la pâte brisée, et une exception d'usage : la pâte feuilletée. Cette seconde règle vient des pâtissiers (littéralement ceux qui fabriquent les pâtes) qui remploient ainsi les chutes de feuilletage. La pratique s'est étendue aux traiteurs et, fortuitement, à quelques amateurs. On insistera alors pour parler de *tarte salée* et non plus de *quiche*...

POUR OU CONTRE LE FROMAGE ?

Qu'on se le dise une bonne fois pour toutes : pas de fromage dans la quiche lorraine ! Lors de concours amateurs, l'ajout discret sur la migaine (pour gratiner) ou dans la pâte (pour donner du corps) est absolument interdit. Mais qui viendra contrôler chez vous ?

BLOQUER AU DUR

Les professionnels ont une astuce pour faire leur quiche le jour même de la confection de la pâte : ils répartissent la pâte dans un cercle ou un moule puis la passe brièvement au congélateur (c'est ça, *bloquer au dur*). Une fois durcie (mais pas congelée), la pâte cuit lentement pendant que la migaine, elle, cuit à son rythme.

LE MOULE À TARTE

La plupart du temps, un moule à tarte conviendra pour faire une quiche pas trop épaisse. Mais, à nouveau, les pâtissiers et les traiteurs ont pris l'habitude de faire des quiches très hautes et bien garnies : vous pouvez, comme eux, utiliser un cercle à entremets (posé sur une plaque de cuisson) ou, à défaut, un moule à manqué. Ajustez la cuisson en conséquence !

POITRINE ? LARD ? LARDONS ?

Vous pouvez utiliser n'importe quelle coupe de viande, mais préférez une salaison, c'est-à-dire un produit charcutier qui aura été mis à saler, à fumer ou à saumurer. Si vous décidez de ne pas blanchir le lard, attention à ne pas trop saler la migaine.

LA BRIMBELLE, belle des Vosges

La *brimbelle* est une baie sauvage proche de ce qu'on appelle ailleurs *myrtille*, *bleuet* ou *airelle*. Elle pousse exclusivement dans le massif des Vosges, mais sa consommation est répandue bien au-delà. Traditionnellement, on récolte les brimbelles de mi-juin à mi-juillet, à la main ou à l'aide d'un *peigne à brimbelles* (outil que l'on appelle localement *rifle*). Les arbrisseaux qui portent les brimbelles sont nommés les *brimbeliers* et poussent à ras du sol, plutôt en milieu forestier et à moyenne altitude.

La brimbelle est une baie légère en sucres comme en calories, riche en fibres et en antioxydants. Elle bénéficie de vertus antidiarrhéiques et antihémorragiques, en plus d'être bourrée de vitamines ! Elle entre dans la confection de nombreuses spécialités (confitures, beignets), mais c'est surtout sous la forme de tarte qu'elle est le plus souvent préparée. ■

ÉTYMOLOGIE

L'étymologie du mot reste obscure, et prête à discussion. Une hypothèse souvent reprise voudrait que le mot soit le résultat de la combinaison de l'ancien français *bran*, « noir » et de *beille*, « bille ». D'autres sources, plus sérieuses, stipulent que *brimbelle* serait formé de *bri(m)b-* qui exprime le concept de petitesse et du suffixe *-elle* (dont l'existence serait favorisée avec l'analogie du mot *airelle*).

« petit » → BRIMBELLE

L'OR NOIR DES VOSGES

La brimbelle est le fruit vosgien par excellence, et sa cueillette est une véritable tradition chez les locaux, un héritage familial, disent même certains. Les meilleurs coins à brimbelles se transmettent de génération en génération. La consommation massive des brimbelles et les nombreuses vertus que l'on prête à ces baies leur valent le surnom d'*or noir (des Vosges)*. C'est sans doute pour cette raison qu'il a été choisi pour désigner la monnaie locale complémentaire en circulation dans les Vosges depuis 2017.

TARTE AUX BRIMBELLES

6 pers.

Astuce
Vous pouvez remplacer les brimbelles par des myrtilles.

❶ Étalez un rouleau de pâte brisée prête à l'emploi. Garnissez-en un moule à tarte beurré. Piquez la pâte avec une fourchette et congelez-la brièvement.

❷ Réduisez 150 g de biscuits à la cuillère en grosses miettes qui serviront à absorber l'excédent de jus des brimbelles. Déposez-les sur le fond de tarte bien durci.

❸ Mélangez 700 g de brimbelles avec 120 g de sucre en poudre. Couvrez-en la tarte.

❹ Enfournez à 180-200 °C pendant 45 min. Laissez refroidir sur une grille.

BRIMBELLE

Aire et vitalité de *brimbelle* au sens de « myrtille sauvage »
Source des données :
Enquêtes Français de nos Régions, 2015-2020.
Source des données : ALFC 447 et ALLR 121.

0% emploi déclaré 100%

○ Inconnu ▲ Connu

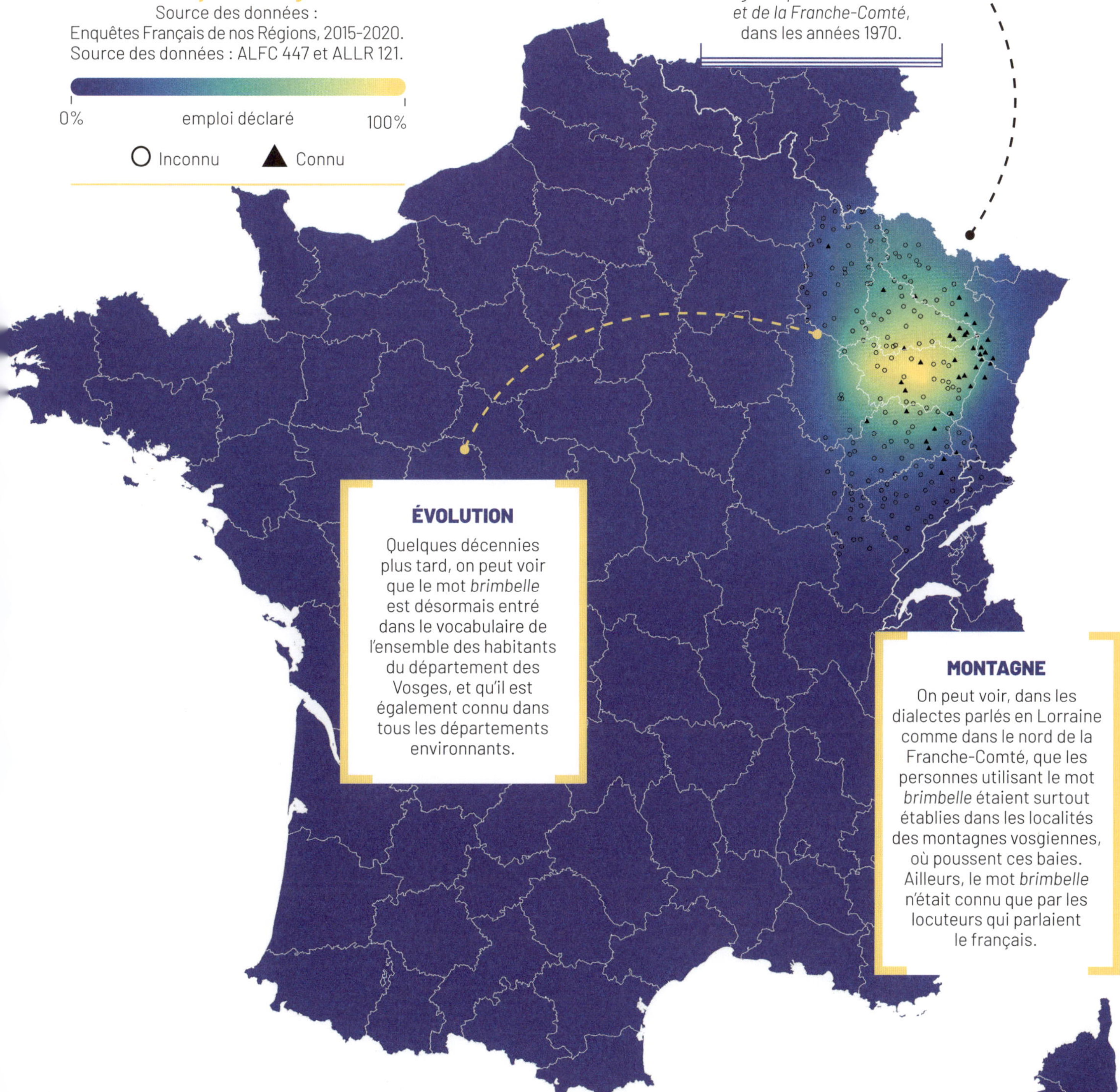

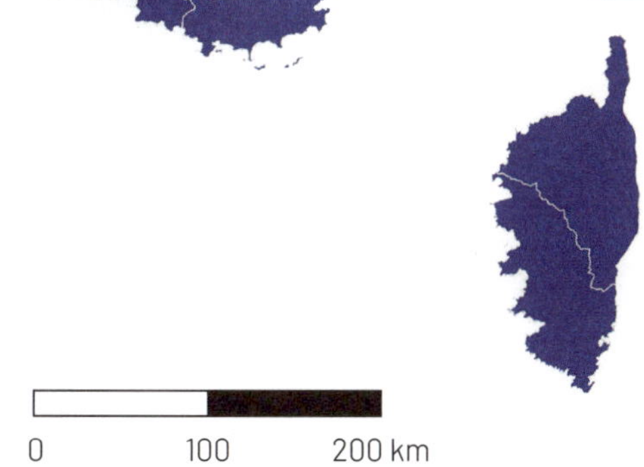

DÉCRYPTAGE

Les points représentent les localités visitées par les enquêteurs en charge de la confection des *Atlas linguistiques de la Lorraine et de la Franche-Comté*, dans les années 1970.

ÉVOLUTION

Quelques décennies plus tard, on peut voir que le mot *brimbelle* est désormais entré dans le vocabulaire de l'ensemble des habitants du département des Vosges, et qu'il est également connu dans tous les départements environnants.

MONTAGNE

On peut voir, dans les dialectes parlés en Lorraine comme dans le nord de la Franche-Comté, que les personnes utilisant le mot *brimbelle* étaient surtout établies dans les localités des montagnes vosgiennes, où poussent ces baies. Ailleurs, le mot *brimbelle* n'était connu que par les locuteurs qui parlaient le français.

LE REPAS MARCAIRE

La Lorraine est une région à cheval entre deux aires linguistiques distinctes. Le domaine latin à l'ouest, auxquels se rattachent les dialectes lorrains et le français ; le domaine germanique à l'est, auquel se rattachent les dialectes franciques et alsaciens, proches de l'allemand que l'on parle outre-Rhin. Dans les Hautes-Vosges (région de Gérardmer), on sert encore dans les fermes-auberges un *repas marcaire*, dont les composants rappellent la double identité linguistique de la région. ■

HISTOIRE ET ÉTYMOLOGIE

Dans les Vosges, on appelait *marcairie* ou *marcairerie* ces petits bâtiments agricoles, rattachés à une ferme de taille familiale, où l'on transformait le lait pour en faire du fromage. Aujourd'hui, la plupart des bâtiments de ce genre ont été transformés en fermes-auberges, où l'on sert un menu extrêmement bourratif aux randonneurs, fondeurs et autres touristes de passage. Le mot *marcaire*, qui désignait le berger, résulte de l'adaptation du mot germanique *malker*, « celui qui trait le lait ».

PÂTÉ LORRAIN

La tourte de viande servie en entrée du repas marcaire connaît différentes variantes, qu'on regroupe sous le nom de *tourte lorraine*. Quant au *pâté lorrain*, sa composition est relativement similaire : il diffère par son support de cuisson (il est cuit dans une terrine) et ne contient pas de migaine.

MIRABELLES DE LORRAINE

La mirabelle est le fruit emblématique de la Lorraine. C'est dans cette région que l'on trouve la plus grande densité de mirabelliers de France. D'ailleurs, la Lorraine fournit environ 80 % de la production mondiale avec ses 15 000 tonnes récoltées annuellement ! Chaque année, le dernier week-end d'août, a lieu à Metz, la Fête de la Mirabelle.

AU MENU
d'un repas mercaire

L'entrée

Une part de tourte de viande élaborée à partir d'un mélange de morceaux de viande de porc (épaule) et de veau (noix) marinés avec différentes épices et du vin blanc, le tout cuit dans une pâte feuilletée sous laquelle on verse une migaine avant de servir.

Le plat principal

Une *tofaille* (ou *toffâyes*), mot qui signifie dans les dialectes locaux « à l'étouffée » et qui désigne un plat où alternent tranches de lard, couches de pommes de terre, oignons et éventuellement des poireaux. La tofaille est accompagnée d'un morceau de *dehpeuille* (« dépouille » en patois vosgien, et qui correspond au morceau du porc qu'on appelle *palette*).

Pour terminer

Les fermes-auberges proposent des fromages locaux (munster-géromé), puis de la tarte, dont la garniture dépend des saisons et de l'humeur du chef : brimbelles, mirabelles ou fromage blanc.

Le mot de la faim

LAURENT MARIOTTE

chroniqueur culinaire, animateur radio et télé

Un coin préféré dans la région

La région des lacs dans les Hautes-Vosges. Entre les traces d'animaux (lynx, chamois, etc.) et l'ambiance feutrée, c'est une immersion totale au cœur d'une nature préservée. C'est ça que j'aime, l'environnement brut et sauvage.

Un plaisir coupable

Les *beignets de mirabelles*. Une simple pâte à crêpes enrichie en mirabelles ! Ce fruit est indissociable de la région. Chaque habitant qui a un jardin ou un verger possède au moins un mirabellier. Quand je rentrais de l'école, ma grand-mère me faisait des beignets de mirabelles aussitôt saupoudrés de sucre. Mieux que la madeleine de Proust !

La première spécialité dont vous parlez quand vous évoquez la région

Le *pâté lorrain*. C'est la star locale ! Une farce de porc et de veau marinée au gris de Toul avec des aromates emprisonnés dans une pâte feuilletée. Chaque boulangerie a sa recette, le jeu consiste à trouver la meilleure adresse.

Les recettes que votre communauté réclame le plus

Des recettes rassembleuses et réconfortantes. La blanquette de veau, les endives au jambon..., mais aussi des recettes décomplexées comme les lasagnes à la poêle.

Le plat toujours présent dans votre famille

Le pâté lorrain. Présent en version XL à chaque repas de famille et fête familiale.

Retrouvez Laurent Mariotte sur laurentmariotte.com

RÂPÉES

de Laurent Mariotte

6 pers.

1. Pelez 600 g de pommes de terre à chair ferme et un oignon. Râpez-les à travers les gros trous d'une râpe.
2. Salez, poivrez, ajoutez un bouquet de persil plat haché, 2 œufs entiers, 20 g de farine et mélangez bien.
3. Faites chauffer un bon filet d'huile avec une noix de beurre dans une poêle. Déposez-y de petits tas de pommes de terre et aplatissez-les à l'aide d'une cuillère. Laissez-les dorer environ 2 min par face. Les beignets doivent être légèrement roux.
4. Dans une poêle avec un peu de beurre, cuisez 800 g de lard maigre frais détaillé en tranches (comptez 3 à 4 min par face sur un feu moyen) en même temps que les beignets.
5. Dégustez avec une salade de cœur de frisée aux fines herbes.

LYONNAIS

Rencontre avec…
MICHEL TROISGROS
cuisinier à Ouches, près de Roanne

Le plat régional incontournable

Une entrecôte poêlée aux échalotes de race charolaise.

Le plat impossible à mettre à la carte

Une caille. C'est trop petit et ça me fait mal au cœur. En plus, la chair n'a ni goût ni texture.

Le mot interdit en cuisine ou en salle

Pas interdit, mais démodé : l'*aboyeur*, celui qui, en cuisine, tient le passe-plat et organise le service. Ce poste autoritaire était souvent tenu par le chef. De nos jours, les cuisines sont plus ordonnées et plus calmes. L'aboyeur n'a plus sa place ou alors autrement.

Le produit que vous pourriez manger ou cuisiner sans jamais vous lasser

La tomate, héritage de mon côté italien.

Un conseil à donner à un gourmet qui passe aux alentours

Il faut aller faire un tour sur le plateau de la Verrerie, au-dessus de Roanne.

« J'ai grandi avec deux cultures, c'est une chance. D'un côté le monde professionnel, exigeant, d'une maison déjà trois étoiles. De l'autre, une ambiance maternelle, sensible, dans la maison de ma grand-mère italienne où nous, les enfants, trouvions refuge. Les voyages ont joué un rôle déterminant dans la possibilité que nous avons eue de renouveler notre cuisine. En 1966, mon père a découvert la pureté de la cuisine japonaise, sa précision, son exigence et son esthétique. À son retour, il a mis à profit cette expérience. En fait, chaque voyage fut l'occasion de s'ouvrir l'esprit sans dénaturer nos origines. Mon grand-père Jean-Baptiste avait une affection pour la saisonnalité, les goûts nets et la simplicité, une grande ouverture d'esprit. Ce qui fait le style Troisgros, dès le début, c'est cela et c'est encore vrai aujourd'hui : une esthétique sobre et élégante, une assiette sans jamais rien de trop, de la justesse et de l'étonnement.

J'ai cherché à modifier le saumon à l'oseille car j'étais fatigué de le faire et le refaire. On me le demandait beaucoup trop, en particulier une clientèle nostalgique du passé. Et finalement, après de nombreuses tentatives pour le modifier, après l'avoir mis au placard pendant des années, j'y suis revenu. La première version de 1962 est magnifique et j'ai retrouvé le plaisir de la réaliser. Maintenant, j'aime donner ce plat comme un exemple de modernité intemporelle pour l'équipe, pour César et Léo qui sont aussi très fiers de l'exécuter. Il n'est pas à la carte, il est offert en surprise à des amis qui ne s'y attendent pas. Ça touche beaucoup. »

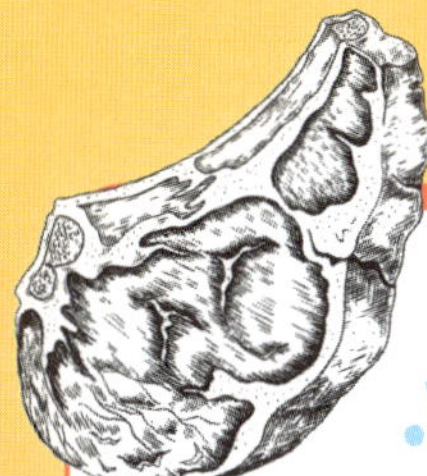

LA RECETTE DU CHEF

STEAK DE BŒUF AU CASSIS*

de Michel Troisgros

6 pers.

Six pavés de rumsteck de 180 g ; sel, poivre ; beurre.

Sauce :
300 g d'échalotes ; 2 bouteilles de vin rouge (un gamay) ; 1 cuillerée de demi-glace de veau ; 50 g de beurre ; 60 baies de cassis fraîches.

Garniture :
3 tomates.

Confection de la sauce

1 Pelez et émincez les échalotes en rondelles. Mettez-les à cuire dans une casserole et couvrez du vin rouge. Quand les échalotes sont fondantes, sortez-les et réduisez le vin jusqu'à un demi-litre.

2 Ajoutez la demi-glace, faites réduire sur feu moyen. Quand la sauce est nappante, incorporez le beurre et assaisonnez. Réservez.

3 **Préparation de la garniture :** Mondez et pelez les tomates, coupez-les en six, éliminez les pépins, coupez la chair en petits dés. Salez légèrement.

4 **Cuisson :** Assaisonnez les rumstecks de chaque côté de sel et de poivre. Poêlez-les dans un beurre mousseux, colorez les deux faces et stoppez-les à la cuisson désirée.

Finition

5 Terminez la sauce en y ajoutant les échalotes, les tomates et les baies de cassis. Chauffez-la légèrement.

6 Servez les rumstecks nappés de la sauce et de sa garniture.

* Cette recette est extraite de *La Colline du Colombier*, paru en 2012 aux éditions du Rouergue.

RUMSTECK

Le rumsteck (ou *rumsteak*, *romsteck*) désigne la « culotte » du bœuf. C'était d'ailleurs le nom de cette découpe jusqu'à ce que l'anglais *rumpsteak* prenne l'ascendant avant de se franciser.

BEURRE

On émulsionne au beurre une sauce maigre (qui contient peu de matière grasse) pour lui permettre de bien envelopper les papilles gustatives. Une fois le beurre bien fouetté dans la demi-glace, il faut rapidement servir pour éviter que la sauce ne tranche, c'est-à-dire se sépare en plusieurs phases.

COMMENT BIEN CUIRE LA VIANDE ?

Pour assurer une coloration homogène, utilisez une poêle bien chaude avec de la matière grasse bien chaude aussi, presque fumante. Pour avoir une pièce de viande chaude à cœur en évitant de brûler la surface, retournez-la (avec une pince, évitez les fourchettes et les diapasons) toutes les 20 à 30 secondes.

QUEL VIN ?

Choisissez un vin de qualité, pas trop acide et assez tannique (les tanins donnent de la longueur en bouche à la glace).

DEMI-GLACE

La demi-glace (qui, lorsqu'elle réduit encore, devient une glace) est le produit d'une longue réduction de fonds bruns (bouillon constitué de parures de viande ou de poissons et d'une garniture aromatique) ou des sucs de cuisson après poêlage (d'où le mot *déglacer*). La demi-glace est également utilisée dans la recette de Gilles Dudognon, p. 129.

MONDER

Pour monder les tomates, incisez-les en croix avant de les plonger 15 secondes dans de l'eau bouillante puis de l'eau glacée. Le choc thermique permet de les peler sans mal !

LA CAROTTE ROUGE

Dans la région de Lyon, mais c'est aussi le cas dans une bonne partie de la Suisse romande, il est encore courant d'appeler aujourd'hui *carotte rouge* ce que l'on désigne ailleurs en France au moyen du mot *betterave*.
L'histoire de ce régionalisme remonte au moins au XVIe siècle. À cette époque, sur le territoire de l'actuelle France, il n'existe qu'un seul terme pour désigner toutes les racines potagères : *pastenade*. Cela s'explique par les ressemblances qui existe entre les différentes variétés de racines et les ancêtres de la *carotte* (plusieurs légumes dont les couleurs de la peau et de la chair sont diverses : blanchâtres, mauves, rouges ou jaunes). Après un certain temps, le terme *pastenade* disparaît. Il est remplacé par le mot *panais*, mais il ne sert alors plus qu'à désigner une racine blanchâtre : le légume du même nom qu'on consomme encore aujourd'hui.

C'est à cette même époque, au XVIe siècle, qu'apparaît la carotte orange, telle qu'on la connaît. Cette nouvelle variété orange du légume est mise au point à la suite de divers croisements entre variétés à chair rouge et blanche. Pour la désigner, le français emprunte au latin scientifique le terme *docus carotta* qui devient ensuite *carotte*.
Un siècle plus tard, quand la betterave est importée d'Italie (en même temps que la pomme de terre, p. 26-27), le français standard choisit d'utiliser les mots *bette* (voir *blette*, p. 132), en raison de l'allure de ses feuilles, et *rave* (nom que l'on donne à différentes plantes potagères dont on consomme les racines) pour la désigner. Mais le français régional de Lyon, lui, opère alors un rapprochement avec la *carotte*. Toutefois, petit à petit, la synonymie et la confusion entre les deux légumes deviennent gênantes. C'est pourquoi à Lyon, on commence à accompagner le mot *carotte* de l'adjectif rappelant la couleur de la racine de la betterave. La locution *carotte rouge* apparaît, et elle est depuis restée en usage dans la région. ■

VOCABULAIRE DES CHAMPS

Pour les paysans de la région, le mot *betterave* désigne la *betterave fourragère* (celle que l'on donne aux animaux, et qui n'est pas comestible).

BOTANIQUE

Comme le mot *panais*, *pastenade* remonte au latin *pastinaca* (qui désigne diverses plantes de la famille des apiacées, à laquelle se rattachent le persil ou l'angélique). On trouve aussi les variantes *pastenaille* ou *pastenague*.

ON NE VOUS RACONTE PAS DE SALADES

Ne soyez donc pas surpris si, en vous rendant dans un bouchon, vous trouvez à la carte une *salade de carottes rouges* ! C'est en effet une entrée typique de la gastronomie lyonnaise. Attention, ne vous attendez pas à des carottes orange, mais à des betteraves. Une fois épluchées, les betteraves sont coupées en dés. Elles sont accompagnées de morceaux de cervelas et d'échalotes finement ciselées, le tout assaisonné d'une vinaigrette bien relevée.

CAROTTES ROUGES AU JUS DE VEAU

❶ Épluchez 750 g de carottes rouges déjà cuites et coupez-les en rondelles. Émincez finement 2 gros oignons.

❷ Dans une cocotte, faites colorer les oignons dans un peu de beurre. Ajoutez les carottes rouges, assaisonnez et cuisez à feu doux 5 min.

❸ Couvrez de jus de veau et cuisez encore à feu doux une dizaine de minutes ou jusqu'à ce que le jus soit bien nappant. Servez aussitôt.

• CAROTTE ROUGE •

Aire et vitalité de *carotte rouge*
Source des données :
Enquêtes Français de nos Régions, 2015-2020.
Méthode : Méthode des *k* plus proches voisins.

0% — emploi déclaré — 100%

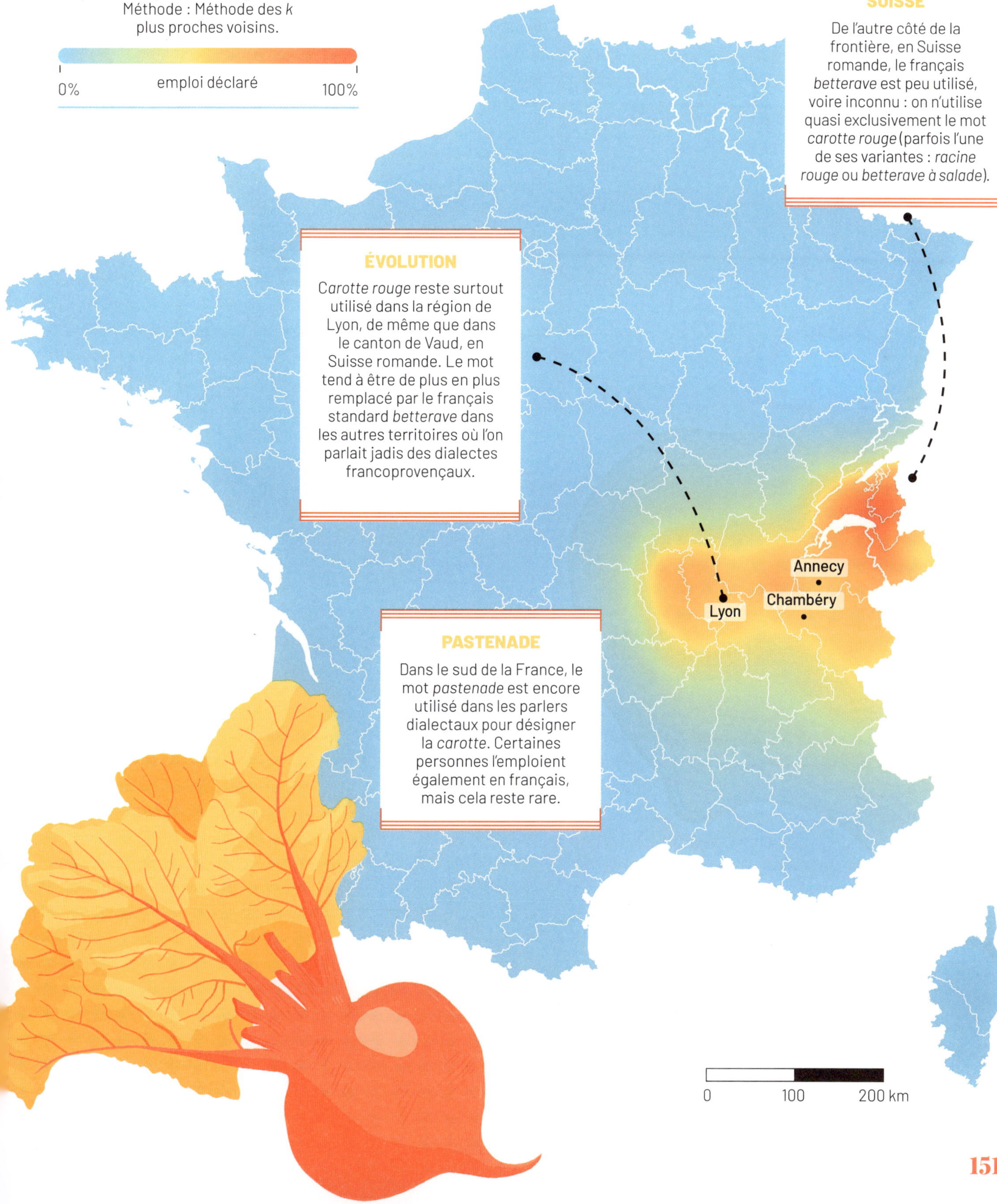

SUISSE

De l'autre côté de la frontière, en Suisse romande, le français *betterave* est peu utilisé, voire inconnu : on n'utilise quasi exclusivement le mot *carotte rouge* (parfois l'une de ses variantes : *racine rouge* ou *betterave à salade*).

ÉVOLUTION

Carotte rouge reste surtout utilisé dans la région de Lyon, de même que dans le canton de Vaud, en Suisse romande. Le mot tend à être de plus en plus remplacé par le français standard *betterave* dans les autres territoires où l'on parlait jadis des dialectes francoprovençaux.

PASTENADE

Dans le sud de la France, le mot *pastenade* est encore utilisé dans les parlers dialectaux pour désigner la *carotte*. Certaines personnes l'emploient également en français, mais cela reste rare.

LES PÂTISSERIES DE CARNAVAL

Dans la tradition chrétienne, le mercredi des Cendres marque le début du carême, période d'une quarantaine de jours pendant laquelle on alterne des jours de jeûne et des jours d'abstinence, et qui s'achève avec Pâques (la durée du carême fait référence aux quarante jours passés par le Christ dans le désert). C'est aussi à cette date que l'on célèbre carnaval. La veille du mercredi des Cendres est le dernier jour de la semaine dite « des sept jours gras ». Elle est associée à une journée de festivités qui s'accompagne de festins où tous les excès sont permis. Jusqu'à il y a peu, c'est en ce jour de mardi « gras » que l'on confectionnait et dégustait de délicieux beignets de pâte frits, qui régalent encore aujourd'hui petits et grands.

Dans certaines régions, ces gourmandises ne sont pas associées uniquement à carnaval, puisqu'on les consomme à d'autres occasions de l'année où l'Église permet que l'on mange « gras » (à Pâques, à Noël). Par ailleurs, comme c'est le cas de l'ensemble des pâtisseries et d'autres spécialités régionales dont la fabrication est associée à différentes dates importantes de l'année, les recettes, les formes et les dénominations de ces spécialités locales varient sensiblement d'une région à l'autre de la francophonie d'Europe, mais aussi à travers les époques. ■

MOELLEUX OU CROUSTILLANTS ?

Traditionnellement, les beignets en question ici consistent en des morceaux de pâte à base de farine, de lait, d'œufs et de divers arômes (zestes d'orange ou de citron, extraits de vanille, etc.), que l'on roule en les entrelaçant ou que l'on aplatit, avant de les plonger quelques instants dans un bain d'huile bouillante.
Une fois cuits, ces beignets prennent des tailles et des formes différentes, (rectangles, carrés, triangles ou losanges), boursouflés et de couleur brune ou ocre, de 10 à 15 cm de longueur et de 4 à 8 cm de largeur.
Dans les régions de la moitié septentrionale où ils sont consommés, ces beignets sont plus consistants (de 0,5 cm à 1 cm d'épaisseur) avec un cœur jaune clair, dont la texture aérée est moelleuse.
Au sud du territoire, de même qu'en Suisse romande, ces beignets sont plus fins et croustillants. Avec ou sans levure, craquants ou briochés, ils sont servis tièdes ou froids, saupoudrés de sucre ou de sucre glace.

BUGNES EXPRESS

1. Faites un puits avec 500 g de farine, ajoutez-y 100 g de beurre, 3 œufs entiers et le zeste d'un citron.
2. Mélangez-bien et étalez la pâte divisée en plusieurs parties. Après avoir fariné le plan de travail, tracez des bandes de 2 cm de largeur sur 10 ou 12 cm de longueur.
3. Faites chauffer l'huile de friture dans une grosse poêle.
4. Plongez les bugnes par petits groupes. Une fois que les bugnes ont gonflé et sont bien dorées, posez-les un instant sur du papier absorbant.
5. Saupoudrez-les de sucre glace, et servez chaud.

LE SAVIEZ-VOUS ?

Le mot *carnaval* dérive du latin médiéval *carne levare*, qui signifie « enlever la chair », en d'autres termes « retirer des menus », durant toute la période du carême, la viande (au sens de « tout produit gras », car c'est aussi la consommation de produits laitiers et sucrés qui est à bannir pendant le carême).

PÂTISSERIES DE MARDI GRAS

Dénominations des *pâtisseries de mardi gras*
Source des données :
Enquêtes Français de nos régions, 2020.
Méthode : Méthode des *k*
plus proches voisins.

ET AILLEURS ?

Les beignets de carnaval sont inconnus dans les régions de la frange nord-orientale de l'Hexagone. Dans ces régions, on consomme plutôt des crêpes à carnaval, comme le jour de la chandeleur.

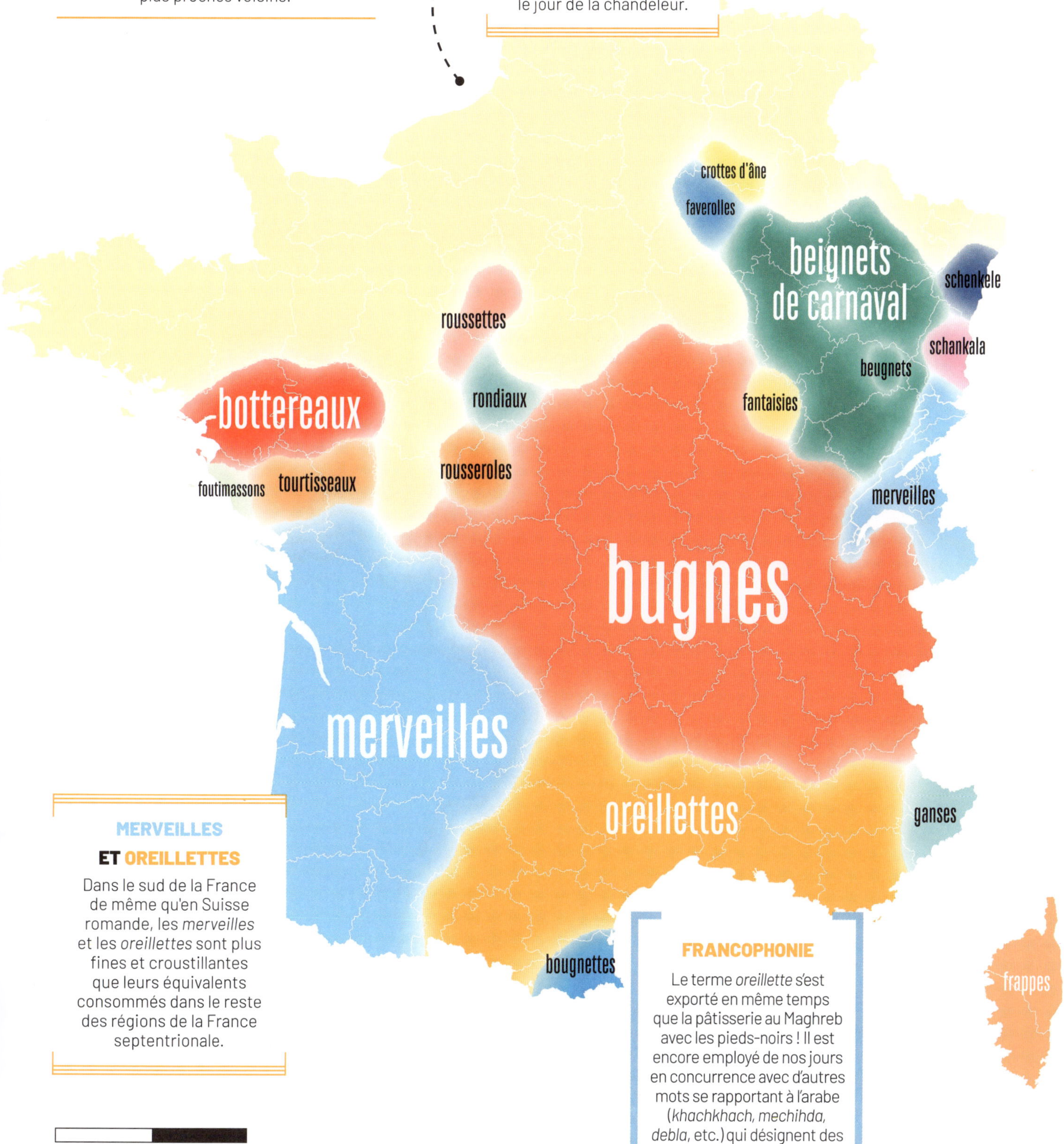

MERVEILLES ET OREILLETTES

Dans le sud de la France de même qu'en Suisse romande, les *merveilles* et les *oreillettes* sont plus fines et croustillantes que leurs équivalents consommés dans le reste des régions de la France septentrionale.

FRANCOPHONIE

Le terme *oreillette* s'est exporté en même temps que la pâtisserie au Maghreb avec les pieds-noirs ! Il est encore employé de nos jours en concurrence avec d'autres mots se rapportant à l'arabe (*khachkhach*, *mechihda*, *debla*, etc.) qui désignent des pâtisseries proches.

CONNAISSEZ-VOUS
LE POT LYONNAIS ?

En français, il existe une petite dizaine de termes pour désigner le récipient ayant pour fonction de servir de l'eau. Les définitions de chacun de ces termes que l'on trouve dans *le Grand Robert de la langue française* sont toutes assez proches.

On y décrit le *pichet* comme un « récipient, petit broc à grosse panse, rétréci au collet, servant de pot à eau ou de récipient pour la boisson ».

À l'entrée *broc,* la définition change à peine : « récipient à anse, à bec évasé, dont on se sert pour transvaser les liquides ».

La définition de *cruche* n'est guère différente non plus : « récipient, souvent de grès ou de terre, à col étroit, à large panse, à deux anses ».

Si le récipient a un col étroit et ne possède pas d'anse, on l'appelle *carafe* : « récipient de verre de forme pansue et à col étroit ».

Enfin, le mot *pot* est le plus sous-spécifié de tous les termes en présence : « récipient de ménage, destiné surtout à contenir liquides et aliments ».

Si aucun de ces termes n'est marqué comme régional, tous ne sont pas utilisés avec la même vitalité quand il s'agit de dénommer le récipient qui contient l'eau à table en famille ou à la cantine.

Ainsi, si en Île-de-France, dans le Centre et à Marseille, on sert l'eau dans des *brocs* ou *brocs d'eau*, à Lyon et dans les départements alentour, on vous la servira dans un *pot d'eau* ; autour des villes de Privas (en Ardèche) et Valence (dans la Drôme), on parle de *pot-à-eau*. Dans le Grand Ouest, on parle plus volontiers de *pichet*, alors que dans le Nord-Est, comme en Belgique, on préfère le mot *cruche*. Quant à *carafe*, il est utilisé partout, notamment dans le Languedoc, en Corse et en Suisse romande, où il ne connaît pas de concurrents !

RÉGIONALISMES DE FRÉQUENCE

Les linguistes appellent *régionalismes de fréquence* ces expressions qui appartiennent au français commun (c'est-à-dire que tout le monde connaît, et que tous les dictionnaires mentionnent sans préciser qu'il s'agit d'un régionalisme), mais dont la fréquence d'emploi est plus élevée dans certaines régions.

4 CENTIMÈTRES, ÇA COMPTE ?

Au Moyen Âge, on tirait le vin des tonneaux pour remplir des cruches, des pichets ou des bouteilles qui permettaient de contenir alors 2,08 litres.
Au XVIIe siècle, sa contenance diminue de moitié. Elle atteint 1,04 litre.
Quand le pot lyonnais fait son apparition au XIXe siècle, les canuts (que l'on appelle aussi « soyeux ») qui sont des ouvriers originaires du quartier de la Croix-Rousse à Lyon et spécialisés dans les travaux de la soie sur les machines à tisser, reçoivent un demi-litre de vin de leurs patrons.
En 1843, une loi fixe la contenance du pot lyonnais à 46 centilitres, les 4 centilitres manquants pour atteindre le demi-litre correspondent au verre du patron. Mais vous n'y verrez que du feu, car le cul de la bouteille, de 4 centimètres d'épaisseur, donne à la bouteille l'allure d'un vrai demi-litre !

•POT D'EAU•

Dénominations du *pot d'eau*
Source des données :
Enquêtes Français de nos Régions 2015-2020.
Méthode : Méthode des *k*
plus proches voisins.

BROC

Dans le mot *broc*, le *c* final ne se prononce pas, qu'il soit employé seul ou non. Ainsi, *broc d'eau* se prononce [brodo]). À l'inverse, dans le tour *pot-à-eau*, le *t* est audible : on dit [potâo].

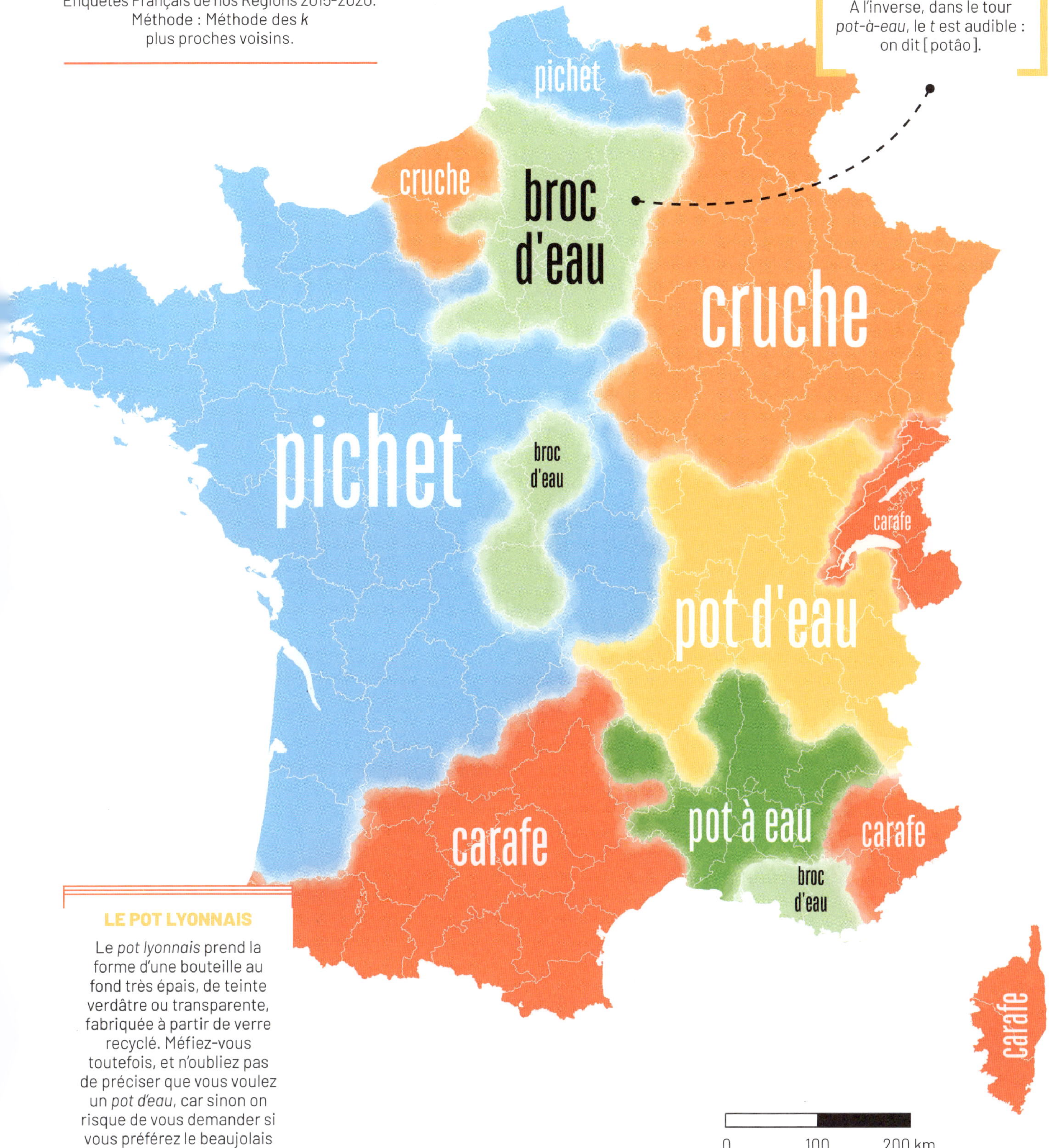

LE POT LYONNAIS

Le *pot lyonnais* prend la forme d'une bouteille au fond très épais, de teinte verdâtre ou transparente, fabriquée à partir de verre recyclé. Méfiez-vous toutefois, et n'oubliez pas de préciser que vous voulez un *pot d'eau*, car sinon on risque de vous demander si vous préférez le beaujolais ou le côtes-du-rhône !

DANS LES CUISINES D'UN BOUCHON

La cuisine lyonnaise est une cuisine de terroir mondialement connue. La métropole comporte plus de 1 000 enseignes, ce qui représente la plus grande concentration de restaurants par habitant en France ! Pour trouver les meilleurs, ne cherchez point de *brasserie*. Demandez dans quels *bouchons* on peut déguster le meilleur *mâchon* (terme local qui désigne un casse-croûte) du coin !

À Lyon, les *bouchons* sont des débits de boissons offrant une restauration à base de plats simples et traditionnels. À l'instar des estaminets (p. 186) dans le Nord et des winstubs alsaciennes (p. 18), on les reconnaît à leur allure typique. Tables en marbre ou en bois les unes sur les autres, nappes à carreaux rouges et blancs, déco d'un autre temps qui met Guignol à l'honneur, ambiance bruyante et odeurs de cuisine font des bouchons lyonnais des lieux où il fait bon se rendre entre amis ou en famille, pour partager un repas dans une ambiance particulière. ■

ÉTYMOLOGIE

Le mot *bouchon* était jadis bien plus répandu en français qu'il ne l'est aujourd'hui. Il désignait alors une botte ou un rameau de feuillage que l'on suspendait comme enseigne au-dessus de la porte d'un cabaret. Par métonymie, le mot a été utilisé pour désigner les cabarets, ainsi que les débits de boissons en général.

AU MENU *d'un bouchon*

Le menu d'un bouchon lyonnais n'est pas spécialement codifié, mais on retrouve toujours à la carte un peu les mêmes spécialités. Nos préférées :

Les grattons

Quelques grattons (croquants réalisés à base de résidus de graisse) pour se mettre en bouche (p. 57), en sirotant un *communard* (kir à base de vin rouge).

La charcuterie lyonnaise

En entrée, il ne faut surtout pas passer à côté des charcuteries lyonnaises, et surtout des saucissons. Parmi les plus fameux : la *rosette*, le *jésus* et le *cervelas*. Si l'occasion vous est offerte, laissez-vous tenter par un petit morceau de *pâté croûte*.

La salade lyonnaise

Végétarien ? Demandez une *salade lyonnaise* sans lardons ou des *cervelles de canut* (spécialité à base de fromage blanc assaisonné).

Le tablier de sapeur

En plat principal, on peut se laisser tenter par le *tablier de sapeur*, une spécialité à base de gras-double (appelée aussi *bonnet nid d'abeille*, en raison de l'allure de la panse).

Les quenelles de brochet sauce Nantua

La ville de Lyon est connue pour ses quenelles de brochet sauce Nantua. C'est à Lyon que ce mets fondant est né ; la sauce Nantua, faite à partir de béchamel et de beurre d'écrevisse, fait référence à une ville voisine de Lyon, dans l'Ain.

Les pralines

En dessert, il existe tout un tas de douceurs à base de pralines. La plus célèbre ? La *tarte aux pralines* !

LES BOUCHONS

Nombre d'enseignes de restauration arborant le mot *bouchon* dans le nom de leur enseigne, somme par département

Source des données : pagesjaunes.fr

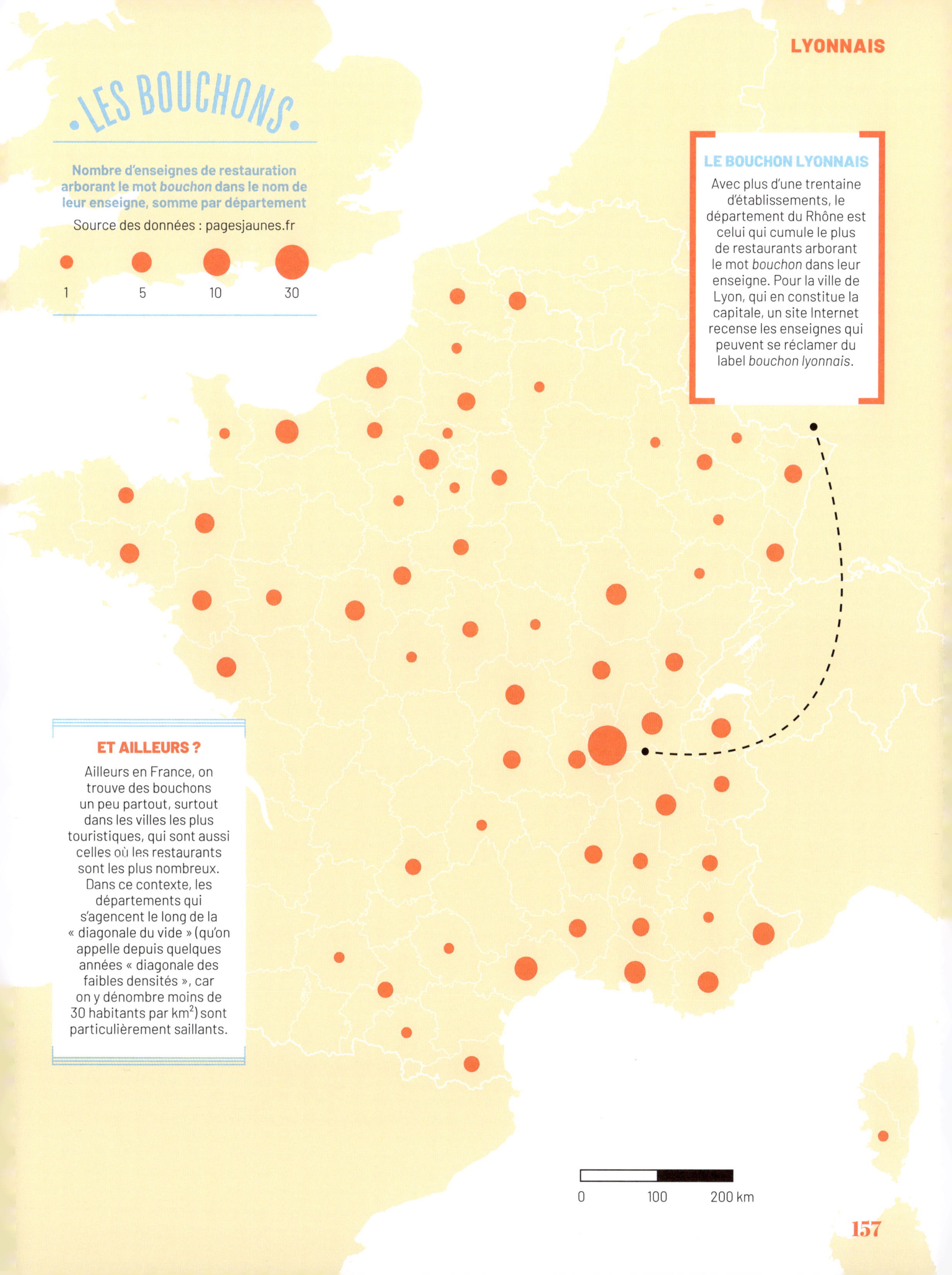

LE BOUCHON LYONNAIS

Avec plus d'une trentaine d'établissements, le département du Rhône est celui qui cumule le plus de restaurants arborant le mot *bouchon* dans leur enseigne. Pour la ville de Lyon, qui en constitue la capitale, un site Internet recense les enseignes qui peuvent se réclamer du label *bouchon lyonnais*.

ET AILLEURS ?

Ailleurs en France, on trouve des bouchons un peu partout, surtout dans les villes les plus touristiques, qui sont aussi celles où les restaurants sont les plus nombreux. Dans ce contexte, les départements qui s'agencent le long de la « diagonale du vide » (qu'on appelle depuis quelques années « diagonale des faibles densités », car on y dénombre moins de 30 habitants par km²) sont particulièrement saillants.

PÂTÉ CROÛTE OU PÂTÉ *EN* CROÛTE ?

Le *pâté (en) croûte* est une spécialité de charcuterie pâtissière qui consiste en un pâté de viande (porc, veau, lapin, volaille ou gibier, selon les recettes) assaisonné de diverses épices et cuit dans une pâte feuilletée ou brisée. De la Champagne à la région Rhône-Alpes en passant par la Lorraine (p. 146), le pâté en croûte est considéré comme un plat emblématique de la gastronomie locale. À Lyon, c'est LA star des bouchons.

Depuis 2009, la région accueille d'ailleurs chaque année le Championnat du monde de *pâté croûte*, et non de *pâté en croûte*, dénomination que l'on retrouve dans la presse nationale, et qui n'a rien de locale. En Rhône-Alpes en effet, on ne dit pas *pâté en croûte*, mais *pâté croûte*, sans préposition. Les dictionnaires ne rendent pas compte de cette particularité linguistique, que l'on retrouve également à Reims.

CHAMPIONNAT

Depuis 2009, les meilleurs chefs de la Terre entière se retrouvent en région lyonnaise pour tenter de remporter le Championnat du monde de pâté croûte. Le premier s'est tenu à Sathonay-Village, et a été remporté par des Lyonnais. En 2019, c'est un Japonais qui a raflé la mise. Ce concours est important car il met en valeur la gastronomie lyonnaise, mais il revalorise aussi le métier de l'artisan charcutier, qui se perd en France.

EN CROÛTE

La cuisson dite *en croûte* est une cuisson originale, qui comporte de multiples variations (de sel, d'argile, de riz ou encore de pain). Connue depuis le Moyen Âge, elle permet de préserver les saveurs ou la tendreté de la viande (ou du poisson).

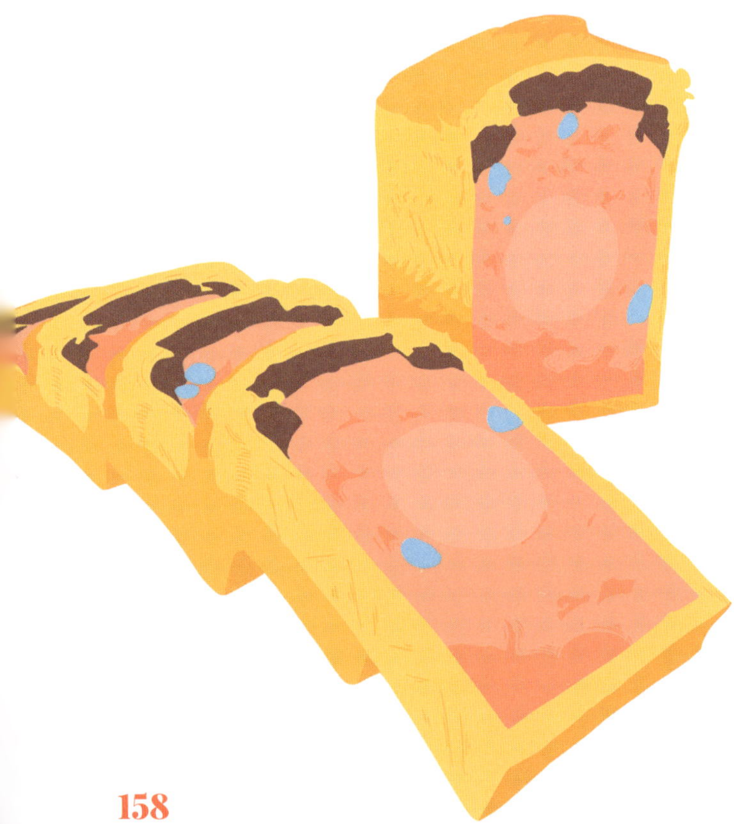

•PÂTÉ CROÛTE•

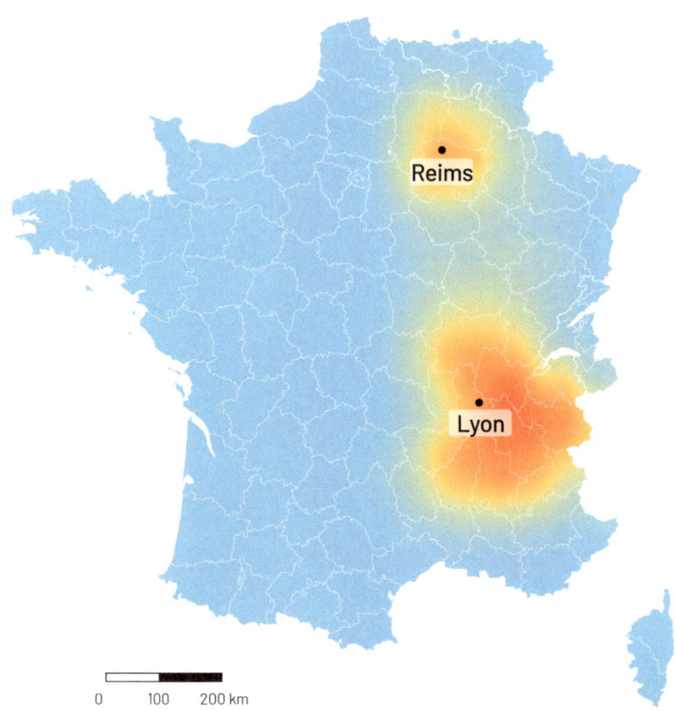

Aire et vitalité de *pâté croûte*
Source des données : Enquêtes Français de nos Régions, 2015-2020.
Méthode : Méthode des *k* plus proches voisins.

0% emploi déclaré 100%

Le mot de la faim

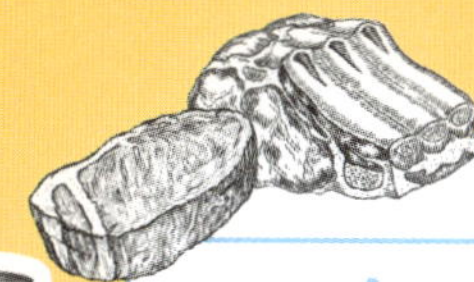

JULIEN PERRET

défenseur du pâté croûte

C'est quoi, un bon pâté croûte ?

Ça part d'une démarche généreuse. C'est une recherche d'accords, de dialogue entre les marquants (les caractéristiques fondamentales : couleur, saveur, texture), la farce et tous les ingrédients. C'est une volonté de mettre en avant des produits locaux et de saison. Ce n'est sûrement pas un parpaing acheté en supermarché ou en boucherie, avec une ligne de mousse de foie qui le traverse et de gros bords jaunâtres.

Comment est née votre démarche ?

J'ai grandi auprès d'un père pâtissier dans le Bourbonnais et j'ai toujours préféré me couper un morceau de pâté à la viande en rentrant de l'école que de manger un pain au chocolat. Avec le temps, j'ai développé une passion pour le pâté croûte car c'est LE monument de notre gastronomie. On peut en trouver mille variétés ! Avec @Pate_croute_France sur Instagram, je pars à la recherche de cette variété, je mets en avant les charcutiers et les cuisiniers… et je dis surtout à la jeune génération qu'elle doit s'en emparer !

Comment a-t-elle été reçue sur les réseaux sociaux ?

Le compte Instagram, grâce à son aspect monomaniaque, a vite eu son petit succès ! Les charcutiers et les cuisiniers ont compris ma démarche et beaucoup m'ont proposé de venir découvrir leurs créations. Gilles Vérot, Frédéric Le Guen-Geffroy, ce sont de grands noms qui m'ont tout de suite ouvert leurs portes.

Un chef à recommander ?

Par où commencer ? Pour Lyon, j'en appelle à Bastien Depietri, le talentueux chef du *Bistrot d'Abel*, une adresse que je conseille vivement pour les amateurs de pâtés en croûte, ou de pâtés croûte comme on dit à Lyon. Le goût et la générosité sont toujours au rendez-vous !

Retrouvez les découvertes de Julien Perret sur Instagram @pate_croute_france

DÉCRYPTAGE DU PÂTÉ CROÛTE

par Bastien Depietri, chef exécutif de la *Maison Abel* à Lyon

Le pâté croûte est très tendance. Pour autant beaucoup d'établissements vendent des pâtés industriels car c'est un mets difficile à réaliser. Voici quelques astuces que le chef applique chez *Abel* pour mettre toutes les chances de son côté.

❶ Les *marquants*, ces morceaux de viande tendres et plus épais, sont jolis à la découpe et mettent en évidence la particularité de chaque pâté.

❷ Le repos est très important : un pâté est bien meilleur deux ou trois jours après sa fabrication, les saveurs auront le temps de se développer.

❸ L'assaisonnement de la farce est primordial, un pâté se mange tempéré, le sel est moins marqué que dans un mets chaud.

❹ La cuisson doit se faire dans un four très chaud au démarrage, ce qui permet une belle coloration et une cuisson homogène de la croûte. Il faut ensuite baisser la température afin de ne pas trop cuire la farce. On peut ainsi démarrer à 220 °C pendant 15 min, puis baisser à 180 °C pendant 45 min environ.

❺ Amusez-vous et jouez avec les saveurs : comme souvent en cuisine lorsque l'on se fait plaisir, le résultat est au rendez-vous !

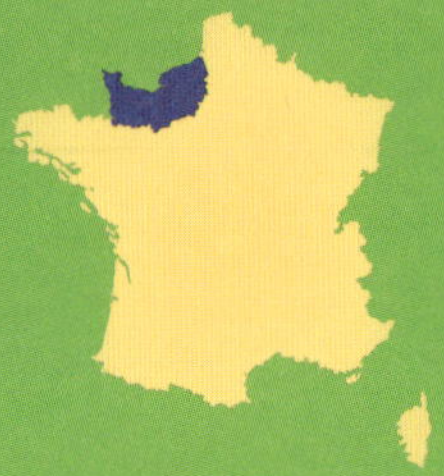

NORMANDIE

Rencontre avec…
DAVID GALLIENNE

chef du *Jardin des plumes**, à Giverny

Les incontournables de la région
Le poulet de la Vallée d'Auge et la teurgoule.

Le plat impossible à mettre à la carte
La choucroute ! Je n'ai pas d'appétence forte pour ce plat.

Le produit local inconnu que tout le monde devrait découvrir
Le cidre de glace, qui se fait sur un jus de pommes concentré naturellement par le froid.

Le produit que vous pourriez cuisiner sans jamais vous lasser
Les champignons.

Le meilleur conseil à donner à un gourmet qui passe aux alentours
Je lui dirais de venir à Giverny ! Il y a le musée des impressionnismes, la maison et les jardins de Monet…

Vous avez 6 œufs, 30 minutes et un accès libre à votre cuisine
Je fais une brouillade d'œufs à la truffe.

« Je ne mets pas de limites à ma cuisine. Depuis *Top Chef* je suis moins timide dans la réalisation ou la mise en scène d'un plat. C'est assez simple ! Ça s'explique naturellement, je rencontre les producteurs, je tâte le terrain d'abord avant d'entrer en cuisine. On n'est pas des magiciens, on est juste des cuisiniers. Il n'y a pas de limite à l'interprétation : dans la cuisine, il n'y a plus rien à créer ; et puis le traditionnel est indémodable. On a la chance en Normandie d'avoir un terroir très riche avec beaucoup de terres agricoles mais aussi la mer : le terrain de jeu est grand ! En cuisine, je prône le végétal, je fais une cuisine d'ici avec des inspirations d'ailleurs. Mon grand-père était jardinier, pêcheur, chasseur… c'était évident que le goût des bons produits mènerait vers la cuisine. Je me rappelle aussi la poule au pot de mamie Marcelle, une volaille justement élevée par mon grand-père. J'aime ces plats de partage. La blanquette, c'est mon plat préféré. Ça fait remonter tellement de souvenirs d'enfance, c'est la cocotte en fonte sur la table, les légumes du jardin… Mon expérience a fait changer ma vision des produits de voyage, mais finalement assez peu sur les produits français ou normands particulièrement. Ce sont les producteurs qui font la carte : on prend les meilleurs produits au meilleur moment. Quand on a des tomates, c'est en juillet, et pour trois mois. Et quand on a des pommes et du cidre, on les rassemble ! »

·LA RECETTE DU CHEF·

ROSIER DE POMMES

de David Gallienne

6 pers.

4 pommes Karmijn ; 1 bouteille de cidre ; 1 bouteille de jus de pomme ; 100 g de beurre ; ½ gousse de vanille ; ¼ l de crème liquide entière ; 1 rouleau de pâte feuilletée ; 125 g de crème crue fermière épaisse ; 100 g de kasha.

1. Réduisez de trois quarts le jus de pomme, puis montez au beurre et ajoutez la vanille.
2. À l'aide d'une mandoline, taillez les pommes en fines tranches. Montez en rose dans un cercle et cuisez dans le cidre et le jus de pomme réduit dans un four à 180 °C pendant 12-15 min, selon votre four.
3. Faites cuire la pâte feuilletée entre deux plaques. Détaillez de fines arlettes et caramélisez-les au grill en badigeonnant de jus de cuisson des rosiers de pommes.
4. Récupérez le jus de cuisson des pommes, crémez et laissez réduire jusqu'à obtention d'une sauce caramel.
5. Montez la crème crue au batteur. Mixez le kasha.
6. Dressez harmonieusement le dessert.

POMME KARMIJN DE SONNAVILLE

La pomme Karmijn de Sonnaville est une variété mise au point après la Seconde Guerre mondiale et finalement commercialisée dans les années 1970. Sa chair parfumée et juteuse lui permet d'être transformée en cidre, en jus, ou cuisinée.

MONTE AU BEURRE

On *monte au beurre* des sauces comme la hollandaise ou la béarnaise pour les stabiliser, mais aussi pour lier des jus réduits de cuisson.

CRÉMER

Crémer signifie « ajouter de la crème ». Dans le cas présent, préférez de la crème liquide entière du commerce pour que la réduction ne tranche pas.

CRÈME CRUE

Produit immédiatement issu de l'écrémage du lait cru, la crème crue est liquide et contient, comme celle pasteurisée du commerce, entre 30 et 40 % de matière grasse, une qualité évidente pour être montée comme une chantilly (attention à ne pas faire du beurre !). Quoique crue, elle n'est pas acidulée comme la crème épaissie en raison des ferments lactiques qui s'y développent.

ARLETTES

Les *arlettes* sont de fines tuiles de pâte feuilletée dont la réalisation peut varier selon les traditions. Pour un premier essai, caramélisez de fines abaisses de pâte feuilletée au sucre glace sous le grill du four, sous surveillance.

KASHA

Le *kasha* désigne le sarrasin une fois décortiqué et grillé. Il prend alors un goût subtil de noisette.

LES FAMEUX FROMAGES NORMANDS

En raison de la richesse et de la fertilité de ses pâturages, la Normandie est une région connue pour la qualité de ses spécialités laitières, notamment pour ses fromages à base de lait de vache. Il en existe quatre qui disposent d'une AOC, acquise au début des années 1980.

Comme pour d'autres spécialités et produits régionaux, de nombreux mythes entourent l'origine de ces quatre fromages. Rappelons que la fabrication des fromages est au moins aussi ancienne que l'agriculture et l'élevage. Elle s'est développée au cours du Moyen Âge, et résulte de savoir-faire ancestraux. Quant à leurs dénominations, elles proviennent des noms des localités où se tenaient les marchés où lesdits fromages étaient vendus : avant d'être un fromage, Camembert est un petit village (moins de 200 habitants) de l'Orne !

NUMÉRO 1

Les Normands sont connus pour leur consommation de beurre et de crème. Aujourd'hui, la Normandie demeure la première région productrice de crème mais aussi de beurre en France, avec près d'un tiers de la production nationale !

GUERRE DU CAMEMBERT

Camembert de Normandie ou *camembert fabriqué en Normandie* ? Depuis le 1er janvier 2021, seule la première appellation, qui fait l'objet d'une AOC, est autorisée dans l'étiquetage commercial, pour éviter de duper les consommateurs.

LE CAMEMBERT DANS TOUS SES ÉTATS

Contrairement aux autres fromages que l'on consomme surtout de façon traditionnelle (avec du pain, à la fin du repas), le camembert entre dans la confection de nombreuses spécialités locales.
En entrée ou en apéro, le camembert est mangé en *croquettes* (morceaux de camembert panés et frits) ou dans des *feuilletés*.
En plat principal, outre dans la *fondue normande* (p. 214), il est utilisé dans des sauces qui accompagnent des viandes. En dessert, il est utilisé pour farcir des *pommes cuites au four*.

LES QUATRE FROMAGES AOC NORMANDS

Le camembert de Normandie

C'est sans doute le plus connu d'entre eux, en France comme à l'étranger. Comme le brie (p. 58-59), il s'agit d'un fromage à pâte molle à croûte fleurie d'un blanc duveteux, moulé à la louche.

Le livarot

C'est un fromage à pâte molle à croûte lavée. La couleur jaune-orange de sa croûte si caractéristique est due à l'utilisation d'un colorant végétal naturel utilisé lors de son brossage pendant la période d'affinage : le *rocou*.

Le pont-l'évêque

C'est un fromage à pâte molle et à croûte lavée, de couleur beige ou orangée. Pour le différencier d'autres fromages produits dans la même région, il prend la forme carrée d'un pavé.

Le neufchâtel

On l'appelle aussi *bonbon de Neufchâtel*. C'est un fromage à pâte molle à croûte fleurie. Il est facilement reconnaissable car il se présente sous la forme d'un cœur.

Spécialités laitières AOC de Normandie

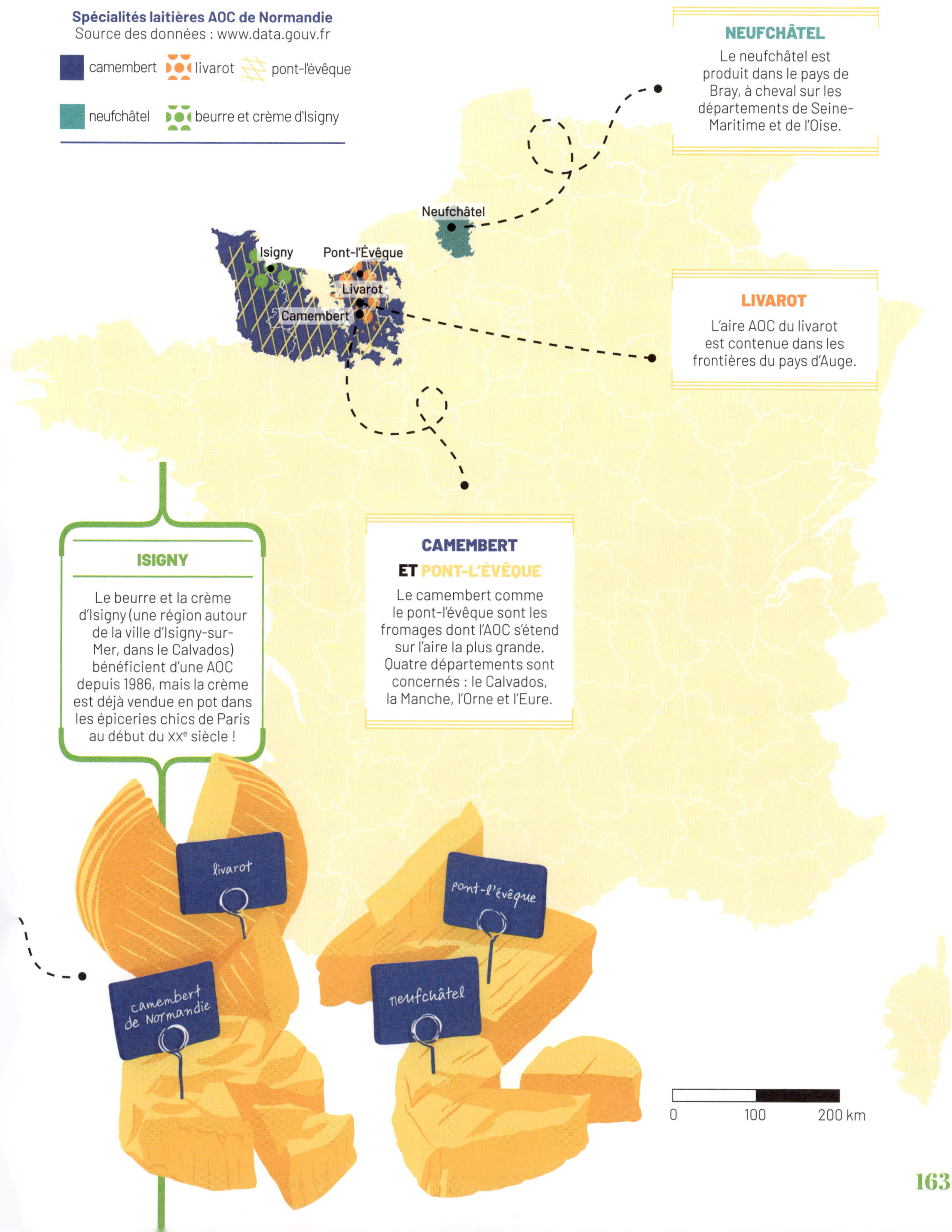

NEUFCHÂTEL

Le neufchâtel est produit dans le pays de Bray, à cheval sur les départements de Seine-Maritime et de l'Oise.

LIVAROT

L'aire AOC du livarot est contenue dans les frontières du pays d'Auge.

ISIGNY

Le beurre et la crème d'Isigny (une région autour de la ville d'Isigny-sur-Mer, dans le Calvados) bénéficient d'une AOC depuis 1986, mais la crème est déjà vendue en pot dans les épiceries chics de Paris au début du XXe siècle !

CAMEMBERT ET PONT-L'ÉVÊQUE

Le camembert comme le pont-l'évêque sont les fromages dont l'AOC s'étend sur l'aire la plus grande. Quatre départements sont concernés : le Calvados, la Manche, l'Orne et l'Eure.

LES TRIPES À LA MODE

En boucherie, les *tripes* désignent les différents morceaux de l'estomac et des intestins d'un animal. En cuisine, le même mot désigne diverses spécialités préparées à partir de ces morceaux.

Il existe un grand nombre de recettes, qui font la renommée des villes ou des régions d'où elles sont originaires. Malgré les différences, toutes présentent des caractéristiques communes : une fois lavées et blanchies, les tripes sont mises à cuire avec des pieds de bœuf désossés (qui donnent ensuite de la gelée) et un mélange de légumes, d'aromates, de bouillon et de vin ou de cidre. Elles sont cuites longuement (jusqu'à 24 heures) et servies avec cette sauce. Les tripes sont en général préparées au moyen des quatre premières parties de l'estomac du bœuf : la panse (premier pré-estomac), le bonnet (second pré-estomac), le feuillet (troisième pré-estomac) et la caillette (véritable estomac).

En Normandie comme ailleurs, on prépare et on consomme des tripes depuis au moins l'Antiquité. Alors pourquoi ce plat est-il si emblématique de la région ? Parce qu'à Paris, au XIXᵉ siècle, le restaurant du Normand Alexandre Pharamond gagne petit à petit en popularité en raison de la spécialité qu'on y sert : les tripes *à la mode de Caen*. Les tripes deviennent ainsi le plat normand par excellence. Elles gagnent en popularité sur les marchés, où elles sont vendues dans des bocaux. Aujourd'hui, les tripes à la mode de Caen sont les préparations de tripes les plus vendues en France. ■

HISTOIRE

Au Moyen Âge, la production et la cuisson des tripes sont fortement réglementées. Seules les personnes exerçant le métier de *tripier* sont autorisées à préparer les tripes.

DÉCLINAISONS DES TRIPES NORMANDES

Les tripes *à la mode de Caen* sont préparées avec du calvados, c'est ce qui fait leur originalité par rapport à d'autres spécialités de tripes préparées ailleurs en France. Moins connues que les caennaises, les tripes *à la fertoise* présentent l'originalité d'être servies en brochettes. Celles à la crème *de Coutances* sont roulées dans du gras-double et cuites dans de la crème.

LA TRIPIÈRE D'OR

La Tripière d'or est le nom d'une confrérie créée à Caen dans les années 1950. La confrérie veille au respect des traditions autour de la recette des tripes à la mode de Caen. Elle organise également chaque année un concours des meilleures tripes, qui réunit plus de 200 professionnels.

CONFRÉRIES

De nombreuses localités disposent de leur confrérie : outre la Tripière d'or de Caen, signalons la Confrérie des Fins Gourmets de Longny-au-Perche, la Confrérie Cassine des Chevaliers de Saint-Jacques de Montebourg, La Tripière Fertoise à La Ferté-Macé, etc.

•TRIPES•

Principales préparations de tripes en France
Source des données : cuisinealafrancaise.com ; wikipedia.fr

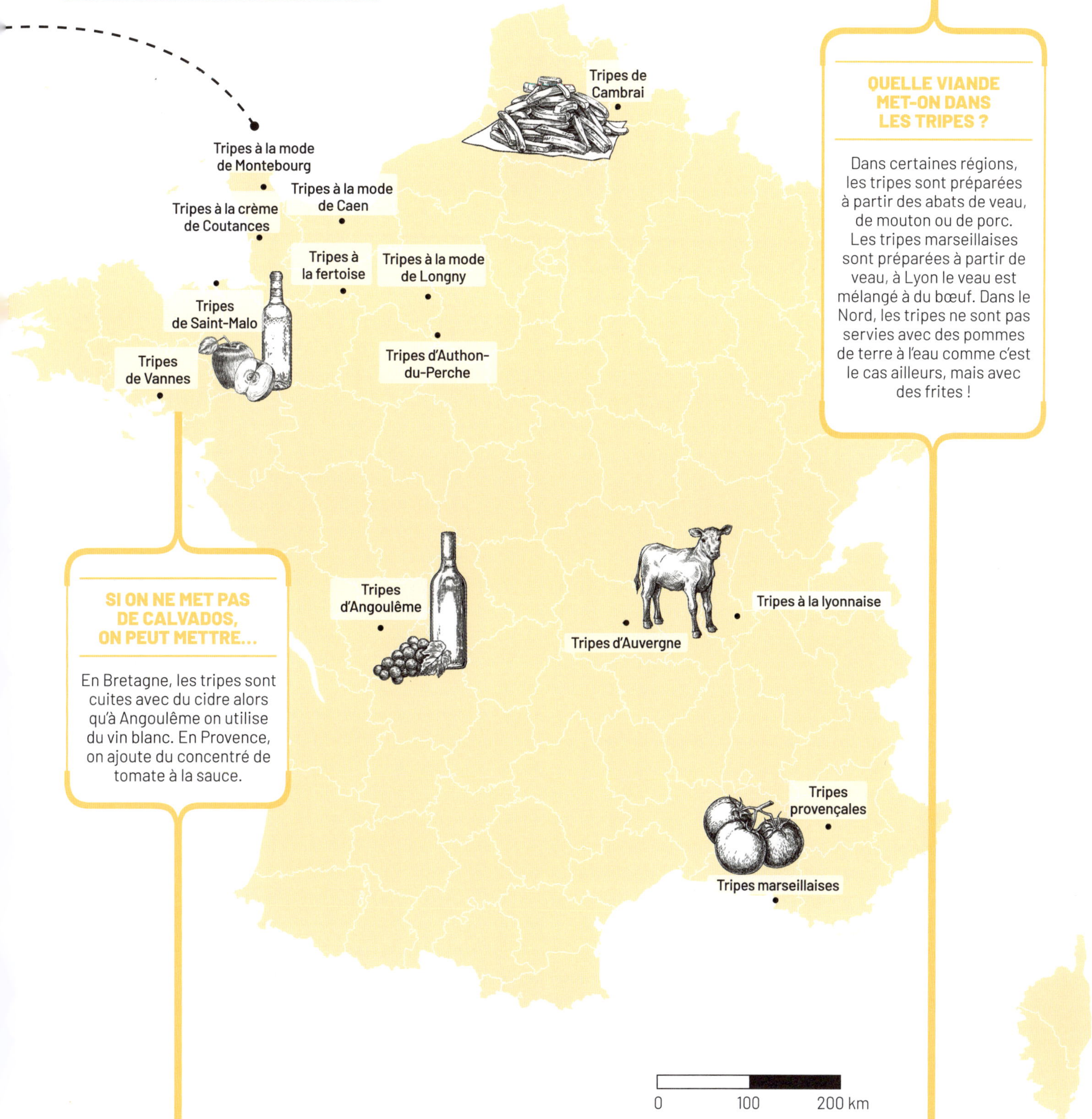

QUELLE VIANDE MET-ON DANS LES TRIPES ?

Dans certaines régions, les tripes sont préparées à partir des abats de veau, de mouton ou de porc. Les tripes marseillaises sont préparées à partir de veau, à Lyon le veau est mélangé à du bœuf. Dans le Nord, les tripes ne sont pas servies avec des pommes de terre à l'eau comme c'est le cas ailleurs, mais avec des frites !

SI ON NE MET PAS DE CALVADOS, ON PEUT METTRE...

En Bretagne, les tripes sont cuites avec du cidre alors qu'à Angoulême on utilise du vin blanc. En Provence, on ajoute du concentré de tomate à la sauce.

DOUCEURS NORMANDES

On prépare en Normandie d'excellents desserts, dont les consonances rappellent que, sur ces terres, la plupart des locuteurs parlaient le normand, il y a encore quelques décennies de cela. ■

LE DESSERT LE PLUS TYPIQUE

La *teurgoule* (ou *torgoule* ou *tergoule*) est le dessert normand le plus typique. Il s'agit d'un riz au lait sucré et aromatisé à la cannelle, cuit pendant plusieurs heures dans un récipient en terre cuite traditionnel.

Sur le plan étymologique, *teurgoule* est composé du mot *teurte* (qui désigne en normand une forme conjuguée du verbe *teurdre*, équivalent du verbe français *tordre*) et du mot *goule* (voir le français *gueule*, qui désigne le visage dans de nombreux parlers du grand ouest de la France).

LE DESSERT POUR ACCOMPAGNER

La *falue* (ou *fallue*) est le nom que l'on donne à une brioche à mie très serrée, qui se présente le plus souvent comme un gros pain dont on a entaillé le dessus, de sorte que la croûte prend l'allure d'une couronne. Elle accompagne aujourd'hui la teurgoule. Autrefois, la falue était surtout servie pendant l'Épiphanie en guise de galette des rois.

Dans les parlers normands, le mot *fale* désigne aussi bien la gorge que la poitrine ou l'estomac, qu'il s'agisse d'un humain ou d'un animal. Quant à l'adjectif *falu*, il est synonyme de *ventru*. C'est sans doute l'aspect gonflé de la brioche qui a motivé cette dénomination.

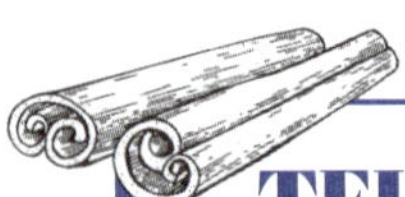

TEURGOULE NORMANDE

❶ Dans un récipient en grès, mélangez 1 l de lait, 75 g de riz et 75 g de sucre, 1 pincée de sel et ½ c. à c. de cannelle en poudre.

❷ Mélangez bien de sorte que le sucre fonde et adhère bien au riz.

❸ Enfournez à four chaud (180 °C) pendant au moins 3 h, en vérifiant que la surface ne brûle pas (au besoin, recouvrez d'un morceau de papier aluminium).

❹ Servez tiède ou frais.

Astuce : si vous n'aimez pas la cannelle, vous pouvez remplacer par une gousse de vanille ou des zestes d'agrumes.

LE DESSERT À BASE DE POMMES

La pomme est le fruit typique de Normandie. Partant, il n'est pas étonnant qu'on retrouve ce fruit dans de nombreuses préparations. L'une des plus typiques est le *bourdelot* (ou *bourdélot*) parfois appelé *boule* ou *bourdin*. Il s'agit d'une pomme remplie de sucre et mouillée de calvados, enrobée d'une abaisse de pâte brisée ou feuilletée, et cuite au four. Quand le bourdelot est fait avec des poires, on l'appelle le *douillon*.

Étymologiquement, *bourdelot* est dérivé sur le normand *bourde* (du latin *bourdo*, « mulet »), qui a donné, par métaphore, le français *bourdon* (« bâton de pèlerin surmonté d'un ornement en forme de pomme »).

TEURGOULE

Aire et vitalité de *teurgoule*
Source des données : Enquêtes DRF, 1994-1996.
Méthode : Méthode des *k* plus proches voisins.

0% emploi déclaré 100%

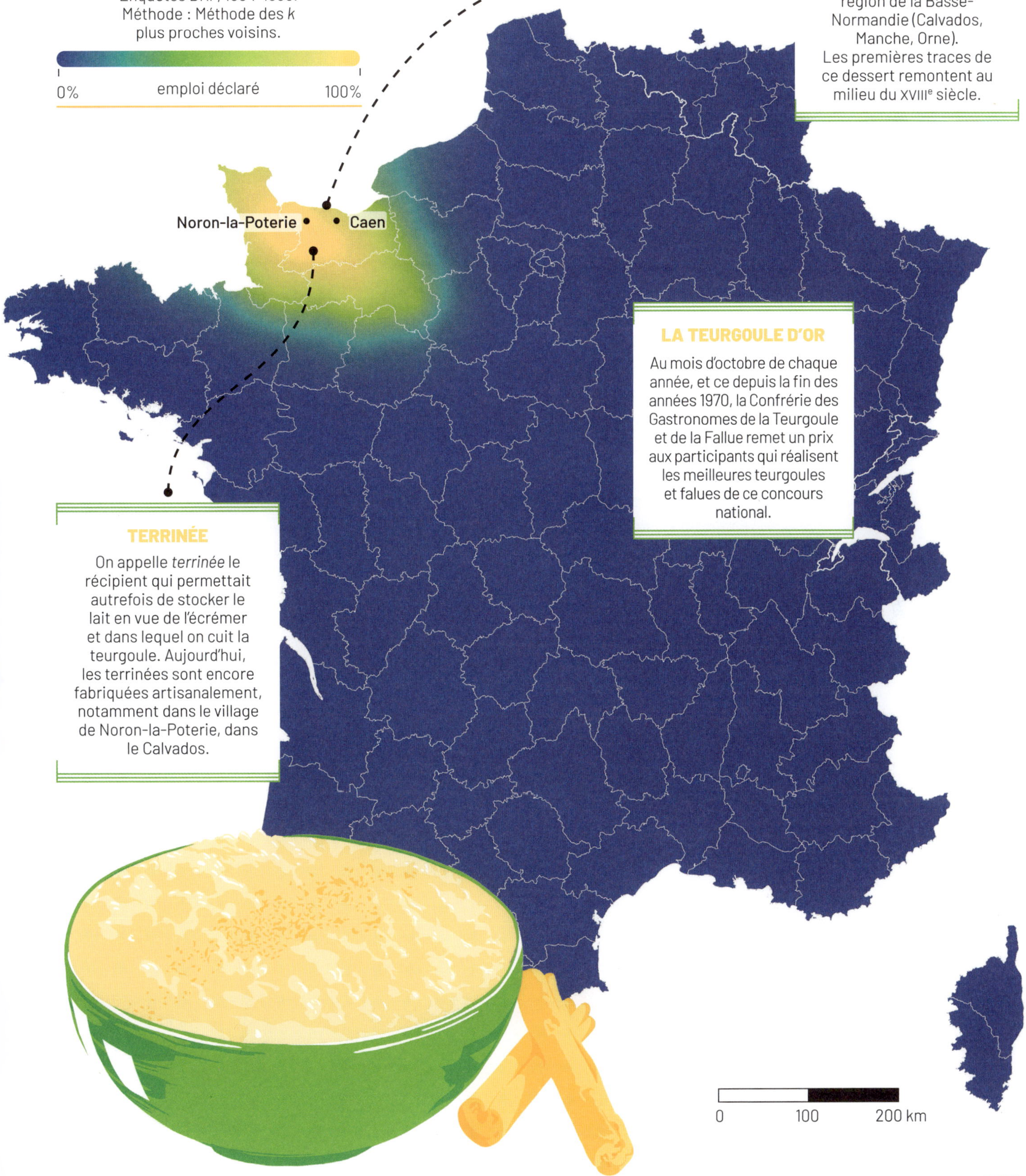

CONSOMMATION

La teurgoule est surtout consommée dans les départements qui constituent l'ancienne région de la Basse-Normandie (Calvados, Manche, Orne).
Les premières traces de ce dessert remontent au milieu du XVIIIe siècle.

LA TEURGOULE D'OR

Au mois d'octobre de chaque année, et ce depuis la fin des années 1970, la Confrérie des Gastronomes de la Teurgoule et de la Fallue remet un prix aux participants qui réalisent les meilleures teurgoules et falues de ce concours national.

TERRINÉE

On appelle *terrinée* le récipient qui permettait autrefois de stocker le lait en vue de l'écrémer et dans lequel on cuit la teurgoule. Aujourd'hui, les terrinées sont encore fabriquées artisanalement, notamment dans le village de Noron-la-Poterie, dans le Calvados.

LE TROU NORMAND

À l'occasion d'un grand repas, de fête ou de célébration, on distinguait autrefois trois moments, qui correspondent à la consommation de trois verres, ou coups : le *coup d'avant*, qu'on appelle désormais l'apéritif ; le *coup d'après*, qu'on appelle désormais le *digestif* ou le *digeo* ; le *coup du milieu*, qu'on appelle désormais le *trou normand*. Chacun de ces verres avait une fonction bien particulière. Le coup d'avant, qui consistait en un alcool relativement léger (kir, vermouth ou liqueur légère) servait à mettre les convives en appétit. Le coup d'après, qui consistait en un alcool plus fort (eau-de-vie), avait pour fonction d'aider à la digestion. Quant au coup du milieu, il impliquait également un alcool fort (armagnac, cognac ou calvados), et revêt la fonction de faciliter la digestion et de permettre aux convives de continuer à manger.

Cette tradition des trois coups est ancienne, mais l'utilisation de l'expression *trou normand*, en dehors de la Normandie du moins, est relativement récente. Elle apparaît dans les textes dès 1880, puis remplace petit à petit dans les usages l'expression concurrente *coup du milieu*. Le passage de l'une à l'autre expression s'est fait au moment où Curnonsky publie avec Rouff sa *France gastronomique*, dans les années 1920. ■

• COUP DU MILIEU OU TROU NORMAND ? •

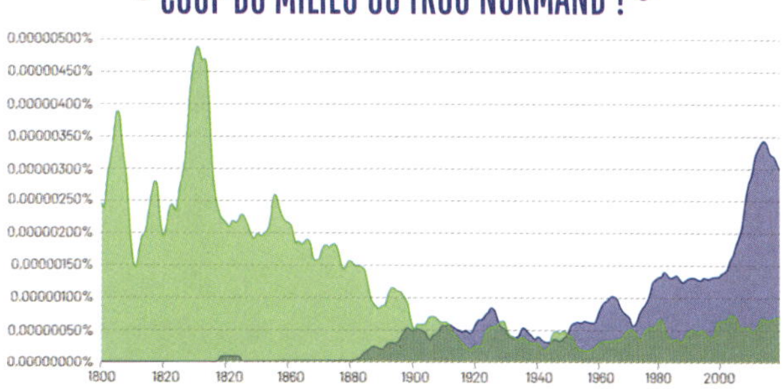

Occurrences de *coup du milieu* et *trou normand* de 1800 à nous jours
Légende : Pourcentage d'occurrences par rapport au nombre de mots dans Google Ngram.
Source des données : Google Ngram.

coup du milieu — trou normand

APÉRITIF

Étymologiquement, *apéritif* est un adjectif qui désignait, dans la terminologie médicale, des produits « qui ouvrent les voies d'élimination, qui donnent de l'appétit ». Il a été créé sur le mot latin *aperire*, qui a donné le français *ouvrir*.

LA VÉRIFICATION

L'alcool fait-il digérer ? Voilà un mythe qui a la vie dure... La réponse à cette question est bien entendue négative. Pire : l'absorption d'alcool lors d'un repas copieux est une véritable plaie pour l'organisme. L'alcool ralentit en effet le passage des aliments vers l'intestin, en plus d'augmenter la quantité de calories. Pour mieux digérer un repas lourd, il vaut mieux boire un thé noir ou de l'eau gazeuse...

TROU NORMAND

Originellement, le trou normand consiste en un verre de calvados. Aujourd'hui, dans les restaurants notamment, le trou normand est souvent remplacé par une préparation moins agressive, qui consiste en un sorbet aux pommes arrosé de calvados.

Le mot de la faim

GUSTAVE FLAUBERT

la couleur normande du roman

Né à Rouen, une ville qu'il n'aime pas particulièrement, l'auteur dépeint une Normandie romancée, de la ville imaginaire de Yonville (probablement inspirée de Ry, à l'est de Rouet) aux souvenirs d'enfance du pays d'Auge. ■

Son plat préféré

Sans doute la fricassée de poulet, qu'il évoque à plusieurs reprises dans ses œuvres. Elle est notamment servie au repas de noces d'Emma et de Charles dans *Madame Bovary*.

Son sujet préféré

Flaubert fait des repas que prennent ses personnages des démonstrations politiques : « Et pendant que les plats se succédaient, poule au jus, écrevisses, champignons, légumes en salade, rôtis d'alouettes, bien des sujets furent traités : le meilleur système d'impôts, les avantages de la grande culture, l'abolition de la peine de mort. » (*Bouvard et Pécuchet*, 1881.)

Ce qu'il aime boire

Difficile de dissocier les propres goûts de Flaubert de ceux de ses héros. Il cite souvent les vins de Bordeaux, Bourgogne, Malaga et Champagne. Le cidre est également omniprésent dans *Madame Bovary*.

Pour la postérité

On renomme *Salambo* un chou oblong fourré de crème pâtissière aromatisée au kirsch d'après le titre du *Salammbô* de Flaubert paru en 1862.

Le repas flaubertien

« On mange beaucoup dans les romans de Flaubert », écrit le critique littéraire Jean-Pierre Richard en 1971 : dans le menu ou les manières de table, les personnages se dévoilent beaucoup plus qu'on ne le croit à la première lecture.

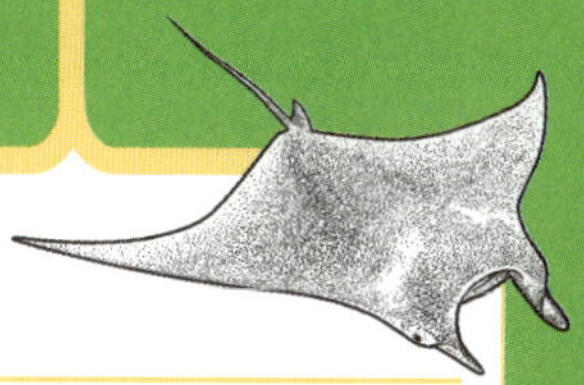

RAIE AU CIDRE

de Jean Mathat-Christol

4 pers.

1. Brossez la peau de 4 morceaux de raie bouclée de Concarneau. Rincez-les soigneusement. Dans un faitout, couvrez-les de cidre brut et portez à ébullition. Pochez 15 min dans le liquide chaud, feu éteint après la première ébullition.
2. Pendant ce temps, épluchez et coupez 4 pommes pas trop mûres en quartiers. Faites-les sauter au beurre.
3. Lorsque la raie est cuite, retirez-en délicatement la peau qui devrait se détacher facilement des chairs. Réservez à température ambiante.
4. Prélevez deux louches du liquide de cuisson et faites-le réduire de moitié. Ajoutez-y un trait de vinaigre de cidre et un petit pot de crème fraîche. Cuisez sans ébullition. Au besoin, liez avec un peu de fécule délayée dans un peu d'eau froide. Assaisonnez à votre convenance.
5. Remettez les morceaux de raie pour les réchauffer. Servez sans tarder avec les pommes sautées.

PAYS BERRICHON

Rencontre avec... OLIVIER VALADE

chef du restaurant *La Chapelle et du *Bistrot Saint-Jean*, à Montluçon**

Le plat régional incontournable
Le *pâté aux pommes de terre*.

Le plat impossible à mettre à la carte
À condition que ça rentre dans la logique de ma cuisine, pas d'interdit.

Le produit local inconnu que tout le monde devrait découvrir
La comtesse de Vichy, un fromage au lait cru de vache.

Le mot interdit
Un garagiste, c'est un garagiste, quelle que soit la voiture dans laquelle il met les mains. Eh bien, ce n'est pas parce qu'il fait de la cuisine collective qu'un cuisinier est un cuistot.

Le conseil à donner à un gourmet qui passe aux alentours
Le Bourbonnais est riche de châteaux, entiers ou en petits bouts !

Vous avez 6 œufs, 30 minutes et un accès libre à votre cuisine
En saison, je fais des œufs pochés avec un velouté d'asperges.

« On retravaille toujours, car peut-être qu'on n'a pas été jusqu'au bout de ce qu'on pouvait faire. Dans notre métier on apprend tous les jours. Quand je revois d'anciennes recettes, je me dis : « J'étais capable de faire ça et en plus, j'étais content de moi ! » Un plat, c'est une multitude de recettes additionnées les unes aux autres. On peut retravailler une recette dans son esprit et dans son exécution, parce que les techniques changent avec le temps. C'est une vision plus claire et une maîtrise plus évidente qui font qu'une cuisine mûrit.

Par exemple, je cuisine la truite du Cézallier : c'est un produit exceptionnel qui exige d'être bien traité. Pour l'abattre, on utilise une technique japonaise qui s'appelle *ikejime* : les nerfs du poisson encore vivant sont neutralisés avant de le saigner. Une fois vidé, on obtient des filets magnifiquement blancs, qui se conservent plus longtemps – on doit même attendre une journée avant de les travailler, pour laisser agir les enzymes sur la rigidité cadavérique.

Évidemment, la cuisine c'est une question de tradition familiale ! Du côté de mon père, en Corrèze, on travaille le cochon et le canard. Du côté de ma mère, en Charente-Maritime, ce sont les huîtres. Voilà pourquoi je suis à l'aise pour m'occuper d'un cochon autant que d'une truite, ou parfois de produits plus simples mais pas moins exceptionnels. »

•LA RECETTE DU CHEF•

SALADE DE « CROCS-CHÈVRE » CHAUDS EN SURPRISE ET LARDONS

d'Olivier Valade

4 pers.

16 tranches de pain de mie ; 1 fromage de chèvre de Noyant ; 50 g de miel d'Huriel ; PM poivre fermenté ; 200 g de roquette ; 100 g de lard fumé ; 3 cl de vinaigre balsamique blanc ; 4 cl d'huile de pépin de raisin ; 2 g de graines de moutarde ; PM fleurs de saison.

1. Aplatissez les tranches de pain de mie à l'aide d'un rouleau à pâtisserie. Prenez une tranche, au centre ajoutez un morceau de chèvre, un peu de miel et du poivre fermenté.
Recouvrez avec une seconde tranche, écrasez légèrement avec la paume de main.
2. Emporte-piécez avec un verre ou une tasse pour sertir les bords. Renouvelez l'opération avec tout le pain de mie.
3. Lavez et triez la roquette. Taillez le lard fumé en petits lardons.
4. Cuisez les « crocs-chèvre » au four à 220 °C pendant +/- 5 min.
5. Pendant ce temps, faites revenir à la poêle les lardons pour obtenir une légère coloration. Déglacez au vinaigre, ajoutez le reste d'huile et les graines de moutarde.
6. Au centre d'une assiette semi-creuse, déposez harmonieusement la roquette, ajoutez les lardons et la vinaigrette chaude, puis disposez deux « crocs-chèvre ».
7. Décorez avec des fleurs de saison.

PM

Pour Mémoire

POIVRE FERMENTÉ

Le poivre fermenté est originaire d'Inde ou du Cambodge et se trouve dans les commerces spécialisés.

EMPORTE-PIÉCER

Le néologisme très populaire chez les cuisiniers *emporte-piécer* signifie « détailler à l'emporte-pièce ».

FLEURS

Bien des fleurs sont comestibles : s'il est difficile de se procurer la bourrache ou la capucine, essayez plus simplement les pensées ou les fleurs produites par vos herbes aromatiques : thym, romarin, ciboulette...

FAIRE REVENIR

Faire revenir est une vieille tournure qui a le même sens que notre actuel *faire sauter*.

LES PÂTÉS ET TOURTES DU BERRY

Essentiellement campagnarde et rustique, la cuisine berrichonne comporte des plats à la fois simples et roboratifs, qui permettent de tirer le meilleur des produits locaux.

Le plus connu et le plus représentatif de la région est sans aucun doute le *pâté berrichon*. Comme le pâté lorrain (p. 146), le pâté berrichon comporte un mélange de viandes (porc et agneau, essentiellement) aromatisées de différentes herbes. Le hachis est étalé sur une pâte feuilletée ou brisée, et recouvert d'œufs durs coupés en deux dans le sens de la longueur. Le tout est ensuite recouvert d'une seconde abaisse de pâte, et doré au four. Le pâté berrichon se consomme en entrée, en hors-d'œuvre ou à l'apéritif ■

MILLE ET UNE RECETTES

Les variations sur cette recette sont aussi nombreuses que sa réputation est grande. Dans le Berry comme ailleurs, on appelle aussi *pâté de Pâques*, car il consistait autrefois en une préparation typique de la fin du carême.

•VARIATIONS AUTOUR DES SPÉCIALITÉS BERRICHONNES•

D'autres spécialités berrichonnes moins célèbres se présentent sous la forme de tourtes, qui prennent le nom de l'ingrédient principal qui les compose, dérivé au moyen du suffixe *-at*.

CITROUILLAT

Le *citrouillat* est une tourte réalisée au moyen d'une variété de courge qu'on appelle *sucrine du Berry*. Redécouverte à la fin des années 1980, cette courge se présente sous la forme d'une grosse poire, avec une chair douce, juteuse et musquée. Le citrouillat se déguste avec une bonne cuillère de crème fraîche, aussi bien en entrée qu'en dessert.

TRUFFIAT

Le *truffiat* (dérivé de *truffe*, nom que l'on donne dans les parlers locaux à la pomme de terre, p. 26-27), est une spécialité pâtissière garnie d'un mélange de pommes de terre, d'oignon, d'herbes et de crème fraîche. Ce plat se déguste avec une salade ou en accompagnement d'une viande ou d'un poisson.

POIRAT

Le *poirat* est un dessert fort apprécié dans la région, qui s'apparente à la *croustade* (p. 103) et qui met la poire sauvage (dite aussi *poire du curé*) en vedette. Dessert typique de l'automne, il se déguste chaud ou tiède avec un peu de crème fraîche.

-AT

Dans la région du Berry, le suffixe *-at*, qui permet notamment de dériver des noms désignant des produits fabriqués à partir de ces derniers, a été relativement productif en ce qui concerne le lexique gastronomique.

CITROUILLAT

4 à 6 pers.

❶ Épluchez et retirez les graines d'une sucrine de 600 g. Tranchez en lamelles, salez et faites pleurer la courge (égouttez la préparation dans une passoire) toute une nuit au frais. Préchauffez votre four à 200 °C.

❷ Étalez les morceaux de courge rincés sur un fond de pâte feuilletée. Saupoudrez avec un oignon émincé, un peu de persil et poivrez.

❸ Relevez la bordure de pâte vers l'intérieur, et collez bien les bords à la deuxième pâte qui servira de couvercle. Faites une cheminée au centre, dorez à l'œuf.

❹ Enfournez environ 30 min. Quand la croûte est bien rousse, sortez du four, versez deux à trois généreuses cuillers de crème fraîche. Remettez le couvercle, laissez fondre et servez aussitôt.

CITROUILLAT

Aire et vitalité de *citrouillat*
Source des données :
Enquêtes Français de nos Régions, 2015-2020.
Méthode : Krigeage.

0% emploi déclaré 100%

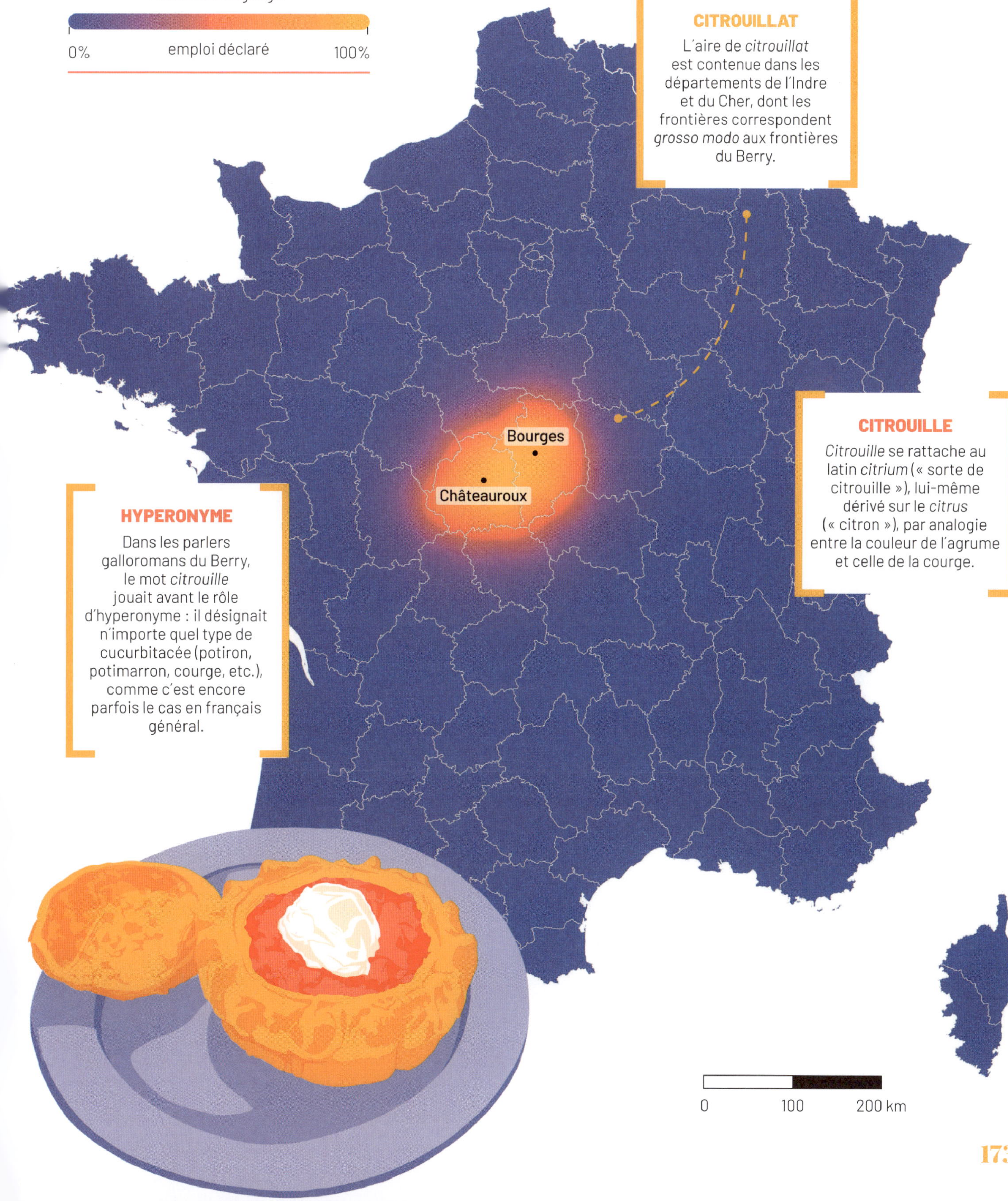

CITROUILLAT

L'aire de *citrouillat* est contenue dans les départements de l'Indre et du Cher, dont les frontières correspondent *grosso modo* aux frontières du Berry.

CITROUILLE

Citrouille se rattache au latin *citrium* (« sorte de citrouille »), lui-même dérivé sur le *citrus* (« citron »), par analogie entre la couleur de l'agrume et celle de la courge.

HYPERONYME

Dans les parlers galloromans du Berry, le mot *citrouille* jouait avant le rôle d'hyperonyme : il désignait n'importe quel type de cucurbitacée (potiron, potimarron, courge, etc.), comme c'est encore parfois le cas en français général.

LES GÂTEAUX DE VOYAGE BERRICHONS

Terre peu densément peuplée, et traversée de quatre cours d'eau, le Berry historique souffre de sa situation limitrophe avec la Touraine, plus avenante. Région rurale et richement agricole, on y passe autrefois beaucoup pour s'y arrêter peu, ce que les natifs ont, à l'époque, bien compris : chaque halte dans les gros bourgs est alors l'occasion de proposer aux voyageurs des douceurs destinées à agrémenter leur périple.

Comme leur nom l'indique, les *gâteaux de voyage* ont la particularité de se conserver longtemps (jusqu'à un mois) et à température ambiante.

Ces spécialités sont forcément riches : soit en sucre (un conservateur naturel, qu'on retrouve en miel ou confiture), soit en matière grasse (qui rallonge le moelleux), soit en blanc d'œufs (qui apportent de l'humidité), soit en fruits secs moulus ou concassés (qui capturent cette humidité tout en faisant du volume), ou un juste équilibre des quatre. Ils sont généralement dépourvus de fruits frais et de crème, qui s'acidifient et fermentent vite. Parmi ces gâteaux de voyage on compte, entre autres, le massepain, les princesses berrichonnes, le pain d'épices. ■

UN CONSERVATEUR ANTIQUE

Le miel est déjà utilisé pour napper l'*ipanis nauticusi* des Romains antiques, un « biscuit de mer » frit qui supportait des longues traversées, et que les Romains tenaient probablement déjà des Grecs.

LE MASSEPAIN ORIGINEL

La quantité de sucre dans le massepain le classerait presque dans les confiseries : il s'agit d'une sorte de macaron fait à base d'amandes pilées, de sucre et de blancs d'œufs – les trois ingrédients également à la base également des *visitandines*, de la *dacquoise*, des *amaretti*, des *financiers*, du *gâteau nantais*…
La première recette écrite se retrouve au XVIe siècle dans le *Traité de Fardemens et de confitures* de Nostradamus, mais il est déjà confectionné à Saint-Benoît-du-Sault.
Grâce à Honoré de Balzac (p. 225), on connaît le *massepain d'Issoudun* : le romancier se réjouit de manger à l'auberge de la Mère Cognet la version locale de cette douceur.

VARIATIONS

Ce biscuit est la base de bon nombre d'entremets. Avant de faire un entremets, essayez de le rouler avec un peu de confiture ou de pâte à tartiner. Au moment de le cuire, étalez-le sur une plaque de cuisson préalablement recouverte de papier sulfurisé. Lissez à la spatule. À la sortie du four, décollez le biscuit et roulez-le pour lui donner sa forme de bûche. Une fois refroidi, déroulez, garnissez-le de ce qui vous plaît et roulez à nouveau. Coupez en tranches quand arrive l'heure du goûter !

MASSEPAIN

❶ Mélangez 60 g de sucre glace, 50 g de poudre d'amandes brute et 15 g de fécule de maïs. Montez 3 blancs d'œufs en neige puis serrez-les avec 25 g de sucre.

❷ Avec une maryse, incorporez délicatement les œufs montés au premier mélange.

❸ Versez l'appareil dans les moules de votre choix préalablement beurrés.

❹ Enfournez à 190 °C pendant 8 min. Démoulez et dégustez tiède.

LE BERRY GOURMAND

Les spécialités sucrées de la région

LE PAIN D'ÉPICES

Comme souvent avec les trouvailles culinaires, il est ambitieux d'en retrouver l'origine. Tout au plus peut-on constater que le pain d'épices est la synthèse de plusieurs découvertes : celle du miel comme conservateur naturel et celle, bien sûr, des épices rapportées de Terre sainte lors des croisades.
En France, plusieurs régions ou villes se disputent l'antériorité du pain d'épices : Reims, Dijon, l'Alsace... et le Berry !

LES PRINCESSES BERRICHONNES

Moins connues que le massepain, les *princesses berrichonnes* ont fait également la gloire d'Issoudun : ces pâtes d'amande fourrées reprennent les codes du gâteau de voyage (sucre, amande, fruits cuits) au format « poche » et s'inscrivent dans la tradition des « spécialités souvenir » qu'on rapporte en y passant (si on ne les a pas mangées en route).

LE SAVOIR-FAIRE BERRUYER

Bourges est aussi connu pour ses douceurs, parmi lesquelles les pralines, les sucres d'orge et les Forestines®, probablement les premiers bonbons fourrés. Georges Forest invente en 1879 cette confiserie révolutionnaire, croquante dehors et moelleuse dedans.
Les Forestines® reçoivent d'ailleurs la médaille d'argent à l'Exposition universelle de Paris en 1900.

LE POULET AU SANG

Les recensements gastronomiques de toutes les époques évoquent cette spécialité berrichonne, sans forcément arriver à distinguer le *poulet au sang* du *poulet en barbouille* (ou localement *en barboille*). Les préparations *au sang* sont souvent des recettes de bon sens paysan, qui consistent à lier les jus de cuisson d'une viande (la plupart du temps, une volaille ou du gibier) avec son sang, et un peu de chapelure ou de mie de pain (voir la sanquette, p. 122-123).

Si le poulet au sang est simplement lié… au sang et est le plus souvent dit *de Bourges*, le poulet en barbouille est, lui d'abord lié au sang, puis éventuellement à la crème, et il est fréquemment dit *de Châteauroux*… Et c'est là où le bât blesse ! Le poulet au sang est plus ancien, mais aujourd'hui c'est sa variation en barbouille qui est la plus connue. Pourtant, cette version n'est mise au point qu'à la fin du XIXe siècle.

Les deux versions sont accompagnées de pommes de terre à l'eau. ■

UN PLAT DE CHEF

Il est difficile de préparer le poulet au sang ou en barbouille chez soi car il faudrait pour cela trouver des poulets fraîchement tués, et avec du sang ! On le trouve donc plutôt dans les restaurants du coin.

PLUS FACILE !

La recette du poulet en barbouille a l'avantage d'être plus facilement réalisable que celle du poulet uniquement au sang : en *barbouillant* la sauce au sang, la crème relève la température de coagulation du sang et évite à la sauce de trancher, c'est-à-dire de former des paquets de grumeaux distincts du reste de la sauce.

POULET AU SANG

❶ Battez le sang d'un poulet avec un filet de vinaigre pour qu'il ne se coagule pas. C'est une opération délicate : travaillez vite.

❷ Détaillez le poulet en fricassée, c'est-à-dire en veillant à ce que chaque morceau soit présenté (ou cuit) avec un os, ou plus simplement, coupez le poulet en 8 morceaux.

❸ Épluchez et émincez 2 oignons. Épluchez 2 grosses pommes de terre Binjte et coupez-les en rondelles.

❹ Dans une sauteuse, faites sauter les morceaux de poulet à feu vif dans un mélange de saindoux et de beurre. Lorsqu'il colore, ajoutez les oignons et les pommes de terre. Mélangez souvent.

❺ Faites une persillade en hachant ensemble quelques gousses d'ail et un bouquet de persil plat. Hors du feu, ajoutez à 100 g de mie de pain émiettée. Complétez avec le sang. Liez (ou non) à la crème, selon votre goût. Assaisonnez bien.

❻ Transférez l'ensemble dans un plat à four et saupoudrez largement de chapelure.

❼ Faites gratiner à 180 °C pendant 20 à 30 min.

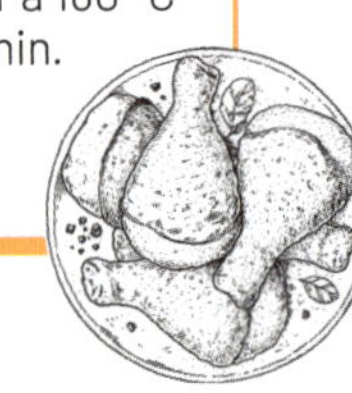

LES POULES DE FRANCE

Principales races de poules françaises
Source des données :
poules-racesdefrance.fr

SOUS TOUTES SES FORMES

Dans le *Répertoire de la cuisine* de Gringoire et Saulnier, incontournable aide-mémoire de l'apprenti cuisinier depuis 1914, on dénombre pas moins de 110 façons de sauter le poulet et 140 d'apprêter la poularde !

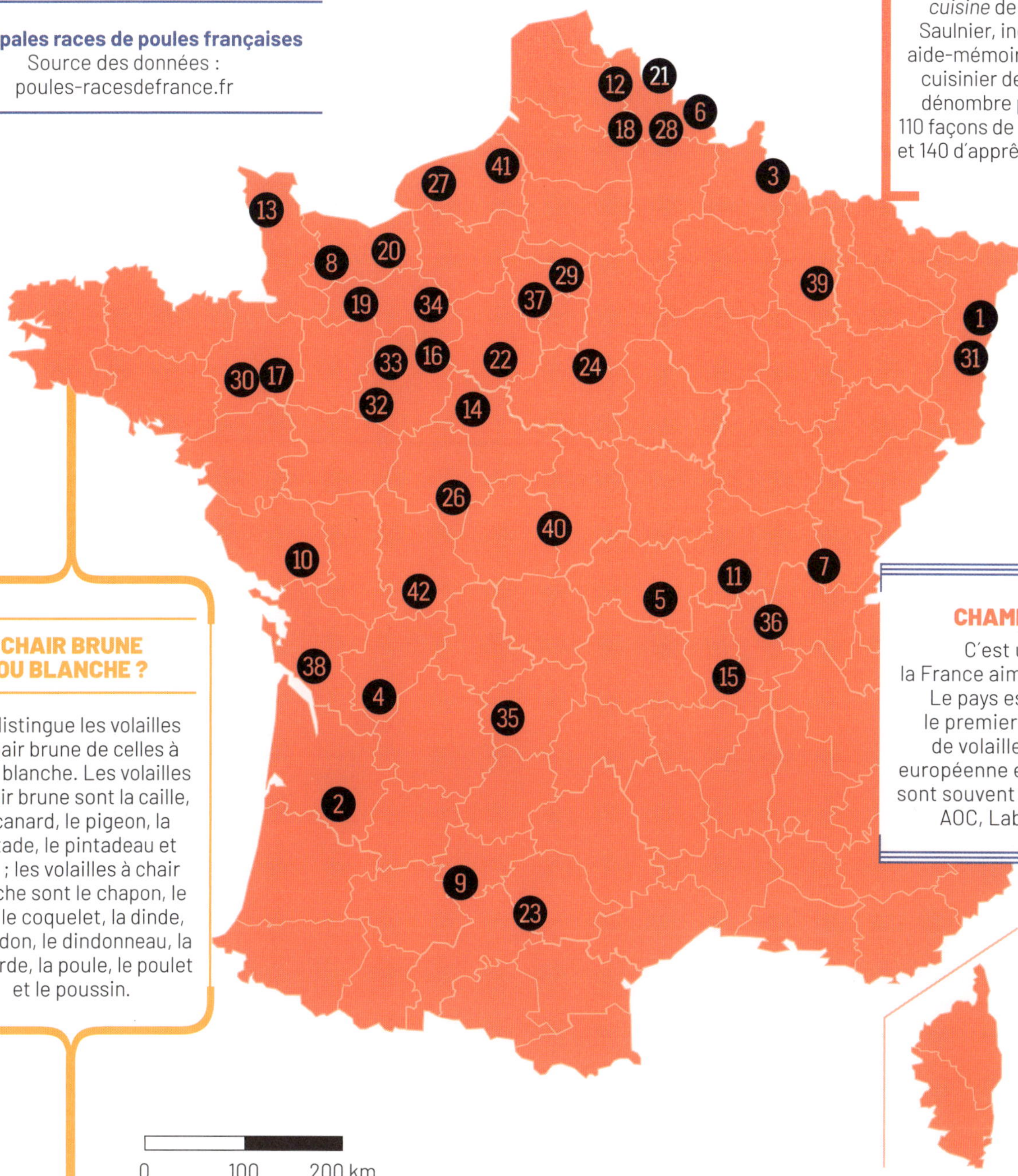

CHAIR BRUNE OU BLANCHE ?

On distingue les volailles à chair brune de celles à chair blanche. Les volailles à chair brune sont la caille, le canard, le pigeon, la pintade, le pintadeau et l'oie ; les volailles à chair blanche sont le chapon, le coq, le coquelet, la dinde, le dindon, le dindonneau, la poularde, la poule, le poulet et le poussin.

CHAMPIONNE

C'est un fait : la France aime les volailles. Le pays est d'ailleurs le premier producteur de volaille de l'Union européenne et ses produits sont souvent labellisés (IGP, AOC, Label rouge).

1. L'Alsace
2. L'Aquitaine
3. L'Ardennaise
4. La Barbezieux
5. La Bourbonnaise
6. La Bourbourg
7. La Bresse-Gauloise
8. La Caumont
9. La Caussade
10. La Noire de Challans
11. La Charollaise
12. La Combattant du Nord
13. La Cotentine
14. La Contre
15. La Cou Nu du Forez
16. La Coucou de France
17. La Coucou de Rennes
18. La Coucou des Flandres
19. La Courtes-pattes
20. La Crèvecœur
21. L'Estaires
22. La Faverolles
23. La Gasconne
24. La Gâtinaise
25. La Gauloise dorée
26. La Géline de Touraine
27. La Gournay
28. La Hergnies
29. La Houdan
30. La Janzé
31. La Javanaise
32. La Flèche
33. La poule Le Mans
34. La poule Le Merlerault
35. La Limousine
36. La Lyonnaise
37. La Mantes
38. La Marans
39. La Meusienne
40. La Noire du Berry
41. La Pavilly
42. La Pictave

LES RELAIS ROUTIERS, UNE INVENTION NIVERNAISE

Au tournant du XXe siècle, les véhicules automobiles se démocratisent. Les particuliers y viennent lentement, mais la route est assez vite utilisée par les transports commerciaux là où les voies ferrées ne passent pas.

C'est alors dans le Nivernais qu'une petite révolution s'opère : en 1934, le fils d'une très ancienne famille noble du Nivernais, François de Saulieu de la Chomonerie, fait un reportage sur les conducteurs de camions. Son constat sur la solitude et la dureté du métier le conduit à créer un journal à destination des chauffeurs-livreurs, *Les Routiers*. Cependant, la publication aléatoire ne permet pas de fidéliser un lectorat. Alors, le journaliste crée une chaîne de restaurants à destination de ces *routiers* (le mot est nouveau) qui parcourent les routes de France.

Dès 1947, on singularise avec le label *relais routiers* ces établissements qui sont ouverts nuit et jour, et ceux qui disposent d'une *sonnette de nuit*. Quelques années plus tard, le label *relais casserole* distingue aussi ceux des relais qui se démarquent par leur qualité culinaire. ■

TYPOLOGIE des relais routiers

Les menus
Ils sont simples, servis généreusement et à prix modiques.

Incontournable
Le buffet d'entrées.

Le permis poids lourds
Il n'est pas nécessaire pour y entrer : cols blancs, retraités, particuliers côtoient les chauffeurs dans un esprit de camaraderie.

Y aller
Par la route, bien entendu, mais aussi… en métro ! L'exception confirme la règle : à Paris, il y a un relais situé au 50 bis rue Max Dormoy, dans le XVIIIe arrondissement.

La devise officielle
« Nourrir convenablement les chauffeurs, et les aimer. »

Les plats typiques
Les relais routiers sont la continuité des anciens *relais de poste*, et se situent même parfois au même endroit. L'économie circulaire prévaut : pour être à l'équilibre, les denrées sont locales et donc, les plats sont régionaux. C'est l'antre du « fait maison ».

La réputation
Le Guide des Relais routiers, qui se vend entre 3 000 et 4 000 exemplaires par an, permet de s'y retrouver. Ainsi qu'une application. Et le bouche à oreille, bien sûr !

AU COMMENCEMENT

Les 1 000 restaurants franchisés actuellement en France – mais dont le nombre s'amenuise peu à peu (ils étaient 4 000 dans les années 1960) – ont pour critères immuables de servir à manger midi et soir, de disposer de parkings adaptés aux très gros engins et d'avoir des douches. Ces restaurants, créés dans le Nivernais, sont donc à l'origine des infrastructures qui caractérisent aujourd'hui nos aires de repos autoroutières.

Le mot de la faim

GEORGE SAND

autrice prolifique et anticonservatrice

George Sand est romancière, journaliste, dramaturge, muse, anticonformiste, mais aussi cuisinière bourgeoise inspirée et autrice culinaire (*La Mare au diable*, *La Petite Fadette*, *Indiana*). Si elle milite pour que la femme sorte de sa cuisine, elle y endosse elle-même régulièrement son tablier quand elle reçoit. ■

Ses spécialités préférées

Ayant passé l'essentiel de sa vie dans le Berry, elle en interprète le *galifouty* et la *galette aux pommes de terre*, typiques de ces terres.

Ses aventures culinaires anachrononiques

Elle cuisine le *risotto* avant que ce ne soit une mode, mais on trouve aussi dans ses cahiers de recettes un *bortsch* russe, une soupe froide à la bière (la *trillée* belge), des langues de rennes de Laponie...

Si elle ne pouvait manger que ça

Elle aime et conçoit des plats roboratifs et des menus riches, de la médiévale *fromentée de blé* au chic *lièvre à la royale*. Le gibier et le poulet sont ses viandes de prédilection.

Ses détracteurs fameux

Charles Baudelaire et Jules Barbey d'Aurevilly, plus parce que c'est une femme que pour son art, et qui auraient bien voulu qu'elle ne sorte pas de sa cuisine...

Sa citation d'épicurienne

Dans *Jacques* (1833), elle écrit : « Il faut se méfier de l'homme à qui le vin ne desserre jamais les dents. »

Ses autres passions

Le dessin, la peinture, le jardinage et la révolution des mœurs.

GALIFOUTY

Le *galifouty* est une variante locale du *millard* auvergnat (p. 28-29).

CÔTELETTES DE VEAU EN PAPILLOTES

d'après George Sand

4 pers.

❶ Hachez finement 400 g de blancs de poulet et 100 g de champignons de Paris. Effeuillez une botte de persil.

❷ Mélangez ces ingrédients puis ajoutez 2 œufs et 50 g de mie de pain. Assaisonnez largement. Vous souhaitez obtenir une farce homogène, mais pas trop fine.

❸ Répartissez cette farce des deux côtés de 4 côtes de veau. Passez ces côtes dans la chapelure. Réfrigérez le temps que la préparation s'assèche légèrement en surface.

❹ Dans une poêle et à feu moyen-fort, faites colorer au beurre les côtes des deux côtés. Transférez-les ensuite dans des carrés de papier cuisson et enveloppez-les. Enfournez 20 min à 180 °C et servez bien chaud.

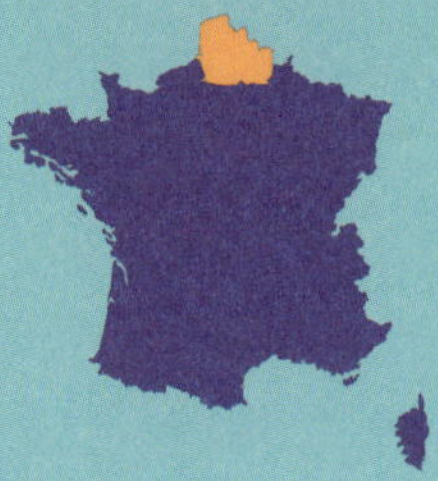

PICARDIE

Rencontre avec… ALEXANDRE GAUTHIER

chef de *La Grenouillère* à La Madelaine-sous-Montreuil**

Incontournable dans la région
L'hospitalité.

On ne verra pas chez vous
De poivron, ce n'est pas lisible dans la cuisine de mon territoire.

Un produit à découvrir
La barbe de capucin ou les pissenlits ! Les gens ne savent pas comment ça pousse.

Un mot de patois que vous associez à la cuisine
Je cherche, mais aucun…

Le plat dont vous ne vous lassez pas
Les tomates farcies !

Un conseil à donner à un gourmet qui passe aux alentours
Monter sur une dune de la Côte d'Opale et attendre cette dernière minute baignée de lumière.

Vous avez 6 œufs, 30 minutes et un accès libre à votre cuisine
Je fais une île flottante ! Mais si j'ai un peu de temps, j'essaie de faire quelque chose avec la coquille.

« Au début de ma carrière, j'étais contre la cuisine de terroir. On faisait de la cuisine qu'on appelait "fusion" sans trop réfléchir au bilan carbone de nos assiettes, on pensait faire une cuisine qui était étiquetée "contemporaine" alors qu'elle était en réalité "exotique". La disponibilité des produits tout le temps, partout, m'a conduit à revenir non pas au terroir mais au territoire. Ce qui m'a permis de me libérer du terroir, c'est de trouver la justesse d'exécution du produit, avec les bons producteurs, en détachant le folklore associé aux plats dans lesquels on retrouve ce produit.

On peut faire un plat d'une grande finesse avec un produit ordinaire ; on arrive à le faire redécouvrir à des gens qui le connaissent pourtant depuis toujours sous un mode plus traditionnel. Le curseur se place dans le domaine d'expression. À *La Grenouillère*, c'est ma vision d'un produit, la photographie de l'instant et du territoire. La cuisine, c'est un mouvement. Bien sûr il y a une place pour la cuisine de mémoire ; j'ai ouvert *Anecdote* en 2015 pour refaire la cuisine que mon père faisait il y a quarante ans. Il n'y a pas de limites à repenser les recettes classiques, il faut juste être honnête avec son travail. Ma maison est une maison de passeurs. Elle me survivra. Cette région, si on en prend soin, on peut la transmettre. »

·LA RECETTE DU CHEF·

SOLE EN NAGE DE PETITS LÉGUMES

d'Alexandre Gauthier

4 pers.

4 soles de 500 g pièce ; ½ l de fumet de poisson ; 5 cl de vin blanc.

Pour la nage :
800 g de moules de bouchot ; 10 cl de vin blanc sec ; 100 g d'échalote taillée en grosses rondelles ; 4 branches de céleri émincé ; 1 brindille de thym frais ; 2 g de poivre blanc en grains ; 25 cl de crème fluide ; 50 g de beurre doux.

Pour la garniture :
4 poireaux crayons ; 8 oignons nouveaux ; 1 courgette ; 2 carottes des sables ; 4 navets nouveaux ; 8 pommes de terre Fines de Ratte du Touquet » ; ½ botte de cerfeuil ; huile d'olive extra.

Cuisson des soles

1. Habillez et videz les soles, retirez la peau et levez les filets.

2. Pochez les filets dans le fumet de poisson et le vin blanc frémissant pendant 3 à 4 min. Retirez les filets.

Nage

3. Faites suer les échalotes avec le céleri, le thym frais et le poivre sans coloration. Jetez les moules, le vin blanc, couvrez et cuisez rapidement à feu vif.

4. Lorsque les moules sont ouvertes, égouttez-les et décortiquez-les. Réservez.

5. Filtrez le jus, réduisez-le d'un tiers et terminez-le avec la crème et le beurre. Rectifiez si nécessaire.

Garniture

6. Cuisez les Fines de Ratte dans l'eau salée puis enlevez la peau.

7. Lavez et taillez les légumes en petit sifflet et cuisez-les à l'anglaise indépendamment (p. 129).

8. **Dressage et service :** Disposez les filets de sole sur un côté de l'assiette, les légumes et les moules sur l'autre côté. Ajoutez la nage généreusement et terminez avec le cerfeuil frais et un trait d'huile d'olive.

HABILLER

On *habille* une sole lorsqu'on la prépare ; une fois écaillée, on coupe les barbilles (nageoires) et on retire la peau des deux faces avant de lever les filets. C'est une opération délicate qui exige plusieurs entraînements, n'hésitez donc pas à demander à votre poissonnier.

NAGE

Une *nage* est un court-bouillon aromatisé dans lequel on cuit puis sert le poisson. Par extension, le terme *nage* a fini par désigner des ingrédients sucrés, ou salés, cuits et servis dans un sirop, un bouillon, un consommé…

FAIRE SUER

On *fait suer* (ou *on sue*) les végétaux en les salant pour leur faire rendre leur eau. Le fait de ne pas colorer permet de garder une couleur claire à la nage. La coloration des garnitures aromatiques dans les bouillons ou fumets fait partie des éléments qui permettent de distinguer les fonds dits *blancs* des *bruns*.

RÉSERVER

Quand on réserve un plat, il faut agir avec bon sens : si c'est chaud, il faut maintenir au chaud, si c'est frais, on réserve au froid… Est-ce que ça va réchauffer, recuire, changer de plat, être coupé ? À vous de voir selon le contexte !

RECTIFIER

Rectifier ou *ajuster* se font chez les cuisiniers *si nécessaire*, mais aussi *à convenance*, *au goût*, *selon le résultat souhaité*, etc. Cela permet aux lecteurs de la recette de choisir la texture, le goût, la cuisson…, selon leur désir, mais aussi leurs propres facultés de marmiton !

FINES DE RATTE

Fines de Ratte désigne la grenaille (c'est-à-dire les plus petits des tubercules) de cette variété de pomme de terre.

ENDIVE OU CHICON ?

Chicon est le nom que prend l'endive dans la région qui englobe les Hauts-de-France et la Wallonie. Consommée braisée, farcie, en gratin, au jambon, en soupe ou en salade, cette variété de laitue occupe une place emblématique dans la gastronomie locale, ce qui s'explique historiquement.

Une légende voudrait que le chicon soit né en Belgique au début du XIXe siècle, plus précisément en 1830, année de la Révolution belge, dans la cave d'un paysan vivant à Schaerbeek, une commune adjacente à Bruxelles. Soucieux d'échapper à l'impôt, ce paysan aurait enfoui ses plants de chicorée sous la terre. Au bout de quelques jours, ces plants, privés de lumière, auraient produit un étrange feuillage blanc (d'où le néerlandais *witloof*, où *wit-*, « blanc », et *-loof*, « feuillage »).

Officiellement toutefois, la pérennité du chicon est associée à Franciscus Bresiers, jardinier en chef du Jardin botanique de Bruxelles en 1850, qui a travaillé plusieurs années pour sélectionner les meilleurs spécimens et en faire le légume que l'on connaît aujourd'hui.

Quand cette nouvelle variété arrive sur les étals des Halles de Paris à la fin du XIXe siècle, elle reçoit le nom d'*endive de Bruxelles* ou d'*endive* (tout court), *(chicorée) endive* étant le nom de l'espèce de chicorée à laquelle se rattachent les variétés de frisées et de scaroles alors commercialisées (*Cichorium endivia*). Il est probable que le mot *chicon* ait été évité quand l'endive s'est exportée dans la capitale, car il désignait autre chose en France. Dans l'Hexagone, *chicon* est en effet attesté depuis 1651 avec le sens de « (laitue) romaine ». Si ce sens est sorti du français général, il survit encore dans l'ouest de la France.

Aujourd'hui, les Hauts-de-France constituent le plus important centre français de production du chicon (90 % de la production nationale). La France demeure le premier producteur mondial d'endives, loin devant la Belgique, qui a occupé cette position jusqu'à la Seconde Guerre mondiale. ■

EXPRESSIONS

Dans l'argot des jeunes Belges, le chicon désigne aussi le membre viril. On relève également dans les Ardennes l'expression *tordre son chicon*, qui signifie aussi bien « uriner » que « se masturber ». Parallèlement, *tremper son chicon*, c'est « tirer son coup ».

ÉTYMOLOGIE

Le mot *chicon* est formé sur le substantif *chicorée* (*cichorium*), qui désigne un genre botanique de plante sauvage ou cultivée pour ses feuilles (les variétés les plus connues sont la frisée et la scarole) ou ses racines (avec lesquelles on produit une boisson se substituant au café, que l'on appelle *chicorée industrielle*, *chicorée à café* ou encore *chicorée à torréfier*).

CHICORÉE → CHICON

SYNONYMES

Aujourd'hui, le mot *witloof* (prononcé [ouitlouf]) n'est pas ou peu utilisé en français, bien qu'il soit compris des francophones établis dans la zone où l'on dit *chicon*. Quant aux syntagmes *chicorée witloof*, *chicorée de Bruxelles* ou *endive de Bruxelles*, ils sont encore mentionnés dans les ouvrages spécialisés, mais ne sont pas utilisés dans la langue de tous les jours.

ASTUCE POUR DES CHICONS MOINS AMERS

Les chicons jouissent ou souffrent d'une réputation aléatoire en raison de leur amertume plus ou moins prononcée. Pour que votre plat soit réussi, n'oubliez pas de retirer avec la pointe d'un couteau le petit cône amer situé à la base du légume. Faites ensuite tremper les chicons dans de l'eau légèrement citronnée. L'acidité de l'agrume va atténuer le goût amer du légume.

• CHICON •

Aire et vitalité de *chicon*
Source des données :
Enquêtes Français de nos Régions, 2015-2020.
Méthode : Krigeage.

0% emploi déclaré 100%

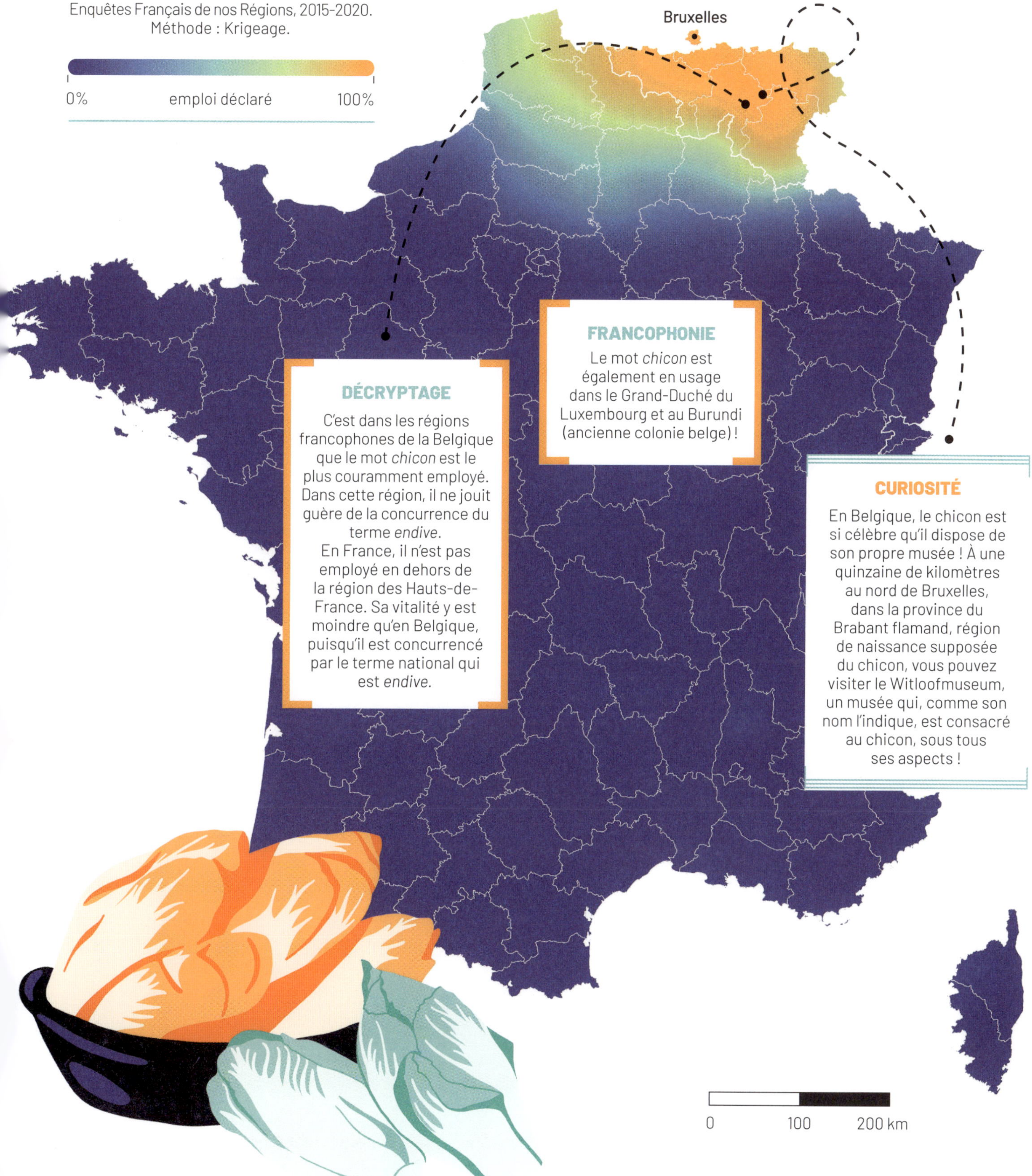

DÉCRYPTAGE

C'est dans les régions francophones de la Belgique que le mot *chicon* est le plus couramment employé. Dans cette région, il ne jouit guère de la concurrence du terme *endive*.
En France, il n'est pas employé en dehors de la région des Hauts-de-France. Sa vitalité y est moindre qu'en Belgique, puisqu'il est concurrencé par le terme national qui est *endive*.

FRANCOPHONIE

Le mot *chicon* est également en usage dans le Grand-Duché du Luxembourg et au Burundi (ancienne colonie belge) !

CURIOSITÉ

En Belgique, le chicon est si célèbre qu'il dispose de son propre musée ! À une quinzaine de kilomètres au nord de Bruxelles, dans la province du Brabant flamand, région de naissance supposée du chicon, vous pouvez visiter le Witloofmuseum, un musée qui, comme son nom l'indique, est consacré au chicon, sous tous ses aspects !

LA FRITE, REINE DU NORD

Dans l'imaginaire populaire, la frite est tellement associée aux Belges que l'on croit que l'origine de cette spécialité l'est aussi. Or il n'en est rien. La frite naît à Paris à la fin du XVIIIe siècle. À l'origine, il s'agit de tranches de pomme de terre cuites dans un bain d'huile bouillante vendues par les marchands de rue dans des paquets ou des cornets en papier de récupération. Dès 1830, les pommes de terre frites font partie intégrante de la vie parisienne populaire, car elles régalent pour quelques sous le petit peuple (artistes, prolétaires et autres gamins de Paris).

Il faut toutefois attendre encore 1840 pour que les frites prennent la forme qu'on leur connaît aujourd'hui, à savoir celle de bâtonnets plus ou moins rectangulaires. Et c'est à cette époque que Frédéric Krieger, un immigré bavarois formé à Montmartre et qui se fait appeler « Monsieur Fritz, le roi de la pomme de terre frite », exporte ce plat en Belgique. Il le commercialise sous le nom de *pommes de terre frites à l'instar de Paris*. C'est un succès !

Au début du XXe siècle, les vendeurs de frites se font de plus en plus rares dans les rues de Paris, et disparaissent presque totalement dans les années 1970. En Belgique et dans le Nord-Pas-de-Calais, c'est l'inverse qui se produit. Les baraques à frites se multiplient au fil des ans, et la frite s'y impose comme un plat identitaire. Il existe d'ailleurs un musée de la frite à Bruges et chaque année, depuis 2009, le ministère de l'Agriculture belge organise la Semaine de la frite. Depuis 2008, le 1er août est la journée internationale de la frite belge. ■

FRITES OU POMMES DE TERRE FRITES ?

Le mot *frites* est une forme raccourcie de *pommes de terre frites*. La première mention de cette forme réduite remonte à 1858, mais son usage s'installe au début des années 1900. Il faut attendre le milieu des années 1960 pour que l'usage du mot *frites* soit majoritaire par rapport à celui de *pommes de terre frites*.

Occurrences de *frites* et de *pommes de terre frites* de 1800 à nos jours
Légende : Pourcentage d'occurrences par rapport au nombre de mots dans Google Ngram.
Source : Google Ngram.
frites
pommes de terre frites

FRITES PARFAITES

❶ Pelez les pommes de terre (dites *farineuses*, parmi lesquelles les Bintje, Manon, Agria) puis rincez-les sans excès et séchez-les avec un linge.

❷ Passez-les pendant 4 à 6 min dans un premier bain de graisse de bœuf (qu'on appelle le *blanc*) à 140 °C, puis retirez-les encore pâlottes (pas de coloration brune) et molles. Égouttez-les et laissez-les totalement refroidir à température ambiante.

❸ Plongez-les dans un second bain de friture au blanc de bœuf à 180 °C pendant 2 à 3 min. Si vous voulez une coloration homogène, veillez à régulièrement secouer le panier. Dès que la vapeur diminue fortement, les frites sont cuites.

❹ Retirez-les de l'huile et déposez-les sur du papier absorbant, puis une fois l'excédent d'huile éliminé, faites-les « sauter » dans du sel fin (comme vous feriez sauter des légumes à la poêle).

• LES FRITERIES •

Visualisation des friteries en France selon leurs distances mutuelles
Source des données : www.lesfriteries.com
Méthode : distanceFromPoints, R.

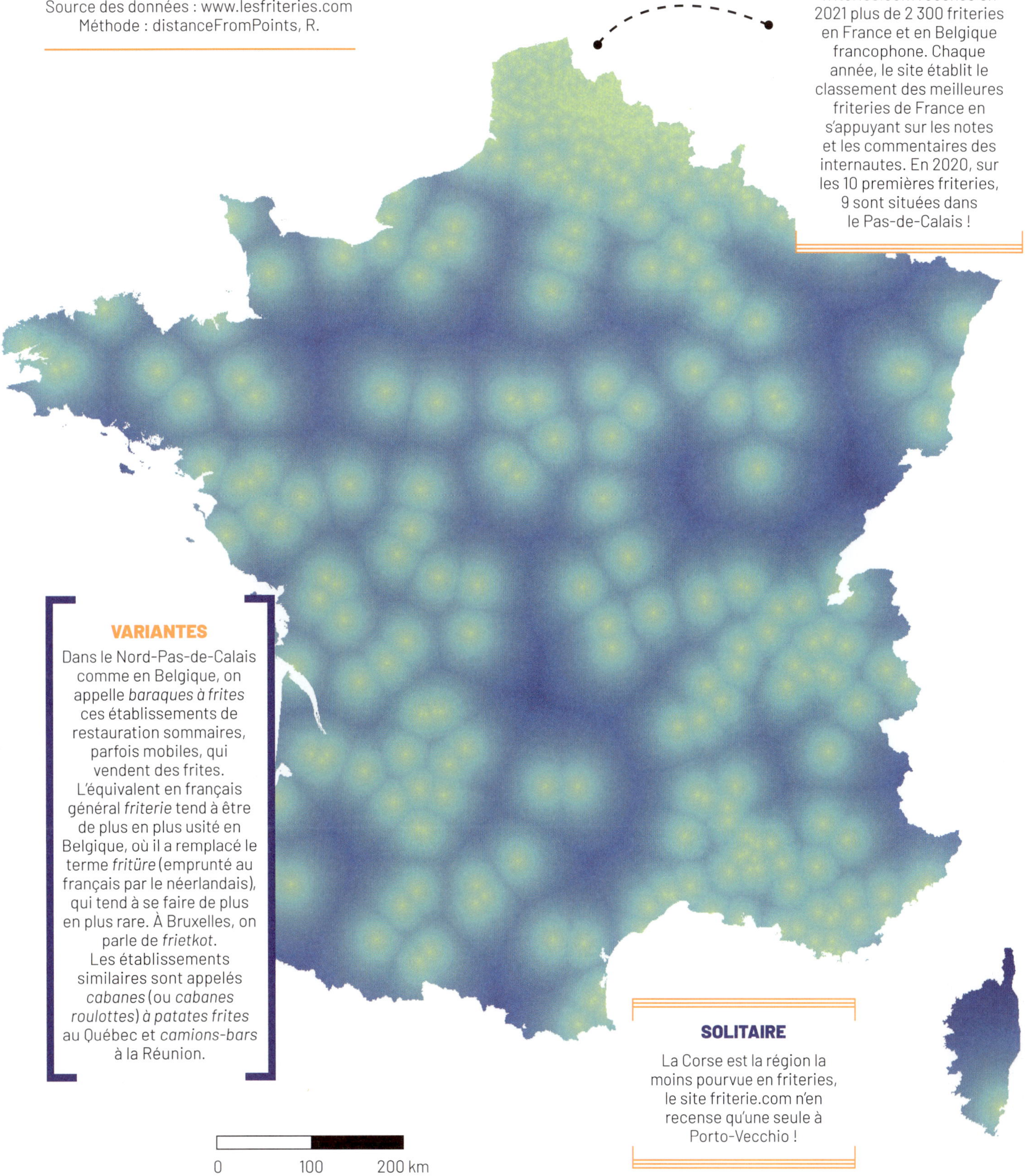

TOP

Preuve que la frite est emblématique de la région des Hauts-de-France et de Belgique, le site les friteries.com recense en 2021 plus de 2 300 friteries en France et en Belgique francophone. Chaque année, le site établit le classement des meilleures friteries de France en s'appuyant sur les notes et les commentaires des internautes. En 2020, sur les 10 premières friteries, 9 sont situées dans le Pas-de-Calais !

VARIANTES

Dans le Nord-Pas-de-Calais comme en Belgique, on appelle *baraques à frites* ces établissements de restauration sommaires, parfois mobiles, qui vendent des frites. L'équivalent en français général *friterie* tend à être de plus en plus usité en Belgique, où il a remplacé le terme *fritüre* (emprunté au français par le néerlandais), qui tend à se faire de plus en plus rare. À Bruxelles, on parle de *frietkot*. Les établissements similaires sont appelés *cabanes* (ou *cabanes roulottes*) *à patates frites* au Québec et *camions-bars* à la Réunion.

SOLITAIRE

La Corse est la région la moins pourvue en friteries, le site friterie.com n'en recense qu'une seule à Porto-Vecchio !

DANS LES CUISINES D'UN ESTAMINET

Les estaminets sont des lieux de restauration typiques du nord de la France et de l'ouest de la Belgique, sortes de tavernes ou de brasseries où l'on déguste des plats typiques de la région.

À l'origine, les estaminets n'étaient pas des lieux de restauration à proprement parler. Il s'agissait plutôt d'établissements où l'on pouvait prendre aussi bien une bière qu'un café, accompagné ou non d'une petite restauration d'appoint – planches de charcuteries et de fromages servies avec du pain de campagne – tout en se divertissant avec un jeu en bois (billard hollandais, planche à rebond) dans une atmosphère festive et conviviale. Les estaminets ont joué cette fonction jusqu'à l'orée de la Seconde Guerre mondiale, date à laquelle les changements intervenus dans la société ont entraîné la désertion progressive de ces lieux de vie en commun. Ce n'est qu'à la fin du XXe siècle que les estaminets classiques sont reconvertis en restaurants.

ÉTYMOLOGIE

Le mot *estaminet* est un emprunt relativement ancien au wallon *(e)staminê*. Passé en picard dès le XVIe siècle, il désigne déjà dans ces parlers une sorte de bistrot populaire. Selon toute vraisemblance, le mot *(e)staminê* est un dérivé du wallon *stamon* (« poteau auquel la vache est liée près de sa mangeoire ou crèche »), ce qui pourrait s'expliquer par l'architecture des lieux : les estaminets (encore aujourd'hui) consistent en des salles où les poutres de soutien en bois sont apparentes.

AU MENU *d'un estaminet*

Au menu d'un estaminet, outre les frites, flamiches et les divers plats à base de chicons, on trouve de nombreux plats d'origine flamande, comme le rappellent les consonances de mots tels :

Potjevleesch

Prononcé [potchvlech], le mot signifie littéralement « viande en petit pot » (avec *pot-* pour « pot », *-je*, qui est un suffixe diminutif et *vleesch* pour « viande »). Il désigne une terrine vinaigrée amalgamant les restes de diverses viandes blanches (poule, lapin, porc et veau) avec leurs os qui génèrent de la gelée.

Stoemp

Prononcé [schtoump], c'est un raccourci du flamand *doorgestoempte patatjes*, « pommes de terre écrasées »). Le *stoemp* consiste en une purée de pommes de terre cuites à l'étouffée, aromatisée de thym et laurier et assortie, selon l'humeur du chef, d'oignons, de carottes, de poireaux, d'épinards, de brocolis, de chicons, de petits pois ou encore de chou.

Waterzoï

Prononcé [ouaterzoye], on y reconnaît les mots *water*, « eau », et *zooi*, dérivé d'un verbe *zooien* qui signifie « cuire », soit « eau qui bout ». Le *waterzoï* est une sorte de soupe consistant en un bouillon assaisonné de légumes et de crème dans lequel sont cuits des morceaux de poulet ou de poisson.

Smout

Le *smout* est traditionnellement consommé sur du pain grillé avec des crevettes grises ou nature, simplement avec du sel et du poivre, comme du beurre. En néerlandais comme en français, le mot désigne du saindoux.

Carbonnade flamande

Le mot *carbonnade* n'a rien d'étranger : dérivé sur le mot *charbon*, il désigne une manière de cuire de la viande au moyen de charbons et, localement, une spécialité à base de morceaux de bœuf braisés dans de la bière brune.

Les estaminets

Densité d'enseignes de restauration arborant le mot *estaminet* dans le nom de leur enseigne
Source des données : pagesjaunes.fr et pagedor.be
Méthode : Estimation de la densité par la méthode du noyau.

0,25 — 0,50 — 0,75 — 1

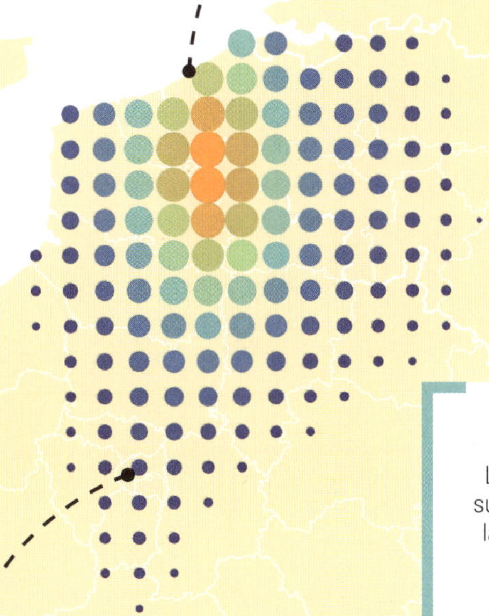

LE SAVIEZ-VOUS ?

La métropole du grand Lille compte près d'une vingtaine de restaurants arborant le mot *estaminet* dans leur enseigne.

RÉPARTITION

Les estaminets sont surtout répandus dans la région où l'on parle historiquement l'un des nombreux dialectes du picard, avec un prolongement sur l'Île-de-France.

CECI N'EST PAS UN ESTAMINET

Pendant quelques années (de 1830 à 1870, environ), on trouve des estaminets à Paris. Ils désignent alors des cafés où l'on peut fumer la pipe. Les cafés où l'on fume cigarettes et cigares se nommaient *divans*).

LE LUNDI PERDU

Le *lundi perdu*, aussi appelé *lundi parjuré*, est célébré chaque année le lundi qui suit l'Épiphanie, par les habitants d'une région qui englobe le département du nord de la France et les provinces du Hainaut et d'Anvers en Belgique. En pratique, la fête consiste en un repas dont le déroulement et le menu sont relativement codifiés.

Les convives se réunissent autour d'une table, et tirent des cartes qui représentent le rôle qu'ils devront tenir durant toute la durée du repas (on appelle ce jeu *Billets des Rois*). Parmi les seize rôles à tenir, ceux de Roi, de Fou du Roi et du Verseur sont les plus convoités. Le Fou du Roi est la personne en charge de veiller à ce que tout le monde respecte le Roi. Les convives qui désobéissent reçoivent sur le visage un coup de bouchon préalablement passé à la bougie, le Verseur veille à ce que les verres des uns et des autres ne soient jamais vides…

La plus ancienne trace de cette tradition remonte à 1281 à Tournai, en Belgique. Selon toute vraisemblance, on organise alors des assises les lundis suivant l'Épiphanie. Ces tribunaux se tiennent en plein air, et sont l'occasion pour les uns et les autres de déclarer les crimes commis dans l'année qui ont échappé aux autorités. Il est alors coutumier de jurer sur les saints, et il est probable que pour des raisons éthiques, de nombreuses personnes se parjurent (étymologiquement : « faire un faux serment »), d'où *lundi parjuré*. Quant à l'adjectif *perdu*, il rappelle que ce lundi est à l'époque chômé, soit sans salaire, donc perdu ! ■

AU MENU
du lundi perdu

Aujourd'hui, on travaille le jour du lundi perdu, mais on se retrouve le soir au restaurant ou à la maison, entre amis, en famille, pour déguster un festin préparé avec des ingrédients simples. En picard (l'idiome local), le menu se présente comme suit :

L'Mutiau

Servi en guise d'amuse-gueule, le *mutiau* est une spécialité charcutière consistant en de la tête de bœuf pressée, finement hachée et garnie d'ail et de persil.

L'pétite saucisse

En guise d'entrée, une petite saucisse est servie avec de la compote de pommes et du chou cuit au saindoux.

L'lapin aux preones et aux rogins

Le lapin aux pruneaux et aux raisins (qu'on appelle aussi *lapin à la tournaisienne*, *lapin picard*) constitue le plat de résistance. Il est servi avec des pommes de terre cuites à la vapeur.

Salade d'tornai

La salade de Tournai comporte de la salade de blé (dénomination locale de ce qu'on appelle ailleurs en France de la *mâche* ou de la *doucette*), des chicons, des oignons cuits au four, des pommes, du chou rouge et des haricots blancs.

Galette des rois

La traditionnelle galette des rois (p. 120), que l'on a longtemps consommée exclusivement dans toute la partie septentrionale de la France, est servie en dessert.

Le mot de la faim

ALEXANDRE DUMAS cuisinier contrarié

On l'ignore parfois, mais Alexandre Dumas père, à qui on doit *Les Trois Mousquetaires*, *Le Comte de Monte-Cristo* ou *La Reine Margot*, est aussi l'auteur d'un dantesque *Grand Dictionnaire de cuisine* dans lequel il collecte des miscellanées gastronomiques pas toujours vérifiées, mais souvent charmantes. ■

Ses plus beaux barbarismes

Pour ses amis de la Société des Agathopèdes (club fantaisiste fondé à Bruxelles en 1846), il invente un calendrier culinaire où les mois portent des noms de plats ou de produits : huitrinaire, crêpose, jambonose, truffose, boudinal, canardinal, cerisidor, melonidor, petit poisidor…

Un des repas les plus notables de sa vie (selon lui)

De retour d'Orient, il prépare un *shashlik* (des brochettes de bœuf épicé) réputées immangeables par ses convives et un chou à la géorgienne mal cuit. L'histoire veut qu'il fût le seul à ne pas s'en apercevoir.

Sa spécialité quand il reçoit

La salade à laquelle il donne son nom, composée de jaunes d'œufs durs broyés, de thon, de cornichons hachés et autres ingrédients amusants.

Pour la postérité

Parmi les plats qui lui sont nommément dédiés, on connaît un filet de bœuf sauce Soubise, un potage aux légumes primeurs et un poulet sauté.

Sa citation de gourmet

« C'est ennuyeux de manger à sa faim, car aussitôt on n'a plus faim. »

LAPIN AUX PREONES ET AUX ROGINS

de Jean Mathat-Christol

6 pers.

❶ Faites mariner un lapin en morceaux une nuit avec un bouquet garni, des baies de genièvre, du poivre, une bouteille de vin rouge ordinaire et un verre de vinaigre.

❷ Par ailleurs, faites infuser 1 c. à s. de baies de genièvre dans de l'eau bouillante. Lorsque l'eau est tiède, retirez les baies et faites-y gonfler 50 g de raisins secs et 500 g de pruneaux dénoyautés.

❸ Épongez les morceaux de viande et saupoudrez-les de farine. Faites-les colorer à feu vif dans du beurre, puis réservez. Dans la même casserole, faites revenir 4 échalotes hachées et 200 g de lardons nature. Mouillez avec la marinade passée au chinois. Ajoutez les morceaux de lapin, salez avec parcimonie, poivrez avec tact et laissez mijoter longuement.

❹ En fin de cuisson, incorporez les raisins avec les pruneaux. À votre convenance, ajoutez également le foie du lapin si vous l'avez.

❺ Liez la sauce avec de la gelée de groseilles. Servez bien chaud.

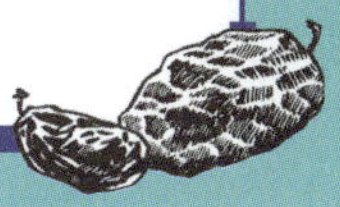

POITOU-SAINTONGE

Rencontre avec… ALEXANDRE COUILLON

chef de *La Marine*, à Noirmoutier**

Le plat régional incontournable

Le jambon de Vendée grillé avec des mogettes.

Le plat impossible à mettre à la carte

Les moules marinières, et c'est bien dommage ! Mais c'est compliqué de proposer un plat qui se mange avec les doigts dans un étoilé…

Le produit local iconnu que tout le monde devrait découvrir

Les bulots.

Le mot interdit dans votre établissement

Loufiat en salle et *cuistancier* en cuisine. Cette vision un peu ancienne du conflit entre la salle et la cuisine, c'est fini !

Le conseil à donner à un gourmet qui passe aux alentours

Qu'il vienne dans mon jardin ! 90 % des légumes utilisés à *La Marine* sont produits sur ces 4 000 m². Il n'est pas rare que je propose à mes hôtes de venir y faire une promenade digestive !

« En restauration, ce qui fait la différence entre les assiettes, c'est le nombre de mains qui s'en occupent. À *La Marine*, on est dix en cuisine et cinq en salles pour vingt clients. Il n'y a pas de rupture en cuisine, la pratique ou le lieu : on a deux établissements mais une seule cuisine. Souvent du côté bistrot, on cuit un poisson au plus simple et du côté gastro, on va prendre le même poisson et le traiter différemment. Le produit est le même. La continuité de la cuisine, c'est être capable de "passer" des goûts différemment, toujours avec le produit qui dicte le quotidien.

Entre le moment où on a démarré, où je savais ce que je voulais à la carte, et aujourd'hui, où je vais à la criée dès que je peux, j'ai mûri dans ma façon de réfléchir ma cuisine. J'ai fait ma première bouillabaisse cet été ! À cause du réchauffement climatique, la rascasse change d'eaux et de littoraux. On l'a accompagnée d'autres poissons : merluchon, grondin rouge, saint-pierre : comme une soupe de poisson traditionnelle, retravaillée pour le restaurant. Mon grand-père était *marin-patate*. Il avait un cheval de trait, alors quand c'était la saison, il cultivait des patates, et hors saison, il allait pêcher. Ma bouillabaisse, de l'Atlantique, c'est un peu ça : la *godaille* du pêcheur, c'est-à-dire la part de poissons qui est donnée au matelot au retour de la pêche. La recette "Bord de mer" est née de cette évidence : une balade sur la plage, durant laquelle on trouve toutes sortes de coquillages, qu'on décide de cuire différemment. »

·LA RECETTE DU CHEF·

CUEILLETTE DE BORD DE MER*

d'Alexandre Couillon

6 pers.

3 kg d'étrilles ; huile d'olive ; 1 garniture aromatique ; 10 feuilles de gélatine ; 2 kg de navets ronds ; 4 l de lait de coco ; 4 jeunes carottes ; 2 jeunes poireaux ; 1 poivron rouge ; 1 quartier de chou-fleur ; gros sel ; 600 g de vinaigre blanc ; 500 g d'eau ; 5 g de gingembre ; 1 c. à c. de concentré de tomate ; 1 tige d'estragon ; 100 g de crevettes bouquet ; 8 coques ; 4 vernis ; 4 palourdes ; 4 couteaux ; 4 langoustines ; herbes potagères ; huile de combava ; sel et poivre.

❶ Coupez les étrilles en gros morceaux et faites-les revenir à l'huile d'olive, ajoutez la garniture aromatique. Mouillez avec 2 litres d'eau et laisser cuire lentement. Filtrez le bouillon, faites-le réduire si besoin pour corser le goût. Prélevez 375 g de bouillon et collez-le avec la gélatine réhydratée.

❷ Lavez et épluchez les navets, émincez-les. Blanchissez-les à l'eau puis égouttez-les et finissez la cuisson dans le lait de noix de coco. Mixez et laissez refroidir. Vérifiez l'assaisonnement.

❸ Préparez l'aigre-doux en mélangeant le vinaigre blanc et l'eau, le sucre, le gingembre, le concentré de tomate et l'estragon. Réservez au frais. Épluchez et émincez finement les carottes, poireaux, poivron et chou-fleur. Faites-les dégorger au gros sel environ 10 min, rincez-les bien et mettez-les à mariner dans l'aigre-doux.

❹ Rincez les coquillages à l'eau de mer, ouvrez-les, décortiquez les crustacés, gardez-les au frais. Déposez au fond des assiettes la crème de noix de coco. Ajoutez les coquillages et les crevettes. Déposez délicatement les légumes sur les coquillages. Émulsionnez la gelée d'étrilles et versez délicatement. Disposez les herbes et quelques gouttes d'huile de combava.

* Cette recette est extraite du livre *Marine et Végétale*, paru en 2016 aux éditions de l'Épure.

ÉTRILLES

Les étrilles sont des petits crabes, vert foncé, peu charnus et principalement destinés à faire des fumets et des soupes. Endormez-les 5 min au congélateur avant de les tuer d'un coup de pointe de couteau entre les yeux.

COMBAVA

L'agrume originaire d'Indonésie se retrouve dans toutes les cuisines de l'océan Indien. Ses feuilles sont utilisées fraîches en Asie du Sud-Est, mais, en Europe, c'est le zeste du fruit que l'on emploie le plus. À défaut, utilisez du zeste de citron vert et un bâton de citronnelle pour infuser une nuit l'huile neutre (arachide, tournesol) qui servira à assaisonner le plat.

BLANCHIR

Blanchir signifie ébouillanter brièvement pour précuire ou désacidifier un aliment, voire, dans certains cas, faciliter sa digestion.

ASTUCE

Lorsqu'on rince les coquillages à l'eau de mer – ou, plus simplement, dans de l'eau pas trop froide et salée à hauteur de 10 grammes de sel par litre d'eau –, on permet aux coquillages de cracher leur sable. Changez plusieurs fois l'eau en espaçant chaque rinçage de plusieurs heures.

GÉLATINE

La gélatine est un produit d'origine animale qu'on trouve en feuilles ou en poudre dans le commerce. Faites-la tremper dans de l'eau bien froide avant usage, si possible plusieurs heures.

DÉGORGER

On fait *dégorger* un aliment pour extraire une partie de l'eau qu'il contient (légumes), en retirer les impuretés (abats, escargots) ou un arrière-goût (âcreté du chou, relents de certains poissons de vase).

CAGOUILLE OU LUMA ?

Dans les Charentes, le mot *cagouille* est employé pour désigner des petits gastéropodes que l'on appelle en français général *petit-gris*. Cuisinées *à la charentaise*, *à la saintongeaise* voire *à la bordelaise*, les cagouilles sont mijotées dans une sauce réalisée à partir de chair à saucisse, de vin et de tomate, fortement aillée. Elles constituent une spécialité typique de la région, qu'on retrouve à la carte de nombreux restaurants sous le nom de *cagouillade*.

Le mot *cagouille* est surtout employé à l'intérieur des départements des deux Charentes, qui demeurent les plus gros producteurs de petit-gris de France. Dans les départements limitrophes, notamment en Vendée, dans la Sarthe et les Deux-Sèvres, on appelle *luma* (ou plus rarement *lima*) ces mêmes mollusques à coquille. Comme les cagouilles, on cuisine les lumas *à la charentaise* ou *à la bordelaise*, mais les attestations plus nombreuses sont du type *sauce aux lumas* ou *fricassée de lumas*. Malgré la diversité des dénominations, le mode de préparation et de cuisson des petit-gris ne change pas fondamentalement.

Sur le plan étymologique, les mots *cagouille* et *luma* continuent des mots latins bien différents. *Cagouille* se rattache au latin *conchylium*, qui a donné le français *coquille*. Quant au mot *luma* (et sa variante *lima*), il remonte au latin *limax* (« limace »). ■

CARGOLADE

Dans le département des Pyrénées-Orientales on consomme aussi beaucoup d'escargots. On les retrouve dans une spécialité typique de la cuisine catalane, la *cargolade*. Attention toutefois : dans la cargolade, les *cargoles* (mot qui désigne le petit-gris dans les parlers locaux) sont grillés aux ceps de vigne en cheminée ou au barbecue, et dégustés avec des tartines d'aïoli.

@

Proverbialement, on appelle les Charentais *cagouillards*, d'une part parce qu'ils sont de grands consommateurs de cagouilles, mais aussi parce qu'ils ont la réputation d'être lents et tranquilles. Par plaisanterie, on emploie parfois le mot *cagouille* comme synonyme d'arobase @.

C'EST LA FÊTE À LA CAGOUILLE

Dans l'Ouest, les cagouilles et lumas sont mis à l'honneur au cours de nombreuses fêtes et festivals annuels. En Anjou, la foire des lumas a lieu chaque dernier week-end de juillet. Dans les Charentes, il existe une Confrérie de la cagouille, de même que plusieurs fêtes de la cagouille.

•ESCARGOT•

Dénominations de l'*escargot* dans les parlers galloromans vers la fin du XIXe siècle
Source des données : ALF 481.

- carago
- cagouille
- caracol
- carcol
- cargol
- colimaçon
- coquille
- escargot
- limace
- luma
- lima
- limak

* Les numéros inscrits dans les symboles désignent des localités étudiées lors des enquêtes ALF.

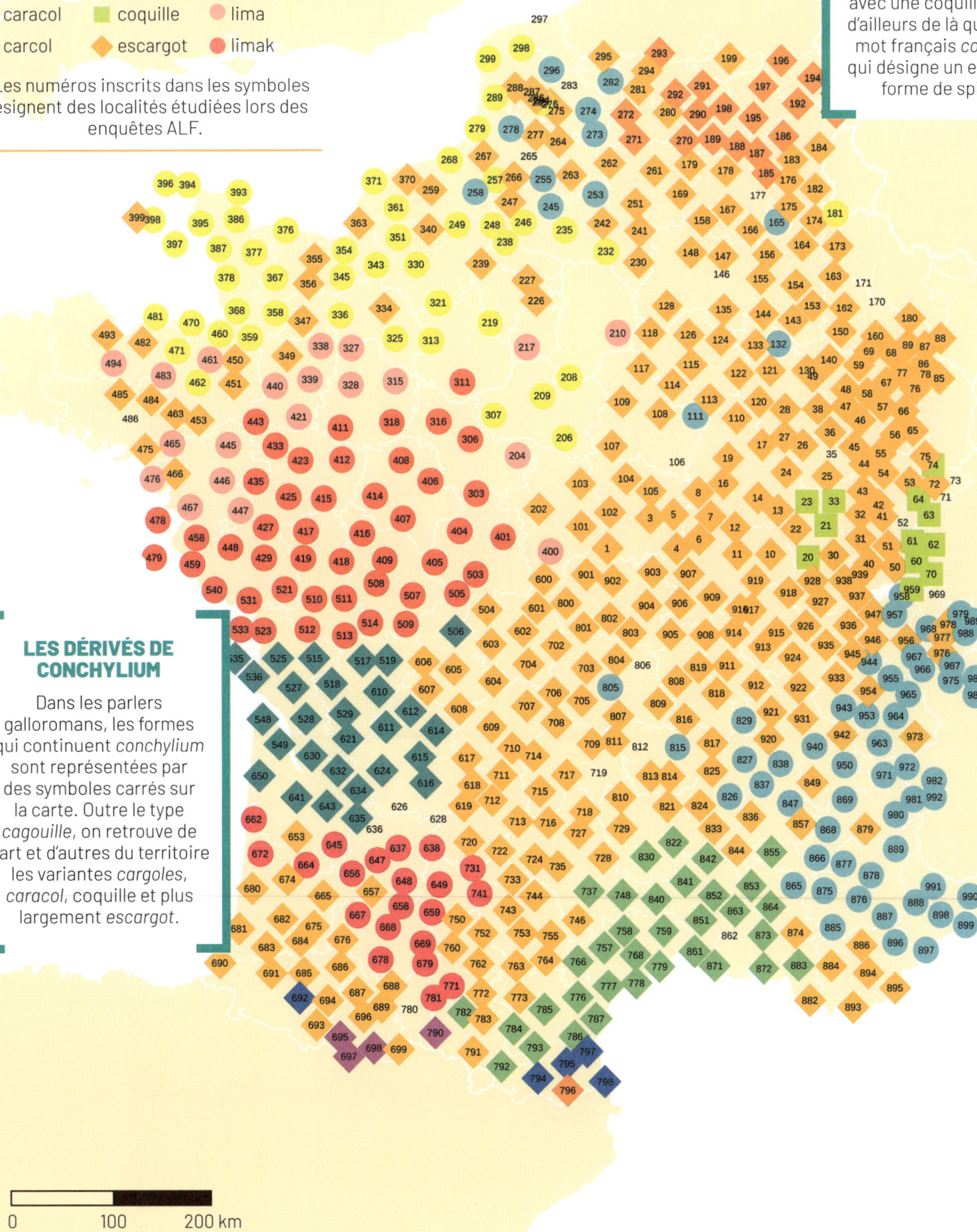

LES DÉRIVÉS DE LIMAX

Quant aux formes qui continuent *limax*, représentées par des symboles circulaires sur la carte, elles ont donné *luma, lima, lumac, limaçon*, mais aussi *colimachon* dans les parlers de Normandie (et qui signifie « limaçon avec une coquille »). C'est d'ailleurs de là que vient le mot français *colimaçon*, qui désigne un escalier en forme de spirale !

LES DÉRIVÉS DE CONCHYLIUM

Dans les parlers galloromans, les formes qui continuent *conchylium* sont représentées par des symboles carrés sur la carte. Outre le type *cagouille*, on retrouve de part et d'autres du territoire les variantes *cargoles, caracol*, coquille et plus largement *escargot*.

LA MOUCLADE ET L'ÉCLADE

Les moules sont des petits mollusques qui occupent une place importante dans la gastronomie des régions qui s'agencent le long de la côte atlantique de la France. Dans la région Poitou-Charentes, elles constituent l'ingrédient de deux spécialités emblématiques : la *mouclade* et l'*éclade*.

La *mouclade*, qu'on qualifie (comme les *cagouilles*) de saintongeaise ou charentaises est un plat qui comporte des moules cuites dans du vin blanc, de l'ail et des herbes, et servies avec une sauce à base de beurre, de crème fraîche, d'échalotes, de citron et de safran ou de curry (selon les recettes). Étymologiquement, le mot est dérivé de la francisation d'un mot saintongeais que l'on peut décomposer ainsi : *moucl-* (désigne la moule dans les parlers locaux, il continue le latin *musculus* « coquillage ») et *-ada*.

L'éclade (ou *églade*, plus rarement *escalde*) désigne une préparation dont l'île d'Oléron et la ville de Royan réclament la paternité. Dans cette préparation, les moules sont disposées sur une planche de bois, à la verticale, les unes contre les autres, puis recouvertes d'un épais tapis d'aiguilles de pin, auquel on boute le feu. Les moules sont ensuite dégustées avec du pain et du beurre. Étymologiquement, le mot *éclade* est un emprunt aux parlers locaux, où le mot a été formé sur un verbe *egla*, qui signifie « répartir, arranger, disposer ». ■

ÉTYMOLOGIE

Le mot *bouchot* est d'origine poitevine : il est dérivé sur le latin *bucca* (« bouche »). On le retrouve en provençal sous la forme *boucau* (« ouverture, embouchure »).

BUCCA → BOUCHOT

FAUT-IL CHOISIR DES MOULES DE BOUCHOT OU DE FILIÈRE ?

Il existe plusieurs méthodes pour cultiver les moules. Élevées sur des *bouchots*, (sortes de piquets en chêne ou châtaignier, plantés en bord de mer à l'abri des prédateurs), les moules grandissent tantôt à l'air libre, tantôt sous l'eau, au fil des marées. Ces moules sont alors dites *de bouchot*. Quand elles sont élevées sur des cordes, les moules restent en immersion pendant toute leur croissance. Elles sont dites *de filière*.
Sur le plan gustatif, le goût des moules de bouchot est moins fort que celui des moules élevées sur des cordes, ces dernières présentant un goût plus iodé.

•ÉCLADE•

Aire et vitalité de *éclade*
Source des données :
Enquêtes DRF, 1994-1996.
Méthode : Méthode des *k* plus proches voisins.

0% — emploi déclaré — 100 %

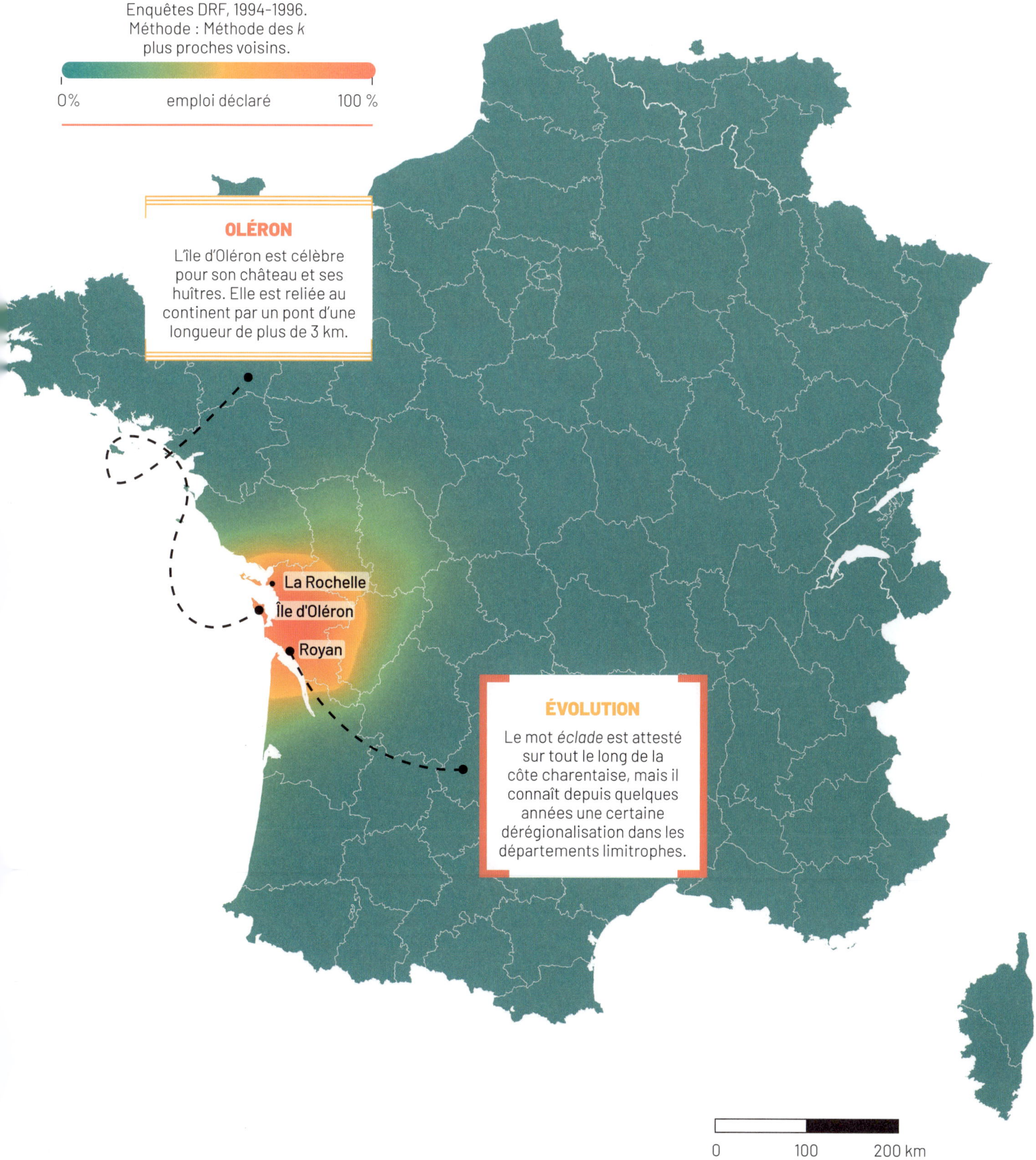

OLÉRON

L'île d'Oléron est célèbre pour son château et ses huîtres. Elle est reliée au continent par un pont d'une longueur de plus de 3 km.

ÉVOLUTION

Le mot *éclade* est attesté sur tout le long de la côte charentaise, mais il connaît depuis quelques années une certaine dérégionalisation dans les départements limitrophes.

LA MOGETTE,

L'IMMANQUABLE INGRÉDIENT VENDÉEN

La *mogette* est une sorte de haricot blanc que l'on cultive exclusivement en Vendée, et qui entre dans la confection de nombreuses spécialités culinaires poitevines et charentaises.

Comme les pommes de terre (p. 26), les haricots sont introduits en France au XVIe siècle, à la suite de la « découverte » des Amériques. Compte tenu de leur ressemblance avec d'autres plantes qu'on cultive alors déjà en vue d'en consommer les graines, ces haricots sont dénommés au moyen de termes en usage pour désigner des légumineuses : *pois*, *fèves*, *fayots*, etc.

Dans le grand sud-ouest de la France, c'est un terme dérivé sur l'occitan *monje* (« moine »), *monja* (« religieuse ») qui s'impose, puis qui passe dans le français local de quelques départements du centre-ouest, sur la façade atlantique. Aucune des multiples variantes ne l'emporte sur l'autre, ce qui explique qu'on parle encore aujourd'hui de *mogette*, de *mongette*, de *moghette* ou de *moujhette*, etc., en fonction des localités où la légumineuse est cultivée. ■

ÉTYMOLOGIE

Différentes hypothèses ont été avancées pour expliquer l'étymologie du mot *mogette*. Selon toute vraisemblance, le lien avec les moines ne vient pas du régime alimentaire de ces derniers, ou du fait qu'ils auraient été les premiers à cultiver ladite légumineuse. Il semblerait qu'on ait plutôt affaire à une métaphore qui repose sur la comparaison entre les moines enfermés dans leur couvent et les grains coincés dans leur cosse. *Si non e vero, e ben trovato !*

ASTUCE POUR DES MOGETTES BIEN CUITES

Comme d'autres légumineuses, la mogette peut causer des désagréments digestifs ou des troubles intestinaux. Pour éviter cela, vous pouvez : les cuire en plusieurs fois (une première fois en démarrant à l'eau froide pour leur éviter d'éclater ; une seconde fois en les plaçant dans une nouvelle eau portée à ébullition lorsque l'eau utilisée au départ se trouble et devient mousseuse) ou ajouter un peu de bicarbonate de soude à l'eau de cuisson (il attendrit les fibres les plus dures des légumineuses et facilite la mastication et, par conséquent, la digestion !).

• VARIATION SUR LA MOGETTE •

Parmi les spécialités qui utilisent la mogette, on peut retenir :

LE JAMBON (ET) MOGETTE

C'est un plat classique vendéen, relativement simple : il consiste en une tranche de jambon de Vendée (épaisse tranche jambon sec de porc) cuite à la poêle et servie avec des mogettes cuites à l'eau.

LA MOGETTE PLATE

Son nom n'a rien à voir avec la forme de la fève, mais avec la simplicité de sa préparation : il s'agit de mogettes cuites à l'eau et servies sans aucune matière grasse.

LA GRILLÉE DE MOGETTE

Il s'agit d'une tartine de pain grillée et beurrée, sur laquelle on a légèrement écrasé quelques mogettes, et jeté quelques gouttes de vinaigre de vin rouge.

LA FOUÉE AUX MOGETTES

C'est une petite boule de pain que l'on cuit au four et que l'on fourre de mogettes cuites avec un morceau de lard et du beurre.

Mogette et jambon

Mogette et jambon de Vendée IGP
Source des données : www.data.gouv.fr

mogette — jambon de Vendée IGP

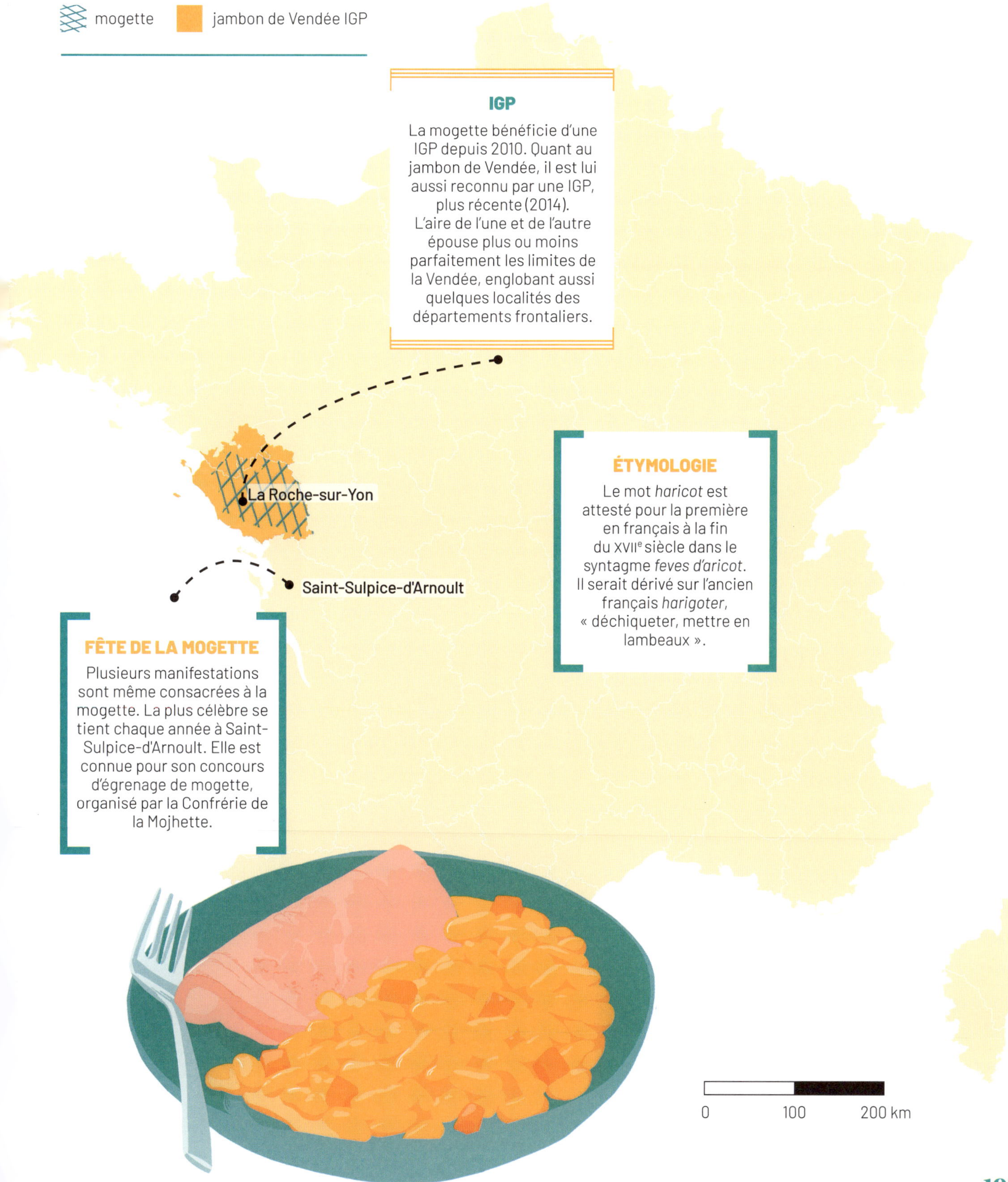

IGP

La mogette bénéficie d'une IGP depuis 2010. Quant au jambon de Vendée, il est lui aussi reconnu par une IGP, plus récente (2014). L'aire de l'une et de l'autre épouse plus ou moins parfaitement les limites de la Vendée, englobant aussi quelques localités des départements frontaliers.

ÉTYMOLOGIE

Le mot *haricot* est attesté pour la première en français à la fin du XVIIe siècle dans le syntagme *feves d'aricot*. Il serait dérivé sur l'ancien français *harigoter*, « déchiqueter, mettre en lambeaux ».

FÊTE DE LA MOGETTE

Plusieurs manifestations sont même consacrées à la mogette. La plus célèbre se tient chaque année à Saint-Sulpice-d'Arnoult. Elle est connue pour son concours d'égrenage de mogette, organisé par la Confrérie de la Mojhette.

AUNIS,

LA PROVINCE MAL-AIMÉE ?

L'Aunis est la plus petite province historique de France, située dans le quart nord-ouest de l'actuel département de Charente-Maritime. Elle souffre encore ponctuellement d'un dédain historique qu'on retrouve déjà sous la plume de certains auteurs du XVIIIe siècle : « Souvent inondée, marécageuse, peu saine, peu riche, facile à défendre, mais ne pouvant servir de point d'appui pour une attaque une contrée inhospitalière pendant de longs siècles. » Pas exactement un paysage de carte postale !

Pourtant, grâce aux moines défricheurs de l'abbaye cistercienne de la Grâce-Dieu (à Benon), la forêt ancienne laisse place à de vastes clairières. Des villages s'organisent autour des cultures (blé, avoine, orge, vignes). La Rochelle devient le poumon économique et administratif de la province. Ouverte sur l'océan, face à l'île de Ré et l'île d'Oléron, la ville profite de la pêche, de l'ostréiculture et des marais salants.

Quand on s'éloigne de la côte, les poissons sont d'eau douce : on mange des fritures sur les rives du Thouaret, un affluent du Thouet, où on prépare la *bouilleture d'anguilles*. ■

CHAUDRÉE

Le Poitou profite d'un front de mer plus restreint mais qui lui permet tout de même d'avoir sa spécialité : la *chaudrée*, une soupe de poissons épaisse, dont on trouve des variantes de Noirmoutier à Fontenay-le-Comte (p. 50-51).

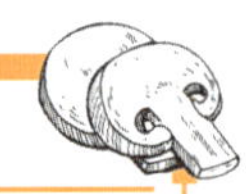

BOUILLETURE D'ANGUILLES

1. Coupez 3 grosses anguilles (400 à 600 g) en tronçons après en avoir ôté les têtes.
2. Dans un faitout, faites fondre 200 g de beurre puis ajoutez les tronçons d'anguilles ainsi que 200 g de champignons de Paris, entiers, et bien nettoyés.
3. Faites cuire à feu doux pendant 5 à 10 min puis couvrez avec ½ l de vin blanc. Faites chauffer à feu fort, puis, au premier bouillon, revenez à feu moyen.
4. Poursuivez la cuisson pendant encore 10 min. Retirez ensuite les tronçons d'anguille à l'aide d'une écumoire. Réservez sur un plat de service au chaud.
5. Faites réduire de moitié le contenu de la cocotte. Ajouter un petit pot de crème hors du feu et rectifiez l'assaisonnement à votre convenance.
6. Nappez les anguilles de la sauce et servez avec les champignons.

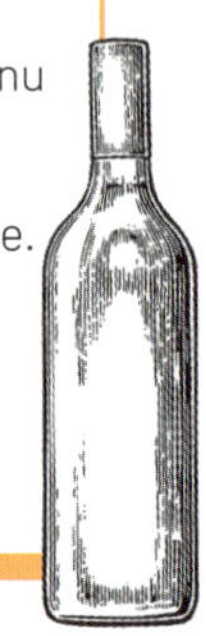

Le mot de la faim

LE LIÈVRE À LA ROYALE gibier indétrônable

Ses variantes

Si une version historique prévoit une proportion de foie gras et de viande (façon périgourdine), les versions contemporaines se rapprochent de la compotée de viande généreusement garnie d'ail et d'échalotes et liée au sang (façon poitevine).

Son origine

Elle est incertaine et sera débattue encore sûrement longtemps. On raconte souvent que le plat aurait été créé pour flatter le palais de Louis XIV, tout en lui évitant de devoir mâcher : en effet, le Roi-Soleil ne brille pas par sa dentition.

Sa première apparition

Elle se trouverait dans un ouvrage de 1775 où sont mentionnés des *lapereaux au monarque* accompagnés d'une *sauce à la royale*.

Ses brèves réapparitions

C'est un sénateur de la Troisième République, aussi chasseur et agriculteur, qui en donne une recette dans un journal de 1898. En 1903, c'est au tour du guide culinaire d'Escoffier de publier une version d'un *lièvre farcie à la périgourdine*.

Sa renaissance

Le renouveau contemporain vient de Paul Bocuse, aux débuts des années 1980, qui le met à la carte de son *Auberge du Pont de Collonges*. Mais on doit à une autre superstar de la cuisine de graver dans le marbre sa version définitive : Joël Robuchon qui, avant d'avoir 32 étoiles, est d'origine poitevine...

Sa consécration

Le Championnat du monde du lièvre à la royale naît en 2016 à Romorantin-Lanthenay. Les participants ont une heure et demie pour présenter le lièvre à la royale préparé selon la méthode dite *en ballotine*.

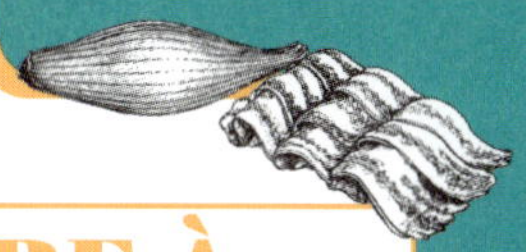

LIÈVRE À LA ROYALE

une version simplifiée

6 pers.

1. Faites tremper 1 crépine de porc dans de l'eau froide. Portez 2 l de vin rouge corsé à ébullition, faites-le flamber, retirez du feu et réservez. Pelez 20 échalotes et 2 têtes d'ail (oui, c'est beaucoup).
2. Hachez finement tous les abats d'un gros lièvre, 5 échalotes et 3 gousses d'ail et réfrigérez. Dans une boîte, mélangez 10 cl de sang du lièvre (à défaut, de porc) et 10 cl de vinaigre et réfrigérez.
3. Assaisonnez fortement le lièvre coupé en morceaux. Emballez chaque morceau dans une tranche de lard. Dépliez et découpez la crépine essorée pour envelopper chaque morceau de lièvre.
4. Mettez dans une cocotte ou une daubière le reste d'échalotes et d'ail entiers avec un bouquet garni. Ajoutez les morceaux de lièvre, le vin, portez à ébullition et couvrez. Enfournez pour 6 h à 120 °C.
5. Transférez les morceaux de lièvre dans une autre casserole. Filtrez le jus de cuisson et laissez-le refroidir puis dégraissez. Dans une grande casserole, mélangez la farce aux abats avec ce jus et faites réduire cette sauce 1 h. Écumez les impuretés.
6. Ajoutez enfin le mélange sang-vinaigre et 40 g de foie gras en petits cubes. Fouettez sur feu doux. Versez cette sauce dans la cocotte de lièvre, ajoutez 1 c. à s. de cognac et faites réchauffer doucement à couvert. Parsemez de persil effeuillé et servez.

PROVENCE ET PAYS NIÇOIS

Rencontre avec... COLINE FAULQUIER

chef du restaurant *Signature**, à Marseille

Le plat régional incontournable
La *bouillabaisse*, talonnée par l'*aïoli* !

Le plat impossible à mettre à la carte
J'ai du mal à travailler les abats, à part peut-être les ris de veau.

Le produit local inconnu que tout le monde devrait découvrir
Les *pieds paquets*, une préparation à base de mouton.

Le plat ou le produit que vous pourriez manger ou cuisiner sans jamais vous lasser
Le poisson en général, le *saint-pierre* en particulier !

Le meilleur conseil à donner à un gourmet qui passe aux alentours
Il faut aller voir Notre-Dame de la Garde, et pourquoi pas le stade Vélodrome...

Vous avez 6 œufs, 30 minutes et un accès libre à votre cuisine
Je fais une crème brûlée au thym.

« Je suis marseillaise d'adoption ! Née en Bourgogne, j'ai travaillé à Aubagne et Paris avant d'arriver à Marseille. D'une région à l'autre, j'ai forcément évolué. Du beurre à l'huile d'olive par exemple... Quand je suis arrivée à l'*Hôtel du Castellet* chez Christophe Bacquié (dans le Var), ça n'avait rien à voir avec la cuisine de palace à laquelle je m'étais formée dans un trois étoiles (au *Bristol*, avec Éric Frechon en cuisine).

Certains chefs ont pu me dire que j'avais tendance à faire trop de goûts, trop de choses dans le même plat. J'ai beaucoup épuré. Je me suis rapprochée des produits, j'ai simplifié mon approche : je préfère mettre en valeur un maquereau que du caviar. En faisant de la vente à emporter pendant la pandémie, j'ai dû beaucoup plus réfléchir à ce que je voulais faire par rapport à ce qu'on sert à l'assiette : il faut penser à comment les clients vont réchauffer, servir... On réinterprète sa propre cuisine.

Un plat que je n'ai pas encore trouvé à faire de façon exceptionnelle, c'est la *galette molette* de ma grand-mère paternelle. C'est un genre de soufflé avec beaucoup de fromage. Elle ne savait pas vraiment cuisiner et elle avait plusieurs bouches à nourrir, ça calait bien ! Ça me fait plaisir quand mon père en fait, mais il garde la recette jalousement... »

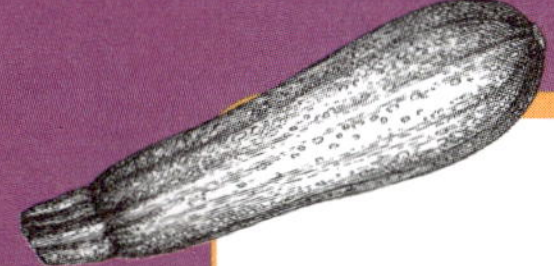

LA RECETTE DU CHEF

LA COURGETTE

de Coline Faulquier

4 pers.

4 mini-courgettes ; 6 fleurs de courgette ; 200 g d'amandes fraîches ; 100 g de crème liquide ; 1 citron jaune ; 1 poivron rouge ; 1 courgette jaune ; 2 tomates cœur de bœuf ; 2 oignons grelots rouges ; 1 courgette verte ; 1 branche de thym ; 2 branches de basilic.

1. Taillez en brunoise la courgette jaune et le poivron.
2. Faites-les revenir à l'huile d'olive avec un peu de sel de façon à les garder croquants. Ajoutez hors du feu le basilic ciselé et les tomates préalablement confites à la casserole avec le thym.
3. Garnissez 4 fleurs de courgette avec cette farce, mettez un filet d'huile d'olive dessus et faites-les cuire 5 min au four à 150 °C.
4. Taillez la courgette verte en fines lamelles et enroulez-les sur elles-mêmes. Réservez.
5. Taillez les oignons rouges en petits quartiers et réservez dans de l'eau froide.
6. Ouvrez les amandes, faites-les infuser dans la crème chaude pendant 10 min. Mixez et assaisonnez avec du sel, du piment d'Espelette et le zeste du citron.
7. Blanchissez les mini-courgettes et taillez-les en biseaux. Assaisonnez avec du sel, du piment et de l'huile d'olive.
8. Ouvrez les deux dernières fleurs restantes, badigeonnez-les d'huile et mettez-les à sécher à 35 °C pendant 12 h.
9. Dressez les mini-courgettes en fond d'assiette, ajoutez les rouleaux de courgette verte puis la fleur farcie. Ajoutez autour la crème d'amande et terminez avec les oignons rouges et une chips de fleur de courgette. Dégustez !

TOMATES CONFITES

Pour confire les tomates, pelez-les, retirez-en les pépins, l'eau de végétation et les pédoncules et, une fois les quartiers de chair bien séchés, cuisez-les à feu très doux dans de l'huile. Comptez une heure en surveillant bien, puis égouttez une nuit avant usage. Vous pouvez aussi les cuire à four tiède (90 °C) pendant 3 à 4 h avec un filet d'huile.

OUVRIR LES AMANDES

Les amandes fraîches sont des drupes à peau verte veloutée (l'enveloppe protectrice du fruit). Pour les écaler, tapez avec la lame d'un couteau sur les côtés de la coque. Veillez ensuite à retirer la peau fine qui entoure chaque amande.

COMMENT SÉCHER LES FLEURS DE COURGETTE ?

Pour sécher les fleurs de courgette, Coline Faulquier utilise peut-être un déshydrateur. Vous pouvez chez vous cuire au gradient descendant, c'est-à-dire enfourner à 130-140 °C et éteindre le four. Les fleurs de courgettes seront sèches lorsque le four sera froid. Au besoin, renouvelez l'opération.

BRUNOISE

La *brunoise* est une découpe traditionnelle en dés de 2 à 3 mm de section. Une découpe irrégulière d'à peu près la même taille s'appelle une *mirepoix* (c'est à l'origine le nom d'une garniture aromatique constituée d'oignon, de carotte et de céleri).

ASTUCE

Passer des légumes à l'eau froide permet de les rendre plus croquants. N'hésitez pas à y mettre une poignée de glaçons !

BLANCHIR

Voir p. 191.

LOU GROS SOUPA,

UNE TRADITION PROVENÇALE

En Provence, *le gros souper* (calque du provençal *lou gros soupa*) est le nom que l'on donne au repas du réveillon de Noël. Il s'agit d'un repas maigre, au cours duquel la consommation de viande est prohibée, et qui s'accompagne de plusieurs rituels.

Avant de se mettre à table, les invités reproduisent la cérémonie du *cacho-fiò* : on met dans la cheminée une bûche d'arbre fruitier (olivier, cerisier, amandier), la plus grosse que l'on trouve, pour qu'elle brûle le plus longtemps possible. Les invités font alors trois fois le tour de la table (le chiffre trois rappelle la Trinité), et le plus jeune met le feu à la bûche en l'arrosant de vin cuit pendant que la personne la plus âgée de la maison récite une prière.

Le repas peut alors commencer. Il se prend sur une table couverte de trois nappes posées les unes sur les autres, chacune de taille différente : la première sert pour le repas du 24 au soir, la deuxième pour le repas de Noël, le midi du 25, qui comporte des viandes, et la troisième est utilisée lors de la consommation des restes, le 25 au soir.

Bien qu'il s'agisse d'un repas maigre, le gros souper n'en est pas moins copieux : il comporte sept plats (symbole des sept douleurs de Marie) et est suivi de treize desserts (nombre qui serait en référence aux douze apôtres et au Christ). Selon la tradition, tous les éléments doivent être posés sur la table dès le début du repas, y compris les treize desserts. ■

AU MENU du gros souper

Bien que la composition des spécialités inscrites au menu varie d'une famille à l'autre, le menu du gros souper comporte quelques ingrédients traditionnels.

En entrée

L'aigo boulido, soit littéralement « l'eau bouillie » : c'est une soupe à base d'eau et de plantes aromatiques (sauge, thym) dans laquelle trempent des tranches de pain frottées à l'ail et arrosées d'huile d'olive. Elle est servie en entrée.

En plat

Suivent différents plats à base de poisson maigre, en général de la morue, accommodée de diverses façons : au *raïto* (une sauce résultant du mélange de tomates, de vin rouge et de bouillon), en gratin avec des légumes (comme des épinards), en brandade (avec du lait, du jus de citron et de l'huile d'olive).
Les autres plats consistent en des légumes traditionnels (parmi les plus fréquents : cardes et cardons, artichauts, poireaux, etc.) cuits en *tian* (plat en terre vernissée typique de la région). On trouve aussi l'anchoïade et les escargots.

Au dessert

Enfin, le repas se termine par les treize desserts, qui consistent, selon les familles et les régions, en des fruits (noisettes, dattes, oranges, clémentines, etc.), des sucreries locales (calissons, fruits confits, nougat, etc.), des mendiants (amandes, noix, figues, etc.) et de la brioche locale, qu'on appelle *fougasse*, *gibassié* ou *pompe à huile*.

POMPE À HUILE

Aire et vitalité de *pompe à huile*
Source des données :
Enquêtes DRF, 1994-1996.
Méthode : Krigeage.

0% emploi déclaré 100 %

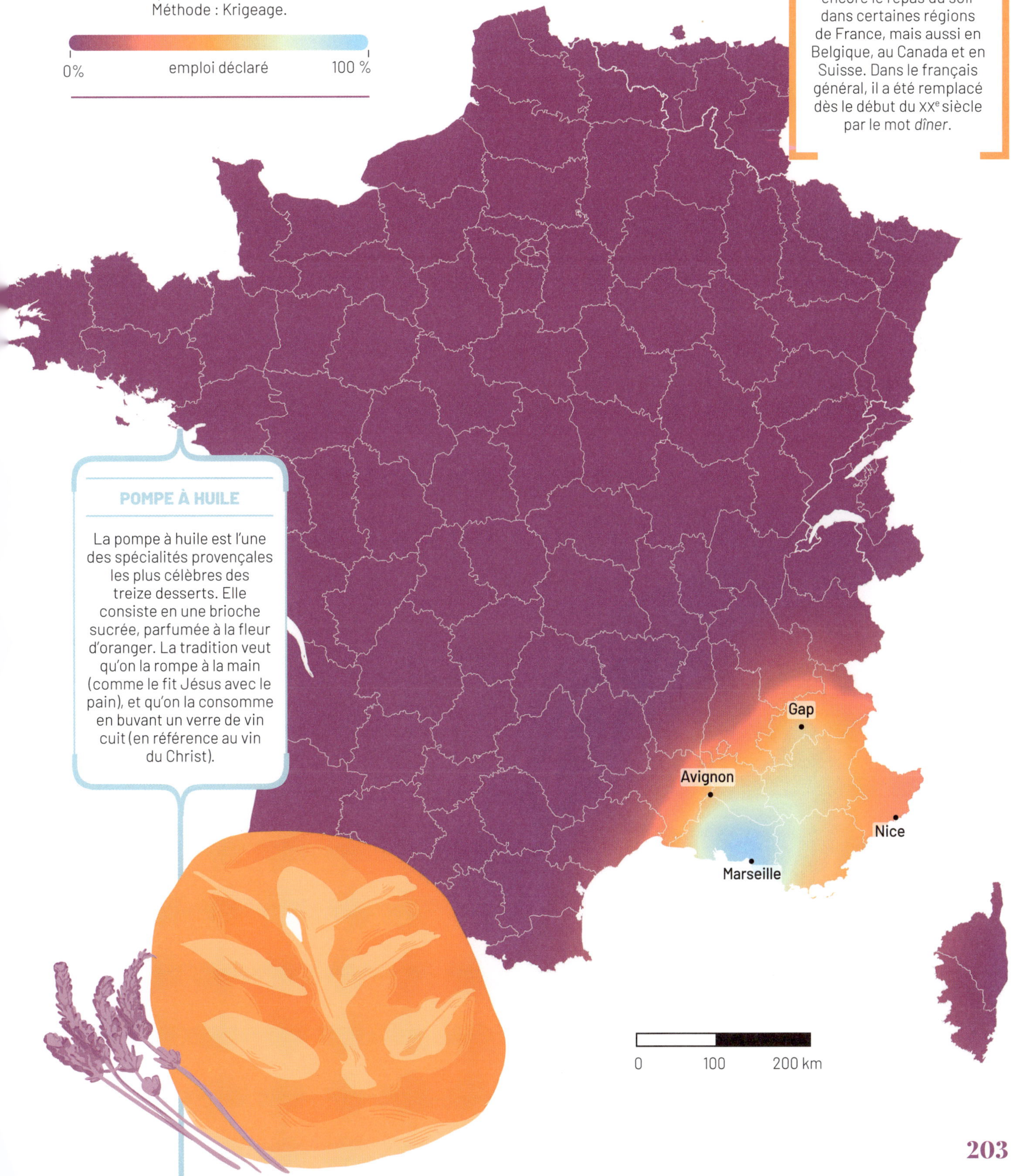

ÉTYMOLOGIE

Le mot *souper* désigne encore le repas du soir dans certaines régions de France, mais aussi en Belgique, au Canada et en Suisse. Dans le français général, il a été remplacé dès le début du XXe siècle par le mot *dîner*.

POMPE À HUILE

La pompe à huile est l'une des spécialités provençales les plus célèbres des treize desserts. Elle consiste en une brioche sucrée, parfumée à la fleur d'oranger. La tradition veut qu'on la rompe à la main (comme le fit Jésus avec le pain), et qu'on la consomme en buvant un verre de vin cuit (en référence au vin du Christ).

LA PROVENCE DIVISÉE

Le pois chiche est une légumineuse originaire du Moyen Orient, que l'on consomme depuis au moins l'invention de l'agriculture, notamment dans le bassin méditerranéen, où les sols secs sont propices à sa culture. En raison de ses qualités roboratives, de son goût et des coûts peu élevés que demande sa production, le pois chiche entre dans la confection de nombreuses spécialités orientales et méditerranéennes : salades, houmous, fallafel, etc. On en tire par ailleurs une excellente farine, à partir de laquelle on confectionne trois incontournables de la street food provençale : la *socca*, reine de Marseille ; la *cade* toulonnaise et la *panisse*, emblématique de Nice !

La socca, la cade et la panisse sont des recettes relativement simples, qui nécessitent juste deux ingrédients : de la farine de pois chiches et de l'eau. De Marseille à Nice en passant par Menton, les recettes changent, et le produit final est sensiblement différent. Alors que la panisse est poêlée dans de l'huile après avoir été découpée en bâtonnets ou en disques pas trop épais, la socca et la cade sont cuites au four. La différence entre ces deux dernières consiste dans leur taille : la socca est plus fine que sa variante toulonnaise, et aussi plus croustillante. Les trois spécialités sont éminemment populaires : on les pioche dans des cornets en papier et on les déguste alors qu'elles sont encore chaudes, devant l'étal ou la baraque du marchand.

OÙ LES CONSOMMER ?

On trouve les meilleures panisses dans le quartier de l'Estaque à Marseille, les meilleures cades dans le quartier de Besagne à Toulon et les meilleures soccas dans le Vieux Nice.

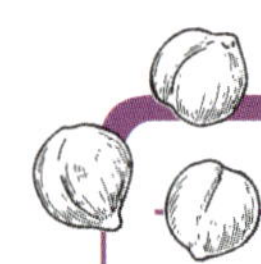

PANISSE

1. Dans une grande casserole, faites chauffer 1 litre d'eau avec une 1 c. à c. de sel, une gousse d'ail claquée et 2 c. à s. d'huile d'olive. À ébullition, retirez la casserole du feu et versez 250 g de farine de pois chiches en pluie, en fouettant vivement.

2. Dès que la farine a absorbé l'eau, reposez la casserole sur un feu doux et mélangez continûment jusqu'à obtenir une pâte épaisse (comptez 10 à 15 min).

3. Versez la préparation dans un grand moule préalablement huilé, égalisez sur une hauteur d'un centimètre. Filmez au contact et réservez au frais pendant au moins 3 h ou jusqu'au lendemain.

4. Démoulez la préparation bien refroidie et détaillez-la en gros bâtonnets ou autres formes de votre choix.

5. Faites frire les panisses dans un fond d'huile neutre (de tournesol, de colza, de pépins de raisin) bien chaude. Servez-les encore chaudes en apéritif ou en garniture d'une viande grillée.

GALETTE DE POIS CHICHES

Dénominations de la *galette de pois chiche*
Source des données :
Enquêtes Français de nos Régions, 2015-2020.
Méthode : Méthode des *k* plus proches voisins.

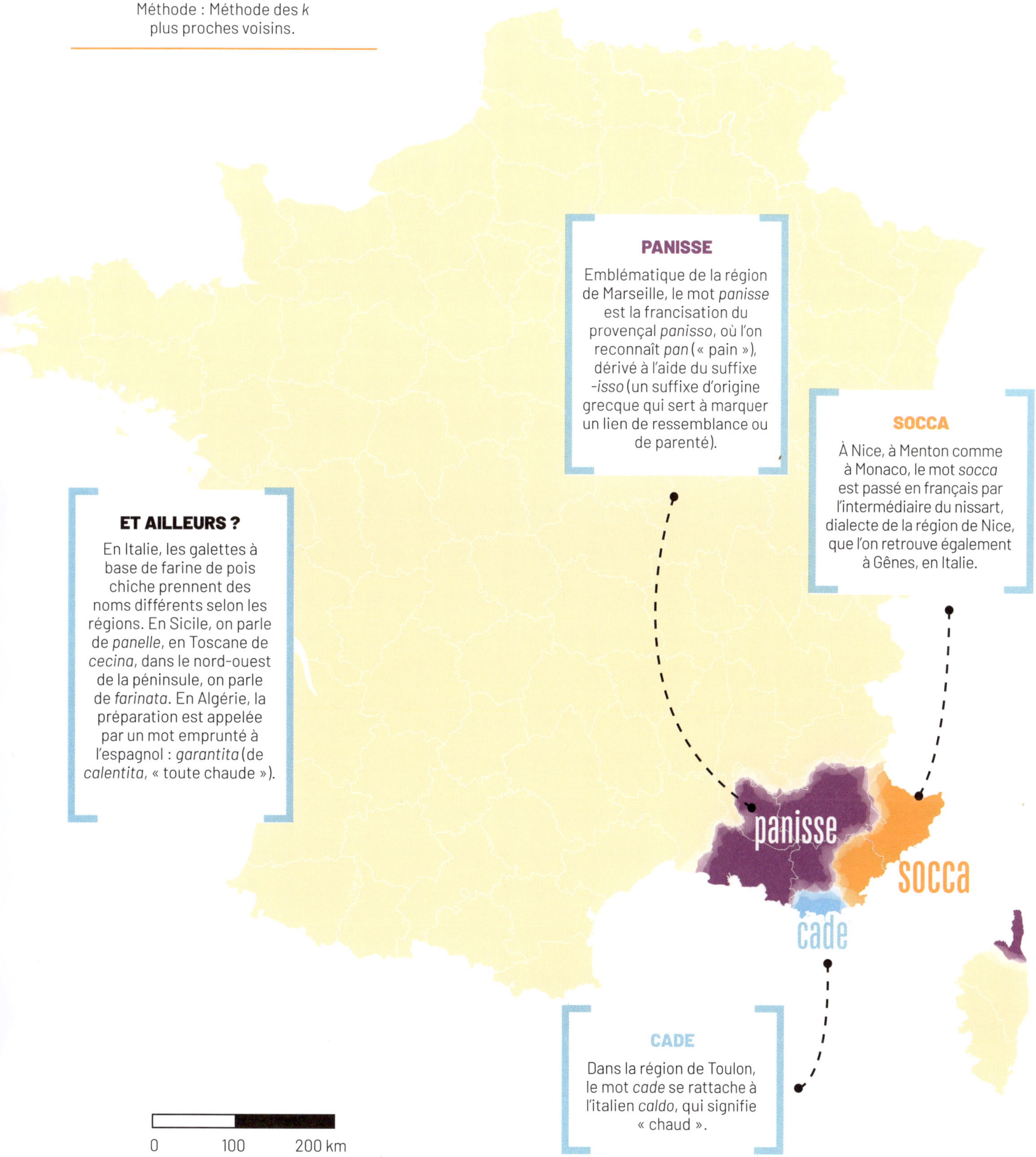

PANISSE

Emblématique de la région de Marseille, le mot *panisse* est la francisation du provençal *panisso*, où l'on reconnaît *pan* (« pain »), dérivé à l'aide du suffixe *-isso* (un suffixe d'origine grecque qui sert à marquer un lien de ressemblance ou de parenté).

SOCCA

À Nice, à Menton comme à Monaco, le mot *socca* est passé en français par l'intermédiaire du nissart, dialecte de la région de Nice, que l'on retrouve également à Gênes, en Italie.

ET AILLEURS ?

En Italie, les galettes à base de farine de pois chiche prennent des noms différents selon les régions. En Sicile, on parle de *panelle*, en Toscane de *cecina*, dans le nord-ouest de la péninsule, on parle de *farinata*. En Algérie, la préparation est appelée par un mot emprunté à l'espagnol : *garantita* (de *calentita*, « toute chaude »).

CADE

Dans la région de Toulon, le mot *cade* se rattache à l'italien *caldo*, qui signifie « chaud ».

LA DAUBE PROVENÇALE

La *daube* est à l'origine un plat d'origine populaire. Elle est faite avec des morceaux peu nobles du bœuf que la longue cuisson permet d'attendrir tout en faisant fondre la gélatine qui accompagne certains morceaux. Le plat présente également l'avantage de pouvoir sustenter plusieurs personnes en même temps, et ses restes s'accommodent aisément. Tout bon gastronome qui se respecte vous dira que la daube est meilleure réchauffée : une viande cuite, refroidie et recuite est toujours plus goûteuse car les fibres de la viande ont eu le temps de se reposer et, en réchauffant, de se déliter davantage tout en « accrochant » un peu plus la sauce.

La daube provençale est une recette qui comporte de la viande de bœuf marinée dans du vin rouge ou blanc. Elle est cuite avec du petit salé et différents légumes (carottes, pommes de terre, tomates) et arômes (bouquet garni, olives, ail) dans une *daubière* (petit récipient en terre cuite qui comporte un couvercle et un manchon troué pour permettre l'évacuation de la vapeur). La daube provençale est l'une des daubes les plus connues, mais elle comporte de nombreuses variantes. ■

VARIATIONS sur la daube

La daube avignonnaise

Elle est faite à partir de viande d'agneau et/ou de mouton, marinée dans du vin blanc.

La daube camarguaise

Elle est aussi appelée *gardiane* (francisation du provençal *gardian*, qui désigne un gardien de troupeau). C'est une daube à base de taureau. On la retrouve dans les territoires de la Camargue, à cheval sur les Bouches-du-Rhône et le Gard.

La daube de la montagne de Lure

Dans cette version du département des Alpes de Haute-Provence, la viande est marinée dans du marc et du cognac, puis cuite avec du vin rouge.

La daube niçoise

Elle est réalisée de la même façon que la daube provençale, mais elle comporte des champignons, en général des cèpes.

ESTOUFFADE

De l'autre côté du Rhône, dans le Languedoc, la daube prend le nom d'*estouffade*, ou *estouffat* (mot dérivé d'un verbe qui signifie « étuver » dans les parlers locaux). Comme pour la daube provençale, différents ingrédients entrent dans sa composition en fonction des régions où elle est fabriquée.

ÉTYMOLOGIE

Sur le plan étymologique, le mot *daube* désignait en français classique un ragoût de viande cuit en sauce, ou la façon de cuire une viande en ragoût. Dans les parlers provençaux, le mot est attesté sous la forme proche de celle qu'il avait en italien, langue à laquelle il a été emprunté : *adouba*.

LA DÉCOUPE DU BŒUF

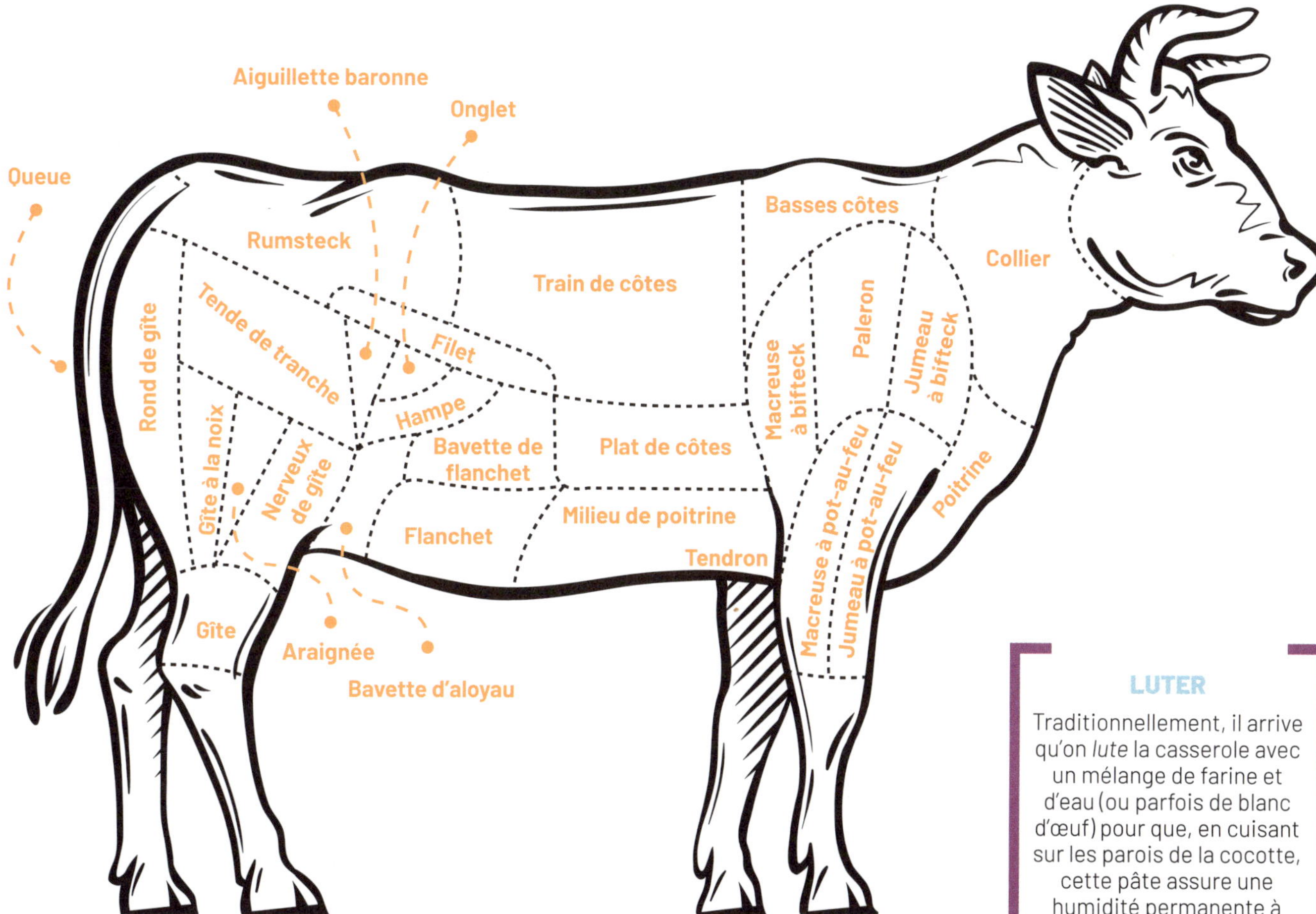

LUTER

Traditionnellement, il arrive qu'on *lute* la casserole avec un mélange de farine et d'eau (ou parfois de blanc d'œuf) pour que, en cuisant sur les parois de la cocotte, cette pâte assure une humidité permanente à l'intérieur.

DAUBE PROVENÇALE

adaptée de *La Cuisinière provençale*, de Jean-Baptiste Reboul, dans sa version de 1909.

6 à 8 pers.

2 kg de bœuf
200 g de lard
2 oignons
3 carottes
1 orange non traitée
Ail (à votre convenance)
Vin rouge
1 verre de vinaigre

1. Coupez 2 kg de bœuf en très gros cubes (voir les parties choisies pour le bœuf bourguignon, p. 36-37). Faites mariner une nuit avec 2 oignons coupés en quatre, 3 carottes coupées en grosses rondelles et un bouquet garni. Couvrez de vin rouge et ajoutez un verre de vinaigre.

2. Hachez 200 g de lard et faites-le fondre à feu moyen dans une daubière (ou, à défaut, dans une cocotte à fond épais) ; lorsqu'il est grillé, ajoutez le bœuf et sa garniture préalablement égouttés.

3. Faites colorer le tout à feu vif en mélangeant souvent, laissez bien revenir en le faisant sauter de temps en temps. Ajoutez de l'ail à votre convenance (n'ayez pas peur d'en mettre !) et quelques zestes d'une orange non traitée.

4. Couvrez de marinade et cuisez à feu moyen ; lorsqu'elle a réduit de moitié, ajoutez un demi-litre d'eau chaude. Fermez hermétiquement et cuisez à feu doux pendant 4 h.

LES INCONTOURNABLES DE

LA CUISINE PROVENÇALE

LA BOUILLABAISSE

La *bouillabaisse* est une spécialité emblématique de la ville de Marseille. À l'origine, il s'agit d'un plat très populaire : les pêcheurs le préparent à partir des restes de poissons invendus, accompagnés de légumes locaux (tomates, oignons, blanc de poireau) et de différentes herbes (persil, céleri, ail, fenouil), sans oublier la traditionnelle huile d'olive.

Depuis les années 1980, les restaurateurs marseillais s'engagent à respecter la *Charte de la Bouillabaisse*, qui fixe un certain nombre de règles concernant les ingrédients : l'utilisation obligatoire de poissons comme les rascasses rouges et blanches, la vive araignée et le congre ; la présence indispensable de pommes de terre, de tomates et d'ail. La bouillabaisse doit être servie en deux temps (on verse d'abord le bouillon, les poissons ensuite) et accompagnée de croûtons frottés à l'ail, tartinés de rouille provençale.

ÉTYMOLOGIE

L'origine du mot *bouillabaisse* est provençale. Dans cette langue, les mots *boui(l)* (« bouillir ») et *abaisso* (« abaisser ») font référence à la cuisson du plat : lorsque la préparation bout, il faut abaisser le feu pour éviter que les poissons ne se décomposent.

« bouillir »

BOUILLABAISSE

« abaisser »

LA RATATOUILLE

ÉTYMOLOGIE

L'origine du mot *ratatouille* est discutée. Selon toute vraisemblance, il s'agit d'un mot formé à partir de *touiller* (« mélanger, remuer »), avec différents préfixes d'origine obscure.

VARIANTES AUTOUR DES LÉGUMES DU SOLEIL

Associée à la cuisine provençale et niçoise, la ratatouille connaît diverses variantes dans le midi de la France. Dans la région de Carpentras, on parle de *bohémienne*, ailleurs dans le Languedoc, on l'appelle *chichoumeille*, et dans le Sud-Ouest, on parle de *piperade*. Les recettes divergent, mais le principe est le même.

Le mot *ratatouille* désigne un ragoût de différents légumes du soleil confits à l'huile d'olive. Il y a accord sur les types de légumes qui entrent dans sa préparation : aubergines, courgettes, tomates, poivrons et oignons coupés en petits morceaux et revenus dans de l'huile d'olive avec de l'ail et divers aromates (bouquet garni, olives, etc.). Le débat porte sur le mode de cuisson : certains diront que les légumes doivent être cuits séparément, car chaque légume comporte son propre temps de cuisson. D'autres diront qu'en coupant les légumes tous à la même taille, ils peuvent être mis à mijoter au même moment.

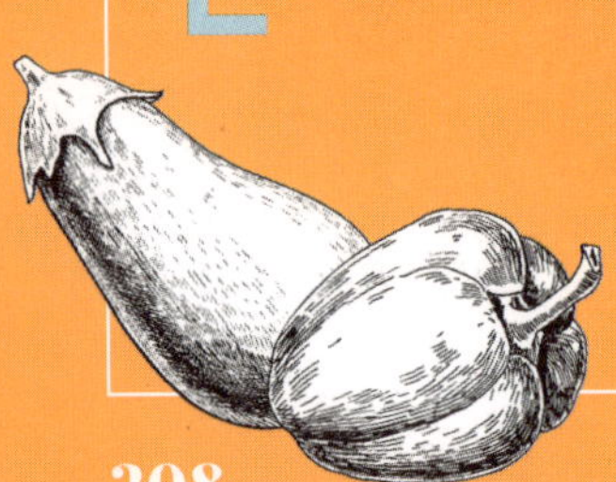

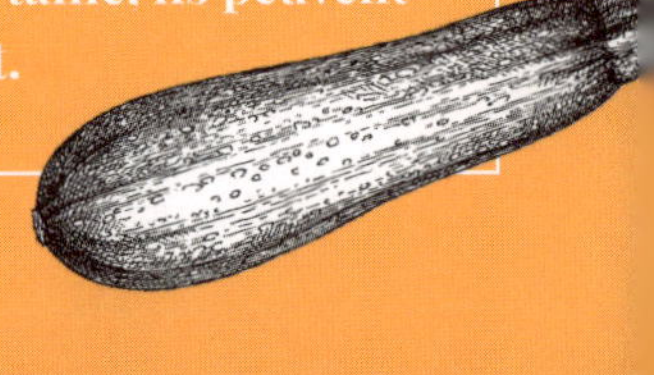

Le mot de la faim

GÉRALDINE MARTENS
photographe culinaire

Un plaisir coupable
En sucré : les cookies, la glace et la babka ; côté salé : je suis de l'autre côté du spectre avec le pain au levain, la poutargue et les oursins.

La spécialité dont vous parlez quand vous évoquez votre région
La bouillabaisse avant tout, mais la panisse n'est pas loin derrière...

Une spécialité familiale
Je suis issue d'une famille très métissée, donc avant de parler d'une spécialité en particulier, je dirais qu'en bonne fille du Sud, je ne cuisine qu'à l'huile d'olive ! Sinon mes parents sont les rois de la ratatouille et mon père manie la braise comme un as : la cuisson au barbecue ou au poêle (à défaut à la cheminée), il maîtrise.

Ce qui vous manque le plus de Marseille lorsque vous n'y êtes pas
La vue sur mer que j'ai depuis ma chambre chez mes parents, celle sur la Bonne Mère qu'on voit depuis la salle à manger, le bruit du moteur du bateau, l'odeur des navettes à la fleur d'oranger du *Four des Navettes* qui embaument le quartier de Saint-Victor, les cigales en été, descendre le long de la rue Sainte à pied pour aller prendre un café chez *Deep*, nager des heures dans la piscine olympique du Cercle des Nageurs, dire « ça pègue » sans devoir expliquer la signification.

Comment décrire la Provence à quelqu'un qui n'y a jamais mis les pieds
Éclectique et chaleureuse ! Sinon il y a une expression qui me fait rire et qui décrit le rythme de vie beaucoup plus détendu en comparaison de la jungle urbaine parisienne : « Doucement le matin, pas trop vite l'après-midi. »

HISTOIRE

Ces petits chaussons sont probablement originaires d'Algérie où la farce aux poivrons qui les garnit s'appelle *frita*. Cette recette permet aussi d'utiliser un reste de ratatouille.

COCA NIÇOISE

de Jean Mathat-Christol

6 pers.

1. Réalisez une pâte en mélangeant 300 g de farine (vous pouvez remplacer une petite portion de farine de blé par de la farine de pois chiches), 130 g d'eau et de 50 à 70 g d'huile d'olive. Ajoutez une forte pincée de sel, pétrissez et laissez reposer le temps de réaliser la farce.
2. Pelez et émincez finement 2 oignons. Pelez, dégermez s'il y a lieu et écrasez 3 gousses d'ail. Coupez 5 poivrons en brunoise après en avoir ôté les pédoncules, les graines et les parties blanches (ou, idéalement, faites-les cuire à l'étouffée au four pendant 1 h à 200 °C, puis pelez-les).
3. Dans une casserole à fond épais, faites revenir les oignons, l'ail et les poivrons dans un peu d'huile d'olive. Ajoutez à convenance un peu de concentré de tomate.
4. Préchauffez le four à 200 °C. Abaissez la pâte sur un plan de travail fariné. Formez des cercles de 15 cm de diamètre et garnissez-les de confit de poivrons puis rabattez la pâte pour former un chausson, en veillant à mouiller un bord pour la coller. Soudez la bordure à l'aide d'une fourchette.
5. Dorez à l'œuf puis enfournez jusqu'à coloration (jusqu'à 15 min). Dégustez tiède ou froid.

Retrouvez Géraldine Martens sur Instagram @geraldinemartens

SAVOIE

Rencontre avec… SÉBASTIEN VAUXION

chef du *SarKara***, à Courchevel

« On fait un métier de formation continue : l'erreur, c'est de s'arrêter d'apprendre. En pâtisserie, on fabrique du plaisir et ça peut être long, et le temps long, c'est aussi celui que mettent certains produits à être disponibles. Pour élaborer un dessert, c'est pareil : je préfère prendre le temps nécessaire pour arriver au meilleur résultat.

En arrivant en Savoie, j'ai découvert le matefaim : c'est génial avec du pruneau ou même des pommes de terre, des épinards ! Je ne suis pas originaire de Savoie, mais comme souvent dans des régions difficiles d'accès ou éloignées, on pense traditionnellement à des plats simples avec des produits locaux. C'est l'esprit local : dans ma famille, avec des grands-parents à Bort-les-Orgues, c'est la truffade qui nous rassemble ! Et si on prend un reblochon, et qu'on y ajoute des pommes de terre, on obtient un plat simple et délicieux. La pâtisserie savoyarde traditionnelle, c'est la même culture : des pâtes, des sablés, des beignets, de la pomme, du coing… On élabore des produits simples destinés à se conserver. En plus du *SarKara*, j'élabore la carte des desserts de treize restaurants différents : je touche nécessairement à la tradition et à la nouveauté. Pour ma recette, j'ai choisi le biscuit de Savoie, que je réalise en version individuelle. C'est une recette traditionnelle que j'ai pris plaisir à interpréter ! »

Le dessert régional incontournable

Le *biscuit de Savoie*.

Le dessert impossible à mettre à la carte

La *forêt-noire*, par exemple. Ici on travaille sur l'instantané, les desserts de restaurant. La forêt-noire c'est vraiment un « gâteau », assez crémeux, lourd…

Le mot interdit dans votre établissement

La *bouffe*, ou *bouffer*… Je déteste ces mots. Chez moi, j'interdis même à mes enfants de les utiliser !

Le conseil à donner à un gourmet qui passe aux alentours

Qu'il aille sur les hauteurs de Courchevel pour voir le soleil couchant sur le mont Blanc.

Vous avez 6 œufs, 30 minutes et un accès libre à votre cuisine

Je fais un gâteau de crêpes ! Des crêpes bien épaisses, presque soufflées… Et j'y mets la confiture d'abricot de ma mère !

•LA RECETTE DU CHEF•

BISCUIT DE SAVOIE

de Sébastien Vauxion

6 pers.

Pour la pâte sablée noisette
750 g de farine ; 450 g de beurre sec ; 300 g de sucre glace ; 200 g de poudre de noisettes ; 50 g de pâte de noisettes ; 116 g d'œufs ; 5 g de fleur de sel ; 2 g de vanille en poudre.

Pour les biscuits de Savoie
190 g de jaunes d'œufs ; 160 g de sucre semoule (pesée 1) ; 10 g de vanille liquide ; 262 g de blancs d'œufs ; 4 g de blancs secs ; 80 g de sucre semoule (pesée 2) ; 60 g de miel cristallisé ; 125 g de farine ; 125 g de fécule ; 150 g de beurre.

DÉCRYPTAGE DES INGRÉDIENTS

Beurre sec : beurre professionnel plus riche en matière grasse.

Blancs secs : blancs d'œufs déshydratés.

Fécule : Maïzena.

Pour la pâte sablée noisette

1. Travaillez le beurre tempéré avec le sucre glace, la poudre de noisettes et la pâte.

BEURRE TEMPÉRÉ

Beurre ramené à température ambiante.

2. Ajoutez les œufs puis la farine avec la fleur de sel et la poudre de vanille. Mélangez le moins possible.
3. Débarrassez en plaque à rebords, à plat, puis filmez au contact. Laissez reposer au minimum 4 h à 4 °C.

ASTUCES POUR RÉUSSIR L'ÉTAPE 3

Filmer au contact de la préparation permet d'éviter qu'elle se dessèche.

Vous n'avez pas de *plaque à rebords* chez vous ? N'importe quel plat fera l'affaire !

4. Sortez, laissez un peu revenir et étalez au laminoir à 3 mm d'épaisseur. Détaillez des disques de 70 mm.

ÉTALER

Vous pouvez étaler la pâte au laminoir ou au rouleau à pâtisserie.

5. Foncez des moules ½ sphère en silicone de 70 mm de diamètre, laissez sécher une nuit à 4 °C avant de cuire. Cuisson : environ 15 min à 155 °C.

FONCER

Foncer c'est garnir un moule de pâte.

Pour les biscuits de Savoie

6. Montez les jaunes avec la première pesée de sucre et la vanille. Tamisez la farine avec la fécule.

ASTUCES POUR RÉUSSIR L'ÉTAPE 6

Monter au fouet électrique ou à la main.

Tamiser permet d'éviter la formation de grumeaux et facilite l'incorporation des mélanges secs.

7. Montez les blancs avec la deuxième pesée de sucre, les blancs secs et le miel.
8. Mélangez une partie des jaunes montés avec le beurre chaud. Incorporez les blancs montés dans la deuxième partie des jaunes puis incorporez la farine.

ASTUCE

Mélanger en plusieurs fois permet d'éviter aux blancs et aux jaunes montés de retomber.

9. Ajoutez le mélange ci-dessus. Moulez dans des ½ sphères beurrées avec la pâte sablée noisette cuite déposée au fond des moules.
Cuisson : 15 à 20 min à 180 °C.

LA TARTIFLETTE

La tartiflette est une spécialité à base de pommes de terre et de reblochon, originaire des Alpes françaises, et plus spécialement du massif des Aravis en Pays de Savoie, où est produit le reblochon. Mais saviez-vous que le mot, malgré sa consonance provinciale, n'a rien de traditionnel ?

Dans les Pays de Savoie, on appelle en effet, par métonymie, *pèla* (ou *pêla*, soit « poêle » en français) cette spécialité de pommes de terre émincées et rissolées avec des oignons et du lard, par-dessus laquelle on pose un reblochon légèrement écroûté avant de la mettre à cuire sur les braises de l'âtre et plus tard dans un four.

Ce mode de cuisson impliquant un récipient en fonte et à long manche étant peu commode pour être servi en portions individuelles dans les restaurants des stations de sport d'hiver, on comprend que le changement de contenant ait pu sans doute faciliter un changement de dénomination.

Si on ne sait pas qui est à l'origine de la création du mot *tartiflette*, on sait en revanche que ce mot a été choisi pour sa consonance locale : dans le français régional de Savoie, on a longtemps appelé *tartifle* ce qu'on nomme plus généralement « patate » ou « pomme de terre » ; le suffixe *-ette* a, lui, été utilisé ici pour créer un mot féminin en rapport avec une forme plus petite d'un objet. ■

FIAT TARTIFLETTE, ET TARTIFLETTE FIT

L'invention du mot *tartiflette* est relativement récente et remonte au plus tôt à la fin des années 1980. En 1992, Albertville accueille les jeux Olympiques d'hiver, et le monde entier découvre la tartiflette. En 2011, Guillaume Lahure, fondateur du site www.skipass.com, utilise le slogan *In tartiflette we trust* sur des autocollants, des t-shirts et autres « goodies » que s'arrachent les locaux et les touristes venus se divertir aux sports d'hiver. À partir de là, la spécialité à base de pommes de terre et de reblochon se dérégionalise à vitesse grand V.

ON NE PARLE PLUS QUE D'ELLE

Jusqu'à l'aube du XXIe siècle, la tartiflette est restée relativement inconnue en dehors des Pays de Savoie. Dans la presse francophone, le nombre d'occurrences explose littéralement à partir de 1996, puis connaît dès 2002 une croissance exponentielle, avec un pic à 5 000 occurrences au cours de l'année 2016.

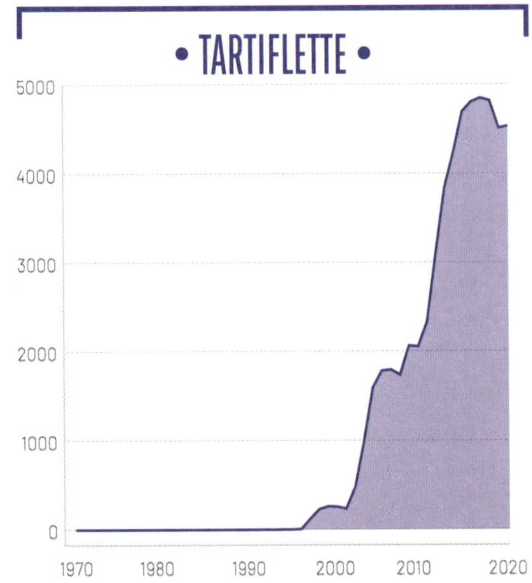

Occurrences de *tartiflette* de 1970 à nos jours
Source des données : EuroPresse.

•TARTIFLE•

Aire et vitalité de *tartifle* au sens de « pomme de terre »
Source des données : Enquêtes Français de nos Régions, 2015-2020.
Méthode : Krigeage.

0% emploi déclaré 100%

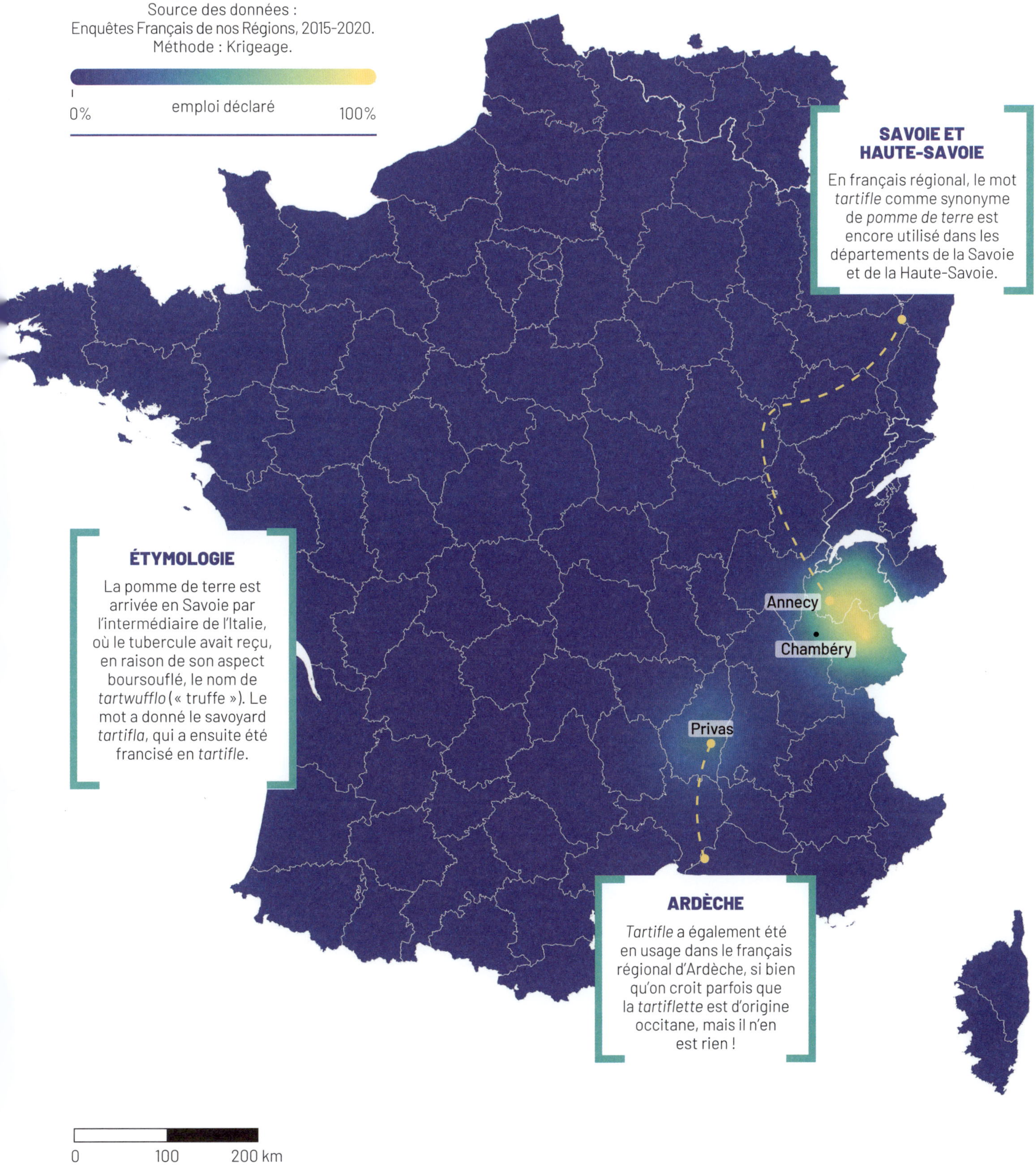

SAVOIE ET HAUTE-SAVOIE

En français régional, le mot *tartifle* comme synonyme de *pomme de terre* est encore utilisé dans les départements de la Savoie et de la Haute-Savoie.

ÉTYMOLOGIE

La pomme de terre est arrivée en Savoie par l'intermédiaire de l'Italie, où le tubercule avait reçu, en raison de son aspect boursouflé, le nom de *tartwufflo* (« truffe »). Le mot a donné le savoyard *tartifla*, qui a ensuite été francisé en *tartifle*.

ARDÈCHE

Tartifle a également été en usage dans le français régional d'Ardèche, si bien qu'on croit parfois que la *tartiflette* est d'origine occitane, mais il n'en est rien !

LES FONDUES AU FROMAGE

La fondue savoyarde est l'une des spécialités les plus emblématiques de la gastronomie des Pays de Savoie, si bien qu'on croit souvent que c'est dans cette région des Alpes françaises que seraient originaires les premières recettes de fondues au fromage. La consommation de fromage fondu dans du vin remonte au moins à l'Antiquité. La fondue au fromage, telle qu'on la connaît aujourd'hui, serait, elle, originaire de Suisse. Elle aurait été popularisée dans ce pays dès le milieu du XVIIIe siècle, alors qu'en Savoie elle fait son apparition au début des années 1950.

Il existe de nombreuses recettes de fondues au fromage. Toutes ont en commun le fait d'être préparées à partir d'un mélange de fromage râpé et de vin blanc (le vin peut être mélangé à ou remplacé par de l'eau, du lait, de la crème, du jus de pomme, du champagne ou de la bière), auquel on ajoute de la fécule de maïs et du kirsch pour en modifier la consistance. Le mélange doit être remué avec une cuiller en bois en faisant un huit. Traditionnellement, on pique des morceaux de pain au bout de fourchettes à trois dents, que les convives trempent directement dans un *caquelon* que l'on a frotté avec de l'ail et posé sur un support métallique (réchaud à essence ou simples bougies permettant à la fondue de rester à la bonne température).

VARIATIONS sur la fondue

Il existe plusieurs types de fondues, d'est en ouest :

La plus connue !

En Suisse, la **fondue moitié-moitié** est une institution ! Elle comporte très exactement autant de gruyère que de vacherin fribourgeois. Plusieurs variantes locales : aux tomates en Valais, avec du fromage jurassien à Neuchâtel, avec du vacherin uniquement à Fribourg (elle est servie tiède et sans vin).

À l'italienne

La **valdôtaine** est préparée avec de la fontine (fromage local) coupée en tranches et qui a macéré plusieurs heures dans du lait. Elle est mélangée à du jaune d'œuf et du beurre avant d'être cuite au bain-marie.

En France voisine

La **fondue savoyarde** est préparée à partir d'un mélange de plusieurs fromages, suivant le même principe moitié-moitié que son homologue suisse.
Les fromages varient selon les régions, parmi les plus fréquents : beaufort, comté, emmental, abondance ou gruyère.
La recette de la **fondue comtoise** ou **fondue franc-comtoise** ne comporte qu'un seul fromage : du comté !

Au camembert

La **fondue normande** est de création récente. On utilise des fromages à pâte molle (type camembert) que l'on écroûte avant de les faire fondre dans un mélange lait et crème aromatisé au Calvados.
Le caquelon est frotté avec de l'échalote.

Au masculin

Le **fondu creusois** (parfois **fondue creusoise**, par analogie avec les autres fondues) est un plat paysan à base de fromage local maigre, fondu dans du lait et épaissi avec un peu de farine. On le verse sur des pommes de terre ou des frites, directement dans l'assiette.

Les fondues au fromage

Différents types de fondues au fromage inventoriés dans les régions où l'on parle français
Source des données : Divers.

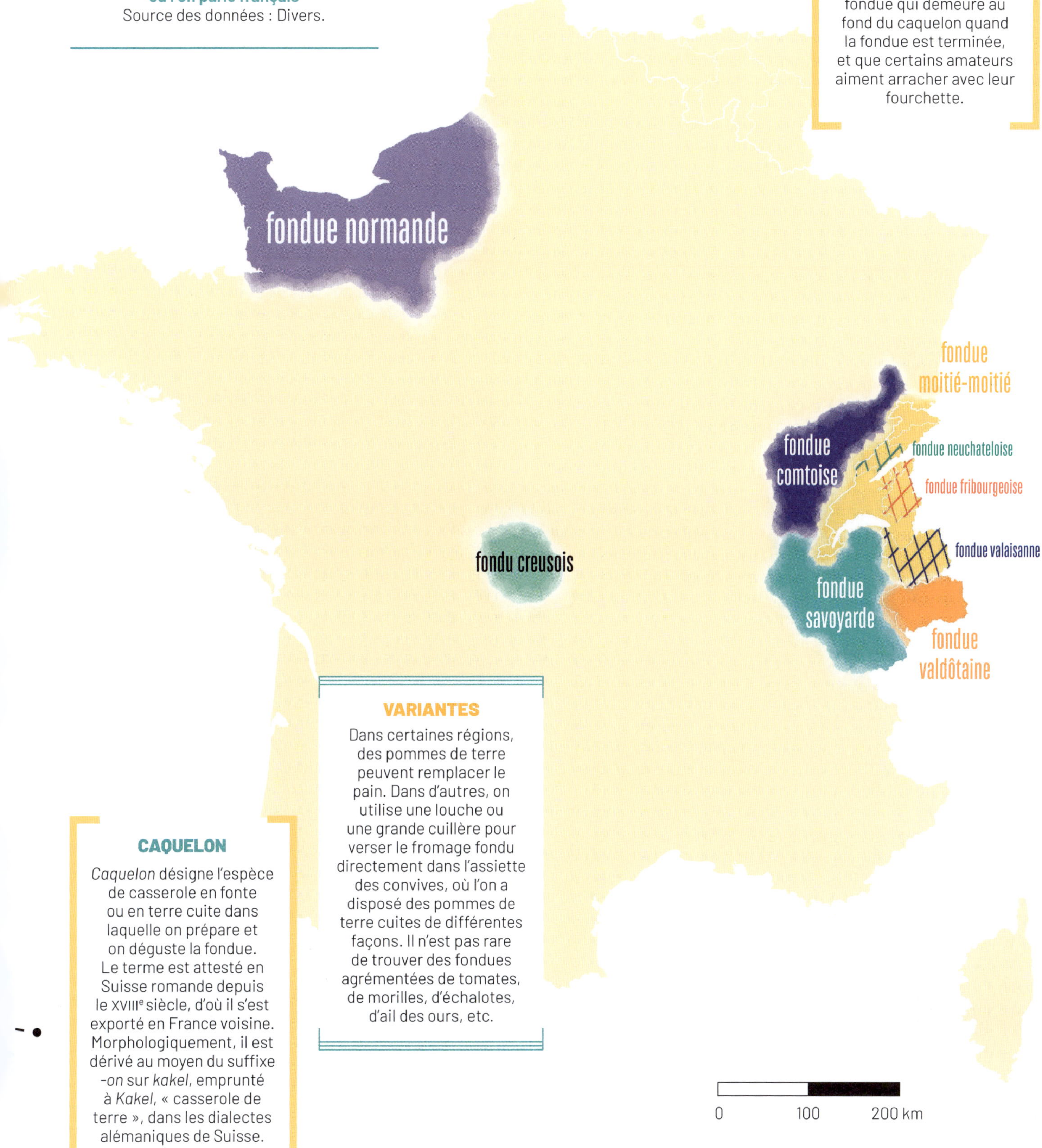

RELIGIEUSE

On appelle *religieuse* le fromage brûlé de la fondue qui demeure au fond du caquelon quand la fondue est terminée, et que certains amateurs aiment arracher avec leur fourchette.

VARIANTES

Dans certaines régions, des pommes de terre peuvent remplacer le pain. Dans d'autres, on utilise une louche ou une grande cuillère pour verser le fromage fondu directement dans l'assiette des convives, où l'on a disposé des pommes de terre cuites de différentes façons. Il n'est pas rare de trouver des fondues agrémentées de tomates, de morilles, d'échalotes, d'ail des ours, etc.

CAQUELON

Caquelon désigne l'espèce de casserole en fonte ou en terre cuite dans laquelle on prépare et on déguste la fondue. Le terme est attesté en Suisse romande depuis le XVIIIe siècle, d'où il s'est exporté en France voisine. Morphologiquement, il est dérivé au moyen du suffixe *-on* sur *kakel*, emprunté à *Kakel*, « casserole de terre », dans les dialectes alémaniques de Suisse.

TOUT EST BON DANS LE CAYON !

Le mot *cayon* est employé de part et d'autre de la frontière franco-suisse pour désigner le porc (il s'agit d'un emprunt au francoprovençal, que l'on retrouve sous diverses formes phonétiques et graphiques : *caïon*, *cayou*, *caillon*, etc.). Autrefois, le fait de posséder un cayon était considéré comme une providence pour les familles vivant dans les campagnes, notamment pour les familles propriétaires de fermes isolées en montagne. La mise à mort de l'animal, en général au début de l'hiver, s'accompagnait de diverses célébrations. Cette tradition populaire, qui existe depuis l'Antiquité et qui est répandue dans divers pays d'Europe, porte le nom de *tue-cochon* (ou, en Suisse romande, celui de *boucherie*).

Aujourd'hui, il n'existe presque plus de fermiers élevant des porcs seulement pour leur propre consommation, mais la tradition de la fête demeure. À Annecy, la fête du cayon réunit, le deuxième samedi de novembre de l'année, de nombreux visiteurs venus déguster les spécialités autour du cochon, et participer au concours du « cri du cochon ». En Suisse romande, on célèbre dans plusieurs cantons la Saint-Caïon. ■

SPÉCIALITÉS

Dans le cayon, tout est bon, et rien ne se perd. Petit inventaire des spécialités savoyardes à base de viande de cayon :

Les atriaux

Ces petites boulettes emballées dans des crépines de porc sont formées à partir des abats de porc hachés et mélangés à du persil, des herbes et des épices.
La spécialité est surtout connue dans le nord de la Haute-Savoie, de même qu'en Suisse romande. En Ardèche et dans la Drôme, l'équivalent de cette sorte de crépin prend le nom de *caillette* (p. 80).

Le bacon

Bacon désigne du lard frais ou salé, et n'a rien d'un anglicisme : c'est un mot ancien en français, sorti des usages de référence mais qui a survécu en Savoie !

Les diots

Les *diots* (prononcer à la savoyarde [d͡ʒo]) sont des petites saucisses que l'on fait bouillir ou griller (on les mange aussi séchés, comme du saucisson) que l'on sert avec des oignons et une sauce au vin blanc, et que l'on accompagne de polente ou d'un bon gratin de crozets.

La borfate

La *borfate* (appelée aussi *morfatte*) est une sorte de diot XXL, originaire de la vallée de l'Arve, en Haute-Savoie, qui s'apparente en raison de sa taille et de son contenu (les parties les plus fines du porc sont sélectionnées) à ce que l'on appelle *rosette* ou *jésus* dans les régions avoisinantes.

Les pormoniers

Quant aux *pormoniers* (aussi connus sous les noms de *pormonière* ou *pormonaise*), il s'agit de saucisses que l'on reconnaît à leur couleur verte, en raison des légumes et des herbes qui entrent dans leur composition (verts de blettes, poireaux, épinards et autres légumes du début de l'hiver).
Ces mots sont formés sur le savoyard *pormon*, qui continue le latin *pulmo* et qui correspond au français *poumon*, sans doute car cet organe du porc entrait jadis dans leur fabrication.

LA DÉCOUPE DU PORC

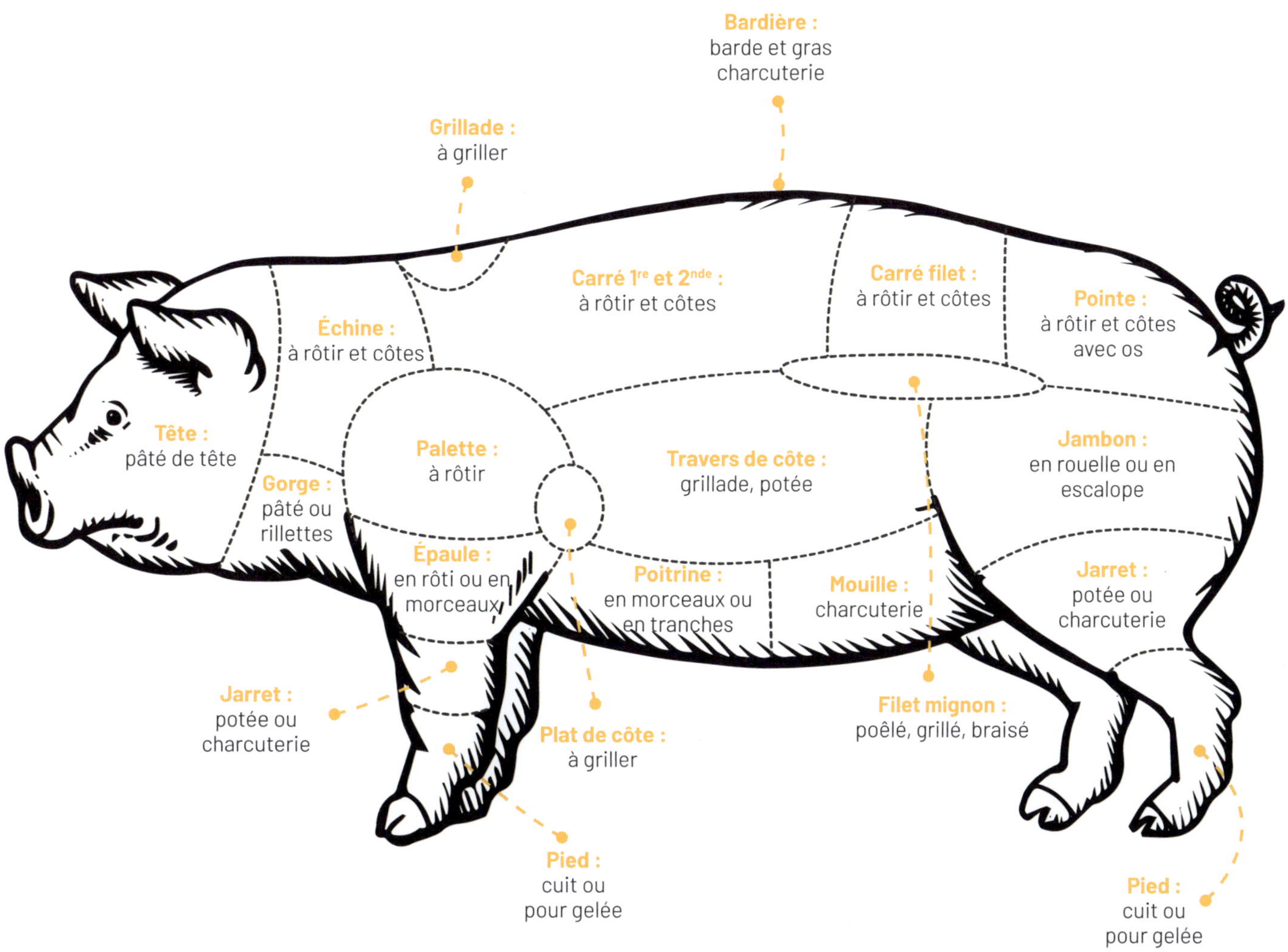

FRICACHA DE CAYON

6 pers.

La *fricacha de cayon* est une spécialité culinaire savoyarde (que l'on retrouve aussi en Dauphiné) à base de porc mariné, puis saisi et mijoté. *Fricacha* correspond au français *fricassée*.

1. Mélangez 1,5 kg d'échine ou de filet de porc coupé en gros cubes avec 2 oignons hachés, 2 c. à s. d'huile et un bouquet garni. Assaisonnez et couvrez de vin blanc (de Savoie !). Faites mariner 8 h.

2. Égouttez la viande et, dans une cocotte, colorez-la à feu vif dans du saindoux. Saupoudrez de 2 c. à s. de farine, puis filtrez par-dessus de la moitié la marinade additionnée d'un verre d'eau et cuisez à couvert pendant 2 h.

3. En fin de cuisson, liez la sauce avec un verre de sang frais et 250 g de crème fraîche épaisse. Laissez chauffer sans bouillir en mélangeant bien et servez sans tarder.

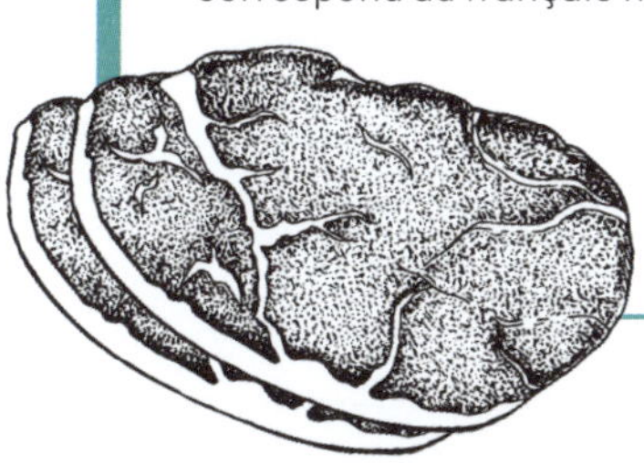

DE PART ET D'AUTRES DES ALPES

En raison de la proximité des Pays de Savoie avec la vallée d'Aoste et le Piémont, il n'est pas étonnant que l'on retrouve en Savoie de nombreuses spécialités qui rappellent celles des régions du nord de l'Italie.

LES CROZETS

Dans la famille des pâtes alimentaires, signalons d'abord les *crozets*. Ces petites pâtes plates de forme carrée (5 mm de côté, en moyenne) étaient autrefois confectionnées à la main, à partir de farine de blé noir et de blé dur, d'œufs et d'eau. La plupart du temps, les *crozets* sont cuits à l'eau, égouttés et mélangés avec des oignons revenus dans la graisse de bacon, recouverts de fromage et passés au four. Mais on les consomme également en soupe.

CROZET

Le mot *crozet* est à rapprocher de l'ancien français de même forme, qui signifiait « petit creux ». Les premières attestations avec le sens de « pâte de blé dur » remontent au XVe siècle. Longtemps cantonné à la Savoie et aux régions environnantes, le mot est aujourd'hui passé dans le français général, notamment par le biais de la grande distribution.

CROZET
« petit creux »

LES TAILLERINS

Moins connus que les *crozets*, les *taillerins* sont des pâtes qui ressemblent à des tagliatelles (mot avec lequel elles partagent également leur origine étymologique). Pendant longtemps, on les a confectionnés à l'ancienne, c'est-à-dire à partir de farine de blé tendre, de blé dur et d'œufs frais. Depuis quelques décennies, on trouve dans la grande distribution des taillerins de différentes couleurs, selon qu'ils sont aromatisés aux champignons, aux myrtilles, aux noix, etc. Plats d'hiver par excellence, les crozets comme les taillerins constituaient chez les paysans des plats uniques qui calaient facilement les estomacs, en particulier les jours maigres.

TAILLERIN

On reconnaît dans *taillerin* la racine du verbe *tailler* (« couper en plusieurs morceaux ») et le suffixe diminutif *-in*. Dans l'italien régional du Piémont, on appelle ces mêmes pâtes des *taglierini*.

TAILLERIN
tailler — suffixe diminutif

LA POLENTE

En Savoie, la production de maïs est relativement récente (elle remonte à la seconde moitié du XVIIIe siècle), ce qui laisse penser que la consommation de la *polente* (que l'on consomme déjà dans l'Antiquité, sous forme de bouillie ou de galette) n'y est pas antérieure. Dans les Pays de Savoie comme dans les autres régions des Alpes suisses et italiennes, la polente est un mets emblématique des fêtes de village. La semoule est cuite longuement dans un énorme chaudron posé sur un feu de bois et remuée énergiquement avec un bâton. Dans ces fêtes, elle accompagne classiquement des diots cuits au vin blanc.

POLENTE OU POLENTA ?

En Savoie, mais c'est également le cas dans les départements environnants et en Suisse romande, on parle de *polente* (aussi écrit « polinte ») et non de *polenta*.

Le mot de la faim

MERCOTTE

blogueuse, autrice, animatrice radio et télé

La Savoie, une histoire de famille ?

Savoyarde depuis toujours, et fière de l'être ! C'est une région magnifique, l'une des plus grandes régions gastronomiques de France. On y est bien !

Un plaisir coupable

Le biscuit de Savoie : sucré, léger, déculpabilisant… Tout ce qu'on aime ! Mais de temps en temps, j'aime aussi les diots, les pormoniers, un bon jambon…

La première spécialité dont vous parlez quand vous évoquez votre région

Typiquement, j'adore les poissons de nos lacs, comme la fera ou le lavaret. La féra est un poisson très fin et subtil, je la prépare meunière, tout simplement !

Un incontournable familial

Chez nous, on aime le gratin de cardons à la moelle, c'est plutôt lyonnais, mais ce n'est pas si loin ! Et pour les fêtes, en famille, on le fait à la truffe…

Le meilleur conseil à donner à un gourmet qui passe aux alentours

Il faut aller *Chez Pépé Nicolas*, la reproduction d'un ancien alpage entre les Ménuires et Val Thorens. C'est assez peu touristique. Si on y va assez tôt, on peut participer à l'élaboration du fromage, les enfants peuvent traire les chèvres… Pour y aller, ça se mérite, parce que ça monte !

Ce que votre communauté réclame le plus

Mon créneau, c'est de décrypter les recettes des chefs. Je n'invente rien. Ce que les gens aiment, ce sont les petits détails, les petits secrets…

MALIN !

Tradition savoyarde séculaire, les crozets devraient leur astucieuse forme carrée au gain de place significatif (par rapport au même poids d'autres pâtes) lorsqu'il fallait les emporter ou les stocker en montagne.

Retrouvez les chroniques et les recettes de Mercotte sur mercotte.fr

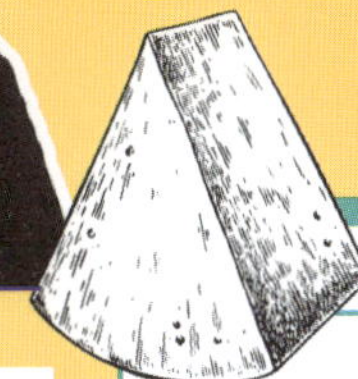

GRATIN DE CROZETS

— de Jean Mathat-Christol —

6-8 pers.

1. Faites bouillir 2 l d'eau pour dissoudre un bouillon cube. Salez sans excès. Faites cuire une boîte de crozets à petits bouillons pendant 20 min. Pendant ce temps, râpez 300 g de beaufort (ou plus, on ne juge pas).

2. Égouttez les crozets en gardant un peu de leur eau de cuisson pour leur éviter de coller. Transférez-en la moitié dans un plat à gratin.

3. Couvrez de jambon cru grossièrement haché ou de lardons (150-200 g) et de la moitié du beaufort râpé. Ajoutez par-dessus le reste de crozets puis le reste de beaufort. En cas de doute, complétez avec un peu de beaufort.

4. Enfournez à 180 °C jusqu'à obtenir une belle coloration (environ 20 min). Dégustez sans attendre !

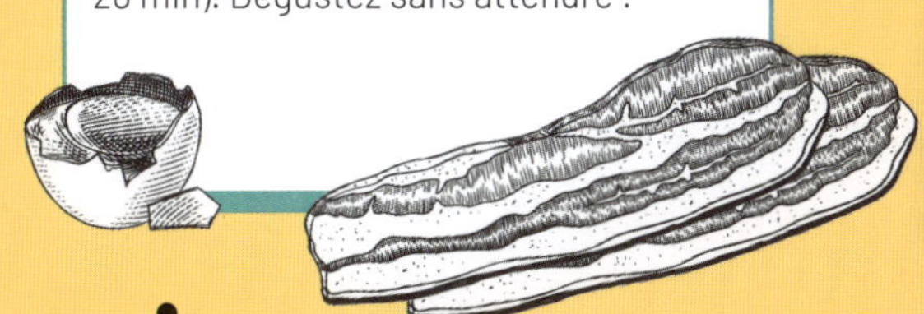

TOURAINE ET ANJOU

Rencontre avec... MICKAËL PIHOURS

chef du *Gambetta*, à Saumur

« La gastronomie, c'est ce qui reste quand on a fini de faire la cuisine. Si ma vision du métier a évolué au fil de mes voyages et expériences, mon style, lui, n'a pas bougé. J'ai le plaisir de recevoir une clientèle qui respecte mon projet : mettre le terroir dans l'assiette. Chez moi, il y a cet aphorisme de Curnonsky au mur : "La cuisine, c'est quand les choses ont le goût de ce qu'elles sont."

Avec le temps, on se détache des recettes sans pour autant oublier les grands classiques : ainsi, j'ai repensé le sandre au beurre blanc. J'ai choisi un poisson de la Loire, le brochet, et au lieu du riz blanc ou des pommes vapeur qui l'accompagnent souvent, j'ai mis en valeur le quinoa d'Anjou. »

Le plat régional incontournable

La *gouline* ! Ce mot de patois angevin désigne une tourte créée il y a trois ans pour fédérer l'Anjou autour d'une identité culinaire. Entre deux abaisses de pâte brisée on retrouve les échalotes IGP, les champignons saumurois, le chenin moelleux, la tomme d'Anjou. Elle est servie avec des *rillauds*, typiques de la région !

Le plat impossible à mettre à la carte

Les tripes. Ma carte me ressemble, et moi j'ai horreur de ça !

Le produit local inconnu que tout le monde devrait découvrir

Les *rillauds*, des morceaux de poitrine de porc confite, et le *crémet d'Anjou*, un dessert très frais à base de fromage blanc qu'on sert avec un coulis de fruits rouges.

Le produit que vous pourriez manger ou cuisiner sans jamais vous lasser

La pomme de terre.

Le mot interdit dans votre établissement

Cuistot, un terme qu'on croit sympathique mais qui est trop péjoratif à mon goût.

Le meilleur conseil à donner à un gourmet qui passe aux alentours

Descendez la vallée de la Loire ! Allez frapper à la porte de nos vignerons...

Vous avez 6 œufs, 30 minutes et un accès libre à votre cuisine

Je fais une brouillade d'œufs aux champignons de Saumur ou aux cèpes, selon le garde-manger !

·LA RECETTE DU CHEF·

BROCHET DE LOIRE,

beurre blanc vaporeux et quinoa d'Anjou

de Mickaël Pihours

4 pers.

500 g net de filet de brochet ;
200 g de gros sel ; le zeste d'un citron vert ;
100 g de quinoa d'Anjou ; 1 oignon ciselé ;
150 g de bouillon (volaille ou légumes) ;
4 échalotes ciselées ; 10 cl de vinaigre de vin blanc ;
20 cl de vin blanc ; 4 g de poivre de Timut (Népal) ;
100 g de beurre doux ; en cubes ; 20 cl de crème liquide ; 1 chou-fleur ; 250 g de crème liquide entière ;
sel et épices ; au goût ; feuilles de choux de Bruxelles.

1. Mettez le brochet au sel pendant 20 min.
2. Dessalez sous l'eau claire et assaisonnez avec le sel, le poivre et le zeste de citron vert.
3. Faites cuire 7 min à 80 °C au four vapeur.
4. Suez l'oignon à l'huile d'olive. Ajoutez le quinoa, nacrez comme un risotto.
5. Mouillez avec le bouillon et faites cuire au four à 180 °C pendant 20 min.
6. Détaillez le chou-fleur en petits morceaux. Faites-le cuire avec la crème et mixez en une purée fine. Assaisonnez à convenance et maintenez au chaud.
7. Réalisez le beurre blanc : dans une casserole, rassemblez le vin blanc, le vinaigre et les échalotes. Cuisez à feu doux pour faire réduire la préparation de moitié. Ajoutez la moitié du beurre et émulsionnez en maintenant une petite ébullition ; ajoutez peu à peu le reste du beurre. Liez à la crème.
8. Filtrez au chinois étamine et transférez la préparation dans la cuve d'un siphon. Chargez-y une cartouche de gaz et secouez bien. Réservez à plat ou la tête en bas jusqu'au dressage.
9. Dressez harmonieusement le brochet, le quinoa et la purée fine de chou-fleur. Décorez de feuilles de choux de Bruxelles.
10. Au moment de servir, ajoutez une rosace de beurre blanc. Servez aussitôt.

SEL

En absorbant une partie de l'humidité de surface, le sel va resserrer la surface de la chair du poisson et lui éviter de s'émietter à la cuisson.

RISOTTO

Une cuisson façon risotto consiste à faire rendre l'eau de végétation aux oignons (sans les faire colorer) pour les rendre translucides (*suer*). La première partie de la cuisson de la céréale consiste à la *nacrer* en précuisson (l'enveloppe du grain change de couleur ou d'aspect), suite à quoi, l'ajout du liquide (*mouiller*) finit la cuisson.

CHINOIS ÉTAMINE

Un *chinois étamine* comporte un maillage fin qui permet de retenir un maximum d'éléments solides. On dit *chinoiser*. Faute de matériel, une passoire fine pourra faire l'affaire !

ASTUCE

Pour rendre votre four domestique « vapeur », mettez un plat à gratin rempli d'eau sur le bas du four et laissez chauffer 30 min à 180 °C. Puis mettez votre préparation au four et faites cuire à la température indiquée dans la recette.

BEURRE BLANC OU BEURRE NANTAIS ?

La rivalité entre l'Anjou et le pays nantais tient pour partie à la conservation ou non des échalotes, mais surtout au fait qu'on ajoute (ou non) de la crème après avoir monté la sauce au beurre. Le chef Pihours est donc bien de son pays…

ÉMULSIONNER

Émulsionner est un joli mot pour dire « fouetter vivement et continûment » jusqu'à obtenir une consistance ou la changer.

GÉOGRAPHIE DU LARD FONDANT

Le mot *rillettes* désigne une spécialité charcutière réalisée à partir de viande cuite lentement dans sa graisse. Présentée sous la forme d'une pâte onctueuse stockée dans des pots, elle se déguste froide, à la fourchette ou avec du pain.

En France, les rillettes les plus célèbres sont celles du Mans : c'est dans cette région qu'elles ont commencé à être fabriquées de façon industrielle au début du XXe siècle. Pourtant les rillettes ne sont pas originaires du Mans, mais bien de Tours : historiquement, c'est dans la capitale tourangelle et aux alentours qu'on en trouve les premières mentions écrites au cours du XVe siècle. Elles étaient préparées à la fin de l'automne, période à laquelle on abattait traditionnellement le cochon (p. 216-217). La cuisson et le stockage de la viande dans la graisse, à cette époque, étaient l'un des modes de conservation privilégiés pour disposer de viande pendant l'hiver. Aujourd'hui, d'ailleurs, seules les rillettes de Tours disposent d'une IGP.

Il existe différentes recettes de rillettes, en fonction des endroits où la spécialité est produite. Dans la région de Tours comme dans celle du Mans, les rillettes originales sont produites à partir d'un mélange de viande de porc coupée en morceaux et de saindoux, rissolé lentement pendant plusieurs heures. Elles se présentent sous la forme d'une pâte onctueuse comportant morceaux et fils de viande, recouverte d'une couche de graisse. Depuis quelques dizaines d'années, on trouve des rillettes réalisées avec d'autres viandes (volaille et/ou gibier) ou des produits de la mer (poisson et/ou crustacés).

COUP DE POT

En 1920, deux Sarthois (Jules Bordeau et Anna Chesnel) ont l'idée d'utiliser des pots de miel enduits de paraffine pour faciliter leur commerce. Plus léger et moins encombrant que les pots en verre, ce nouveau mode de stockage permet aux rillettes du Mans de gagner en popularité en dehors de la Touraine et du Maine.

RILLONS ET RILLAUDS

Les *rillons* sont des spécialités de Touraine proches des rillettes. Elles s'en distinguent par la durée de leur cuisson, qui les rend moins friables et plus compactes. Dans la région d'Angers, on les trouve sous le nom de *rillauds*.

ÉTYMOLOGIE

Le mot *rillette* est dérivé sur le substantif *rille*, qui désignait dans les parlers du grand ouest de la France une « longue bande de lard ». *Rille* est la forme dialectale qui correspond à l'ancien français *reille* (« planchette, latte »), à rattacher au latin *regula* (« règle, bâton droit »).

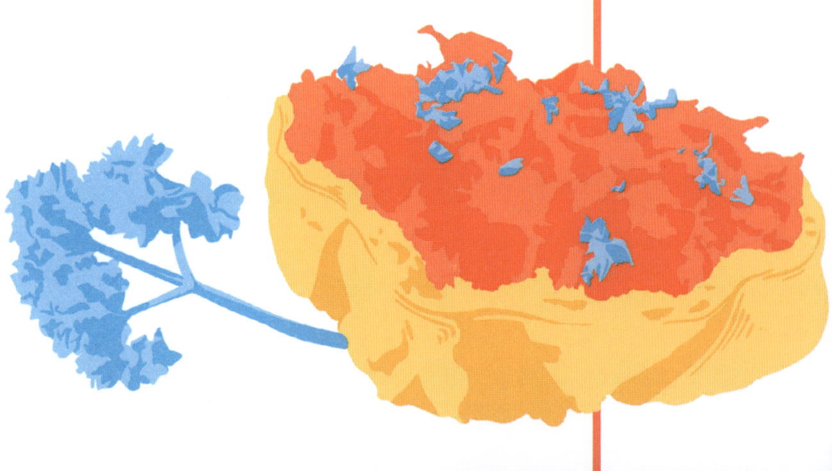

RILLETTES

Principales spécialités de rillettes
Source des données : www.data.gouv.fr
et www.keldelice.com

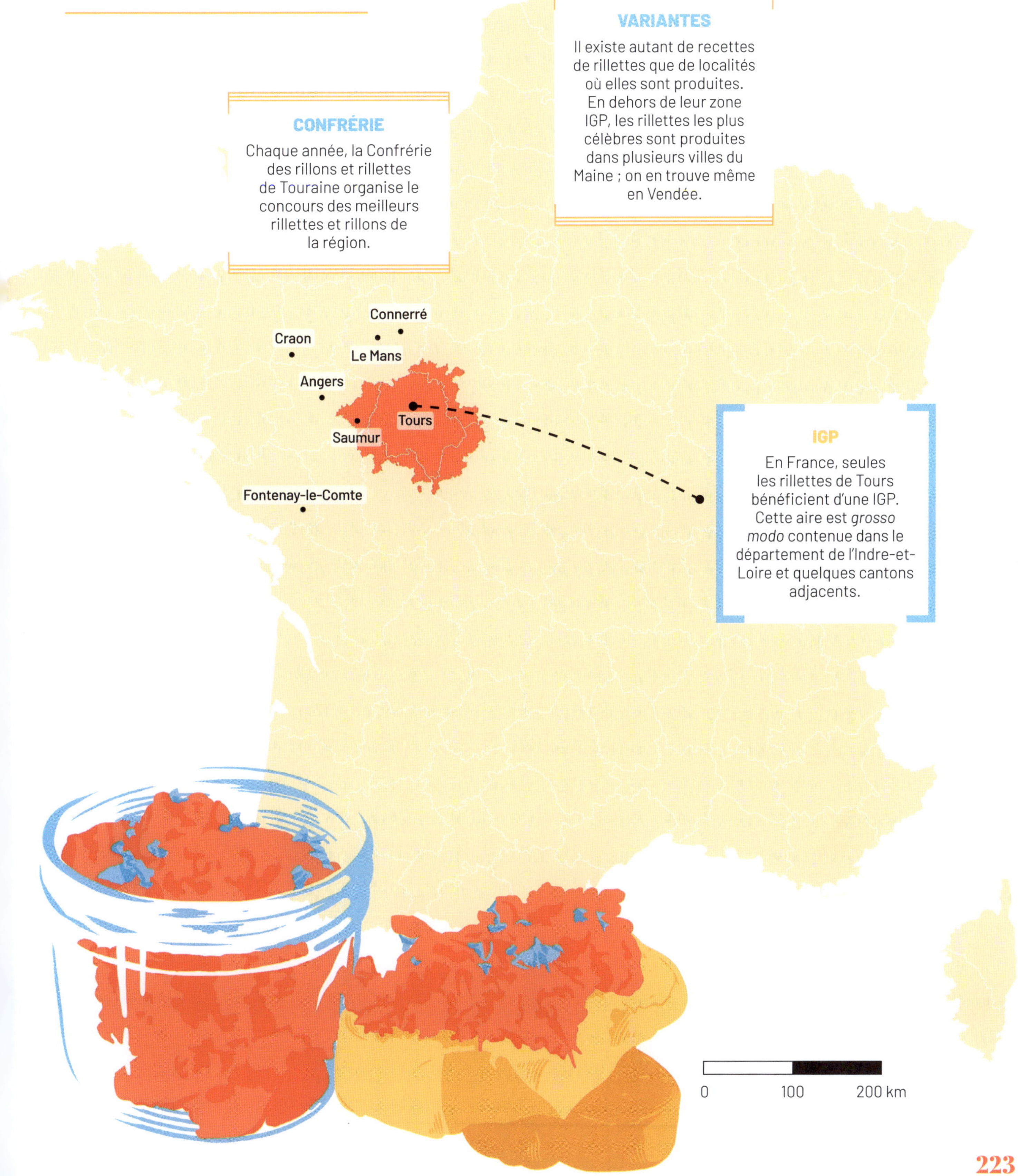

CONFRÉRIE

Chaque année, la Confrérie des rillons et rillettes de Touraine organise le concours des meilleurs rillettes et rillons de la région.

VARIANTES

Il existe autant de recettes de rillettes que de localités où elles sont produites. En dehors de leur zone IGP, les rillettes les plus célèbres sont produites dans plusieurs villes du Maine ; on en trouve même en Vendée.

IGP

En France, seules les rillettes de Tours bénéficient d'une IGP. Cette aire est *grosso modo* contenue dans le département de l'Indre-et-Loire et quelques cantons adjacents.

TOURAINE GOURMANDE

LE NOUGAT DE TOURS,

UN POINT DE DÉPART SYMBOLIQUE DE LA PÂTISSERIE FRANÇAISE

Contre toute attente, le *nougat de Tours* n'est pas une confiserie, mais un gâteau de voyage (p. 174) constitué d'une pâte à tarte garnie de fruits confits et de confiture et masquée d'une macaronade.

Son existence est attestée depuis la Renaissance. Il reprend tous les codes de la pâtisserie ancienne : une base de biscuit, des fruits confits (prunes, abricots, pignons, pistaches et avelines sont à cette époque les fruits les plus couramment confits et utilisés dans la recette). Il faut attendre le triplement étoilé Charles Barrier pour le remettre au goût du jour. Diversement interprétée, la recette varie en fonction des époques et des pâtissiers. Elle est néanmoins bien établie par la Confrérie gourmande du nougat de Tours depuis 1998. ■

NOUGAT DE TOURS

6 à 8 parts

La pâte :

❶ À la spatule, amalgamez 140 g de beurre et 75 g de sucre glace jusqu'à obtenir une consistance crémeuse. Ajouter 1 c. à s. de poudre d'amandes, un œuf et une pincée de fleur de sel.
Lorsque la préparation est homogène, tamisez par-dessus 250 g de farine et mélangez sans excès pour éviter de rendre la pâte élastique.

❷ Étalez la pâte entre deux feuilles de papier sulfurisé pour obtenir une épaisseur d'environ 3 mm. Réfrigérez le temps de procéder au reste de la recette.

❸ **La garniture :** Coupez en petits cubes 150 g d'un mélange de fruits confits. Ajoutez-y 50 g de confiture d'abricots et mélangez bien.

❹ **La macaronade :** Mélangez 70 g de poudre d'amandes et 70 g de sucre glace dans un bol. Par ailleurs, montez en neige 3 blancs d'œufs et, lorsqu'ils commencent à devenir mousseux, versez-y en pluie 30 g de sucre en poudre pour les fixer. Amalgamez délicatement les deux mélanges à l'aide d'une maryse et réservez.

❺ **Montage :** Transférez la pâte à tarte dans un moule à manqué ou un cercle à tarte. Ajoutez la garniture de fruits confits. À l'aide d'une poche pâtissière, ou plus simplement en vous aidant d'une spatule, couvrez la surface des fruits confits de macaronade.

❻ **Cuisson :** Enfournez 30 à 40 min à 180 °C, sous surveillance.

MACARONS, MACARONAGE ET MACARONADE

GENÈSE

Le macaron, à l'instar du massepain berrichon (p. 174-175), est aux origines d'un pan de la pâtisserie française, connue pour ces pâtes macaronnées : les macarons modernes dits *parisiens*, mais aussi les financiers, le biscuit succès, la dacquoise, la dartoise de Bergerac, le biscuit Joconde…

En plus du nougat, la Touraine abrite deux douceurs coexistantes, les *macarons de Montrésor* et les *macarons de Cormery*. Les rapports de la Touraine avec l'Italie sont si étroits qu'on ne peut s'empêcher de remarquer des similitudes entre les macarons de Montrésor et les gâteaux *amaretti* que Catherine de Médicis a peut-être rapportés. On prête aux macarons de Cormery une origine encore plus ancienne, et on prétend qu'ils auraient inspiré le *maccherone* italien. Cette affirmation est aussi légendaire que sa forme de nombril !

Le macaron a donné un genre de pâtisserie : les *pâtes macaronnées* (parce qu'elles sont toujours constituées des trois mêmes ingrédients : poudre d'amandes, sucre glace et blanc d'œufs) ; un procédé de fabrication, le *macaronage* (le fait de mélanger vigoureusement une meringue à un appareil à la poudre d'amandes) ; et une garniture, la *macaronade* (voir ci-contre avec le nougat de Tours). ■

LES POIRES TAPÉES

Sans doute originaires du village de Rivarennes, près d'Azay-le-Rideau, les *poires tapées* sont connues et faites grâce à une méthode de conservation apparue au XIe siècle. Fortement impressionnés par les *prunes séchées* rapportées par Aliénor d'Aquitaine, les vergers locaux transposent alors cette technique aux poires et aux pommes, plus habituelles dans la région.

Épluchées, les poires sont posées têtes en bas sur des claies et mises à sécher plusieurs jours dans des fours. Lorsqu'elles sont déshydratées, les poires sont aplaties à l'aide d'une *platissoire* avant d'être conditionnées en bocaux, dans lesquelles elles se réhydratent au vin de Loire ou à l'eau-de-vie. ■

LE SAINT-HONORÉ

Le massepain d'Issoudun (p. 174-175) est « l'une des plus grandes créations de la confiturerie française, et qu'aucun chef d'office, cuisinier, pâtissier et confiturier n'a pu contrefaire », s'enthousiasme Honoré de Balzac en 1842.

Le romancier, originaire de Tours, est à l'origine d'un engouement inattendu à Paris pour le *gâteau d'Issoudun* : deux ans après la parution de *La Rabouilleuse* dans lequel il le célèbre, le bruit court même que le romancier est devenu pâtissier rue Vivienne et en a fait sa spécialité… Pour célébrer le 220e anniversaire de la naissance de Balzac, les pâtissiers de Touraine réinventent en 2019 le *saint-honoré*. Les choux à la crème sont posés sur un crémeux au café, pour saluer le goût presque addictif du romancier pour cette boisson, dont on dit qu'il en buvait des dizaines de tasses toute la journée ! ■

LA TOURAINE
À L'HEURE ITALIENNE

La Touraine a une spécificité historique : elle est pendant longtemps le territoire des résidences royales. En effet, avant que les rois de France ne s'installent à Paris puis à Versailles, ils changent régulièrement de châteaux. On en trouve beaucoup en Touraine : ce sont les châteaux de la Loire. Grâce à cette présence royale, la région devient la porte d'entrée de nouveautés culinaires venues d'Italie, notamment aux XVe et XVIe siècles.

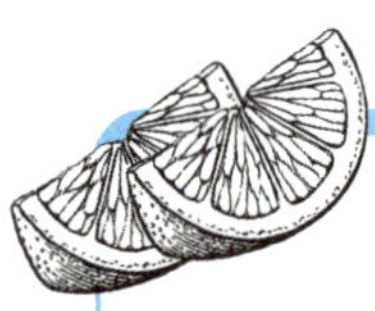

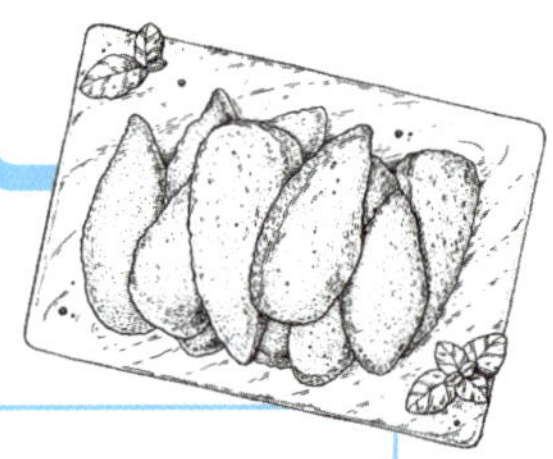

GÉLINE DE TOURAINE AU BOUILLON D'AMANDES ET CITRON

4 pers.

❶ Faites macérer deux poignées d'amandes mondées dans ½ l de bouillon de volaille pendant 3 h.

❷ Pelez et hachez deux oignons et quelques gousses d'ail. Dans une cocotte, faites revenir à feu vif et dans un peu d'huile 4 à 6 morceaux de géline coupés à votre convenance.

❸ Ajoutez l'ail et les oignons hachés, ainsi que de la coriandre et du cumin moulus sans excès, le jus d'un citron et un autre citron coupé en rondelles. Couvrez de bouillon aux amandes et cuisez à petit feu une vingtaine de minutes.

❹ Décorez d'amandes effilées grillées et servez sans attendre.

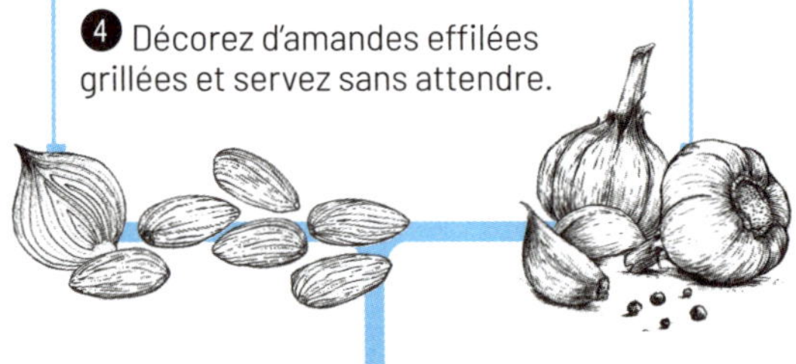

Des produits VENUS D'ITALIE ?

Le sucrin de Tours

C'est le cas du melon. Parti conquérir le royaume de Naples en 1495, le roi Charles VIII rapporte à Amboise un fruit qui prend le nom d'un village près de Rome, *Cantalupo* : il s'agit du *melon cantaloupe*. Il en fait planter dans les jardins royaux. Cette variété ancienne, dite *sucrin de Tours*, est aujourd'hui remplacée par le *melon charentais*.

Les asperges et les citrons

Après Charles VIII, c'est au tour de François Ier, monarque humaniste, fasciné par l'Italie, d'encourager l'introduction de nouveautés culinaires. Le roi séjourne régulièrement au château de Blois et c'est dans cette ville qu'arrivent des nouveautés maraîchères d'Italie. Les asperges et les citrons, produits de luxe, apparaissent alors sur les tables aux côtés des pépons tourangeaux (courges locales) et de la pastenade (panais). Les asperges de l'époque ressemblent plutôt à nos aspergettes actuelles (ornithogales), mais on s'amusera de constater que l'*asperge blanche de Touraine et du Val de Loire* les a remplacées avec succès dans la mémoire tourangelle !

Les préparations à base d'amandes

Quelque temps plus tard, Catherine de Médicis, l'épouse d'Henri II, élève Chenonceau en résidence royale. On prête parfois indûment à la reine d'origine florentine l'introduction de nouveautés culinaires italiennes. Parmi la cour qui l'accompagne en France, il y a, pour sûr, des pâtissiers vénitiens qui introduisent des préparations à base d'amandes (*amaretti*, *maccherone*, *frangipane* – des petits feuilletés garnis à la crème d'amande que l'on doit au pâtissier Frangipani – et aussi quelque chose qui s'approche de nos actuels *financiers*). On retrouve ce goût pour les amandes dans plusieurs spécialités sucrées de la région.

Les artichauts

Tout comme François Ier est gourmand de coings, Catherine de Médicis est grande amatrice de fruits et de légumes, à commencer par les artichauts, qu'elle peut manger à s'en rendre malade. On peut supposer que ce sont les cuisiniers de la reine qui les ont fait venir parce que cette dernière avait ses propres habitudes alimentaires.

Les châteaux de la vallée de la Loire

Répartition des châteaux de la vallée de la Loire et des principaux lieux de banquets

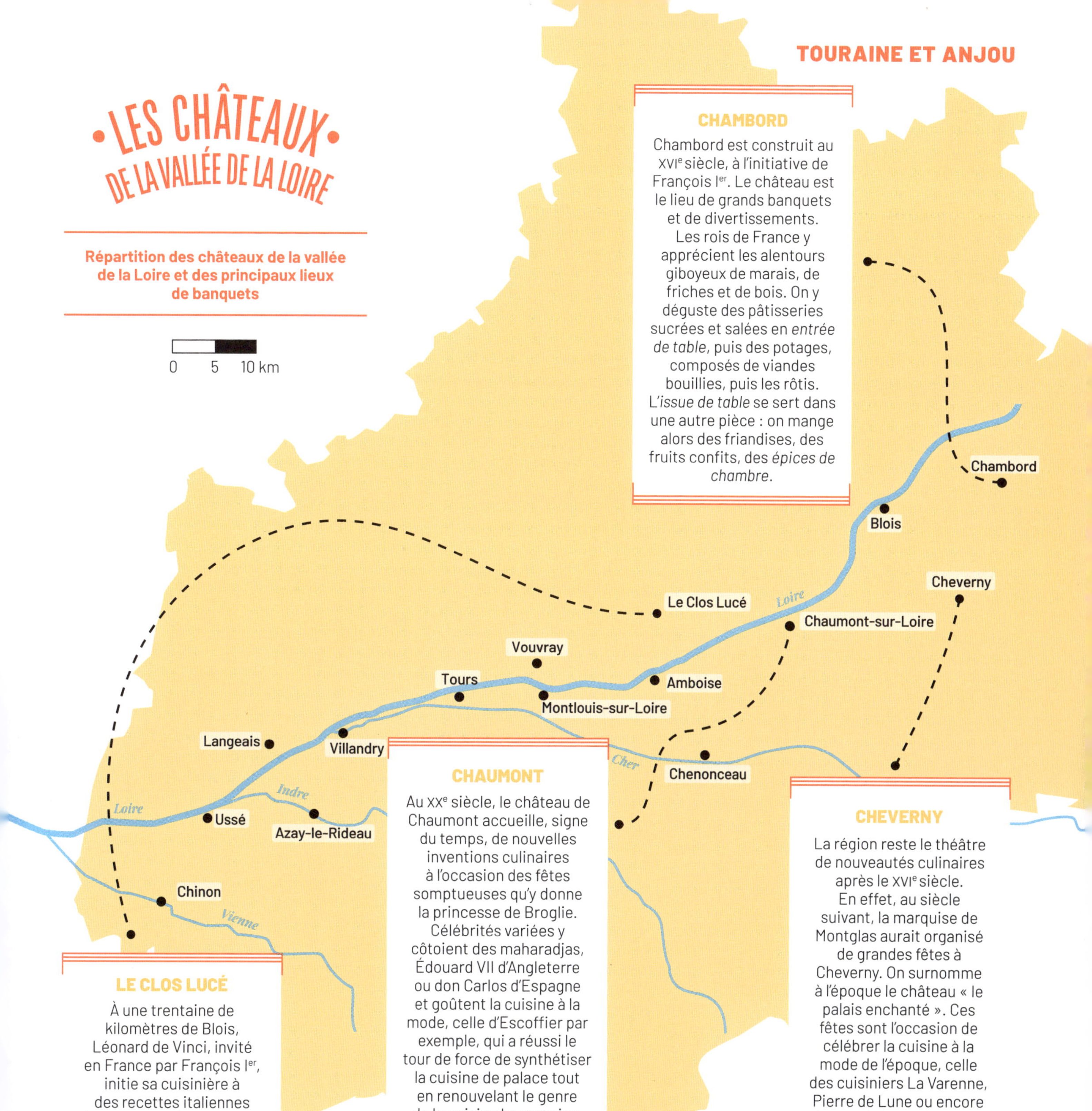

CHAMBORD

Chambord est construit au XVIe siècle, à l'initiative de François Ier. Le château est le lieu de grands banquets et de divertissements. Les rois de France y apprécient les alentours giboyeux de marais, de friches et de bois. On y déguste des pâtisseries sucrées et salées en *entrée de table*, puis des potages, composés de viandes bouillies, puis les rôtis. L'*issue de table* se sert dans une autre pièce : on mange alors des friandises, des fruits confits, des *épices de chambre*.

LE CLOS LUCÉ

À une trentaine de kilomètres de Blois, Léonard de Vinci, invité en France par François Ier, initie sa cuisinière à des recettes italiennes (décidément !) au château du Clos Lucé. Connu pour avoir élaboré des spectacles et des banquets extraordinaires à la cour des Sforza à Milan, il organise à nouveau plusieurs grands repas en France. On sait cependant peu de choses de ses goûts, sinon qu'il n'est pas le végétarien qu'aurait voulu la légende.

CHAUMONT

Au XXe siècle, le château de Chaumont accueille, signe du temps, de nouvelles inventions culinaires à l'occasion des fêtes somptueuses qu'y donne la princesse de Broglie. Célébrités variées y côtoient des maharadjas, Édouard VII d'Angleterre ou don Carlos d'Espagne et goûtent la cuisine à la mode, celle d'Escoffier par exemple, qui a réussi le tour de force de synthétiser la cuisine de palace tout en renouvelant le genre de la cuisine bourgeoise, c'est-à-dire celle aussi de l'aristocratie locale : on mange toujours ce qu'on trouve immédiatement à proximité des châteaux, dans les campagnes environnantes et dans les potagers, avec des sauces fines, des apprêts réfléchis.

CHEVERNY

La région reste le théâtre de nouveautés culinaires après le XVIe siècle. En effet, au siècle suivant, la marquise de Montglas aurait organisé de grandes fêtes à Cheverny. On surnomme à l'époque le château « le palais enchanté ». Ces fêtes sont l'occasion de célébrer la cuisine à la mode de l'époque, celle des cuisiniers La Varenne, Pierre de Lune ou encore le mystérieux L.S.R. : on épice moins (les cuisiniers médiévaux avaient la main lourde), on cuisine des champignons, des légumes ; le beurre frais et la crème servent de liaison dans des plats dont on a simplifié l'apparence et le service ; on mijote davantage, on privilégie des cuissons lentes et l'équilibre des composants.

LA BEUCHELLE À LA TOURANGELLE

Si la *beuchelle à la tourangelle* est aujourd'hui un plat emblématique de la région, elle n'en est pas pour autant immédiatement originaire. On doit l'implantation et l'interprétation locale de ce plat à l'origine étranger à l'intuition d'un cuisinier. Ce cuisinier, c'est Édouard Nignon, chef et auteur culinaire prolifique, qui « découvre » la *Beuschel* autrichienne alors qu'il officie au service de l'archiduc François-Joseph au début du XXe siècle, après s'être brièvement expatrié en Autriche.

Le nom est francisé en *beuchelle* et les ingrédients d'origine sont revalorisés. On passe alors d'un ragoût autrichien domestique constitué de bas morceaux (cœur et poumons de veau) à une spécialité française à base d'ingrédients qui flattent le palais des connaisseurs : les ris de veau et les rognons. Cette spécialité rappelle ainsi des préparations traditionnelles (*ris de veau à la normande*) ou revisitées (*rognons de bœuf aux champignons*, *au madère*, etc.).

La *beuchelle* devient ainsi *de Tours* (et donc *à la tourangelle*) presque par hasard, mais le reste par choix des Tourangeaux qui se l'approprient en continuant de la cuisiner comme Nignon, avec des produits locaux, tels les champignons des bois ou le marc de Touraine.

QUI EST ÉDOUARD NIGNON ?

Édouard Nignon (1865-1934) fait son apprentissage à Nantes avec pour idée de rejoindre la capitale. Il parcourt et travaille dans cette zone qu'on appelle aujourd'hui le *parc naturel régional Loire-Anjou-Touraine* et passe par Angers, puis Cholet, avant d'atteindre Paris. Il travaille partout où on l'accepte et gravit tous les échelons d'une brigade traditionnelle.

Son livre, *Éloges de la cuisine française*, paraît en 1933. Nignon y amorce ce qu'on appelle ensuite la *cuisine du monde* et met le dernier clou au cercueil de la cuisine de l'Ancien Régime.

La « nouvelle » cuisine française promue par Nignon valorise le bon sens ménager, l'économie domestique de la cuisine bourgeoise, sans pour autant se priver de préparations longues et ambitieuses.

BEUCHELLE À LA TOURANGELLE

4 pers.

1. Blanchissez à petits bouillons 400 g de ris de veau à l'eau citronnée (comptez 5 min à la reprise l'ébullition), et passez-le à l'eau froide.

2. Débarrassez-le de sa peau, puis placez-le entre deux assiettes avec un poids par-dessus. Réfrigérez pendant au moins 1 h avec le poids pour le garder pressé. Ensuite portionnez le ris de veau en morceaux de même taille.

3. Pendant ce temps, débarrassez un rognon de veau de sa graisse et du nerf central et coupez-le en gros cubes de 3 cm de section.

4. Par ailleurs, nettoyez et coupez grossièrement 200 g de champignons des bois (des champignons de Paris peuvent aussi faire l'affaire).

5. Faites chauffer 20 g de beurre dans une poêle pour y faire revenir à feu fort tous les abats de veau et les champignons. Salez sans excès, puis laissez colorer en mélangeant souvent.

6. Flambez avec un petit verre de marc des coteaux de la Loire (ou marc de Touraine) et retirez du feu. Conservez le contenu de la poêle au chaud, pour y faire réduire 3 c à s. de crème fraîche à feu vif.

7. Poivrez. Servez sans attendre.

Le mot de la faim

CURNONSKY

le prince des gourmets

Curnonsky est né en 1872 à Angers. Critique gastronomique et défenseur ardent de la cuisine simple, il est connu pour sa participation à des sociétés et clubs de gastronomes, mais aussi pour son mensuel *Cuisine de France*. ■

Sa cuisine préférée

Simple, avec des plats qui ont le goût « de ce qu'ils sont ». Il le clame : il préfère un civet de lièvre ou un navarin d'agneau à la cuisine de palace.

Son vin préféré

Le savennières figure parmi « les cinq de Curnonsky », ses cinq vins blancs préférés : produit sur la rive droite de la Loire, en aval d'Angers, il bénéficie désormais d'une AOC.

La reconnaissance du gastronome écrivain

Bardé des dignités les plus variées, il est fait chevalier de la Légion d'honneur en 1928 et officier dix ans plus tard. La reconnaissance de ses pairs arrive en 1950, quand il est nommé grand maître d'honneur de la Chaîne des rôtisseurs.

L'Angevin avant tout

Fervent défenseur des cuisines régionales, il est membre de l'Association des gastronomes régionalistes. Sans avoir particulièrement favorisé l'Anjou dans sa *France gastronomique*, il en reste un grand amoureux.

LA GUERRE DES FOUACES

On trouve une recette de fouace dans *Gargantua* de Rabelais : la fouace y est d'ailleurs à l'origine des guerres picrocholines qui y sont décrites (quand les fouaciers de Lerné refusent de vendre les fouaces aux bergers de Grandgousier). L'histoire se déroule à Seuilly, près de Chinon, où se trouve la maison natale de l'auteur.

CONFRÉRIE DE LA FOUACE

Depuis 1983, une confrérie installée à La Mothe Sainte-Héraye, au nord des Deux-Sèvres, entretient la tradition de la « vraie fouace ». Une fois par an, on y intronise de nouveaux membres en prononçant les mots : « Au nom de Rabelais, de Saint-Honoré, patron des boulangers, de Dionysos, dieu du Vin, et de Curnonsky, prince des gastronomes, je te fais ambassadeur de la Confrérie de la Fouace. »

FOUACE DE RABELAIS

de Jean Mathat-Christol

Sorte de brioche en forme de boule ou de galette, nature ou garnie de divers ingrédients selon l'humeur du boulanger, la fouace a à l'origine la réputation d'être particulièrement bourrative. En voici une recette contemporaine pour changer cette idée reçue !

1. Tamisez 550 g de farine et ajoutez-y un sachet de levure de boulanger déshydratée (7 g).
2. Formez un puits et cassez-y 5 œufs, ajoutez 150 g de miel, 1 c. à c. de safran, 1 c. à c. de cannelle en poudre et 100 g de lait.
3. Pétrissez en rabattant la farine sur les autres ingrédients. Ajoutez ensuite 5 g de sel et 70 g de beurre coupé en petits morceaux. Ajoutez également 50 g de noix hachées et pétrissez de nouveau.
4. Laissez ensuite reposer la pâte pendant environ 1 h dans un endroit chaud et à couvert. Puis façonnez 15 boules, disposez-les sur des plaques de cuisson, laissez-les de nouveau lever 1 h supplémentaire.
5. Badigeonnez les boules d'un œuf battu et enfournez-les à 160 °C pendant 20 à 30 min.

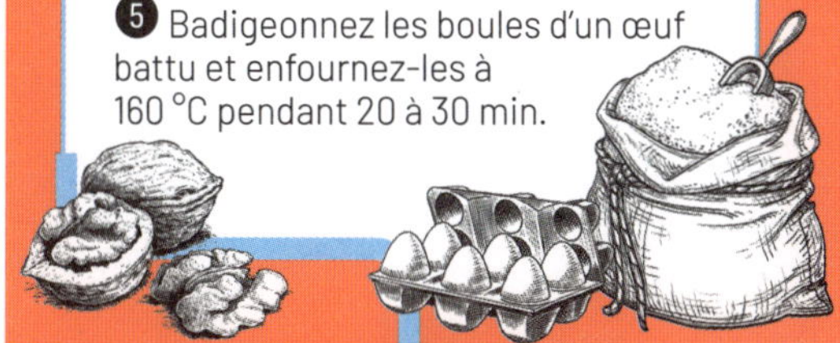

ÉPILOGUE

D'OÙ VIENNENT LES RÉGIONALISMES ?

Pour terminer ce voyage à la découverte des spécialités gastronomiques de la France, il nous a semblé opportun de revenir sur la genèse des régionalismes. L'examen des phénomènes étudiés dans ces pages nous permet de faire la part entre deux cas de figure : les emprunts et les créations .

LES EMPRUNTS

Un certain nombre de régionalismes constituent ce qu'on appelle des *emprunts*, c'est-à-dire qu'ils sont passés en français par l'intermédiaire d'un autre système linguistique : patois, dialecte ou langue régionale. Ces régionalismes sont les plus nombreux, et on les reconnaît à leurs sonorités, qui ne suivent pas les mêmes règles que celles du français : le *waterzoï* flamand (p. 186), le *brocciu* corse (p. 68), l'*osterlammele* alsacien (p. 22), les *mouclades* saintongeaises ou charentaises (p. 194), etc.

LES CRÉATIONS

Certains régionalismes sont des mots créés en français. Les uns le sont par composition d'un nom commun et d'un adjectif renvoyant à une localité. Ils permettent de nommer une spécialité propre à une région, où elle n'avait pas forcément de nom dédié à l'origine : c'est notamment le cas du *bœuf bourguignon* (p. 36) ou du *gratin dauphinois* (p. 76), dont les dénominations ont été créées à Paris. C'est le même processus qui est à l'origine de formes composées comme *fondue normande* (p. 214), *daube provençale* (p. 206) ou *pâté berrichon* (p. 172).

Les autres sont créés par dérivation. C'est le cas classique de *chocolatine* (formé par adjonction du suffixe *-ine* au substantif *chocolat*, p. 96), mais aussi de *tartiflette* (p. 212) ou de *criquette* (p. 78), où l'on reconnaît le suffixe *-ette*.

QUEL AVENIR POUR LES RÉGIONALISMES ?

On a longtemps déploré la disparition imminente des régionalismes du français, autant sur le plan linguistique que sur les plans culturel et folklorique : « c'était mieux avant », « ça se dit plus », « les jeunes ne se souviennent pas », « ça n'existe plus ». On a dénoncé les médias de masse parce qu'ils diffusaient sur les ondes radiotélévisées un français toujours plus standardisé et dépourvu d'une identité régionale bien identifiable. La faute à l'urbanisation, à l'industrialisation de la société, à la mobilité toujours plus grande de la population, etc. ?

Il est vrai qu'aujourd'hui les personnes qui élèvent des animaux dans leur ferme pour en consommer directement la viande sont de plus en plus rares, ce qui explique que certains savoir-faire ancestraux soient voués à disparaître. On pense notamment à la tradition du tue-cochon et à la fabrication artisanale de produits charcutiers qui en dérivent, à l'instar des *atriaux* (p. 216), de la *sanquette* ou de la *ventrèche* (p. 122) et des *cretons* (p. 56). On peut néanmoins espérer que leur fabrication continuera par d'autres biais, et que les dénominations qui les accompagnent se maintiendront tant bien que mal.

La société d'avant, essentiellement rurale, vivait au rythme des saisons et des fêtes religieuses qui les ponctuaient. Aujourd'hui, on a mis de côté le caractère religieux de certains événements comme l'Épiphanie, la chandeleur, le lundi de Pâques, les fêtes de fin d'année. Mais on continue à les célébrer et, çà et là, à manger de la *galette* ou du *gâteau des rois* (p. 120), à faire des *bugnes* ou des *beignets de carnaval* (p. 152), à déguster un *lammele* (p. 22), à préparer des bonshommes de Saint-Nicolas et autres *cougnous* lorsque vient la Noël (p. 60), etc. Dans la même veine, il n'y a aucune raison pour que les anciens cessent de transmettre aux plus jeunes leurs meilleurs coins pour ramasser *cramaillots* (p. 86), *brimbelles* (p. 144) et *cagouilles* (p. 192).

Quant aux autres spécialités, l'essor des confréries et le succès des événements locaux qui mettent en vedette des produits régionaux (foires, festivals, etc.) laissent penser que les régionalismes culinaires ont un futur relativement radieux. Et, si l'on en doutait, on peut se rassurer en voyant le succès de certains groupes et pages sur les réseaux sociaux, qui fédèrent de larges communautés revendiquant, par l'intermédiaire de la langue et de la gastronomie, le caractère pittoresque et authentique de leurs fiefs.

Sur le plan commercial, restaurateurs et responsables de la grande distribution l'ont bien compris : le régional fait vendre, en France comme à l'étranger. Quel paysan savoyard des années 1970 aurait pu prédire que ce plat qu'il appelle *pêla* (p. 212) se retrouverait cinquante ans plus tard vendu en supermarchés sous le nom de *tartiflette* dans des boîtes de conserve ? En Corse, la farine de châtaigne (p. 70), qui a permis de sustenter pendant des dizaines d'années les familles les plus pauvres, est aujourd'hui un produit prisé par les bobos adeptes du bio, qui sont prêts à payer un bras pour acquérir le précieux sésame…

LE MOT DE LA FIN

En France, certaines recettes ne sont connues qu'à l'intérieur de régions plus ou moins bien délimitées. Souvent, ces recettes connaissent des variations au sein d'un même département, voire d'une famille à l'autre dans un même village !
Ces variations concernent aussi bien les ingrédients que les techniques d'assemblage et leurs dénominations. Cette richesse explique sans doute pourquoi la cuisine française fascine autant le monde entier, et qu'elle constitue un pan de la culture à préserver. Ainsi l'Unesco a inscrit la cuisine française au patrimoine immatériel de l'humanité. Des langues ancestrales associées aux provinces, duchés et comtés qui ont découpé la France au fil des siècles, il ne reste aujourd'hui que peu de locuteurs. Mais les traces qu'elles ont laissées, notamment dans les mots liés à la gastronomie, sont encore bien présentes dans la langue française. C'est pour éviter que ces mots ne tombent un jour dans l'oubli et pour rendre hommage à la diversité des coutumes culinaires régionales que ce livre a été écrit. *Comme on dîne chez nous* est un livre de patrimoine et de mémoire.

GLOSSAIRE LINGUISTIQUE

d'après le *Petit Robert* et le *Grand Robert* en ligne

AFFIXE
N. m. Élément susceptible d'être incorporé à un mot, avant » **préfixe** (im-*brucciata)* ou après » **suffixe** *(imbrucci*-ata*)* le radical pour en modifier le sens ou la fonction.

(PROCESSUS D') AGGLUTINATION
N. f. Addition d'affixes (préfixes ou suffixes) à une base. *Le français* Madame *résulte de l'agglutination de* ma *(adjectif possessif) et de* dame *(nom commun).*

AIRE
N. f. Région occupée par certains êtres, lieu de certaines activités, certains phénomènes. *Une aire linguistique est propre à un fait ou à ensemble de faits linguistiques.*

ATTESTÉ, ATTESTÉE
N. m./f. / Adj. Dont il existe des exemples connus. *Mot, emploi attesté par un texte. Forme non attestée, hypothétique, reconstituée.*

BASE (MOT)
N. f. (m). Radical qui est un mot de la même langue que le dérivé. Cramia- *dans cramaillot.*

CALQUE
N. m. Traduction littérale d'une expression ou d'un mot dans une autre langue. Lune de miel *et* gratte-ciel *sont des calques de* honeymoon *et* skyscraper *en anglais.*
Le calque est un type d'emprunt.

DÉRÉGIONALISATION
N. f. Processus par lequel un régionalisme perd son statut de particularisme local pour faire partie du français général.

DÉRIVÉ
N. m. Mot créé à partir d'un autre mot, le plus souvent par un processus d'affixation » **affixe**.
Adj. Qui est dérivé à partir d'un autre mot. Truffade *est dérivé sur le mot* truffe.

DIALECTES
N. m. pl. Différentes variétés d'un système linguistique non standardisé qui partagent une origine commune et qui sont proches sur le plan de la forme, mais qui varient plus ou moins à l'intérieur d'une région donnée. Le terme *dialecte* implique toujours l'existence d'un ensemble plus grand et englobant. Un dialecte est un sous-ensemble de quelque chose d'autre, à un niveau supérieur dans l'arborescence des langues. *En France, le picard est un dialecte d'oïl, le savoyard est un dialecte francoprovençal et le languedocien un dialecte d'oc.*

EMPRUNT
N. m. Acte par lequel une langue incorpore un élément d'une autre langue ; élément (mot, tour) ainsi incorporé. *Emprunts à l'anglais, à l'occitan. Le mot* quiche *est un emprunt au lorrain.* » **calque**.

ÉPONYME
Adj. Qui donne son nom à (qqn, qqch.). *Athéna, déesse éponyme d'Athènes. Tenir le rôle éponyme d'une pièce, d'un film : le rôle d'Ondine dans la pièce du même nom.*

ÉTYMON
N. m. Mot attesté ou reconstitué, qui donne l'étymologie d'un autre mot. *Étymon latin, grec. Le latin* dedicatio *(« consécration, dédicace ») est l'étymon du français régional* ducasse.

HYPERONYME
N. m. Mot qui englobe le sens de plusieurs mots et leur sert de classificateur. Insecte *est l'hyperonyme de* puce, mouche, pou, *etc.*

IDIOME
N. m. Ensemble des moyens d'expression d'une communauté correspondant à un mode de pensée spécifique.

LANGUE
N. f. « Dialecte qui dispose d'une armée », pour reprendre une métaphore bien connue des spécialistes de l'histoire des langues de France, ensemble de parlers qui a réussi :
1. sur le plan politique : idiome qui est reconnu comme langue officielle ;
2. culturel : idiome qui jouit d'une littérature importante ;
3. socio-éducatif : idiome qui est enseigné à l'école, les règles qui gouvernent ses structures sont décrites dans des grammaires. *Le français est la langue la plus parlée en France.*

LANGUE OFFICIELLE
N. f. Langue reconnue par une autorité constituée (gouvernement, administration, État, organisation quelconque) et imposée à tous les services qui dépendent de cette autorité (administration, tribunaux, registres publics, etc.). *En France, le français est la seule langue officielle.*

LANGUE RÉGIONALE
N. f. Appellation utilisée pour désigner les systèmes linguistiques (langues, dialectes, patois) parlés en France mais qui n'ont pas le statut de langue officielle. *En France, le breton et l'alsacien ont le statut de langues régionales.*

LANGUE TERRITORIALE
N. f. Langue parlée dans une région bien délimitée, mais dont les frontières ont pu évoluer au fil des siècles. En France, une langue territoriale s'oppose à une langue « non territoriale » comme l'arabe dialectal, l'arménien occidental, le berbère, le judéo-espagnol, le romani, le yiddish, etc. Bien que présentes en France depuis plusieurs siècles, ces langues ne sont pas implantées dans des régions particulières de l'Hexagone.

LOCUTION
N. f. Groupe de mots fixé par la tradition, dont le sens est souvent métaphorique, figuré. *La suite* pomme de terre *est une locution qui désigne un féculent.*

MÉTONYMIE
N. f. Figure de rhétorique, procédé de langage par lequel on exprime un concept au moyen d'un terme désignant un autre concept qui lui est uni par une relation nécessaire (la cause pour l'effet, le contenant pour le contenu, le signe pour la chose signifiée). *Boire un verre (le contenu), ameuter la ville (les habitants).*

ONOMATOPÉE
N. f. Création de mot suggérant ou prétendant suggérer par imitation phonétique la chose dénommée ; le mot imitatif lui-même. *Onomatopées désignant des sons naturels (*atchoum, cocorico, miam, toc-toc*) ou artificiels (*broum, pin-pon*).*

PARLER
N. m. Ensemble des moyens d'expression employés par un groupe à l'intérieur d'un domaine linguistique. » **dialecte, idiome, langue, patois**. *Les parlers régionaux.*

PATOIS
N. m. Parler local, dialecte particulier employé par une population généralement peu nombreuse, souvent rurale, et qui n'a pas le statut, le prestige social et culturel d'une langue. » **parler, dialecte, idiome**. *Le patois d'une région, d'un village. Le curé « l'entretenait en patois, parce que Jean, étant sans instruction aucune, ne savait même pas parler le français »* (E. Le Roy). *Parler patois, en patois.*

PRÉFIXE
N. m. Élément de formation de mots ; affixe qui précède le radical. *Le verbe* réchauffer *est obtenu par dérivation du verbe* chauffer *par l'ajout d'un préfixe* ré-, *qui lui confère le sens de répétition d'une action (si* chauffer *signifie « rendre chaud »,* réchauffer *c'est « chauffer à nouveau »).*

RACINE
N. f. Élément irréductible d'un mot, obtenu par élimination de tous les éléments de formation et indices grammaticaux, qui correspond à une productivité dans l'histoire et constitue un support de signification » **radical ; base**. *La racine du mot* citrouillat *est* citr-.

RADICAL
N. m. Toute forme particulière prise par la racine d'un mot dans le discours. *Le radical du verbe* chauffer *est* chauff- *(*chauffage, réchauffer*).*

ROMANI
N. f. Langue des Tsiganes, ensemble de parlers indo-européens issus du groupe indien du Nord-Ouest, influencés par des emprunts aux langues des régions d'Europe parcourues ; un des parlers tsiganes d'Europe occidentale.

SUBSTANTIF
N. m. Unité du lexique (mot ou groupe de mots) qui peut se combiner avec diverses unités linguistiques exprimant des modalités particulières (articles ; pronoms démonstratifs, possessifs ; marques du genre et du nombre, etc.) et qui correspond sémantiquement à une substance (être ou classe d'êtres, choses, notions). Moule, frite *et* kebab *sont tous les trois des substantifs.*

SUFFIXE
N. m. Élément de formation (affixe) placé après une racine, un radical pour former un dérivé. *Le substantif* citrouillat *est dérivé sur la base* citrouille *au moyen du suffixe* -at.

TOPONYME
N. m. Nom de lieu.

VARIANTE
N. f. • Moyen d'expression (mot, tour, prononciation) qui s'écarte d'une référence, d'un type (pour des raisons stylistiques, de milieu, etc.). *Variante dialectale d'un mot. Variante stylistique.*
• Forme différente d'une forme de référence, de même nature. *Variantes orthographiques d'un mot. Variante libre, contextuelle, combinatoire.*

VERLAN
N. m. Argot conventionnel consistant à inverser les syllabes de certains mots. *Laisse béton* pour *laisse tomber, féca* pour *café, tromé* pour *métro, ripou* pour *pourri.*

BIBLIOGRAPHIE

ARIÈS P., *Une histoire politique de l'alimentation*, Max Milo, 2016.
ATILF, *Dictionnaire du Moyen Français*.
– *Trésor de la Langue Française informatisé*.
– Base textuelle Frantext (en ligne), ATILF-CNRS et université de Lorraine, 1998-2020.
AVANZI M., *Atlas du français de nos régions*, Paris, Armand Colin, 2017.
– *Parlez-vous (les) français ? Atlas des expressions de nos régions*, Paris, Armand Colin, 2019.
AVANZI M., avec la coll. de REY A, VINCENTI A., *Comme on dit chez nous. Le grand livre du français de nos régions*, Paris, Le Robert, 2020.
BEAUGÉ B., *Plats du jour*, Métailié, 2013.
BEC P., *La Langue occitane*, Paris, PuF, 1978.
BEYER E., MATZEN R., BOTHOREL-WITZ A., PHILIPP M., SPINDLER S., *Atlas linguistique et ethnographique d'Alsace*, Paris, Éditions du CNRS, 1969-1984.
BLANCHET P., *Le Parler de Marseille et de Provence*, Paris, Éditions Bonneton, 2004.
BLANCHET P., FAVRAT L., *Dictionnaire de la cuisine de Provence. Traditions et recettes*, Paris, Éditions Bonneton, 1994.
BLANCHET P., WALTER H., *Dictionnaire du français régional de Basse-Bretagne*, Paris, Éditions Bonneton, 1999.
BOISGONTIER J., *Dictionnaire du français régional des Pays aquitains*, Paris, Éditions Bonneton, 1991.
– *Dictionnaire du français régional du Midi toulousain et pyrénéen : Toulousain, Pyrénées centrales, Albigeois, Quercy, Rouergue*, Paris, Éditions Bonneton, 1992.
BORHARD Y., LEBLOND J.-F., *Dictionnaire de la cuisine de Picardie. Traditions et recettes*, Paris, Éditions Bonneton, 1994.
BOUCHAIT D., *Fromages*, Éditions du Chêne, 2016.
BOUCHUT J., MONCORGÉ M.-J., *Lyon 1555, capitale de la culture gourmande au XVIe siècle*, Éditions lyonnaises d'art et d'histoire, 2008.
BOURCELOT H., *Atlas linguistique et ethnographique de la Champagne et de la Brie*, Paris, Éditions du CNRS, 1966-1978.
BOUVIER J.-C., MARTEL C., *Atlas linguistique et ethnographique de la Provence*, Paris, Éditions du CNRS, 1975-1986.
BOUVIER R., *Le Parler marseillais*, Marseille, Éditions Jeanne Laffitte, 1986.
BRASSEUR P., *Atlas linguistique et ethnographique normand*, Paris, Éditions du CNRS, 1980-1997.
BRÉCOURT-VILLARS C., *Mots de table, mots de bouche*, La table ronde, 2009.
CAMPS C., *Dictionnaire du français régional du Languedoc*, Paris, Éditions Bonneton, 1991.
– *Dictionnaire du français régional du Roussillon*, Paris, Éditions Bonneton, 1991.
CARTON F., LEBÈGUE M., *Atlas linguistique et ethnographique du picard*, Paris, Éditions du CNRS, 1989.
CASTELOT A., *L'Histoire à table*, Plon, 1972.
CARTON F., POULET D., *Dictionnaire du français régional du Nord-Pas-de-Calais*, Paris, Éditions Bonneton, 1991.
CHABOT-TRAMECOURT V., *Dictionnaire de la cuisine du Nord-Pas-de-Calais*, Paris, Éditions Bonneton, 1993.
CHALENDAR P., *Dictionnaire des régionalismes culinaires*, Nîmes, Lacour, 2002.
CHAURAND J., *Introduction à la dialectologie française*, Bordas, Paris, 1972.
– (éd.), *Nouvelle Histoire de la langue française*, Paris, Seuil, 1999.
CONSTANTIN A., DÉSORMAUX J., *Dictionnaire savoyard*, Paris/Annecy, 1902.
COSTAMAGNA P., *Les Goûts de Napoléon*, Grasset, 2021.
CUNY J.-M., *Dictionnaire de la cuisine de Lorraine*, Paris, Éditions Bonneton, 1992.
D'ARCES A., *Cuisine de Bourgogne de A à Z*, Paris, Éditions Bonneton, 1996.
D'ARCES A., VALLENTIN DU CHEYLARD A., *Cuisine du Dauphiné de A à Z*, Paris, Éditions Bonneton, 1997.
DALBERA-STEFANAGGI M.-J., *Langue corse. Une approche linguistique*, Paris, Klincksieck, 1978.
– *La Langue corse*, Paris, PuF, 2002.
DALBERA-STEFANAGGI M.-J., MINICONI R., POLI M., *Nouvel Atlas linguistique de la Corse*, Paris/Ajaccio, Éditions du CTHS/Éditions Alain Piazzola, 2007-2009.
DONDAINE C., DONDAINE L., *Atlas linguistique et ethnographique de la Franche-Comté*, Paris, Éditions du CNRS, 1972-1991.
DONDAINE C., *Trésors étymologiques de la Franche*-Comté, Strasbourg, Éditions de la Société de linguistique romane, 2002.
DOPPAGNE A., *Les Régionalismes du français*, Bruxelles, Duculot, 1978.
DUBUISSON P., *Atlas linguistique et ethnographique du Centre*, Paris, Éditions du CNRS, 1971-1982.
DUBUISSON P., BONIN M., *Dictionnaire du français régional du Berry-Bourbonnais*, Paris, Éditions Bonneton, 1993.
DUCHET-SUCHAUX G., DUCHET-SUCHAUX M., *Dictionnaire du français régional de Franche-Comté*, Paris, Éditions Bonneton, 1999.
DURAFFOUR A., *Glossaire des patois francoprovençaux*, Paris, Éditions du CNRS, 1969.
ESQUERRÉ-ANCIAUX M., *Dictionnaire de la cuisine des Ardennes. Recettes françaises et belges*, Paris, Éditions Bonneton, 1992.
FRANCARD M., GÉRON G., WILMET R., WIRTH A., *Dictionnaire des belgicismes*, Bruxelles, De Boeck-Duculot, 2015.
FRÉCHET C. (dir.), *Dictionnaire des régionalismes de Rhône-Alpes*, Paris, Champion, 2015.
FRÉCHET C., MARTIN J.-B., *Dictionnaire du français régional de l'Ain*, Paris, Éditions Bonneton, 1998.
FULIGNI B., *Les Gastronomes de l'extrême*, Éditions du trésor, 2015.
GANY A., *Dictionnaire du français régional de Savoie*, Paris, Éditions Bonneton, 1993.
GARDETTE P., *Atlas linguistique et ethnographique du Lyonnais*, Éditions du CNRS, Paris, 1950-1976.
GASQUET-CYRUS M., *Le Marseillais. Guide de conversation pour les Nuls*, Paris, First, 2016.
GILLIÉRON J., EDMONT E., *Atlas linguistique de la France*, Paris, Champion, 1902-1910.
GLAIN O., JEANNOT PIÉTROY C. (éds.), *Vous avez dit gaga ? Origines, identités et enjeux du français régional stéphanois*, Publication de l'université de Saint-Étienne, Saint-Étienne, 2017.
GODEFROY F., *Dictionnaire de l'ancienne langue française et de tous ses dialectes du XIe au XVe siècle*, Paris, Vieweg, 1888.
GUILLAUME G., CHAUVEAU J.-P., *Atlas linguistique et ethnographique de la Bretagne romane, de l'Anjou et du Maine (Atlas linguistique armoricain roman)*, Paris, Éditions du CNRS, 1975-1983.
GUIRAUD P., *Patois et dialectes de France*, Paris, PuF, 1971.
HERMANN M.-T., *Dictionnaire de la cuisine de Savoie. Traditions et recettes*, Paris, Éditions Bonneton, 1994.
HÖFLER M., *Dictionnaire de l'Art culinaire français : Étymologie et histoire*, Paris, Edisud, 1996.
HÖFLER M., RÉZEAU P., *Variétés géographiques du français matériaux pour le vocabulaire de l'art culinaire de Manfred*, Paris, Klincksieck, 1996.
KREMNITZ G., *Histoire sociale des langues de France*, Rennes, Presses universitaires de Rennes, 2013.
LANHER J., LITAIZE A., *Dictionnaire du français régional de Lorraine*, Paris, Éditions Bonneton, 1990.
LANHER J., LITAIZE A., RICHARD J., *Atlas linguistique et ethnographique de la Lorraine romane*, Éditions du CNRS, Paris, 1979-1989.
LAVELLE C., MERLIN M. (dir.), *Je mange donc je suis*, Muséum national d'histoire naturelle, 2019.
LE GWEN-RUDLOFF B., *Dictionnaire de la cuisine de Bretagne*, Paris, Éditions Bonneton, 1994.
LOSSEC H., *Les Bretonnismes*, Morlaix, Skol Vreizh, 2011.
– *Les Bretonnismes : le retour*, Morlaix, Skol Vreizh, 2010.
MARCHETTI P., *L'Usu Córsu : Dictionnaire des mots d'usage et des locutions du nord et du centre de la Corse avec les équivalents des langues italienne et française*, Ajaccio, Éditions Alain Piazzola, 2008.
MARSEILLE (Académie de), *Dictionnaire des marseillais*, Saint-Rémy-de-Provence, Edisud, 2006.
MARTIN J.-B., TUAILLON G., *Atlas linguistique et ethnographique du Jura et des Alpes du Nord*, Paris, Éditions du CNRS, 1971-1978.
MARX T., HAUMONT F., *Le Répertoire de la cuisine innovante*, Flammarion, 2012.
MASSIGNON G., HORIOT B., *Atlas linguistique et ethnographique de l'Ouest (Poitou, Aunis, Saintonge, Angoumois)*, Paris, Éditions du CNRS, 1971-1983.

McGEE H., *On Food and Cooking. The Science and Lore of the Kitchen*, Scribner, 2004.
MÉDÉLICE J., *Le Français régional de Privas*, Université de Grenoble 3, 1981.
MEYER-LÜBKE W., *Romanisches Etymologisches Wörterbuch*, Heidelberg, Winter, 1930-1935.
MISTRAL F., *Lou tresor dóu felibrige ou Dictionnaire provençal-français*, Aix-en-Provence, Imprimerie Remondet-Aubin, 1878.
NAUTON P., *Atlas linguistique et ethnographique du Massif central*, Paris, Éditions du CNRS, 1957-1963.
PAJOT S., *Petit Lexique du Nantais pur beurre*, Nantes, Éditions d'Orbestier, 2017.
PICOCHE J., MARCHELLO-NIZIA CH., *Histoire de la langue française*, Paris, Nathan Université, 1989.
PIGAILLEM H., *L'Histoire à la casserole. Dictionnaire historique de la gastronomie*, Télémaque, 2013.
PITTE J.-R., *Atlas gastronomique de la France*, Paris, Armand Colin, 2017.
POTTE J.-C., *Atlas linguistique et ethnographique de l'Auvergne et du Limousin*, Paris, Éditions du CNRS, 1975-1992.
– *Le Parler auvergnat. Mots et expressions du terroir*, Paris, Rivages, 2005.
POULAIN J.-P. (dir.), *Dictionnaire des cultures alimentaires*, PuF, 2012.
POURRAT A., *Cuisine d'Auvergne de A à Z*, Paris, Éditions Bonneton, 1996.
PRÉVEL A., *Dictionnaire de la cuisine de Normandie. 3 000 recettes traditionnelles*, Paris, Éditions Bonneton, 1993.
PRÉVEL A., *Cuisine d'Ardèche de A à Z*, Paris, Éditions Bonneton, 1996.
PRIVAT-SAVIGNY M.-A. (dir.), *Gourmandises ! Histoire de la gastronomie à Lyon*, Silvana Editoriale, Gadagnes Musées, 2011.
RAVIER X., *Atlas linguistique et ethnographique du Languedoc oriental*, Paris, Éditions du CNRS, 1978-1983.
REVEL J.-F., *Un festin en paroles*, Tallandier, 1995.
REY A., *Le Dictionnaire historique de la langue française*, nouvelle édition augmentée, Paris, Le Robert, 2019.
REY A., DUVAL F., SIOUFFI G., *Mille ans de langue française*, tome 1 : *Des origines au français moderne*, tome 2 : *Nouveaux destins*, Paris, Le Robert, 2011.
REYNAL C., *Dictionnaire de la cuisine du Limousin. Recettes et anecdotes*, Paris, Éditions Bonneton, 1995.
RÉZEAU P., *Dictionnaire du français régional de Poitou-Charentes et de Vendée*, Paris, Éditions Bonneton, 1991.
– (dir.), *Dictionnaire des régionalismes de France*, Bruxelles, De Boeck-Duculot, 2001.
– *Dictionnaire des régionalismes du français en Alsace*, Strasbourg, Presses universitaires de Strasbourg, 2007.
ROBEZ-FERRARIS J., *Particularités du français parlé dans la région de Morez*, Grenoble, Presses universitaires de Grenoble, 1995.
ROSSILLON P. (dir.), *Atlas de la langue française*, Paris, Bordas, 1996.
ROUYER I., *Dictionnaire de la cuisine de Poitou-Charentes et de Vendée*, Paris, Éditions Bonneton, 1993.
ROWLEY A., *Une histoire mondiale de la table*, Odile Jacob, 2006.
SALMON G.-L., *Dictionnaire du français régional du Lyonnais*, Paris, Éditions Bonneton.
SCHOTT B., *Les Miscellanées culinaires de Mr Schott*, Éditions Allia, 2007.
SÉGUY J., *Le Français parlé à Toulouse*, Toulouse, Privat, 1995 [1950].
– *Atlas linguistique et ethnographique de la Gascogne*, Éditions du CNRS, 1966-1973.
SERVENTI S., *La Cuisine des tranchées*, Éditions Sud-Ouest, 2014.
SIMON J.-P., SIMONI-AUREMBOU M.-R., *Dictionnaire du français de Touraine*, Paris, Éditions Bonneton, 1995.
SIMONI-AUREMBOU M.-R., *Atlas linguistique et ethnographique de l'Île-de-France et de l'Orléanais*, Paris, Éditions du CNRS, 1973-1978.
STENGEN K., *Traité de gastronomie française*, Sang de la Terre, 2012.
STERN A., *L'Explorateur du goût*, Ducasse éditions, 2019.
TAMINE M., *Dictionnaire du français régional des Ardennes*, Paris, Éditions Bonneton, 1992.
– *Dictionnaire du français de Champagne*, Paris, Éditions Bonneton, 1993.
TAVERDET G., *Atlas linguistique et ethnographique de Bourgogne*, Paris, Éditions du CNRS, 1975-1980.
TAVERDET G., NAVETTE-TAVERDET D., *Dictionnaire du français régional de Bourgogne*, Paris, Éditions Bonneton, 1991.
TOUSSAINT-SAMAT M., *Histoire naturelle et morale de la nourriture*, Le Pérégrinateur, 2012.
VAVASSORI B., *À bisto de nas. Dictionnaire des mots et expressions de la langue française parlée dans le Sud-Ouest et de leurs rapprochements avec l'occitan, le catalan, l'espagnol et l'argot méridional*, Villemur-sur-Tarn, Nouvelles Éditions Loubatières, 2008.
VITAUX J., FRANCE B., *Dictionnaire du gastronome*, PuF, 2008.
VURPAS A.-M., MICHEL C., *Dictionnaire du français régional du Beaujolais*, Paris, Éditions Bonneton, 1992.
WALTER H., *Le Français dans tous les sens*, Paris, Robert Laffont, 1988.
– *Les Petits Plats dans les grands. La savoureuse histoire des mots de la cuisine et de la table*, Paris, Robert Laffont, 2020.
WARTBURG W. VON, *Französisches Etymologisches Wörterbuch. Eine darstellung des galloromanischen sprachschatzes*, Bonn/Leipzig/Bâle, Teubner/Klopp/Zbinden, 1922-2002.
ZABALLOS N., *Mythes et gastronomie de l'ouest américain : sur la route !*, Le Square éditeur, 2014.

CRÉDITS ICONOGRAPHIQUES

Couverture carte, assiette, couverts et coquilles © Le BDAG ; plat © Le BDAG d'après lynea / AdobeStock ; crêpe, poisson et marmite © Le BDAG d'après Alexander Pokusay / AdobeStock ; chipirons et figatelli © Le BDAG d'après Natalya Levish / AdobeStock ; 3 © Laurence Mouton ; 7 plat © Le BDAG d'après lynea / AdobeStock ; 7 crêpe, poisson et marmite © Alexander Pokusay / AdobeStock ; 7 chipirons © Natalya Levish / AdobeStock ; 10 © airmel / AdobeStock ; 11 h © artbalitskiy / AdobeStock ; 11 b © Andrii_Oliinyk / AdobeStock ; 13 hd © **Валерия Соловьева** / AdobeStock ; 13 bd © Alexandr Bakanov / AdobeStock ; 14 photo © Couloir3.com ; 15 hg © messer16 / AdobeStock ; 15 bg © shurshusha /AdobeStock ; 15 bg et bd © alhontess / AdobeStock ; 16 © MoreVector /AdobeStock ; 17 © Le BDAG ; 18 © Le BDAG ; 20 © jenesesimre / AdobeStock ; 21 hd © MoreVector / AdobeStock ; 22 hd © shurshusha / AdobeStock ; 22 bg © ilonitta / AdobeStock ; 23 photo © photo personnelle ; 23 hd, bd © alhontess / AdobeStock ; 23 bg © jenesesimre / AdobeStock, © Maria.Epine / AdobeStock ; 24 photo © Bras / JL Bellurget ; 25 hg © alhontess / AdobeStock ; 25 hd © lubovchipurko / AdobeStock ; 25 hd © shurshusha / AdobeStock ; 25 bg © undrey / AdobeStock ; 25 bd © Sketch Master / AdobeStock ; 26 © Le BDAG ; 28 cerises © logaryphmic / AdobeStock ; 28 bd © alhontess / AdobeStock ; 29 © Le BDAG ; 31 © Le BDAG ; 32 © artbalitskiy / AdobeStock ; 33 photo © photo personnelle ; 33 hg © alhontess / AdobeStock ; 33 bd © DiViArts / AdobeStock ; 34 photo © photo personnelle ; 35 hg © Sketch Master / AdobeStock ; 35 hd © Alexander Pokusay/ AdobeStock ; 35 bd © alhontess / AdobeStock ; 36 © Le BDAG ; 37 hg © DiViArts / AdobeStock ; 37 hd et bg © Maria.Epine / AdobeStock ; 37 bd © MoreVector / AdobeStock ; 37 bd © Sketch Master / AdobeStock ; 37 bd © SpicyTruffel / AdobeStock ; 38 © Le BDAG ; 40 © Le BDAG ; 43 photo © BIS / Ph. P. Vals - Coll. Archives Larbor ; 43 hg © alhontess / AdobeStock ; 43 hd, bg et bd © tatianat / AdobeStock ; 43 bd © Sketch Master / AdobeStock ; 44 photo © Benoit Teillet ; 45 hg © DiViArts / AdobeStock ; 47 © Le BDAG ; 48 hg © alhontess / AdobeStock ; 48 hd © jenesesimre / AdobeStock ; 48 bg © artbalitskiy / AdobeStock ; 48 bd © lubovchipurko / AdobeStock ; 49 © Le BDAG ; 50 © Le BDAG ; 52 g et d © Sketch Master / AdobeStock ; 52 d © MoreVector / AdobeStock ; 52 b © DiViArts / AdobeStock ; 53 photo © BIS / Ph. S. Guiley-Lagache © Archives Larbor ; 53 hg © studioworksotck / AdobeStock ; 53 bd © alhontess / AdobeStock ; 53 bd © jenesesimre / AdobeStock ; 54 photo © @audexcom ; 55 hg © airmel / AdobeStock ; 55 hd et bd © alhontess / AdobeStock ; 55 bd © Qualit Design / AdobeStock ; 56 hg © artbalistkiy / AdobeStock ; 56 hd © MoreVector / AdobeStock ; 56 m © alhontess / AdobeStock ; 56 b © Le BDAG ; 59 © Le BDAG ; 61 © Le BDAG ;62, 63 photo © BIS / Ph. © Etienne Carjat - Archives larbor ; 63 hd © jenesesimre / AdobeStock ; 63 bg © artbalitskiy / AdobeStock ; 63 bd © DiViArts / AdobeStock ; 63 bd © lubovchipurko / AdobeStock ; 64 photo © Thomas Carlotti ; 65 g © lubochipurko / AdobeStock ; 65 g et d © jenesesimre / AdobeStock ; 66 hg, hd et bg © aksol / AdobeStock ; 66 bd © alhontess / AdobeStock ; 67 © Le BDAG ; 68 hg © alhontess / AdobeStock ; 68 bg © Sketch Master / AdobeStock ; 68 bd © artbalitskiy ; 69 © Le BDAG ; 70-71 © Le BDAG ; 72 © Le BDAG ; 73 tableau (détail) © BIS / Ph. © Archives Nathan ; 73 hg © Olga Serova / AdobeStock ; 73 hd © Maria.Epine / AdobeStock ; 73 hd © DiViArts / AdobeStock ; 73 bg © PennaPazza / AdobeStock ; 73 bd © alhontess / AdobeStock ; 74 photo © Anne-Emmanuelle Thion ; 75 hg et bd © Sketch Master / AdobeStock ; 75 hd © jenesismre / AdobeStock ; 75 bd © MoreVector / AdobeStock ; 76 © Le BDAG ; 77 hg © lubochipurko / AdobeStock ; 77 hg et hd ©Sketch Master / AdobeStock ; 77 bd © alhontess / AdobeStock ; 78 © Le BDAG ; 80 © Le BDAG ; 83 photo © Anne Fashauer / Studio Escale Gourmande ; 83 hg © shurshusha / AdobeStock ; 83 hg © artbalitskiy / AdobeStock ; 83 bg et bd © jenesesimre / AdobeStock ; 83 bd © Maria.Epine / AdobeStock ; 84 photo © Pascal Regaldi ; 85 © hg © marinavorona / AdobeStock ; 85 hd © Natalya Levish / AdobeStock ; 85 bg © More Vector / AdobeStock ; 85 bd © Maria.Epine / AdobeStock ; 86-87 © Le BDAG ; 88 bg © Sketch Master / AdobeStock ; 88 bd © nafanya241 / AdobeStock ; 88 bd © lirna / AdobeStock ; 90 © Le BDAG ; 92 © Le BDAG ; 93 photo © BIS / Ph. Carjat Coll. Archives Larbor ; 93 hg et hd © jenesesimre / AdobeStock ; 93 bd © artbalitskiy / AdobeStock ; 94 photo © photo personnelle ; 95 hg ©jenesimre / AdobeStock ; 95 hg, bd © Maria.Epine / AdobeStock ; 95 bg © Fandorina Liza / AdobeStock ; 97 © Le BDAG ; 98 bg © jenesesimre / AdobeStock ; 98 bd © DiViArts / AdobeStock ; 98 bd © Sketch Master / AdobeStock ; 98 bd © alexrockheart / AdobeStock ; 99 © Le BDAG ; 100 bg © Sketch Master / Adobe Stock ; 100 bg et bd © alhontess / AdobeStock ; 101 © Le BDAG ; 104 © Le BDAG ; 105 photo © Getty Images France / Stephane Grangier / Corbis ; 105 hg © Maria. Epine / AdobeStock ; 105 hd et bd © alhontess / AdobeStock ; 105 bd © arxichtu4ki / AdobeStock ; 106 photo © Édouard Caupeil ; 107 hg © marinavorona / AdobeStock ; 107 hd et bd © Maria.Epine / AdobeStock ; 107 bg © MoreVector / AdobeStock ; 107 bd © alhontess / AdobeStock ; 108 © Sketch Master / AdobeStock ; 109 © Katsiaryna / AdobeStock ; 110 hd © jenesesimre / AdobeStock ; 110 hd © Sketch Master / AdobeStock ; 110 bg © Maria.Epine / AdobeStock ; 110 bg © marinavorona / AdobeStock ; 111 © Le BDAG d'après lesniewski / AdobeStock ; 112 © Le BDAG ; 113 © Le BDAG ; 113 hg et bd © Maria.Epine/ AdobeStock ; 113 hd © vectorgoods / AdobeStock ; 113 bd © DiViArts / AdobeStock ; 115 © Le BDAG ; 116 © Le BDAG ; 117 photo © BIS / Ph. Michel Didier © Archives Larbor ; 117 hg © squirrek_art / AdobeStock ; 117 hd © alhontess / AdobeStock ; 117 bg © Sketch Master / AdobeStock ; 117 bd © alexrockheart / AdobeStock ; 118 photo © photo personnelle ; 119 hg © kseniakr / AdobeStock ; 119 hd et bg © little_airplane / AdobeStock ; 119 bg © jenesesimre / AdobeStock ; 119 bd © marinavorona / AdobeStock ; 120 © Le BDAG ; 123 © Le BDAG ; 125 © Le BDAG ; 126 © Le BDAG ; 127 photo © Gamma-Rapho / Universal Music France / Claude Delorme ; 127 hg © aksol / AdobeStock ; 127 hg © jenesesimre / AdobeStock ; 127 hd © alhontess / AdobeStock ; 127 bg © Maria.Epine / AdobeStock ; 127 bd © Sketch Master / AdobeStock ; 127 © MoreVector / AdobeStock ; 128 photo © Studio Chevojon ;129 hg, bg, bd © Maria.Epine / AdobeStock ; 129 hg © MoreVector / AdobeStock ; 129 bg © Sketch Master / AdobeStock ; 130 © Le BDAG ; 132 bg © Maria.Epine / AdobeStock ; 132 bg © DiViArts / AdobeStock ; 132 bd © ~Bitter~ / AdobeStock ; 133 © Le BDAG ; 136 © jenesesimre / AdobeStock ; 137 photo © Lisa Miquet / hanslucas.com ; 137 hg et hd © alhontess / AdobeStock ; 137 hg © shurshusha / AdobeStock ; 137 bd © MoreVector / AdobeStock ; 138 photo © Sophie Maré ; 139 hg © alhontess / AdobeStock ; 139 hg © Le BDAG d'après MicroOne / AdobeStock ; 139 hd © marinavorona / AdobeStock ; 139 hd et bd © Maria.Epine / AdobeStock ; 139 bg © aksol / AdobeStock ; 139 bd © morningglory1285 / AdobeStock ; 140 © Le BDAG ; 142 © Le BDAG ; 143 hg © lubovchipurko / AdobeStock ; 143 hg © Sketch Master / AdobeStock ; 143 hd © SpicyTruffel / AdobeStock ; 143 bg © alhontess / AdobeStock ; 143 bd © artbalitskiy / AdobeStock ; 144 bg © yanushkov / AdobeStock ; 144 bd © alhontess / AdobeStock ; 145 © Le BDAG ; 146 © Le BDAG ; 147 photo © Pierre Monetta ; 147 hd © DiViArts / AdobeStock ; 147 bg, bd© alhontess / Adobestock ; 148 photo © Félix Ledru ; 149 hg © SpicyTruffel / AdobeStock ; 149 hd et bg © Sketch Master / AdobeStock ; 149 bd © alhontess / AdobeStock ; 149 bd © MoreVector / AdobeStock ; 151 © Le BDAG ; 152 © Le BDAG ; 154 © Le BDAG ; 156 © Le BDAG ; 158 © Le BDAG ; 159 photo hg © photo personnelle ; 159 h © SpicyTruffel / AdobeStock ; 159 b © alhontess / AdobeStock ; 160 photo © Yvan Moreau ; 161 hg © jenesesimre / AdobeStock ; 161 hd © oliesiaagudova / AdobeStock ; 161 bd © MoreVector / AdobeStock ; 163 © Le BDAG ; 165 hd © Vita / AdobeStock ; 165 hg © olesiaagudova / AdobeStock ; 165 hg © jenesesimre / AdobeStock ; 165 milieu © MoreVector / AdobeStock ; 165 bd © Maria.Epine / AdobeStock ; 166 hg et hd © Maria. Epine / AdobeStock ; 166 bd © MicroOne / AdobeStock ; 166 bd © lubovchipurko / AdobeStock ; 167 © Le BDAG ; 168 © Le BDAG ; 169 tableau © BIS / Ph. H. Josse © Archives Larbor ; 169 hd © jenesesimre / AdobeStock ; 169 bd © olesiaagudova / AdobeStock ; 169 bd © MoreVector / AdobeStock ; 170 photo © Natacha Sibellas ;171 hg, hd, bg © Maria.Epine / AdobeStock ; 171 hg © la_puma / AdobeStock ; 171 bd © vectorgoods / AdobeStock ; 172 hg © jenesesimre / AdobeStock ; 172 bd © Maria.Epine / AdobeStock ; 173 © Le BDAG ; 175 © artbalistkiy, jenesesimre, Natalya Levish, More Vector, DiViArts / AdobeStock ; 176 © Le BDAG ; 178 © Le BDAG ; 179 tableau © BIS / Ph. J.L. Charmet © Archives Larbor ; 179 hg et hd © DiViArts / AdobeStock ; 179 bg © Maria. Epine / AdobeStock ; 179 bd © alhontess / AdobeStock ; 180 photo © photo personnelle ; 181 hg © alhontess / AdobeStock ; 181 hd © jenesesimre / AdobeStock ; 181 bg © Maria.Epine / AdobeStock ; 181 bd © Sketch Master / AdobeStock ; 183 © Le BDAG ; 184 hd © alhontess / AdobeStock ; 184 bd © Vita / AdobeStock ; 185 © Le BDAG ; 186 © Le BDAG ; 189 tableau © BIS / © Archives Nathan ; 189 hg © DiViArts / AdobeStock ; 189 bg © K3Star / AdobeStock ; 189 bd © asetrova / AdobeStock ; 190 photo © photo personnelle ; 191 hg © airmel / AdobeStock ; 191 hg © jenesesimre / AdobeStock ; 191 hd © Mastak_A / AdobeStock ; 191 bg, bd © Maria.Epine / AdobeStock ; 191 bd © Sketch Master / AdobeStock ; 192 © Le BDAG ; 194 © Le BDAG ; 197 © Le BDAG ; 198 g et bd © jenesesimre/ AdobeStock ; 198 hd © Maria.Epine / AdobeStock ; 199 photo © Tatiana / AdobeStock ; 199 hg © DiViArts / AdobeStock ; 199 hd © alhontess / AdobeStock ; 199 hd © nafanya241 / AdobeStock ; 199 bg © marinavorona / AdobeStock ; 199 hg / AdobeStock ; 199 bd © Sketch Master / AdobeStock ; 199 bd © jenesesimre / AdobeStock ; 200 photo © Laura Wetsch ; 201 hg et bg © alhontess / AdobeStock ; 201 hg, hd et bd © Maria.Epine / Adobestock ; 201 bd © JUNE / AdobeStock ; 201 bd © DiViArts / AdobeStock ; 203 © Le BDAG ; 204 hg et bd © Maria.Epine / AdobeStock ; 204 hd © Sketch Master / AdobeStock ; 204 bd © alhontess / AdobeStock ; 204 © Le BDAG ; 206 © Le BDAG ; 207 © Le BDAG d'après ~ Bitter ~ / AdobeStock ; 207 hg et bg © Maria.Epine / AdobeStock ; 207 hd et bd © SpicyTruffel / AdobeStock ; 207 bg © MoreVector / AdobeStock ; 208 h © Alexander Pokusay / AdobeStock ; 208 b Maria.Epine / AdobeStock ; 208 b © alhontess / AdobeStock ; 209 photo © Alexandre Daumur-Smith / @arocksmith ; 209 hg et bd © alhontess / AdobeStock ; 209 hd et bd © Maria.Epine / AdobeStock ; 209 bg © Sketch Master / AdobeStock ; 210 photo © Studio Fou d'images ; 211 hg, hd, bg © alhontess / AdobeStock ; 211 bd © artbalitskiy / AdobeStock ; 212 © Le BDAG ; 214 © Le BDAG ; 216 © Le BDAG ; 217 h © Le BDAG d'après Alexander Pokusay / AdobeStock ; 217 bg, bd © DiViArts / AdobeStock ; ; 219 photo © Lou Breton ; 219 hg © Le BDAG ; 219 hd © Maria.Epine/ AdobeStock ; 219 bd SpicyTruffel / AdobeStock ; 220 photo © photo personnelle ; 221 hg © Kamila Bay / AdobeStock ; 221 hg © Maria.Epine / AdobeStock ; 221 bg © MoreVector / AdobeStock, © alexandrakruz / AdobeStock ; 222 © Le BDAG ; 223 © Le BDAG ; 224 g © Vector Tradition / AdobeStock ; 224 m © JUNE / AdobeStock ; 224 m © shurshusha / AdobeStock ; 224 d © Maria.Epine / AdobeStock ; 224 g © alhontess / AdobeStock ; 225 © Sketch Master / AdobeStock ; 226 hg © alhontess / AdobeStock ; 226 hd et bg © DiViArts / AdobeStock ; 226 bg © JUNE / AdobeStock ; 226 bd © Sketch Master / AdobeStock ; 228 bg et bd © Maria. Epine / AdobeStock ; 229 photo © Maurice Zalewski / adoc-photos ; 229 hd © lubovchipurko / AdobeStock ; 229 bg © Sketch Master/ AdobeStock ; 229 bd © artbalitskiy / AdobeStock ; 229 bd © alhontess / AdobeStock.

INDEX

A

B

C

REMERCIEMENTS

Cet ouvrage n'aurait jamais pu voir le jour sans l'aide de toutes les personnes qui m'entourent et me conseillent depuis des années, que ce soit dans ma vie professionnelle ou ma vie privée. Je tiens aussi à remercier les internautes qui ont pris part aux sondages diffusés depuis 2015 sur le blog Français de nos Régions. Un grand merci également à l'équipe éditoriale qui nous a accompagnés tout au long de ce projet.

Mathieu Avanzi

J'adresse d'abord toute ma reconnaissance à Mathieu Avanzi qui a avancé mon nom pour ce beau projet. Ma gratitude va tout naturellement aux éditions Le Robert, Bérengère Baucher et Charlotte Lebot en tête, dont l'infinie patience et le professionnalisme allègre ont permis à cet ouvrage de voir le jour. Mes remerciements les plus sincères à tous les Chefs et intervenants qui m'ont fait l'honneur de répondre à mes questions, et dont les pages s'enorgueillissent des témoignages et recettes.

J'exprime ma chaleureuse gratitude à Laurence Audin-Glaive, Antoine Burgaud, Julie Cartigny, Sean Cleary, Yves Sarfati et Jean-Philippe Texier pour leur enthousiasme sincère et loyal à des moments clés de mon parcours professionnel. Au même titre, que soient également remerciés ici les Chefs qui m'ont fait l'honneur de leur confiance, parmi lesquels Olivier Fleuret, Gilles Lahoreau, Thierry Marx, Céline García Ochoa, Jean-Baptiste Thiveaud.

Mes remerciements les plus personnels vont à toute ma famille et son indéfectible soutien ; à mes parents Gilles et Sophie, pour lesquels la nourriture est une chose sérieuse qui se partage et la cuisine, une chose légère dont on fait profession.

Jean Mathat-Christol

Achevé d'imprimer en Espagne en octobre 2021 par Macrolibros
N° éditeur : 10269791 - Dépôt légal : octobre 2021